Revolucionando o condomínio

Rosely Schwartz

Revolucionando o condomínio

Um guia para empresas administradoras, síndicos, colaboradores e moradores

16.ª edição
Revista e atualizada

Benvirá

Copyright © 2022 by Rosely Schwartz

Direção executiva Flávia Alves Bravin
Direção editorial Ana Paula Santos Matos
Gerência editorial e de projetos Fernando Penteado
Edição Clarissa de Oliveira
Produção Rosana Peroni Fazolari

Revisão V. Miwa
Diagramação Ricardo Assis
Capa Tiago Dela Rosa
Impressão e acabamento Gráfica Paym

Dados Internacionais de Catalogação na Publicação (CIP)
Vagner Rodolfo da Silva - CRB-8/9410

S123m	Schwartz, Rosely
	Revolucionando o condomínio: um guia para empresas administradoras, síndicos, colaboradores e moradores / Rosely Schwartz - 16. ed. - São Paulo : Benvirá, 2022.
	416 p.
	ISBN 978-65-5810-052-2 (Impresso)
	1. Condomínio. 2. Síndico. 3. Administração. 4. Gestão. I. Título.
2021-4261	CDD 658
	CDU 658.3

Índices para catálogo sistemático:
1. Administração 658
2. Administração : Gestão de pessoas 658.3

16ª edição, janeiro de 2022

Todos os direitos reservados à Benvirá, um selo da Saraiva Educação.
Av. Paulista, 901, 3º andar
Bela Vista - São Paulo - SP - CEP: 01311-100

SAC: sac.sets@saraivaeducacao.com.br

CÓDIGO DA OBRA 14420   CL 671041   CAE 790079

A meus pais, pela minha formação, sendo enfatizada a honestidade
e a ética, como qualidades fundamentais para todo cidadão;
A meu amado Carlos, por continuar me incentivando com muito amor
e por ser o meu porto seguro;
A meus filhos, hoje já adultos, e casados, por acreditar que a vida só vale
a pena quando realizamos alguma coisa que contribui
para que o mundo seja melhor.
Aos meus alunos, ter um propósito ético faz toda a diferença
e espero que nunca desistam desta luta.

*Muito obrigada a todos que
colaboraram para a realização deste trabalho.*

Sumário

Apresentação
Viver em condomínio

O homem é um animal social. Esse conceito filosófico e sociológico tem origem nos textos de Aristóteles na Grécia antiga. Não somos – quando considerado o reino animal – os seres com maior expectativa de vida, maior velocidade, maior força ou mesmo dentes mais afiados. Entretanto, ao assumirmos que em conjunto somos mais e melhores, podemos realizar feitos incomparáveis.

No início de nossa jornada – como espécie –, necessitávamos dos outros para proteção (um grande número de pessoas era mais difícil de ser atacado por predadores), para maior eficiência (uma pessoa poderia não ser o melhor pescador, mas poderia ter habilidade para preparar armadilhas ou construir habitações), onde a fraqueza de um poderia ser compensada pela força do outro. Esses fatores foram as bases para nossa visão atual de trabalho em equipe.

Esse processo de agrupamento deu tão certo que foi a principal base para a formação das sociedades e primeiras civilizações. O processo tornou-se tão eficiente que superávits passaram a ser utilizados para manter a burocracia estatal e as primeiras religiões organizadas.

Sociedades floresceram, desapareceram, mas a necessidade de vida em conjunto nunca perdeu relevância. Hoje a tecnologia facilita a comunicação global e traz a sensação de que vivemos em um mundo em que temos acesso a qualquer serviço ou pessoa com alguns cliques no computador, mas a convivência com nossos vizinhos continua sendo de extrema valia.

Ditado popular em diversas culturas do mundo, o adágio "boas cercas fazem bons vizinhos" tornou-se mais conhecido ao ser usado pelo poeta Robert Lee Frost no início do século passado. Essa frase parece ser incoerente, mas retrata muito bem nosso século XXI. Como muros podem permitir que as pessoas se unam? Como viver em comunidade sem perder sua liberdade? Como ter um condomínio que garanta segurança, otimização de recursos e maior conforto aos seus moradores sem comprometer suas individualidades?

A 16ª edição, ampliada e atualizada, do livro *Revolucionando o condomínio*, da professora Rosely Schwartz, propõe-se a responder a essas e outras questões tão comuns ao nosso dia a dia. Esta obra não lida apenas com questões formais da legislação ou normas contábeis essenciais à transparência, mas aborda principalmente o papel das pessoas, dos gestores, da equipe que planeja e executa os serviços no condomínio.

A administradora Rosely, grande colaboradora do Conselho Regional de Administração de São Paulo, onde participa e coordena o Grupo de Excelência de Gestão de Condomínios, traz em seu livro ainda questões sobre o futuro e a necessidade de pensar sustentavelmente quando da construção e manutenção dos empreendimentos.

O leitor achará bem interessante – e relevante – a seção de perguntas frequentes, que poderá ajudar o condômino a entender melhor seus direitos e deveres para uma melhor vida em comunidade.

Recomendo a leitura deste livro e tê-lo em sua cabeceira para consultas constantes, pois continuaremos sendo – para garantir a continuidade de nossa sociedade e até mesmo de nossa espécie – seres sociais que dependem, aprendem e empreendem uns com os outros por muito e muito tempo.

Adm. Roberto Carvalho Cardoso
Presidente do Conselho Regional de Administração de São Paulo

Prefácio

Após 21 anos do lançamento da primeira edição de *Revolucionando o condomínio*, o livro foi totalmente revisado, com o reposicionamento de alguns capítulos e o estilo de linguagem. Além da atualização da legislação, que já era feita em todas as novas edições, foi incluído um importante capítulo "Saiba se seu condomínio é bem administrado", o qual permitirá aos síndicos e moradores de forma objetiva utilizar uma lista de referência que possibilita indicar se a gestão do condomínio é eficiente, transparente e se atende às normas legais. Além disso, o leitor terá a possibilidade de acessar todos os modelos mencionados no livro e fazer *downloads* em seu computador. Todo esse empenho visa auxiliar esse mercado que cresce de forma exponencial.

Segundo o IBGE, no Brasil são mais de 18 milhões de pessoas que vivem em apartamentos. Somente na cidade de São Paulo existem mais de trinta mil edifícios residenciais, que, segundo o Instituto, são ocupados por mais de 5,5 milhões de pessoas. Na maioria deles, os moradores elegem um síndico, um representante do condomínio que exercerá poderes administrativos durante um período de dois anos, sujeito a reeleição. Esse representante dos moradores normalmente não é uma pessoa preparada, e logo enfrentará muitas dificuldades com a administração. A delegação de poderes a uma pessoa inexperiente contribui para a prática de arbitrariedades, que acabam resultando em muitos problemas, dentre eles o aumento das despesas e, em consequência, a elevação da taxa condominial.

Os aumentos abusivos no valor mensal do condomínio e a indiferença dos síndicos têm provocado muito descontentamento e conflitos entre os moradores. As principais causas desses problemas seriam:

- a falta de acompanhamento dos demonstrativos financeiros;
- a omissão dos moradores, principalmente nas assembleias;
- a falta de conhecimento do síndico, dos conselheiros e dos moradores sobre a legislação e os diversos assuntos que envolvem o condomínio;
- o síndico e os seus conselheiros são muitas vezes obrigados a deliberar unilateralmente sobre a maioria das questões em função da falta de acompanhamento e omissão dos moradores.

São muitas as dificuldades encontradas na administração de um condomínio caso o síndico não priorize a prática dos seguintes itens:

- Lei nº 4.591/1964, que disciplina os condomínios e as incorporações imobiliárias, a qual foi alterada pelo Código Civil, de janeiro de 2002 – Condomínio Edilício;
- Convenção de Condomínio e Regulamento Interno, que regulamentam a vida condominial;
- conhecimento básico sobre a Consolidação das Leis do Trabalho (CLT), a Lei do Inquilinato, o adequado uso e manutenção de equipamentos de segurança, dos elevadores e a realização de obras que atendam as normas da Associação Brasileira de Normas Técnicas (ABNT);
- aplicação de algumas técnicas administrativas que incluam a organização, o planejamento e o controle.

Tentando amenizar essas dificuldades, coloco este livro à disposição dos síndicos (moradores ou contratados), futuros síndicos, condôminos e funcionários. Ele representa a síntese de minhas pesquisas e experiências adquiridas através das consultorias realizadas em condomínios, dos cursos que ministro e das palestras que realizo em todo o país.

Este trabalho procura fornecer ao leitor o conhecimento preliminar sobre os principais tópicos que envolvem um condomínio. Com base nessas informações, é possível ao síndico conduzir a gestão com mais eficiência, tranquilidade e segurança. Já para os condôminos, permitirá avaliar se a administração está sendo eficaz ou ineficaz, se está sendo dada a devida atenção aos itens de segurança, se toda a legislação que envolve o condomínio está sendo cumprida, possibilitando também a compreensão do papel do síndico, dos problemas e das dificuldades para administrar o condomínio.

Quanto aos funcionários, principalmente os zeladores, poderão compreender e conhecer melhor a dinâmica dos condomínios, seus direitos e obrigações trabalhistas, tendo como base a legislação em vigor.

Enfim, esta obra procurará enfatizar que, para haver maior equilíbrio entre as partes, é fundamental o conhecimento, a participação e a colaboração de todos.

Espero que este trabalho possa contribuir de forma concreta para um convívio mais ético e mais seguro, no qual prevaleçam a imparcialidade e o respeito ao ser humano e às leis. Dessa forma, o relacionamento com o síndico torna-se mais equilibrado e evitam-se, entre outras coisas, a prepotência e a arbitrariedade, por meio da tão necessária prática da cidadania.

Boa leitura!

A autora

1

A realidade dos condomínios

Introdução

Ainda hoje sofremos as consequências de nosso país ter vivido 21 anos de ditadura, durante os quais expressar "ideias" e exprimir pontos de vista eram proibidos. Isso gerou uma sociedade apática, inexpressiva, fácil de ser conduzida por meio de discursos superficiais. As pessoas não podiam exercer seus direitos, apenas cumprir seus deveres, tendo muito medo de se expor.

Felizmente, para muitos, esse tempo acabou. A imprensa, por exemplo, já consegue transmitir os fatos sem nenhuma censura. Possuímos uma Constituição que nos garante, entre outras coisas, a liberdade de pensamento e de expressão (art. 5º). Entretanto, ainda enfrentamos muitas dificuldades, sobretudo as de ordem econômica e social; para vencê-las, será preciso modificar nossa postura em relação a muitos pontos e nos tornar mais participativos e questionadores, mas sem perder o respeito pelas opiniões contrárias.

É evidente que para muitos problemas não temos a solução, mas, se cada um procurar melhorar o seu entorno, a soma dos esforços certamente fará do Brasil um lugar melhor. Muitas mudanças estão a nosso alcance. Quando nos interessarmos pelos nossos direitos, sem esquecer dos nossos deveres, estaremos crescendo e exercendo o verdadeiro papel de cidadãos.

Lamentavelmente, o espírito de não expor suas ideias e opiniões ainda permanece em alguns setores da sociedade, dentre eles um grande número de condomínios. O condomínio é uma extensão do nosso lar, uma pequena célula da sociedade, onde temos direitos e deveres e ocupamos um espaço, quer sejamos atuantes, quer não. O tamanho do nosso espaço será determinado pela nossa participação. A omissão permite que outras pessoas ocupem esse espaço, fortalecendo-se com ele e, muitas vezes, se impondo em detrimento de muitos que ficaram à margem, excluídos totalmente do processo decisório. A pequena participação constatada nas assembleias, cujo número em média não ultrapassa 15% dos moradores dos condomínios, possibilita que ocorram arbitrariedades.

Outro tema que precisamos tornar cada vez mais presente em nossas ações, em nosso comportamento, independentemente do local em que estejamos, é a *ética.* Segundo Aristóteles, a ética está ligada ao comportamento, aos valores morais, às ações e ao caráter. O filósofo ainda afirmava que o bem é a finalidade de toda ação e que a busca pelo bem é o que diferencia o homem do animal.

Durante todos esses anos, tanto como professora quanto como consultora, pude observar que, infelizmente, a falta de ética dos gestores na condução da administração dos condomínios é responsável pelo surgimento de grande parte dos conflitos.

Um dos principais objetivos deste trabalho é mostrar ao síndico e aos condôminos a importância de se adquirir conhecimentos sobre os assuntos do condomínio e a necessidade de uma participação mais ativa e ética, evitando-se assim a concentração das decisões na mão de uma única pessoa ou de um pequeno grupo e práticas arbitrárias.

Pesquisa sobre condomínios

Para compreender esse polêmico quadro, iniciei, em 1993, uma pesquisa que tinha como objetivos principais:

- explicar a dinâmica vivida nos condomínios;
- descobrir quais são os fatores preponderantes para os aumentos constantes no valor do condomínio (descontando-se a inflação); e
- evidenciar os motivos que levam à evasão nas assembleias.

Esse trabalho só foi concluído em abril de 1994, após a realização de um estudo em diferentes zonas da cidade de São Paulo. Nele, procurei verificar a influência de diversos itens na composição do valor do condomínio. Faziam parte da investigação os seguintes pontos: número de empregados, de elevadores, de apartamentos, idade do prédio, existência ou não de piscina e o valor do condomínio.

Resultados da pesquisa

Os resultados da pesquisa, somados às análises de diversos demonstrativos financeiros, possibilitaram compreender que o modo de administrar e a falta de participação dos moradores contribuem de forma acentuada para que o valor do condomínio seja elevado, causando desgastes tanto para os moradores como para o próprio síndico. Foram extraídos da pesquisa os seguintes pontos:

Principais irregularidades encontradas

- valor do condomínio maior que o aluguel;
- ausência nos demonstrativos financeiros de indicativo de pagamento de impostos, como INSS, FGTS, PIS, IR na Fonte;

- realização de obras que alteraram a estrutura do prédio e com valores altos sem aprovação em assembleia;
- atraso de até seis meses na entrega dos demonstrativos financeiros;
- demora na distribuição das atas das assembleias, contrariando o prazo definido na convenção do condomínio;
- pagamento em atraso de despesas como água, luz e impostos;
- em algumas despesas extraordinárias, os valores arrecadados eram diferentes dos efetivamente pagos;
- a descrição das despesas não permite a identificação dos tipos de serviços executados;
- cheques emitidos sem que houvesse uma nota fiscal para comprovar a despesa;
- despesas superfaturadas em diversos itens, entre eles materiais para piscina e limpeza, recarga de extintores, obras de pintura etc.;
- falta de previsão orçamentária.

Situação atual dos condomínios

Partindo das irregularidades encontradas por meio da pesquisa, concluí que essa situação de aparente negligência por parte dos moradores ocorre porque estes, mesmo não concordando com os métodos e o modo como o edifício está sendo gerenciado, preferem evitar atritos, guardando para si suas opiniões e não participando ativamente das decisões. Uma das principais consequências desse tipo de atitude é a concentração das decisões nas mãos do síndico. A saída efetiva para esse quadro seria a *conscientização* dos moradores no tocante à necessidade de maior *participação*, de sempre estarem presentes nas assembleias, de *acompanhar* constantemente os demonstrativos financeiros, de adquirir *conhecimento* sobre seus direitos e deveres.

É importante lembrar que, em muitos casos, a concentração das decisões na mão de uma única pessoa ocorre não por culpa do síndico, mas pela falta de participação dos moradores, até mesmo dos conselheiros. O síndico precisa tomar decisões e não pode esperar pela boa vontade dos conselheiros e dos moradores.

Pode-se estabelecer uma relação direta: quanto maior a conscientização e o conhecimento, maior será a participação e, portanto, menores as possibilidades de ocorrerem arbitrariedades. A falta de participação gera arbitrariedades, que, por sua vez, estimulam a falta de participação, e, quanto maiores forem as arbitrariedades, maior será a falta de participação.

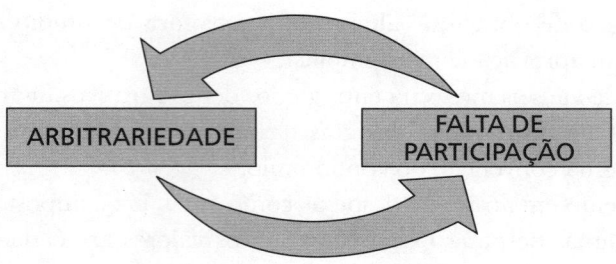

Composição das despesas

A pesquisa também possibilitou estabelecer, por meio dos demonstrativos financeiros de diferentes condomínios localizados na capital de São Paulo, a participação percentual de cada item no total das despesas. Essas informações ficam evidenciadas no gráfico a seguir com as principais despesas e suas respectivas participações:

**Composição das despesas ordinárias – Condomínio residencial
Valor médio de mercado**

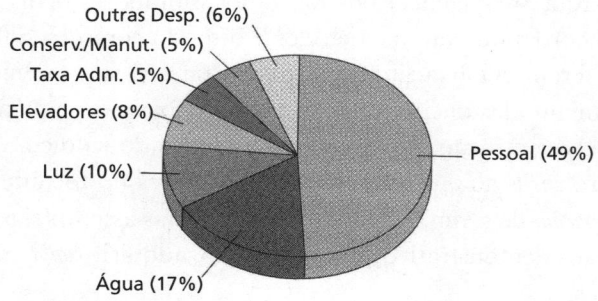

Outras Desp. (6%)
Conserv./Manut. (5%)
Taxa Adm. (5%)
Elevadores (8%)
Luz (10%)
Água (17%)
Pessoal (49%)

Pelo gráfico, pode-se verificar que os itens que concentram maiores gastos são pessoal, água, luz e elevadores, chegando a consumir 84% das receitas ordinárias. Portanto, pode-se afirmar que o monitoramento efetivo dessas despesas contribuirá para que haja maior controle financeiro.

Quando há omissão – exemplo de um caso real

Ficou comprovado na pesquisa que a falta de participação dos condôminos facilita a ocorrência de várias arbitrariedades.

A sustentação para tal afirmação será dada por meio de um trabalho realizado num condomínio onde as taxas mensais eram consideradas exorbitantes e variavam aleatoriamente. Foi feita uma análise dos demonstrativos financeiros e das atas das assembleias das duas últimas gestões, na qual se procurou encontrar os motivos para as variações.

Para eliminar os efeitos inflacionários, os valores mensais analisados foram dolarizados e em seguida calculados os valores médios mensais de cada gestão. Após o cálculo, os resultados foram comparados, chegando à seguinte conclusão:

Valor médio do condomínio

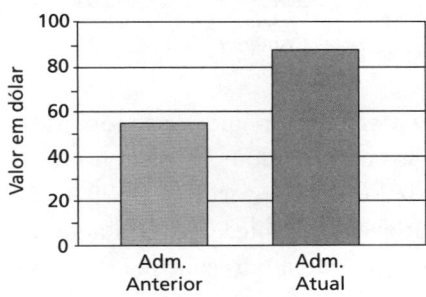

O gráfico indica que houve um aumento médio de 62% de uma gestão para outra, um valor considerado bastante elevado. Como já foi descontada a inflação, concluímos que ocorreu um aumento real.

Para encontrar os motivos para tal aumento, primeiramente realizou-se um estudo sobre o valor dos salários dos funcionários, utilizando o mesmo processo empregado para o valor do condomínio. A visualização gráfica ficou assim:

Valor médio dos salários

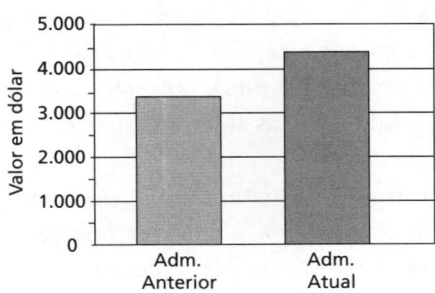

Pode-se concluir que, embora os salários tenham subido além da inflação, 22%, esse aumento não pode ser considerado o responsável pela elevação do valor do condomínio, já que este foi de 62%.

Continuando com o estudo, passamos para as contas de manutenção e consertos. Os resultados gráficos foram os seguintes:

Valor médio
manutenção + consertos

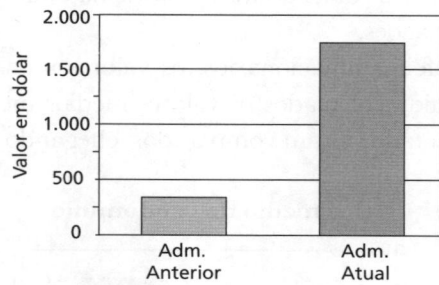

Começamos finalmente a compreender os motivos dos aumentos. Na gestão anterior, os gastos médios com manutenção e consertos foram de US$ 353, enquanto os da gestão atual estão em torno de US$ 1.753, com um aumento de 397%, valor considerado exorbitante. Os resultados tornaram-se mais graves quando se constatou que a gestão atual realizou os gastos sem submetê-los à aprovação dos moradores, por meio das assembleias, e que em nenhum mês houve uma situação de emergência para justificar tais gastos.

Conclusões do caso

Por meio de ações práticas e simples, o condômino terá maior controle sobre o valor pago se tomar os seguintes cuidados:

- **Verificar e comparar os demonstrativos financeiros** – Como foi apontado, caso os condôminos, principalmente os conselheiros, não estejam atentos, verificando mensalmente os demonstrativos, comparando-os entre si, fica fácil ocorrer aumentos nas despesas em diferentes itens sem que os condôminos entendam as razões. O conselho deve, nas reuniões mensais, exigir que o síndico apresente os valores orçados × os valores realizados, justificando as diferenças encontradas. Essa ação facilita muito a prestação de contas anual.

- **Questionar sempre** – O condômino, possuindo qualquer dúvida em relação aos valores gastos, deve recorrer imediatamente aos administradores, verificando a real necessidade do aumento. Isso faz parte de seus direitos.

- **Participar ativamente das assembleias** – A participação constante nas assembleias evidencia que o condômino está interessado em preservar seus direitos, sendo importante sempre apresentar orçamentos quando houver obras a serem realizadas. A comparação de preços é sempre conveniente para se obter um custo menor, devendo ser considerado o mesmo escopo utilizado para os outros orçamentos apresentados pelo síndico, os quais deverão analisar a qualidade das empresas, incluindo informações, entre outros, dos cartórios de protesto, das justiças federal, estadual e municipal, da justiça do trabalho e *sites* como ReclameAqui.

- **Exigir que a Convenção seja cumprida** – A simples prática da Convenção já evita grande parte das arbitrariedades.

Irregularidades encontradas em outros casos

- Os demonstrativos financeiros distribuídos aos moradores não são de fácil compreensão.
- Os saldos apresentados não estão conciliados, havendo diferença entre o valor contábil e o valor real.
- Não são informados nos demonstrativos mensais os valores de inadimplência.
- As despesas não são realizadas de acordo com a previsão orçamentária, que muitas vezes são elaboradas em desacordo com a realidade.
- As retenções previstas em lei, como INSS, Cofins, CSLL, PIS e ISS, não são recolhidas, principalmente o INSS referente à isenção do síndico e à prestação de serviço dos autônomos.
- Algumas administradoras realizam o fechamento dos demonstrativos mensais em datas diferentes do calendário comercial, que dispõe de 1 a 30, ou 31, ou ainda 28 ou 29 se for fevereiro. Elas apresentam os fechamentos do dia 10 ao dia 9 do mês seguinte. Essa ação dificulta a conciliação das contas, já que os bancos apresentam fechamento de acordo com o calendário comercial.
- Falta de cuidados com a segurança contra incêndio; muitos edifícios residenciais, inclusive, não possuem AVCB (Auto de Vistoria do Corpo de Bombeiros).
- Gastos para obras superiores aos aprovados nas assembleias sem que haja um adendo ao contrato estabelecido junto ao prestador de serviço que justifique essa diferença. Deve-se considerar que durante a realização de uma obra podem surgir imprevistos e que seja necessário um ajuste nos custos. Nessa situação, o mais adequado é ter a aprovação do conselho e em seguida convocar uma assembleia para comunicar a necessidade.
- Pagamentos de despesas pela administradora com atraso, acarretando multa, sem que haja o registro claro da multa no demonstrativo financeiro mensal. Em alguns casos, foi verificado que havia disponibilidade de fundos na conta do condomínio, não havendo, portanto, motivos para o pagamento em atraso.

- Apresentação de comprovantes de despesas inadequados na pasta de prestação de contas, tais como recibo de pagamento com cartão de crédito pessoal, cupons fiscais de supermercado ou outras lojas sem a impressão do CNPJ do condomínio, quando o documento mais adequado seria a nota fiscal.
- Recibos de prestação de serviços de autônomos incompletos, sem o respaldo de um simples contrato informando com clareza o serviço que foi realizado no condomínio e os dados do prestador, como CPF, número de registro na Prefeitura e código de atividade, para que a administradora tenha condições de analisar se o pagamento do serviço necessitará de retenção e posterior recolhimento de INSS e ISS.
- Pagamento de várias despesas em um único lançamento bancário, sem que conste na pasta de prestação de contas o demonstrativo de conta-corrente, ou seja, o detalhamento de todos os lançamentos ocorridos durante o mês, conforme o extrato bancário. O extrato bancário apresentado deverá sempre ser o original fornecido pelo banco, e não o obtido pela internet. Esse cuidado visa evitar adulteração do documento.
- Lançamento de todas as retenções (INSS, Cofins, CSLL, PIS e ISS) pagas durante o mês nos demonstrativos financeiros, de forma isolada, ou seja, as retenções pagas não completam o valor das contas em que tiveram origem, como serviços de portaria e manutenção hidráulica. Estas são lançadas em uma conta chamada, por exemplo: "Tributos", o que torna difícil saber se o valor pago de tributos completa as notas fiscais emitidas dos diferentes prestadores. Essa forma ainda não possibilita aos gestores e também aos moradores saberem de forma rápida, sem ter que fazer soma, qual foi o valor gasto com um prestador de serviço específico. Segue exemplo de demonstrativo:

Serviços terceirizados		
Schimitd – Portaria NFTS 60		
Contrato	20.875,62	
INSS	2.788,49	
Cofins/CSLL/PIS	1.178,77	
ISS	507,00	25.349,88
Soberana – NFTS 61		
Contrato	13.814,22	
INSS	1.809,00	
Cofins/CSLL/PIS	0,00	
ISS	822,27	16.445,49

- Outra situação ainda mais complicada é quando o valor pago de retenção do INSS de prestadores de serviço é lançado no mesmo grupo de conta dos funcionários registrados, distorcendo totalmente o valor da conta. Ainda é necessário ter atenção ao lançamento do INSS referente à isenção do síndico e aos serviços prestados pelos autônomos (encargo de 20% e retenção de 11%). É bastante comum que esses valores sejam lançados no demonstrativo financeiro como encargos trabalhistas, por terem sido recolhidos na mesma guia – GPS. A administradora precisa separar esses valores na hora de elaborar o demonstrativo financeiro da seguinte forma:

Pedro Sérgio – recibo		
Contrato	1.680,00	
INSS 20% – encargo	400,00	
INSS 11% – retenção	220,00	
ISS 5% – retenção	100,00	2.400,00

Hoje, para dar maior eficiência e transparência à gestão, auxiliando os moradores a compreender e acompanhar todas as movimentações ocorridas no condomínio, o síndico pode utilizar vários aplicativos, que propiciam, por exemplo, pastas de prestação de contas on-line, em que é possível visualizar todas as notas fiscais, contratos, folha de pagamento, guias de recolhimento de INSS e FGTS, além de atas das assembleias e acompanhar a evolução das obras que estão ocorrendo no condomínio. Algumas informações poderão ser disponibilizadas em painéis eletrônicos colocados nos elevadores. O grupo de WhatsApp e a página no Facebook podem ser utilizados, mas é recomendado cuidado do administrador do grupo, evitando que os moradores postem qualquer tipo de comunicação, pois em alguns casos isso acaba gerando conflitos e ambiente de fofoca.

2

O papel do síndico no grupo

No *Novo dicionário da língua portuguesa* (Aurélio), a palavra condomínio é definida como: "domínio exercido juntamente com outrem". A propriedade, portanto, possui vários donos, os quais são chamados de coproprietários ou condôminos, que formam um grupo.

Esse grupo possui como representante legal o síndico, que, em assembleia especialmente convocada, é designado mandatário, para administrar o condomínio, segundo o art. 1.347 – Código Civil. Dependendo do modo como desempenha seu papel e de seu relacionamento com o grupo, estará determinando o sucesso ou o fracasso da gestão e, consequentemente, a satisfação ou a hostilidade dos condôminos. Essas condições são importantes para estabelecer a existência de um líder natural ou apenas de um líder imposto.

Tentarei neste capítulo desmitificar o papel do síndico, que não deve ser encarado como um pesado fardo. O cargo de síndico abrange vários assuntos, entre os quais estão: Código Civil; legislação trabalhista, municipal, estadual e federal; normas da ABNT (Associação Brasileira de Normas Técnicas); segurança contra incêndio; higiene e saúde. É indispensável, portanto, adquirir, pelo menos, conhecimento básico sobre os diversos assuntos e principalmente muita disposição em entender o grupo. Essa preocupação deverá focar-se nos objetivos do grupo, ou seja, seus desejos e suas expectativas. Serão fornecidas também algumas dicas para incentivar a participação dos condôminos nas reuniões e, consequentemente, decisões.

As ideias a seguir trazem algumas novidades no posicionamento do síndico e dos moradores; a princípio elas poderão encontrar resistência, pela não compreensão de sua extensão e profundidade, necessitando de um período de assimilação. Caberá a quem está propondo as modificações informar e orientar com bastante paciência e determinação, pois os resultados serão bastante compensadores.

A vida em grupo

Não existe ainda nas áreas da sociologia ou da psicologia um estudo específico sobre o comportamento dos condôminos, mas podemos nos basear nos estudos sobre as ações dos grupos sociais para analisar a dinâmica de grupo nos condomínios.

O indivíduo em grupo

Cada membro do grupo possui suas próprias aspirações, que muitas vezes diferem das dos outros. Ao participar de um grupo, essas pessoas trazem consigo seus interesses e traços individuais, que acabam influenciando os outros membros. Essas características, que todos possuem em diferentes graus, podem ser divididas em:

- **Forças positivas** – São os impulsos e a motivação, as esperanças e as aspirações; os valores, os bons hábitos, os sentimentos e as crenças.
- **Forças negativas** – São os maus hábitos, as angústias, as frustrações, as inibições e os medos, as experiências malsucedidas, a falta de interesse pelo grupo e seus objetivos. Também fazem parte dessas forças os desejos ocultos, por exemplo, obter vantagens pessoais.
- **Pressões externas** – São os padrões culturais aos quais o grupo pertence. Todos sofrem influência do sistema de valores da sociedade, e é esse sistema que determina a execução ou a rejeição das ações julgadas "aceitáveis" ou não.

Traços que influenciam o grupo

Para que o síndico tenha uma ideia preliminar sobre o grupo que lidera, seria interessante que elaborasse um cadastro e alguns questionários esporádicos. Devem fazer parte desse cadastro: profissão dos moradores, estado civil, número de filhos, número de telefone, principalmente para casos de emergência, se o morador é coproprietário ou inquilino, quantidade de carros e número de vagas na garagem, se possui animais e qual a raça. O questionário pode trazer perguntas como: quais suas (morador) expectativas em relação ao condomínio? Que sugestões você teria para melhorar o condomínio?

Para facilitar a tabulação dos dados – principalmente no caso de condomínios com muitas unidades –, a pesquisa pode ser feita por meio de *sites* de pesquisa, como o SurveyMonkey (www.surveymonkey.com.br) ou o Google Forms.

A partir desse cadastro e dos questionários, que deverão ser constantemente realizados, cria-se um meio para troca de informações, o chamado *feedback*. A ausência constante de muitos moradores nas assembleias, por exemplo, pode indicar uma insatisfação, cujos motivos poderão ser verificados nos questionários, possibilitando a reversão do quadro. Os anseios dos moradores servirão de balizamento tanto para futuras decisões como para corrigir o percurso. Essas atitudes por parte dos administradores farão com que os moradores se sintam parte do grupo e, portanto, mais motivados a participar, já que suas opiniões serão consideradas.

Objetivos do grupo

Os condôminos formam um grupo que possui necessidades e desejos, como é o caso da limpeza do edifício, da manutenção de elevadores e bombas de água, da contratação e supervisão de funcionários, do cumprimento das exigências legais, dos cuidados com os itens de segurança etc. Todos esses itens e mais as obrigações atribuídas ao síndico, as quais estão mencionadas no art. 1.348 – Código Civil, como elaborar orçamento das receitas e despesas relativas a cada ano, realizar o seguro da edificação, defender os interesses comuns, servem como base para a formação dos objetivos.

Para uma definição clara de objetivos que atendam à maioria dos moradores, é importante que todos:

- saibam os motivos que os levaram a fazer parte desse grupo;
- tenham consciência de que são como peças que integram um todo, com muitos direitos e obrigações. Esse fato bem compreendido auxilia na definição dos desejos e das expectativas em relação ao grupo, pois, caso suas opiniões não sejam externadas, estarão dando chance para que prevaleçam os desejos de apenas uma parte do grupo.

Alguns objetivos são comuns a todos os condomínios, porém existem outros definidos para apenas um grupo específico. Os objetivos mais comuns são:

- cumprir a Convenção;

- ter uma administração transparente;
- manter o valor do condomínio fixo;
- conservar diariamente o condomínio limpo;
- realizar durante o ano apenas as obras necessárias;
- manter as crianças que estiverem nos espaços comuns ocupadas com atividades saudáveis.

Tendo definido formalmente seus objetivos nas assembleias, faz-se necessária uma figura para orientar o grupo, utilizando-se de técnica ou meios para direcionar os esforços a fim de alcançar esses objetivos. Nos condomínios, essa figura está representada, inclusive legalmente, pelo síndico. Nas empresas, esse elemento poderia ser um diretor. O modo de administrar fará desse síndico um líder aceito e respeitado por todos ou simplesmente menosprezado.

Ao executar suas funções administrativas, o síndico utilizará os objetivos já definidos como guia de suas ações, cabendo aos condôminos estarem atentos ao cumprimento deles.

Técnicas utilizadas para atingir os objetivos

As técnicas representam os meios pelos quais as necessidades e aspirações do grupo são transformadas em realidades. Uma das técnicas mais importantes para estabelecer objetivos e permitir a troca de informações entre os condôminos é a *assembleia*, caso esta seja realizada de forma adequada. Muitas vezes, as outras técnicas (controle financeiro, por exemplo) funcionam satisfatoriamente, mas as assembleias deixam muito a desejar, havendo muitas discussões, chegando, em alguns casos, a haver a perda de respeito entre os moradores, quando estes veem suas opiniões contrariadas. As deliberações resultantes da assembleia deverão ser cumpridas por todos, o que pode causar grande descontentamento. Esse desagrado pode ser maior se as decisões tiverem sido tomadas por um grupo pequeno.

Uma saída para evitar esses fatos lamentáveis seria modificar o modo de realizar as assembleias (veja no próximo capítulo algumas dicas de como organizar uma assembleia produtiva). É uma boa ideia descobrir por meio de pesquisa os fatores que levam os moradores a não participar das reuniões, as motivações que os levariam a participar, o melhor dia da semana e horário e o tempo que os moradores estariam dispostos a permanecer na assembleia.

Algumas técnicas para uma boa administração serão apresentadas ao longo deste trabalho, dentre elas: provisão de caixa, controle de estoques, contas-correntes e demonstrativos financeiros. Tudo isso auxiliará na transparência da administração e no controle dos gastos.

Tipos de grupo

Dependendo do grupo existente no condomínio, haverá maior ou menor facilidade em conduzir a gestão e alcançar os objetivos preestabelecidos. Podemos classificá-los em grupos ineficazes e grupos eficazes.

Grupos ineficazes

Infelizmente, pode-se observar esse tipo de grupo em muitos condomínios. O síndico ocupa o cargo por uma imposição legal, centralizando as decisões, não dividindo as responsabilidades, não trabalhando em equipe (conselheiros, administradora e funcionários) e valendo-se do despreparo e desinteresse dos moradores para se manter nessa posição; não conta com a simpatia de todos, mas com a indiferença de muitos, inclusive dos funcionários.

Esse grupo caracteriza-se pelos seguintes pontos:

* pouco conhecimento e interesse sobre as diferentes disciplinas ou áreas que são necessárias para uma boa administração (eficiente, segura e transparente);
* falta de organização, ou seja, não divide responsabilidades;
* domínio de um indivíduo ou de um pequeno grupo;
* liderança que não se faz sentir e pouca influência dos condôminos;
* assembleias precariamente organizadas;
* incapacidade para atingir objetivos, os quais não tiveram a participação geral dos moradores na hora de sua definição;
* não admite a iniciativa individual;
* só realiza alguma coisa quando existe algum tipo de pressão ou as eleições estão próximas;
* só se reúne para homologar as decisões dos líderes;
* a comunicação tende a ser unilateral, apenas dos administradores para os moradores;
* as novas ideias são aceitas dependendo de quem as sugere, não sendo consideradas as suas finalidades;
* se um membro do grupo tenta mudar a direção dos fatos, é reprimido imediatamente de diferentes formas.

Esse tipo de grupo causa muitos problemas e sofrimento aos moradores e funcionários. Dentre eles estão:

* frequente conduta autoritária e sem permitir diálogo com os funcionários, o que pode gerar constantes ações trabalhistas e, consequentemente, maiores despesas para os moradores e perda de tempo para o síndico;
* obras realizadas sem aprovação dos moradores desestimulam a participação e são passíveis de ações judiciais;

- descontentamento dos moradores, o que resulta em pequeno comparecimento às assembleias e ambiente hostil.

Grupos eficazes

Nesse tipo de grupo, o síndico conta com o prestígio e a simpatia da grande maioria. Procura dividir as responsabilidades, trabalha em equipe (conselheiros, administradora e funcionários), buscando trazer um número cada vez maior de pessoas para participarem das decisões de forma democrática, almejando que os desejos e as expectativas do grupo sejam atingidos.

Esse grupo possui as seguintes características principais:
- procura adquirir conhecimento e tem interesse nas diferentes disciplinas ou áreas do conhecimento que são necessárias para uma boa administração (eficiente, segura e transparente);
- tem a capacidade de reconhecer, definir, solucionar problemas e necessidades comuns, através do trabalho em conjunto;
- a ação do síndico baseia-se na legislação e no consenso do grupo para a criação dos objetivos;
- suas atividades são aceitas e bem-sucedidas quando o trabalho é realizado pelo grupo, e não quando resulta do esforço individual ou de uma facção;
- melhoria nas relações humanas e, consequentemente, melhor interação entre os membros;
- as decisões são tomadas pelo grupo como um todo, sendo que cada membro participa de acordo com sua capacidade;
- maior satisfação entre os membros; sendo menores as manifestações de frustração e agressividade, haverá maior camaradagem e cooperação;
- as pessoas que estão oficialmente na posição de líder reconhecem que sua função principal é facilitar o cotidiano do grupo, sempre embasado na legislação e normas. O condomínio, sendo um grupo eficaz, proporcionará ao síndico e a seus auxiliares maior tranquilidade e segurança nas decisões. Os resultados positivos serão evidentes: maior transparência para a gestão e uma grande satisfação dos moradores, que passaram a se sentir parte importante do grupo.

Para que haja uma administração eficaz é fundamental a *participação dos condôminos* no processo decisório, minimizando o peso das responsabilidades para o síndico.

Despertando o interesse dos condôminos

Um dos grandes desafios enfrentados pelos síndicos que buscam efetuar uma boa gestão é atrair a atenção dos moradores, a fim de que estes tenham interesse e participem das assembleias.

Há muitas teorias sobre como despertar e compreender o interesse das pessoas, sendo uma delas a hierarquia das necessidades de Maslow. De acordo com essa teoria, a motivação humana segue uma ordem de cinco necessidades fundamentais: a) básicas ou fisiológicas – alimentação, água e descanso; b) segurança – abrigo seguro, estabilidade, emprego, aposentadoria e saúde; c) sociais – relacionamento amoroso e fazer parte de um grupo; d) autoestima, respeito e reconhecimento do grupo; e) autorrealização – busca de desafios e assumir riscos. A seguir serão mencionadas as principais motivações que influenciam a gestão de condomínio:

- segurança;
- reconhecimento;
- respeito; e
- novas experiências.

É interessante observar que esses desejos não existem isolados, mas sim combinados em vários graus.

Segurança

Todos os desejos ou intenções são baseados no sistema de valores de cada membro do grupo.

Talvez estejam no item "segurança" os motivos que levaram os moradores a escolher como moradia os edifícios. Buscam um *abrigo* mais seguro, devido ao alto grau de criminalidade existente nas grandes cidades. A procura é tão elevada que resultou num aumento substancial no valor dos apartamentos. As pessoas sacrificam o conforto e a independência que uma casa pode proporcionar, e todo seu espaço, em troca da segurança.

Geralmente, quando escolhe morar em um apartamento, o morador esquece que a "segurança" alcançada fará dele um membro de um grupo e que, para que o grupo exista com eficácia, é preciso se organizar, criar objetivos a serem atingidos, e que sua participação nesse processo será fundamental.

Reconhecimento

O desejo de reconhecimento caracteriza-se pela vontade de "ser alguém" aos olhos dos vizinhos. Todo indivíduo sente necessidade de ser considerado importante pelos semelhantes, sendo que para alguns membros do grupo esse desejo é mais acentuado que para outros.

A decisão de um morador de candidatar-se ao cargo de síndico pode ser motivada pela busca de reconhecimento, posição e consideração. Dependendo da sua maneira de conduzir a gestão, de fato ele poderá conquistar tudo isso naturalmente, mas, caso não consiga harmonizar o condomínio, terá apenas o cargo, não contando com o reconhecimento nem com a consideração.

Seria importante que o síndico evidenciasse sempre em suas atitudes que todos os moradores possuem o mesmo grau de valor, evitando o favorecimento de alguns em detrimento de outros. Estaria assim criando a possibilidade de que mais pessoas venham a participar da vida condominial.

A falta de atenção por parte do síndico a esses desejos poderá trazer frustrações, tornando alguns moradores inconvenientes, provocadores de tumultos e discutidores. Um exemplo claro disso é o comportamento indesejado de alguns moradores nas assembleias.

Muitas vezes, o síndico, mesmo trabalhando com dedicação e entregando um serviço de qualidade, fica frustrado por não contar com o apoio e a satisfação de 100% dos moradores. Ele lamenta que exista, sempre, pelo menos um insatisfeito, ou mesmo um pequeno grupo. O síndico deve compreender que agradar a todos é uma coisa impossível, dada a diversidade dos moradores e de seus propósitos. Tendo a aprovação de 2/3 dos moradores, o síndico já pode considerar que está tendo uma gestão de sucesso.

Respeito

O desejo de respeito representa a necessidade que as pessoas têm de serem queridas; a sensação de que os outros gostam de sua companhia e querem mantê-la. As pessoas procuram afeto e integração com as demais.

É fundamental que o síndico procure criar um ambiente em que o respeito prevaleça em qualquer situação. Infelizmente, é comum, sobretudo nas assembleias, haver discordância de opiniões e atitudes desrespeitosas, como agressões orais, chegando até o ponto de algum morador ser isolado do grupo e, muitas vezes, humilhado perante os demais.

O medo dessas pressões e de terem suas opiniões conhecidas e não aceitas leva muitos a se isolar, mesmo quando solicitados para participar de importantes decisões. Esses fatos podem justificar o baixo número de comparecimento às assembleias.

O síndico, no papel de canalizador dos interesses coletivos e principal defensor da legislação, deve lutar para que os afastamentos não ocorram. Realizar as votações de forma secreta pode contribuir para a preservação e o respeito da opinião dos moradores.

Novas experiências

Esse desejo ou motivação é satisfeito pelo contato com novos conhecimentos, pela procura ou criação de situações sociais nas quais os indivíduos se envolvem, adquirindo e aceitando novas e diferentes responsabilidades e encargos.

Um grupo desmotivado a viver novas experiências pode criar meios de desorganizar o grupo para manter a situação atual. Pode encontrar pessoas que compartilhem a sua opinião e formar com elas uma facção unida, voltada mais para seus interesses do que para os da maioria das pessoas que compõem o condomínio.

Às vezes, essas atitudes não são conscientes no início, como os problemas causados pelas crianças que desrespeitam o Regulamento Interno e cujos pais, ao contrário do que se espera, não adotam nenhuma atitude corretiva. Persistindo os acontecimentos, tornam-se crônicos, causando prejuízo aos outros moradores, que, insatisfeitos, relutarão em participar das atividades do grupo.

Para que haja maior interesse dos condôminos em tornar-se síndico ou conselheiros, é fundamental que os gestores divulguem o quanto a função de síndico possibilita novas experiências, novos conhecimentos, sendo muito mais do que apenas o fardo da responsabilidade. Que a atividade é repleta de desafios, com pouca monotonia, o que proporciona um crescimento humano, principalmente por aprender a administrar conflitos.

Motivos da omissão

São várias e complexas as causas para a falta de participação dos moradores nas atividades do condomínio. Entre elas podemos citar:

- o medo de ser ridicularizado;
- a falta de respeito, principalmente nas assembleias;
- desconhecer que faz parte de um grupo;
- desaprovar os meios que o síndico utiliza na administração;
- julgar-se pouco sociável para se dar bem com os outros moradores;
- sentir-se inferior socialmente;
- acreditar que os outros moradores são mais competentes;
- esperar que os outros façam ou falem algo em seu lugar;

- as dificuldades encontradas ao tentar entender a administração e obter informações sobre ela;
- o imóvel estar alugado ou à venda.

Devido à importância dos dois últimos itens, darei a seguir mais detalhes sobre eles.

Dificuldades encontradas ao tentar entender a administração e obter informações sobre ela

É comum que muitos síndicos elevem o valor do condomínio por causa de alterações nos valores das despesas, como salários, elevadores, manutenção e outros, sem que se realize uma assembleia para justificar a necessidade de aumento e aprovar um novo orçamento. O questionamento constante dos moradores mais atentos sobre esses aumentos acaba criando situações constrangedoras, pois muitos síndicos encaram essas perguntas como falta de confiança em sua gestão e não como um direito do morador, criando, então, verdadeiras barreiras, inclusive por meio de discriminação pública, em que o síndico utiliza, por exemplo, circulares para denegrir o morador questionador, apontando-o como um tumultuador. Muitas vezes, essas situações acabam na justiça e, infelizmente, em casos mais extremos, com a morte de uma das partes.

O medo dessa discriminação faz com que muitos condôminos evitem informar-se sobre os acontecimentos que estão à sua volta. Essa atitude apenas aumenta o poder dos administradores em detrimento da maioria.

A falta de acompanhamento da vida condominial proporciona ao morador, muitas vezes, uma visão distorcida dos acontecimentos. Ele não consegue compreender o porquê de muitas ações tomadas pelo síndico e, ao mesmo tempo, tem receio de perguntar, achando que sua dúvida poderá ser considerada ridícula.

Um exemplo prático para essa afirmação seria:

> Para a realização de impermeabilização, obra de alto custo, foi arrecadado pelo síndico o valor em quatro parcelas. O prazo para o término da obra é aproximadamente de 45 dias, conforme informação obtida com os concorrentes da empresa que foi contratada para realizar a obra. Essa empresa, após 18 meses, ainda não havia completado o serviço, e o mais grave é que 90% dos condôminos não tinham conhecimento desse fato nem dos motivos para a paralisação, uma vez que tudo já havia sido pago por eles.

Faz parte das obrigações dos administradores manter os moradores informados, a fim de que situação semelhante à mencionada não ocorra. Perguntar, mostrar interesse sobre o que é seu faz parte dos direitos dos condôminos e está na lei, além de evitar ações que tragam descontentamentos desnecessários.

Os condôminos também são mantidos distantes dos acontecimentos reais quando os demonstrativos financeiros são entregues com atraso e não apresentam os termos nem o detalhamento necessários para que todos compreendam seu conteúdo. Após serem lidos rapidamente, eles são muitas vezes jogados no lixo ou usados como rascunho, não sendo arquivados.

Um demonstrativo financeiro sozinho pouco pode refletir os acontecimentos; no entanto, vários, obedecendo a uma cronologia, podem demonstrar tendências e evidenciar pontos a serem perguntados aos administradores.

Outro ponto que contribui para o sucesso da gestão é a transparência, ou seja, a clareza dos demonstrativos financeiros e a facilidade de acesso aos documentos que compõem a pasta de prestação de contas (folha de pagamento, contratos de prestadores de serviço, contas de água e energia, notas fiscais de compras de produtos e serviços), que hoje podem ser digitalizados e colocados no *site* do condomínio ou da administradora. O fato de ter o formato digital não exime o condomínio de manter os documentos também nas pastas físicas (papel).

O direito dos condôminos à informação está regulamentado na Lei nº 4.591/1964, na Convenção e no Código Civil – Condomínio Edilício.

Imóvel alugado ou à venda

Muitos coproprietários cujo imóvel está alugado ou à venda não participam das assembleias e acreditam que não precisam mais se preocupar com o valor do condomínio, pois este será pago por seu inquilino ou por um novo condômino. Por sua vez, a maioria dos inquilinos não possuem procurações para poder opinar em nome dos coproprietários.

É importante que os coproprietários saibam que, quando o valor do condomínio é muito elevado, haverá dificuldade em vender ou alugar o imóvel. Muitas vezes, quando esse tipo de imóvel é negociado em função da demanda do mercado (alugado ou vendido), o novo morador poderá se transformar em um inadimplente, contribuindo para que o valor do condomínio se eleve de novo, pois as despesas precisam ser pagas independentemente do número de pagantes.

Tendo conhecimento dos principais motivos da omissão, cabe ao síndico lutar contra essa situação de apatia, criando no condomínio um ambiente harmonioso, principalmente por meio do respeito às opiniões. O voto secreto, portanto, é fundamental.

A criação de uma *caixa de sugestões*, onde os moradores podem colocar suas opiniões, críticas, propostas de obras e melhorias, não sendo necessário que se identifiquem, também colabora para uma aproximação com os desejos e as expectativas dos moradores, sem colocar em risco a sua privacidade de ideias.

Responsabilidade legal do síndico e LGPD

Ao assumir o cargo de síndico, muitas vezes motivado pelo momento e incentivado pelos vizinhos, o recém-eleito desconhece sua real responsabilidade. As atividades de síndico não podem ser encaradas com temor, mas deve-se ter consciência da sua amplitude. As funções de um síndico envolvem muitas áreas e proporcionam uma oportunidade maravilhosa para ampliar conhecimentos e aprimorar o relacionamento pessoal. No decorrer do livro serão abordados os principais assuntos que o síndico precisa conhecer.

No exercício do cargo, o síndico vai se deparar com muitos problemas, sendo que alguns podem ocasionar acidentes ou prejuízo, como na contratação de uma empresa para a pintura da fachada do prédio, controle ineficaz da conta bancária, problemas estruturais, trincas na fachada, incêndio, infestação de insetos e má qualidade da água. Para evitar transtornos, ter tranquilidade e garantir o sucesso da gestão, o síndico deve ter interesse em conhecer, ainda que superficialmente, as diversas áreas com as quais vai lidar e contar com a assessoria de uma boa empresa.

O síndico, também denominado mandatário, é o representante legal do condomínio e poderá ser acionado judicialmente quando não cumprir com os seus deveres, respondendo civil e criminalmente. Os principais fundamentos são:

- **Responsabilidade civil** – Os artigos mais importantes que constam no Código Civil são:

    Art. 186. Aquele que, por ação ou omissão voluntária, negligência ou imprudência, violar direito e causar dano a outrem, ainda que exclusivamente moral, comete ato ilícito.

    Art. 187. Também comete ato ilícito o titular de um direito que, ao exercê-lo, excede manifestamente os limites impostos pelo seu fim econômico ou social, pela boa-fé ou pelos bons costumes.

    Art. 667. O mandatário é obrigado a aplicar toda sua diligência habitual na execução do mandato, e a indenizar qualquer prejuízo causado por culpa sua ou daquele a quem subestabelecer, sem autorização, poderes que devia exercer pessoalmente.

Art. 927. Aquele que, por ato ilícito (arts. 186 e 187), causar dano a outrem, fica obrigado a repará-lo.

• **Responsabilidade penal** – Os principais artigos do Código Penal são:

Art. 13. O resultado, de que depende a existência do crime, somente é imputável a quem lhe deu causa. Considera-se causa a ação ou omissão sem a qual o resultado não teria ocorrido.

Art. 132. Expor a vida ou a saúde de outrem a perigo direto e iminente.

• **Responsabilidade tributária** – Faz parte também das atividades do síndico cumprir todas as exigências tributárias, que estão relacionadas aos seguintes fatos:

o **Isenção ou remuneração do síndico** – Independente se morador ou síndico profissional, sobre a remuneração recebida ou sobre o valor da isenção da taxa condominial, deverão ser recolhidos os seguintes valores:

a) **INSS – encargo patronal – 20%** (Lei nº 8.212, de 24 de julho de 1991, art. 12, V-f) sobre o valor da isenção ou remuneração, que será recolhido na mesma Guia da Previdência Social (GPS), se houver funcionário registrado no condomínio. Caso não exista, será recolhido em guia individual, em nome do condomínio.

b) **INSS – retenção – 11%** (IN nº 87, art. 13, 1º) sobre o valor da isenção ou remuneração, que será também recolhido na mesma GPS, se houver funcionário registrado no condomínio. Caso não exista, será recolhido em guia individual, em nome do condomínio. Essa retenção deixará de ocorrer se for comprovado pelo síndico que ele já recolhe sobre o limite máximo da contribuição apontado pelo INSS.

c) **Imposto de Renda** – Decreto nº 9.580, Regulamento do Imposto sobre a Renda – RIR/2018, de 22 de novembro de 2018, arts. 118 e 120, e segundo a seção Perguntas e Respostas Imposto de Renda Pessoa Física da Receita Federal, questão 175, esclarece que os rendimentos diretos ou indiretos obtidos por meio dos honorários ou da isenção da taxa condominial deverão ser considerados prestação de serviço e devem compor a base de cálculo para apuração do recolhimento mensal obrigatório (carnê-leão) e do ajuste anual.

d) **Síndico – PF** – Quando o síndico for aposentado por idade ou tempo de contribuição e retornar à atividade, é novamente considerado contribuinte individual, sendo obrigatório o recolhimento conforme mencionado acima.

e) **Síndico Profissional – PJ –** Quando o síndico tiver uma empresa de sindicatura, não haverá o recolhimento do encargo de 20% de INSS, a retenção de 11% de INSS e nem a retenção do ISS, que pode variar de município para município.

Nota: Aposentado por invalidez não pode exercer o cargo de síndico, sob pena de perder o benefício previdenciário.

o **Contratação de prestadores de serviço – autônomos –** Na contratação desses profissionais, também denominados contribuintes individuais, tais como encanadores, pedreiros, eletricistas e pintores, o condomínio deverá adotar os seguintes cuidados:

a) **INSS – encargo patronal – 20%** (Lei nº 8.212, de 24 de julho de 1991, art. 12, V, f).

b) **INSS – retenção – 11%** (IN nº 87, art. 13) respeitando o limite máximo de contribuição adotado pelo INSS.

c) **ISS – retenção – 5% –** Caso o profissional não tenha inscrição na Prefeitura de São Paulo e não emita NFS-e.

Veja mais detalhes nas páginas 206 e seguintes.

o **Contratação de prestadores de serviços – PJ – cessão de mão de obra ou empreitada –** Quando o condomínio contratar alguma empresa que possua atividades específicas para o fornecimento de mão de obra, por exemplo, porteiros, faxineiros, vigilantes, bem como para realizar algumas obras, como de impermeabilização, pintura, reformas, construção civil, o síndico deverá verificar se a empresa cumpre com as determinações legais. Dentre elas estão:

a) **INSS – retenção – 11% –** Valor retido sobre a mão de obra.

b) **Cofins/CSLL/PIS – retenção – 4,65% –** Essa retenção ocorrerá sobre o valor total do serviço contratado de limpeza, conservação, manutenção, segurança, vigilância, serviços de assessoria e administração em geral e serviços de profissão regulamentada.

c) **ISS – retenção –** Dependendo da atividade desenvolvida pela empresa contratada, a legislação municipal vai exigir que o condomínio realize a retenção e o recolhimento.

d) Verificar as condições especiais quando a empresa for enquadrada no SIMPLES NACIONAL. Lembrar que as empresas que realizam trabalho de portaria não são enquadradas no SIM-PLES NACIONAL.

Veja mais detalhes nas páginas 191-210.

- o **Contratação de MEI (Microempreendedor Individual)** – Deverão ser adotados os seguintes cuidados:
  - a) **INSS** – **encargo patronal** – **20%** – Quando contratar os seguintes serviços: hidráulica, elétrica, pintura, alvenaria, carpintaria e manutenção ou reparo de veículos.
  - b) **Retenções** – Não haverá qualquer tipo de retenção para esse tipo de empresa.

Veja mais detalhes na página 210.

- **Lei Geral de Proteção de Dados – LGPD**

  Esse assunto é tratado pela Lei nº 13.709, de 14 de agosto de 2018, que entrou em vigor a partir de 18 de setembro de 2020 e cujas sanções passaram a vigorar a partir de 1º de agosto de 2021. A Lei trouxe para os condomínios e para as administradoras muitas responsabilidades sobre os dados que são utilizados, sejam eles para elaboração dos boletos de cobrança das quotas ou para o controle de acesso dos próprios moradores, empregados, prestadores de serviços e visitantes. Tem, entre seus objetivos, proteger os direitos fundamentais de liberdade e de privacidade, inviolabilidade da intimidade, da honra e da imagem.

  Os principais dados que devem ser protegidos pelo condomínio são:
  - o **dado pessoal** – informação relacionada a pessoa natural identificada ou identificável (RG, CPF do morador, empregados, visitantes, prestadores de serviços);
  - o **dado pessoal sensível** – biométrico e imagem.

  Segundo a lei, art. 5º, os envolvidos são:
  - o **titular** – "pessoa natural a que se referem os dados pessoais que são objeto de tratamento" (condôminos, possuidores, moradores, prestadores de serviços, empregados ou visitantes);
  - o **controlador** – "pessoa natural ou jurídica, de direito público, a quem competem as decisões referentes ao tratamento de dados pessoais" (condomínio, sendo o responsável o síndico);
  - o **operador** – "pessoa natural ou jurídica, de direito público ou privado, que realiza o tratamento de dados pessoais em nome do contro-

lador" (administradora de condomínios, escritório de contabilidade, empresa de software, prestadores de serviços, como: portaria e vigilância);

o **encarregado** – "pessoa indicada pelo controlador e operador para atuar como canal de comunicação entre o controlador, os titulares dos dados e a Autoridade Nacional de Proteção de Dados (ANPD)" (consiste em "órgão da administração pública responsável por zelar, implementar e fiscalizar o cumprimento desta Lei em todo o território nacional").

O condomínio deverá verificar com atenção quais procedimentos estão sendo adotados para o **tratamento dos dados**, que é "toda operação realizada com dados pessoais, como as que se referem a coleta, produção, recepção, classificação, utilização, acesso, reprodução, transmissão, distribuição, processamento, arquivamento, armazenamento, eliminação, avaliação ou controle da informação, modificação, comunicação, transferência, difusão ou extração".

O síndico deverá, como representante do condomínio, convocar uma assembleia e expor aos condôminos as novas normas referentes à LGPD, que deverão ser aprovadas, e esclarecer que dados como o CPF são necessários para a elaboração dos boletos de cobrança e identificação de visitantes e prestadores de serviço para garantir a segurança do condomínio. Os moradores também deverão ser informados quando há gravação de imagens na entrada do condomínio, bem como quanto tempo elas ficarão nos arquivos antes de serem excluídas. Outra informação que deverá ser comentada na reunião é o tempo que será necessário para que os dados do condômino sejam apagados da base de dados, em caso de venda do imóvel. O mesmo vale para o inquilino quando este se mudar do condomínio.

Deverá, ainda, o síndico solicitar às operadoras que realizem alterações em seus contratos de prestação de serviços, incluindo cláusulas que mencionem as responsabilidades pela recepção dos dados do condomínio e pela segurança destes, backup, como serão enviados os dados no caso de transferência de empresa e prazo para exclusão deles.

A lei é ampla e complexa, sendo recomendado que o síndico e a administradora procurem um especialista na área de Projetos de Conformidade com a LGPD para se acautelarem e implantarem de forma correta todos os procedimentos, evitando as sanções previstas no art. 52, da lei, tais como:

"I – advertência, com indicação de prazo para adoção de medidas corretivas;
[...]
§ 1º As sanções serão aplicadas após procedimento administrativo que possibilite a oportunidade da ampla defesa, de forma gradativa, isolada ou cumulativa, de

acordo com as peculiaridades do caso concreto e considerados os seguintes parâmetros e critérios:

I – a gravidade e a natureza das infrações e dos direitos pessoais afetados;

II – a boa-fé do infrator;

III – a vantagem auferida ou pretendida pelo infrator;

IV – a condição econômica do infrator;

V – a reincidência;

VI – o grau do dano;

VII – a cooperação do infrator;

VIII – a adoção reiterada e demonstrada de mecanismos e procedimentos internos capazes de minimizar o dano, voltados ao tratamento seguro e adequado de dados, em consonância com o disposto no inciso II do § 2º do art. 48 desta Lei;

IX – a adoção de política de boas práticas e governança;

X – a pronta adoção de medidas corretivas; e

XI – a proporcionalidade entre a gravidade da falta e a intensidade da sanção."

A Convenção e o Novo Código Civil

O condomínio vertical ou horizontal tem sua estrutura legal baseada na escritura pública e na convenção particular referentes ao terreno em que se pretende construir o edifício ou o conjunto de casas com unidades autônomas, classificados pela Prefeitura como habitações agrupadas verticalmente (R2.02) e conjunto residencial (R3), segundo a Lei nº 7.805, de 1º de novembro de 1972, atualizada pelas Leis nº 8.001, de 24 de dezembro de 1973, e nº 8.881, de 29 de março de 1979.

Uma vez classificada como R2.02 ou R3, a nova edificação, desde 11 de janeiro de 2003, tem sua fase de construção disciplinada pela Lei nº 4.591/1964, Título II, e sua organização e administração regidas pelo Código Civil e pela Lei nº 4.591/1964, Título I, os artigos que ainda permanecem em vigor.

A primeira administração, na maioria dos casos, é organizada pela própria construtora, que escolhe uma empresa administradora de sua confiança para auxiliar o novo síndico na administração e intermediar na solução dos problemas construtivos encontrados. Somente após a venda legal de no mínimo dois terços das unidades autônomas é que os novos coproprietários, os condôminos, podem alterar a convenção inicial.

A propriedade pode ser dividida em partes iguais ou proporcionais à área que cada um possui, ou ainda pela fração ideal de terreno.

Definições fundamentais

- **Lei nº 4.591/1964** – Resumidamente, pode-se dizer que essa lei era o conjunto de normas que disciplinavam a administração dos condomínios e as incorporações imobiliárias. Possuía caráter genérico e era particularizada através da Convenção do Condomínio. Segundo alguns especialistas, os arts. 1º a 27, pertencentes ao Título I, os quais se referiam à administração de condomínio, foram quase todos revogados, e ficaram sem efeito em função de terem sido mencionados na Nova Lei, mesmo que com algumas alterações. Essa conclusão tem sido deduzida, uma vez que não ficou expressa no texto do Código de 2002. O Título II (arts. 28 a 70), que estabelece regras para as incorporações imobiliárias, não foi abordado pela Nova Lei; portanto, seus artigos continuam válidos.

- **Lei nº 10.406, de 10 de janeiro de 2002 – atual Código Civil** – Lei que substitui o Código de 1916.
- **Condomínio Edilício** – Denominação adotada no Código Civil, Capítulo VII, arts. 1.331 a 1358-U, para referir-se às normas que regulam a administração dos condomínios em edificações, possuindo partes privativas e partes comuns, como imóveis em geral, casas e prédios, separando-os do condomínio geral e do condomínio necessário. O Código de 1916 englobava todas as formas de divisão da propriedade ou os direitos dos coproprietários no Título "Do Condomínio". Essa nova norma entrou em vigor em 11 de janeiro de 2003. Alguns artigos tiveram alterações em suas redações atendendo as seguintes leis: Lei nº 10.931/2004 e Lei nº 12.607/2012. Em 2017 foi incluída nesse capítulo a seção IV – Do Condomínio de Lotes – art. 1.358-A (Lei nº 13.465) e em 2018 houve uma grande alteração pela introdução do Capítulo VII-A – Do Condomínio em Multipropriedade – arts. 1.358-B a 1.358-U (Lei nº 13.777), o qual trará grandes desafios para os gestores, em função da complexidade que envolve a própria definição estabelecida no art. 1.358-C. "Multipropriedade é o regime de condomínio em que cada um dos proprietários de um mesmo imóvel é titular de uma fração de tempo, à qual corresponde a faculdade de uso e gozo, com exclusividade, da totalidade do imóvel, a ser exercida pelos proprietários de forma alternada."
- **Convenção do Condomínio** – Regulamenta a administração e as relações entre os condôminos, tornando-se obrigatória para os titulares de direito sobre as unidades, desde que seja subscrita pelos titulares de, no mínimo, dois terços das frações ideais. Após 11 de janeiro de 2003, todas as convenções elaboradas antes dessa data foram parcialmente afetadas, deixando de ter validade apenas os artigos que confrontam com o Código Civil. Para ter validade legal perante terceiros, a Convenção do Condomínio deve ser registrada no Cartório de Imóveis. Ela pode ser modificada desde que tenha a aprovação de dois terços dos votos dos condôminos.
- **Regimento Interno** – São as normas que regulam, disciplinam o dia a dia, a conduta interna dos condôminos, locatários, ocupantes das unidades e funcionários, para que haja uma convivência harmônica entre as pessoas. Determina, por exemplo, os horários de uso das áreas comuns e como utilizá-las. Hoje, a lei estabelece que o texto do Regimento Interno básico deve fazer parte da Convenção. Foi excluído do Código Civil, em

2004, o item do art. 1.351 que determinava o quórum de dois terços dos votos dos condôminos para a alteração do Regimento, por isso, ele pode ser alterado com o quórum que estiver estabelecido na Convenção. Caso a Convenção seja omissa, esse quórum pode ser definido em uma assembleia especialmente convocada. É recomendado pelo menos 50% + 1 da totalidade dos condôminos, ou massa condominial, e não apenas os presentes em assembleia, para que haja maior representatividade dos interesses. O nome utilizado antes do Código de 2002 era "Regulamento Interno".

- **Fração ideal** – É a parte que não é possível dividir das áreas comuns e de terreno, proporcional à unidade autônoma de cada condômino. Essas informações são encontradas na Convenção, em forma de percentual, fornecida pela construtora que utiliza para o cálculo das frações a NBR 12.721/2006, da ABNT, "Avaliação de custos unitários de construção para incorporação imobiliária e outras disposições para condomínios edifícios – Procedimento". A soma de todas as frações ideais do condomínio é 100,00%. Exemplo: apartamentos-tipo de final 1, 2, 3 e 4 do 1º ao 16º andares com área útil de 93,31 m², área comum de 91,46 m², e área total de 184,77 m², correspondendo à fração ideal de terreno de 1,4243% e o direito ao uso de duas vagas fixas para estacionamento de dois automóveis. Segue abaixo quadro de áreas com a especificação das frações ideais:

Tipos	Nº de unidades	Fração ideal	Total
Aptos. finais 1, 2, 3, 4 do 1º ao 16º	64	1,4243	91,1552
Coberturas 17º	4	2,2112	8,8448
			100,0000

Principais tópicos da Convenção
Cada Convenção deve ser elaborada de acordo com o local a que está se referindo, mas, como obedece ao Código Civil, quase sempre possui os mesmos itens, como os descritos a seguir:

Discriminação das partes exclusivas e de propriedade comum
- discriminar a área que cada um possui em metros quadrados, tanto da parte comum como da autônoma;
- mencionar a porcentagem (%) de fração ideal a que cada um tem direito na área de terreno;
- estabelecer o número de vagas na garagem e seus possuidores etc.

Modo de usar as coisas e os serviços comuns

Será estabelecido pelo Regimento Interno, sendo seus principais itens:

- os direitos e deveres de cada condômino;
- o que é proibido aos condôminos e seus familiares;
- como utilizar elevadores, interfones, salão de festas, piscina, sauna e garagem;
- no descumprimento dos itens anteriores, mencionar as multas e as advertências;
- atribuições dos funcionários.

Mandato e atribuições do síndico, Conselho e subsíndico
Síndico

Representante legal do condomínio, exerce as funções administrativas, podendo delegá-las a outrem, que pode, inclusive, ser contratado externamente (chamado atualmente de síndico profissional), desde que aprovado em assembleia por maioria simples ou porcentagem estipulada na Convenção.

O mandato pode ser remunerado desde que estabelecido em Convenção, na qual serão determinados os benefícios para síndico, subsíndico, conselheiros e seus respectivos valores.

O prazo do mandato é de no máximo dois anos, com direito a reeleição. Conforme o Código Civil – art. 1.349 –, o síndico que tenha praticado irregularidades, não tenha prestado contas ou não tenha administrado convenientemente o condomínio pode ser destituído, em assembleia, pelo voto da maioria absoluta de seus membros.

Conselho

O Código Civil de 2002 determina que pode haver um conselho fiscal, para verificar as contas do condomínio. Composto por três membros, esse conselho deve ser eleito em assembleia, e o prazo do mandato deve ser definido pela Convenção (art. 1.356). O mandato dos conselheiros não é irrevogável, podendo ser destituídos a qualquer tempo pelas assembleias gerais. O Código inovou ao não exigir que os membros do conselho sejam coproprietários.

Subsíndico

Sua principal função é a de substituir temporariamente o síndico, não devendo o período de seu exercício ser superior a trinta dias.

Nos casos de renúncia, destituição, morte ou qualquer outro impedimento do síndico, caberá ao subsíndico convocar a assembleia geral para eleger um novo síndico.

Essa função não está necessariamente contemplada nas Convenções, mas é recomendável que exista. O Código atual é omisso na determinação dessa função, ficando a cargo da Convenção dispor sobre o assunto.

Veja mais detalhes sobre as funções de síndico, subsíndico e conselheiros no capítulo 12.

Prazo e formas de convocação das assembleias

As assembleias especiais, ordinárias ou extraordinárias devem ser convocadas de acordo com a forma prevista na Convenção de Condomínio, para apreciar e deliberar sobre assuntos de interesse do condomínio.

Prazo para a convocação

Em geral, o Edital de Convocação deve ser expedido até oito dias antes da reunião. Nesse Edital devem constar o horário e o local para a primeira e a segunda convocação, assim como o número de presença mínima (quórum) necessário para ter valor legal. Para a primeira convocação, quando não exigir quórum especial, as deliberações serão tomadas por maioria de votos dos condôminos presentes que representem pelo menos metade das frações ideais (art. 1.352). As Convenções anteriores a 11 de janeiro de 2003 devem continuar seguindo os prazos e o quórum que estavam estipulados. A segunda chamada pode deliberar por maioria dos votos presentes, salvo quando exigido quórum especial (art. 1.353).

O tempo entre a primeira e a segunda convocação depende do que está estipulado na Convenção, sendo o mais comum o intervalo de trinta minutos. O artigo a seguir foi extraído de uma Convenção e faz referência ao modo de convocação de uma assembleia. Este texto pode apresentar variações de um condomínio para outro.

> **Art. 32.** As decisões, ressalvados os casos de quórum especial, serão tomadas por maioria simples de votos presentes (metade mais um) e com a presença mínima em primeira convocação de 2/3 dos coproprietários (condôminos), quites em relação às despesas e multas do condomínio, e em segunda convocação, com qualquer número, realizando-se após trinta minutos.

Forma de convocação

Os administradores devem adotar a forma de convocação descrita na Convenção para que as decisões deliberadas em assembleias possam ter respaldo legal.

O Edital de Convocação deve ser entregue a todos os coproprietários por circular assinada pelo síndico e enviada sob protocolo (art. 1.354). Caso o coproprietário more fora do condomínio, a circular deve ser enviada por correio com Aviso de Recebimento (AR). Após o recebimento da convocação, o condômino que não puder participar pode nomear um procurador legalmente constituído para representá-lo.

Para auxiliar os condôminos a não esquecer o dia da assembleia, o síndico pode fixar o Edital de Convocação em local visível.

As assembleias podem ser convocadas:

- pelo síndico;
- pelo subsíndico, quando houver renúncia ou morte do síndico; ou
- por um quarto dos condôminos (art. 1.350, § 1º).

Mesmo que a assembleia ocorra em ambiente 100% virtual ou em modalidade híbrida, a forma de convocação estabelecida pela convenção deverá ser seguida.

Caso algum condômino não tenha sido convocado para uma assembleia, ou a convocação não esteja de acordo com a legislação, ele pode questionar suas deliberações na Justiça. Já a assembleia que aprovar rateio de despesa ou mudanças no Regimento Interno sem que estes fizessem parte do Edital de Convocação da Assembleia é passível de anulação judicial.

Modo de dirigir uma assembleia

Deve-se ter especial atenção com o momento da assembleia para que todo o esforço e a imagem dos administradores não acabem se perdendo em uma confusão inesperada. Alguns cuidados podem ser tomados para que isso seja evitado:

- verificar as condições gerais do local (ventilação e iluminação);
- arrumar a sala, colocando as cadeiras em círculo ou elipse, sem que haja posição dominante;
- transmitir vivacidade em vez de monotonia;
- esforçar-se para que todos os membros se sintam parte do grupo, inclusive apresentando os novos moradores;
- não permitir que haja discussões subjetivas e emocionais, que possam culminar em falta de respeito.

O síndico, após agradecer aos presentes pelo comparecimento e ler a Convocação, dá início aos trabalhos:

- deve ser eleito o presidente da mesa, que escolherá um ou mais secretários para auxiliá-lo na elaboração da ata. Há muitas Convenções que proíbem o síndico de presidir a mesa. O presidente da mesa deve ser calmo, mas ter pulso firme para evitar que haja debates paralelos, discussões não pertencentes à pauta do dia e, principalmente, tumultos que podem culminar em perda do respeito;

- caso haja necessidade, pode, nesse momento, ser escolhido também um outro morador para auxiliar na contagem dos votos;
- após a formação da mesa, os presentes devem assinar o Livro de Presença;
- nesse momento, a mesa recolhe as procurações, verificando se estão de acordo com a lei;
- as procurações com poderes limitados serão arquivadas e as com amplos poderes serão devolvidas no final da reunião, devendo o morador deixar uma cópia com a administração;
- os condôminos em débito com o condomínio não podem participar das assembleias nem votar nas deliberações (art. 1.335, III). Embora faça parte do Código, dependendo do assunto que será decidido, é importante que o inadimplente possa votar, o que evita que ele entre na Justiça por sentir seu direito de propriedade ameaçado. Exemplos: assembleia que decidirá sobre alteração da Convenção, construção de outro edifício, compra de terreno para a ampliação das vagas de garagem.

As procurações pelas quais o condômino ausente transmite a outra pessoa os poderes para, em seu nome, praticar atos como votar ou administrar interesses, podem ser utilizadas nas assembleias; para isso, tal documento deve ter firma reconhecida em cartório, ser datado e especificar sua finalidade, bem como a designação e a extensão dos poderes estabelecidos (art. 654).

As Convenções mais recentes, a fim de evitar a imposição de interesses de poucos em detrimento da maioria, estabelecem, por exemplo, o uso de no máximo duas procurações por condômino e proíbem seu uso pelo síndico, subsíndico e conselheiros em assembleias de eleição, aprovação de contas e obras, ou seja, quando pode haver algum tipo de interesse.

As deliberações das assembleias

As decisões referentes aos assuntos que exigem quórum específico, como é o caso de alteração do Regimento Interno e de mudança na área comum, devem seguir rigorosamente o que está determinado na Convenção e no Código Civil. Mais adiante neste capítulo serão exemplificados os principais quóruns específicos ou especiais.

Para as decisões que não exigem quórum especial, basta a maioria simples de votos presentes (metade mais um) dos condôminos quites em relação às despesas e multas do condomínio.

Está determinado que os votos são proporcionais às frações ideais do terreno e partes comuns pertencentes a cada condômino (art. 1.352, parágrafo único). Isso significa que há um peso diferente para cada voto. As Convenções anteriores ao Código de 2002 podem determinar que cada unidade corresponda a um voto.

Não existe na legislação um procedimento para votação, sendo válidos desde a manifestação oral até o voto secreto.

Votação secreta – Caso seja estabelecido pela Convenção que os votos são proporcionais às frações ideais, e os condôminos presentes na assembleia optarem pelo voto secreto, para torná-lo legal, deve-se estabelecer a mesma ponderação definida para cada unidade. Para facilitar a apuração, os votos podem ser colocados em urnas distintas e apurados separadamente ou, antes da votação, podem ser classificados por categorias, por exemplo A, B e C, sendo que cada categoria corresponde a uma fração específica.

Para condomínios com muitas unidades, é possível utilizar equipamentos, uma espécie de urna eletrônica, que são locados para assembleias específicas e que apresentam os resultados imediatamente, dispensando a necessidade de muitos secretários na hora da apuração dos votos.

Todas as deliberações importantes devem ser registradas em ata e, se possível, redigidas no decorrer dos trabalhos. Antes do término da assembleia, o secretário realiza a leitura do rascunho, e os condôminos a aprovam totalmente ou solicitam alteração para que ata reflita exatamente as deliberações ocorridas. Esse rascunho será a base para a redação final.

Para auxiliar na redação da ata e evitar questionamentos sobre o seu teor, recomenda-se que as assembleias sejam gravadas.

As decisões tomadas por meio de assembleias só podem ser anuladas judicialmente ou por deliberação em outra assembleia, ficando os condôminos ausentes e regularmente convocados obrigados a cumpri-las, perdendo o direito de questioná-las.

As deliberações devem ser comunicadas aos condôminos por meio de ata, geralmente nos oito dias seguintes à realização da assembleia, conforme estabelecido em Convenção. É recomendado que a ata seja registrada em cartório de Registro de Títulos e Documentos. Embora não haja a exigência legal para o registro de todas as atas, é prudente que o síndico o faça, evitando possível perda do histórico do condomínio em caso de extravio do livro de atas. Costuma ser exigido, principalmente pelos bancos, o registro da ata de eleição do síndico.

Tipos de assembleia

A assembleia é a autoridade, o órgão supremo no condomínio. É considerada soberana quando suas deliberações não confrontem com a lei ou qualquer norma legal. Ela tem poder "deliberativo", quando decide sobre assuntos administrativos, e poder "legislativo", quando dita normas. Sua denominação varia de acordo com a finalidade a que se destina, devendo seguir um critério específico para cada tipo.

Assembleia geral especial

É realizada em casos especiais definidos em lei, como:

- a ocorrência de sinistro total ou que destrua mais de dois terços da edificação;
- para que seja tomada decisão sobre demolição e reconstrução da edificação, ou a alienação do imóvel, quer por motivos urbanísticos, arquitetônicos, quer em virtude da condenação da edificação em razão de insegurança ou insalubridade.

Assembleia geral extraordinária

É realizada sempre que há necessidade, convocada pelo síndico ou por um quarto dos condôminos, que devem assinar o Edital de Convocação da Assembleia. Deve-se sempre adotar o que está estipulado na Convenção.

Geralmente as deliberações devem ter a maioria dos presentes com direito ao voto, salvo as matérias que exijam quórum específico, como modificação da Convenção, destituição do síndico, vazamentos, entupimentos, compra de interfone, automação dos portões, compra de móveis para o salão de festas, alteração de fachada, pintura do prédio etc.

Nas obras que beneficiam exclusivamente os proprietários do imóvel, os inquilinos podem participar das assembleias desde que possuam procuração legalmente constituída. O rateio dessas despesas será pago pelos proprietários. Mais detalhes no capítulo 9.

Como o total desses gastos geralmente é alto e envolve análise e discussão de diversos orçamentos, é interessante contar com a participação dos moradores, não só na assembleia, mas por meio de uma comissão de obras, os quais também podem trazer orçamentos, que atendam a um escopo da obra previamente aprovado, como em uma licitação pública. Esse tipo de atitude proporciona transparência às decisões e com certeza custo mais justo, pois há uma variação muito grande nos preços de mercado.

Assembleia geral ordinária

É realizada uma vez por ano, geralmente no primeiro trimestre. As principais finalidades são: apresentação e aprovação da prestação de contas do exercício que se encerrou e aprovação das verbas destinadas a cobrir as despesas normais necessárias ao funcionamento do condomínio no próximo exercício. Exemplo: despesas com salários, água, luz, elevadores, material de limpeza etc.

Nessas assembleias, os inquilinos podem participar, inclusive com o voto, sem haver necessidade de procuração e desde que o proprietário esteja ausente.

Outra finalidade desse tipo de assembleia é eleger o síndico, o subsíndico e o Conselho e tratar de outros assuntos de interesse geral dos condôminos. Para esse caso específico, os inquilinos podem votar mediante a apresentação de procuração, caso o proprietário não compareça (Lei nº 8.245/1991, art. 83).

Quórum para os diversos tipos de votação

Quórum – Para que uma assembleia tenha validade legal, é necessário um número mínimo de moradores presentes. Esse número é definido pela lei ou estipulado na Convenção do Condomínio.

O Código Civil atual traz fundamentos quantitativos distintos para a votação de vários assuntos. As bases encontradas são: dois terços das frações ideais (art. 1.333); dois terços dos condôminos (art. 1.341, I); maioria dos condôminos (art. 1.341, II); unanimidade dos condôminos (art. 1.343); maioria absoluta dos membros da assembleia (art. 1.349); um quarto dos condôminos (art. 1.350, § 1º); maioria dos votos dos presentes (art. 1.353) e metade mais uma das frações ideais (art. 1.357). É importante ressaltar que, quando o Código Civil especifica "voto dos condôminos", quer dizer que deve ser considerada a totalidade da massa condominial e não apenas os que estiverem presentes em assembleia.

Os quóruns principais são:

* **aprovação de Convenção** – subscrita pelos titulares de, no mínimo, dois terços das frações ideais (art. 1.333);
* **alteração da Convenção** – depende da aprovação de dois terços dos votos dos condôminos (art. 1.351);
* **o condômino que realizar obras que comprometam a segurança, a forma, a cor da fachada, a destinação, prejudicar o sossego ou os bons costumes pode ser multado em até cinco vezes o valor das contribuições** – caso essa disposição não esteja expressa

em Convenção, cabe à assembleia geral, por dois terços no mínimo dos condôminos restantes, deliberar sobre o assunto (art. 1.336, § 2º);

- **o condômino que não cumprir reiteradamente seus deveres está sujeito a aplicação de multa em até cinco vezes o valor do condomínio** – após deliberação de assembleia que reúna três quartos dos condôminos restantes (art. 1.337);
- **o condômino, ou possuidor (aquele que mora no imóvel), que tiver comportamento antissocial pode ser multado em até dez vezes o valor do condomínio** – após deliberação de assembleia que reúna três quartos dos condôminos restantes (art. 1.337, parágrafo único). A definição de antissocial é subjetiva e pode variar de condomínio para condomínio, por exemplo: chegar bêbado e sujar as áreas comuns do condomínio; usar droga nas áreas comuns; brigas ameaçadoras e ruidosas com os familiares; agredir funcionários do prédio; realizar com frequência festas barulhentas. Para poder aplicar essa multa é necessário definir em uma assembleia anterior quais são os comportamentos considerados antissociais;
- **obras voluptuárias** – são mero deleite ou recreio, que não aumentam o uso habitual do bem, ainda que o tornem mais agradável ou sejam de elevado valor (art. 96, § 1º), como: substituição do piso do *hall* de entrada de porcelanato para mármore italiano; vaso chinês, tapete persa. É exigido o voto de dois terços dos condôminos (art. 1.341, I);
- **obras úteis** – são as que aumentam ou facilitam o uso do bem (art. 96, § 2º), por exemplo: instalação de cobertura da entrada do edifício até o *hall* para evitar que o morador se molhe ou tome sol; aquecimento da piscina. O Código exige que haja o voto da maioria dos condôminos (art. 1.341, II);
- **obras necessárias** – são as que têm como finalidade conservar o bem ou evitar que este se deteriore (art. 96, § 3º), tais como manutenção das bombas de recalque e troca parcial de encanamentos corroídos pela ferrugem. Podem ser realizadas pelo síndico independentemente da realização de assembleia (art. 1.341, § 1º). Caso os reparos necessários sejam urgentes e resultem em despesas excessivas, determinada sua realização, o síndico precisa levar o assunto à assembleia, que deve ser imediatamente convocada (art. 1.341, § 2º). Não sendo urgentes e importando em gastos elevados, somente podem ser realizadas após autorização da assembleia, que deve ser especialmente convocada pelo síndico (art. 1.341, § 3º);
- **construção de outro pavimento, ou, no solo comum, de outro edifício** – depende da aprovação da unanimidade dos condôminos (art. 1.343);
- **destituição do síndico** – maioria absoluta dos membros da assembleia. Deve ocorrer uma convocação especial para esse fim. O síndico precisa

ter praticado irregularidades, não ter prestado contas ou não ter administrado convenientemente o condomínio (art. 1.349). Na própria convocação para a destituição devem ficar claros os motivos;

- **convocação de assembleia geral** – pode ser convocada pelo síndico ou por um quarto dos condôminos. Caso a assembleia não se reúna, o juiz decidirá, a pedido de qualquer condômino (arts. 1.350, § 1º, e 1.355);
- **mudança de destinação do edifício ou unidade imobiliária** – depende da unanimidade dos condôminos (art. 1.351);
- **primeira convocação** – ocorre por maioria de votos dos condôminos presentes que representem pelo menos metade das frações ideais (art. 1.352);
- **segunda convocação** – pode deliberar por maioria dos votos dos presentes, salvo quando exigido quórum especial (art. 1.353);
- **reconstrução ou venda da edificação quando houver destruição total ou parcial** – metade mais uma das frações ideais (art. 1.357).

Assembleias com votação eletrônica e virtuais

O Projeto de Lei nº 548/2019, aprovado pela Comissão de Constituição, Justiça e Cidadania (CCJ) e que aguarda votação pela Câmara dos Deputados, traz uma importante proposta para a modificação na forma de se realizar uma assembleia, principalmente para as assembleias que exigem quóruns elevados, como: alteração da convenção – quórum de 2/3 que represente a totalidade da massa condominial e não apenas os presentes na assembleia; obras que alterem a área comum de forma significativa, tais como: construção de uma piscina em uma área que era apenas jardim – quórum de 2/3 da totalidade; e compra de terreno vizinho ao condomínio para ampliação do número de vagas – quórum de 100%. É preciso acompanhar a movimentação do PL.

Segundo projeto, **art. 1.353-A** – "Quando o quórum especial, acaso exigido pela lei não for alcançado nas convocações presenciais, a correspondente deliberação poderá ser tomada posteriormente, mediante votação eletrônica dos condôminos, em segmento virtual da reunião, desde que:

> I – tal possibilidade tenha sido explicitada no instrumento de convocação da assembleia;
>
> II – seja disponibilizado a todos os condôminos, anteriormente à colheita de seus votos, o inteiro teor da ata parcial, relativa ao segmento presencial da reunião da assembleia, do qual deverão constar a transcrição circunstanciada de todos os argumentos então esposados acerca da matéria a ser submetida à deliberação e informações acerca do modo como se procederá à votação e do período em que ela deverá ocorrer;

III – a administração do condomínio disponibilize aplicação de internet ou outro expediente eletrônico idôneo que permita a cada condômino votar individualmente, mediante senha de acesso, justificar o teor do voto, caso queira, e ter acesso de forma contínua, imediatamente após o registro de cada manifestação, ao teor do voto e da eventual justificação dos demais condôminos, singularmente identificados por seu nome e pela respectiva unidade imobiliária.

§ 1º Somente após o cômputo dos votos eletrônicos e presenciais e a publicação de seu somatório, a reunião da assembleia será dada por encerrada, e os respectivos acréscimos, referentes exclusivamente à deliberação eletrônica, serão feitos à ata da assembleia, a que se dará, assim, sua redação final.

§ 2º Se não houver proibição expressa na convenção, a assembleia poderá, alternativamente, por maioria simples, autorizar a coleta individualizada, dentro de prazo não superior a 30 (trinta) dias, do voto dos condôminos ausentes, ainda que sem utilização de meio digital, desde que lhes seja apresentada ata da assembleia contendo o detalhamento dos pontos de vista acerca da questão em deliberação."

Com a pandemia, foi aprovada a Lei nº 14.010/2020, que trouxe nos seus artigos 12 e 13 opções para a realização de assembleias de forma virtual.

Art. 12. A assembleia condominial, inclusive para os fins dos arts. 1.349 e 1.350 do Código Civil, e a respectiva votação poderão ocorrer, em caráter emergencial, até 30 de outubro de 2020, por meios virtuais, caso em que a manifestação de vontade de cada condômino será equiparada, para todos os efeitos jurídicos, à sua assinatura presencial.

Parágrafo único. Não sendo possível a realização de assembleia condominial na forma prevista no *caput*, os mandatos de síndico vencidos a partir de 20 de março de 2020 ficam prorrogados até 30 de outubro de 2020.

Art. 13. É obrigatória, sob pena de destituição do síndico, a prestação de contas regular de seus atos de administração.

Embora o prazo para a realização das assembleias virtuais tenha findado em 30 de outubro de 2020, e mesmo que o governo não prorrogue essa data, as assembleias virtuais e híbridas (em que parte dos condôminos participam de forma virtual, e parte, de forma presencial) vieram para ficar, proporcionando a participação do condômino de qualquer parte do planeta. Especialistas acreditam que, caso a convenção não traga de forma expressa a proibição, elas poderão ocorrer seguindo todos ritos previstos para as assembleias presenciais, conforme determina o Código Civil e a própria convenção do condomínio.

O edital de convocação deverá conter obrigatoriamente:

- Aviso expresso se a assembleia será presencial, 100% virtual ou híbrida;
- As pautas com os assuntos que serão tratados;
- Informação sobre qual plataforma será utilizada, no caso de assembleia 100% virtual ou híbrida, e apresentar o passo a passo para a sua utilização, com login e senha de acesso individual, visando dar legitimidade ao processo;
- Explicação de como será o processo, deixando claro que cada unidade terá direito a um voto em cada pauta.

É recomendável proporcionar oportunidade para treinamento antes da assembleia, de modo que os condôminos que não estiverem habituados a utilizar a internet possam descobrir as facilidades desse tipo de assembleia. A plataforma deverá ser de fácil interação, além disso, é necessário prestar especial atenção na elaboração da ata com os documentos apresentados na assembleia, viabilizando o registro em cartório sem nenhum tipo de problema.

Resumo dos tipos de assembleia e quórum

Para facilitar a compreensão dos diferentes tipos de assembleia e quórum, foi elaborado um resumo que atende à maioria das convenções, podendo, entretanto, divergir do texto de uma Convenção específica.

É importante lembrar que os proprietários podem ser representados por procurações legalmente constituídas, não sendo necessária sua presença física. Já os inquilinos podem votar sem procuração nas assembleias que envolvam despesas ordinárias. Para validarem seus votos em outras assembleias, necessitam de procuração dos proprietários.

As Convenções modernas proíbem o voto do síndico, do subsíndico e dos conselheiros, inclusive por meio do uso de procurações, em alguns assuntos, como na eleição, na aprovação de contas e no orçamento.

Formas para a constituição do fundo de reserva

Fundo de reserva – É a parcela do condomínio paga pelos coproprietários para atender as despesas urgentes e inadiáveis não previstas no orçamento e de necessidade comprovada. Exemplo: reparos nos elevadores, impermeabilização da caixa-d'água, conserto de infiltrações e vazamentos etc.

Há várias formas de se canalizar recursos para a manutenção de um fundo de reserva, devendo-se observar o que está estipulado em Convenção. As principais são:
- os juros moratórios e as multas cobradas dos condôminos;
- 20% do saldo verificado no orçamento de cada exercício;
- 10% da contribuição trimestral de cada condômino;

- receitas provenientes da utilização do salão de festas.

Para facilitar o controle e a prestação de contas, é recomendado que sejam mantidos no fundo de reserva os valores que serão destinados a cobrir as emergências provenientes das despesas ordinárias e classificar como fundo de obras ou benfeitorias aqueles que vão cobrir as despesas extraordinárias não pagas pelos inquilinos, tais como impermeabilização da área comum, pintura das fachadas etc.

Não há no atual Código Civil qualquer artigo que mencione o Fundo de Reserva, deixando a cargo da Convenção a forma de constituir um e o limite para os depósitos.

Tipos de assembleia e quórum

Tipos de Assembleia	Principais finalidades	Quórum	Artigo do Código Civil
Ordinária	• aprovação de contas • eleição de síndico • previsão orçamentária • alteração do Regimento Interno	maioria dos presentes • de acordo com a convenção ou estabelecido em assembleia	• art. 1.350
Extraordinária	• aprovação da Convenção	• subscrita pelos titulares de no mínimo dois terços das frações ideais	• art. 1.333
Extraordinária	• alteração da Convenção	• dois terços dos votos dos condôminos	• art. 1.351
Extraordinária	• troca de motor do elevador (obra necessária, urgente e com gasto excessivo)	maioria dos presentes	• art. 1.341, § 2º
	• pintura da fachada (obra necessária, não urgente e com gasto excessivo)		• art. 1.341, § 3º
	• automação dos portões (obra útil)	• maioria dos condôminos	• art. 1.341-II
	• compra de quadros de Picasso para o *hall* (obra voluptuária)	• dois terços dos condôminos	• art. 1.341-I
Não é necessário Assembleia	• manutenção da bomba de água que queimou (obra necessária, gasto pequeno)	–	• art. 1.341, § 1º
Especial Extraordinária	• construção de outro pavimento • mudança de destino	unanimidade dos condôminos	• art. 1.343 • art. 1.351
Especial Extraordinária	• reconstrução por destruição parcial ou total	• metade mais uma das frações ideais	• art. 1.357

A classificação das obras pode divergir de um condomínio para o outro, ou seja, a que é útil para um pode ser voluptuária para outro.

Das penalidades

A falta de cumprimento ou inobservância de qualquer das estipulações da Convenção e do Regimento Interno torna o condômino infrator passível de advertência escrita feita pelo síndico, e se não for atendida no prazo estipulado, o condômino pode ser multado em um valor estipulado em Convenção.

Após 11 de janeiro de 2003, a alteração do percentual de multa cobrada pelo pagamento em atraso das cotas condominiais foi um assunto muito debatido. A Lei nº 4.591/1964 previa o limite de até 20% sobre o valor do condomínio, sendo esse percentual adotado pela maioria das Convenções. O Código de 2002 adverte, em seu art. 1.336, § 1º, que "o condômino que não pagar a sua contribuição ficará sujeito aos juros moratórios convencionados ou, não sendo previstos, os de um por cento ao mês e multa de até dois por cento sobre o débito". Além da multa e dos juros farão parte da cobrança do inadimplente a correção monetária e honorários de advogado:

> **Art. 395.** Responde o devedor pelos prejuízos a que sua mora der causa, mais juros, atualização dos valores monetários segundo índices oficiais regularmente estabelecidos, e honorários de advogado.

As multas referentes ao não cumprimento da Convenção e do Regimento Interno estabelecidas nas antigas Convenções continuam válidas, não podendo ultrapassar em cinco vezes o valor do condomínio. Porém, a Nova Lei determina que, se não estiver expresso esse percentual em Convenção, somente poderá ser cobrado se aprovado em assembleia, por dois terços, no mínimo, dos condôminos restantes (art. 1.336, § 2º).

O Código inovou ao prever punição para o condômino ou proprietário que não cumprir reiteradamente com os seus deveres e para o que apresentar comportamento antissocial. No primeiro caso, a multa não poderá ser superior a cinco vezes o valor do condomínio, sendo necessária a aprovação em assembleia de três quartos dos condôminos restantes. Já no segundo caso, a multa poderá chegar até dez vezes o valor do condomínio, sendo necessária a realização de assembleia, composta de três quartos dos condôminos restantes, para aprovar a ação adotada pelo síndico (art. 1.337).

Mesmo constando da Convenção e do Regimento Interno os critérios para aplicar a multa, recomenda-se que existam testemunhas comprovando o fato e que seja dada oportunidade para que o morador se defenda em assembleia, evitando a falta de pagamento da multa, ou, ainda, quando for cobrado judicialmente, não alegue ter sido injustiçado e não ter tido direito a defesa.

O texto do atual Código Civil referente ao Condomínio Edilício pode ser encontrado no capítulo 15, e o seu comentário, no capítulo 17.

4

Tipos de administração

O síndico e os moradores podem escolher a forma de administrar o condomínio levando em conta as suas expectativas tanto de ordem financeira como funcional.

Com o auxílio de administradoras

As funções administrativas podem ser delegadas a uma pessoa de confiança do síndico, e sob a sua inteira responsabilidade, mediante aprovação da assembleia geral, conforme art. 1.348, §§ 1º e 2º. A empresa contratada será parceira do síndico, integrará a equipe, sempre visando ao melhor atendimento às expectativas dos moradores.

Os condôminos não podem interferir ou dar ordens para a administradora; isso deve ser feito apenas pelo síndico.

O valor do serviço irá variar de acordo com a complexidade do condomínio e dos serviços contratados. Hoje, a maioria das empresas cobram taxas fixas mensais, reajustadas anualmente e não um percentual sobre o total das despesas ordinárias mensais. O contrato da empresa poderá mencionar as seguintes atribuições:

- convocar as assembleias gerais, seguindo o que estabelece a Convenção;
- executar a deliberação das assembleias;
- distribuir cópias das atas, comunicando a todos os condôminos as deliberações das assembleias;
- manter atualizado o cadastro dos condôminos;
- providenciar os orçamentos das despesas e levar à assembleia para aprovação;
- realizar todos os controles contábeis;
- executar e enviar com antecedência as quotas condominiais ordinárias e extraordinárias aprovadas por assembleia geral;
- auxiliar o síndico na contratação dos seguros da edificação ou conjunto de edificações;
- pagar as despesas do condomínio, quando autorizadas, e desde que haja fundos suficientes na conta-corrente;

- administrar os funcionários do condomínio, disciplinando, suspendendo, admitindo e demitindo, dentro da legalidade, junto aos órgãos competentes, com a elaboração de guias de INSS, FGTS, PIS, IR. Elaborar folha de pagamento, férias e rescisões;
- comprar todos os materiais necessários ao condomínio;
- contratar serviços de empresas conservadoras;
- providenciar o funcionamento dos aparelhos e serviços comuns;
- prestar assessoria jurídica ao condomínio, trabalho que envolve análise de contratos, cobrança dos inadimplentes, proposição de ação judicial ou defesa do condomínio quando este for citado como réu. É aconselhável que os advogados possuam escritório independente da administradora;
- propor reformas que preservem o patrimônio, principalmente relacionada à segurança;
- atender a determinações da LGPD – Lei nº 13.709, de 14 de agosto de 2018, que entrou em vigor em 1º de agosto de 2021, como sendo operador que realiza o tratamento de dados pessoais em nome do controlado. A lei é ampla e complexa, sendo recomendado que a empresa procure um especialista na área de Projetos de Conformidade com a LGPD para se acautelar e implantar de forma correta todos os procedimentos, evitando as sanções previstas no art. 52 da lei;
- manter sempre atualizados os relatórios e toda a documentação, podendo a qualquer momento prestar contas ao síndico.

Existem vários tipos de contrato de serviço, havendo a possibilidade de que algumas tarefas fiquem com o síndico, como a administração dos recursos financeiros, compra de materiais, pesquisa de mercado para futuras obras.

Segundo o Código de Conduta: Princípios básicos para profissionais e empresas administradoras de condomínios, lançado em outubro de 2020 pelo GEAC (Grupo de Excelência em Administração de Condomínios) do CRA-SP*, é "Importante lembrar que, havendo na Administradora um departamento jurídico, este é para seus assuntos internos, não cabendo representação de terceiros (condomínios) ou mesmo constar em contrato como diferencial, uma vez que sua utilização é exclusiva da Administradora e não dos seus clientes".

O Código lembra ainda que: "O assessoramento jurídico para o condomínio, seja para ações de cobrança administrativa extrajudicial ou judicial, ações trabalhistas, ou outras ações que envolvam o condomínio, deverá ser feito por um escritório de advocacia totalmente independente da empresa administradora,

---

* O Código de Conduta está disponível em: <https://crasp.gov.br/centro/site/home/livros?-template=lista_arquivos2&categoria=livros>.

atendendo às determinações do Código de Ética e Disciplina da OAB, art. 5º em que: "O exercício da advocacia é incompatível com qualquer procedimento de mercantilização", e art. 7º, em que: "É vedado o oferecimento de serviços profissionais que impliquem, direta ou indiretamente, inculcação ou captação de clientela". A falta de cumprimento dessas determinações poderá acarretar ao profissional advertência em processo disciplinar pela OAB. O Estatuto da Advocacia e a Ordem dos Advogados do Brasil (OAB) reforça a importância do trabalho independente baseado na Lei nº 8.906/94, art. 1º, § 3º em que: "É vedada a divulgação de advocacia em conjunto com outra atividade". Já o art. 16, da mesma Lei, enfatiza que: "Não é admitido o registro nem podem funcionar todas as espécies de sociedades de advogados que apresentem forma ou características de sociedade empresária, que adotem denominação de fantasia, que realizem atividades estranhas à advocacia". No § 3º do mesmo artigo é mencionado que: "É proibido o registro, nos cartórios de registro civil de pessoas jurídicas e nas juntas comerciais, de sociedade que inclua, entre outras finalidades, a atividade de advocacia".

Cuidados na escolha da administradora

- É aconselhável que sejam consultadas pelo menos três empresas e que seja feito o levantamento cadastral completo, visando saber como a empresa está perante o mercado, se possui ações, e de que tipo, e se sofreu denúncias a órgãos de defesa do consumidor e até mesmo no *site* do Reclame Aqui. Nessa análise também veja se a Classificação Nacional de Atividade Econômica (CNAE), mencionada no CNPJ da empresa, corresponde ao código 6822-6/00, indicado para administração de condomínios prediais, residenciais e comerciais. Essa opção sinaliza ao mercado que a empresa está oficialmente comprometida com o trabalho de administração de condomínio.
- Avaliar se a empresa escolhida para ser parceira do síndico e compor a equipe administrativa é registrada no CRA (Conselho Regional de Administração) e se especifica no objeto do contrato de prestação de serviço "Administração de condomínios" e não outras atividades, como "Processamento de dados" ou ainda "Serviços de auxílio ao síndico". Esse cuidado é importante para dar maior garantia ao síndico de que está dividindo as responsabilidades da gestão com uma empresa habilitada legalmente, tendo como respaldo o Conselho de Ética do CRA.
- Verificar se a empresa tem comprometimento em atender todas as exigências legais e normativas, além de atualizar-se constantemente.
- Observar se a empresa visita o condomínio periodicamente, ou somente nas assembleias contratadas, utilizando o telefone e o e-mail para o acompanhamento.

- Solicitar informações sobre seu sistema de trabalho. Não é recomendável optar por uma administradora somente por ter nome no mercado ou preço baixo. Tanto o síndico como os moradores precisam se conscientizar que para poder contar com um trabalho de qualidade, em que a empresa assume as responsabilidades sobre a gestão, como parceira, tendo total controle de todos os processos, cumprindo todas as exigências legais, inclusive propondo redução de custos e benfeitorias, o preço do serviço provavelmente será superior à média de mercado. Veja mais detalhes de uma boa gestão no capítulo 15.

- Recomenda-se que o síndico, antes de contratar a empresa, visite alguns condomínios para os quais ela presta serviço e converse com o síndico e com os moradores.

- O síndico deve saber como serão geridos os recursos, dando preferência às administradoras que trabalhem com contas bancárias separadas e em nome do condomínio. No caso de os recursos serem administrados pelo sistema de conta *pool*, o dinheiro do condomínio será depositado na conta da administradora, dificultando, portanto, a transparência e o controle através de extratos e a identificação dos resultados das aplicações.

- Solicitar um modelo de demonstrativo financeiro elaborado pela administradora e, por meio dele, verificar se o período demonstrado abrange o mesmo que o condomínio utiliza para o controle de suas contas, ou seja, desde o primeiro dia do mês até o dia trinta ou trinta e um.

- Enfatizar em contrato que as despesas mensais serão pagas pela administradora somente após autorização do síndico.

- Verificar o número de assembleias a que a administradora comparece sem custo adicional ao contrato.

- Sempre firmar contrato escrito, em que devem constar todas as informações sobre o procedimento e os percentuais cobrados a título de honorários advocatícios, no caso de haver condôminos inadimplentes e também para a assessoria jurídica em geral, se for o caso. Recomenda-se que o advogado seja contratado diretamente pelo condomínio. No contrato deverá ser destacado o valor dos honorários e os percentuais, que variam de acordo com cada profissional e as necessidades de cada condomínio. O advogado pode cobrar um valor fixo mensal e, além disso, um percentual sobre o valor efetivamente recebido nas ações concluídas extrajudiciais e judiciais. Outra forma é contratar apenas o pagamento dos honorários no final de cada ação (sempre firmado em contrato), que poderá ser pago totalmente pelo condomínio ou pelo devedor. É importante mencionar que os honorários referentes à sucumbência pertencem ao advogado da parte vencedora e podem ser descontados do percentual a que o advogado do condomínio tem a receber, desde que isso seja estipulado em contrato. Existe ainda a modalidade "ad exitus" na qual é estabelecido um percentual ou valor que será pago ao advogado, somente se ele obtiver resultado favorável na ação.

- Verificar com bastante atenção se todos os pagamentos aos fornecedores e as guias de recolhimentos dos impostos e taxas estão autenticados pela rede bancária, sendo aconselhável o levantamento periódico do relatório de pendência junto aos órgãos competentes e também o levantamento nos cartórios de protestos. Hoje, muitos comprovantes são facilmente obtidos pela internet, sendo que alguns necessitam do certificado digital.
- Observar no contrato se a administradora se responsabiliza pelos erros cometidos por ela, inclusive reembolsando o condomínio por multas ou despesas provenientes de pagamentos em atraso.
- Questionar quais serão os valores adicionais cobrados mensalmente pela empresa, além do estipulado como taxa administrativa, evitando ter surpresas com cobranças como cópias, taxas por emissão de boleto, serviço para o registro de ata e acompanhamento tributário referente aos terceiros.
- Visitar a administradora para avaliar suas condições de operação e suas instalações.
- Pedir uma lista dos clientes da administradora com nomes e telefones.

Hoje a maioria das administradoras oferece para o síndico, conselheiros e moradores o acompanhamento de todo o trabalho realizado pela empresa de forma on-line, disponível em seu *site*, com senha de acesso para cada morador, inclusive os Demonstrativos Financeiros e as Pastas de Prestações de Contas, chamadas pastas virtuais. Esse meio de demonstrativo é importante para dar maior transparência à gestão, pois facilita o acesso de todos às informações. No entanto, é importante que o síndico tenha também a pasta física mensal, com todos os documentos que foram utilizados para a elaboração do Demonstrativo Financeiro. Em alguns casos, o próprio síndico já envia para a administradora os documentos, como notas fiscais de compra e serviços, já digitalizados, sendo então necessário que a administradora inclua na pasta os documentos gerados por ela, como: folha de pagamento, guias de recolhimentos e boletos.

Caso o condomínio decida mudar de administradora ou esta não queira mais atuar no mercado, é importante que conste em contrato que todos os dados e documentos que fazem parte do arquivo do condomínio (mencionados no capítulo 5 do livro) – como cadastro de moradores, documentos digitalizados, movimento da inadimplência e extratos bancários – serão entregues ao condomínio e repassados de uma forma que possam ser acessados, manipulados e visualizados, para que outra empresa possa utilizá-los a fim de dar continuidade ao trabalho sem precisar começar do zero e sem que o condomínio perca todo o seu histórico.

Síndicos profissionais

Por ser nova, não se tem ainda esclarecimentos legais sobre a possibilidade de regulamentação da atividade de síndico profissional ou síndico externo, o que ocasiona vários debates sobre o tema. Segundo o Código Civil, art. 1.347: "A assembleia escolherá um síndico, que poderá não ser condômino, para administrar o condomínio, por prazo não superior a dois anos, o qual poderá renovar-se".

O síndico profissional ou externo possui as mesmas responsabilidades de um síndico morador (conforme apontamento realizado a partir da página 43), e a demanda por essa função tem crescido devido à falta de tempo, de interesse ou até de capacidade dos moradores em se tornarem síndicos, principalmente nos condomínios comerciais. Por meio desse trabalho, muitos condomínios têm conseguido ótimos resultados, uma vez que há mais dedicação, qualidade nos serviços, independência nas ações, por não possuir nenhum vínculo com os moradores, e maior profissionalismo. Ao optarem pela escolha de um síndico profissional, os condôminos devem analisar o currículo do profissional, sendo necessário que a pessoa tenha noções de contabilidade, legislação trabalhista e tributária relacionadas ao condomínio, aplicações financeiras, retorno de investimento, normas específicas da ABNT que se aplicam aos condomínios e manutenção predial. Além disso, deve-se realizar um levantamento pessoal (verificação de cartórios de protesto, ações na justiça e Receita Federal) e exigindo que, caso ele não tenha uma empresa, tenha inscrição na Prefeitura e no INSS, evitando que o condomínio tenha que fazer as inscrições nos órgãos competentes.

Na assembleia de eleição, buscando criar um diferencial para o seu trabalho, alguns síndicos profissionais já deixam claro que possuem "Seguro de Responsabilidade Civil Profissional (E & O – Erros e Omissões), que cobre danos causados de forma involuntária a terceiros no exercício da profissão e garante o reembolso a eventuais indenizações por danos corporais ou materiais que forem causados sem intenção. Dá, ainda, suporte tanto na esfera judicial quanto na financeira, de acordo com o que estiver previsto na apólice.

Se o síndico for um autônomo, contribuinte individual, haverá a necessidade do recolhimento, pelo condomínio, dos 20% sobre seus honorários e o desconto de 11%, respeitando o critério e o limite máximo estabelecido pelo INSS. Para efetuar esse recolhimento ao INSS, é necessário que o síndico forneça o número de inscrição dele no INSS ou no PIS. Com relação ao ISS, deve-se verificar junto à Prefeitura do município se o código de atividade inscrito exige que seja feita a retenção para posterior recolhimento.

Veja, a seguir, um exemplo de recolhimento de INSS do síndico profissional autônomo, Pessoa Física, que possui inscrição na Prefeitura, dessa forma foi feita somente a retenção do INSS:

Mandatos	Valor do serviço	Base de cálculo	% Desconto	Valor do INSS	Responsável pelo recolhimento
Condomínio 1	1.200,00	1.200,00	11%	132,00	Condomínio 1
Condomínio 2	2.500,00	2.500,00	11%	275,00	Condomínio 2
Condomínio 3	4.000,00	2.733,57	11%	300,69	Condomínio 3
	7.700,00	6.433,57		707,69	

Nota: Como o valor da remuneração ultrapassou o limite máximo do INSS, o Condomínio 3 teve como base de cálculo a diferença para o limite máximo, que é R$ 6.433,57 (janeiro de 2021).

O síndico profissional muitas vezes responde pela administração de vários prédios ao mesmo tempo, podendo cobrar por seus serviços com base no número de apartamentos ou na arrecadação do prédio. Deve ser sempre eleito em assembleia e na própria ata deverão constar todos os itens que envolvem a atividade e as responsabilidades do mandato, e nunca um contrato de empregado, pois seu cargo é equiparado ao de mandatário, representante legal do condomínio, cargo mais alto da administração. Portanto, ele não pode ser empregado e chefe ao mesmo tempo, caso ao qual não se aplica nenhuma das disposições relativas à legislação trabalhista.

O síndico profissional pode ou não contar com o auxílio de uma empresa administradora.

Para reduzir os custos na contratação do síndico profissional, e facilitar o cumprimento das obrigações tributárias do condomínio, é aconselhável que ele seja Pessoa Jurídica, sendo possível ser uma empresa cadastrada como Microempresa (ME). Isso evita que o condomínio tenha que recolher como encargo os 20% e descontar os 11% de INSS como contribuinte individual. É importante que o CNAE escolhido para a empresa de sindicatura seja o específico para a atividade de síndico profissional – Código 6822-6/00.
Não poderá ser MEI, dado que não há na relação dos serviços alguma atividade que se aproxime da profissão de síndico.

Para que haja sucesso e eficiência no desempenho dessa função, é fundamental que o síndico, principalmente aquele que fizer desse cargo uma profissão, busque conhecimento, aprimoramento constante, transparência e comprometimento com o cumprimento de todas as normas que envolvem o condomínio.

Preocupado com a qualidade da gestão, deve estabelecer objetivos claros que atendam às expectativas da maioria dos moradores, por meio de pesquisas de opinião. Outro ponto importante para valorizar o trabalho que está sendo realizado é mostrar com frequência os resultados obtidos por meio de dados concretos, o antes e o depois de assumir o cargo (saldo da conta-corrente, do fundo de reserva, do fundo de obras e da inadimplência), os resultados positivos gerados por meio de investimentos, como: aquisição de lâmpadas de LED, captação de água para reúso, instalações de placas fotovoltaicas para aquecimento da piscina e geração de energia.

É importante que o subsíndico e os conselheiros verifiquem com frequência se todas as obrigações, principalmente o recolhimento das contribuições dos empregados, estão sendo cumpridas dentro dos prazos estipulados e se as autenticações das guias estão corretas.

Para dar maior tranquilidade ao síndico e transparência à gestão, recomenda-se que a conta-corrente e a conta de aplicação (Fundo de Reserva ou Fundo de Obras) do condomínio sejam movimentadas em conjunto com o subsíndico ou algum conselheiro.

Para avaliar o desempenho síndico do profissional, pode ser realizada pesquisa de opinião com os moradores a cada seis meses.

Entre tantos papéis que o síndico assume está o de conciliador das intenções dos moradores, porém sempre dentro das normas e legislações vigentes, principalmente no que diz respeito à Convenção e ao Regimento Interno. Além disso, deve saber lidar com os desafios constantes e procurar neutralizar os conflitos, sendo indispensável o equilíbrio e a calma. Outros cuidados recomendados são: saber ouvir, com respeito e sem preconceito, e separar as pessoas do problema, evitando que os envolvidos tenham uma interpretação errada dos fatos e levem as questões para o lado pessoal. Dependendo da complexidade do caso, o síndico pode recorrer à mediação de um profissional externo.

Recomenda-se que o gestor desenvolva a empatia, ou seja, saiba se colocar no lugar do outro, transparecendo que compreende o que o outro está sentindo, mesmo que não concorde com o que está sendo afirmado, e que, com muito tato, depois tente esclarecer os motivos do posicionamento contrário. Para Daniel Goleman, autor do livro *Inteligência emocional,* "a bela arte de relacionar-se com os outros exige o amadurecimento de duas aptidões emocionais: o autocontrole e a empatia".* Aprimorar essa área do conhecimento auxilia muito o síndico em sua missão.

Como divulgar o trabalho de síndico profissional

- **Familiares e amigos** – Comentar no clube, na igreja, na academia, ou seja, todas as pessoas com quem você se relaciona devem saber que está atuando como síndico profissional. Elas serão as divulgadoras mais eficientes, sem nenhum custo, pois conhecem sua postura e capacidade.
- *Site* – Tenha um *site* moderno, de fácil interação, elaborado por profissionais da área de TI. Esse será seu principal cartão de visitas. Mantenha-o sempre atualizado e com conteúdo interessante para os síndicos e moradores.
- **Anúncios e mídia social** – Procure assessoria de profissionais da área de marketing digital. Esse investimento será fundamental para a divulgação e valorização do trabalho, que deverá estar associado a conteúdos interessantes para a área condominial.
- **Cursos** – São importantes para a atualização do conhecimento, além de aumentar o networking, com a possibilidade de contato com outros condomínios e a participação em grupos para a troca de experiências.
- **Feiras e eventos** – São importantes para gerar divulgação institucional e ampliar o networking. Os eventos nem sempre precisam estar relacionados a condomínios, visando ampliar e diversificar o público-alvo.

Cogestão

É a administração realizada pelos próprios condôminos com auxílio de profissionais externos. O condomínio contrata os serviços de um contador, um advogado ou de uma administradora, geralmente apenas para executar a parte burocrática da administração do prédio.

Para que essa opção de gestão tenha sucesso é fundamental que a administração interna, formada pelo síndico, subsíndico e conselheiros, seja ativa, dividindo as atividades entre os membros, de forma que ninguém fique sobrecarregado, principalmente o síndico.

---

* GOLEMAN, Daniel. *Inteligência emocional*: teoria revolucionária redefine inteligente. Rio de Janeiro: Objetiva, 1995.

Autogestão

A administração é realizada pelos próprios condôminos, sem auxílio de um profissional externo, podendo uma comissão de moradores ser eleita para cuidar da administração do edifício.

É raro esses moradores receberem salários pelos serviços prestados, sendo frequente apenas ficarem isentos do pagamento do condomínio.

Esse tipo de opção deve ser analisado profundamente em assembleia pelos moradores. Um estudo preliminar pode indicar uma redução de despesa, mas, com o decorrer do tempo, pode acarretar grandes prejuízos, inclusive ações judiciais em função da falta de conhecimento específico, principalmente na área trabalhista. Um ponto a ser considerado é a falta de atendimento às normas fiscais, tributárias, de higiene, saúde e segurança contra incêndio.

Para que esse tipo de administração seja eficaz e transparente, além do profundo conhecimento técnico, é necessária a participação constante do subsíndico, dos conselheiros e dos moradores. A substituição do síndico a cada dois anos contribui para a criação de novas rotinas, diminuindo a possibilidade de vícios administrativos.

5

Documentação do condomínio

Antes de assumir o cargo, o síndico deve verificar toda a documentação do condomínio a fim de evitar surpresas com problemas criados na gestão anterior, como dívidas e ações na justiça. Após a verificação, deve elaborar um relatório, que será levado ao conhecimento de todos os condôminos em assembleia, ficando assim livre de qualquer responsabilidade sobre as ações passadas.

Os documentos pertencentes ao condomínio devem ser guardados pelo síndico por cinco anos, com exceção dos documentos referentes aos funcionários, que devem ser arquivados, segundo a legislação, por trinta anos.

Documentação usual
Pode ser dividida em três grupos:

Básica
- Certificado de Conclusão (Habite-se);
- Alvará de Aprovação e Execução da Edificação;
- Alvará de Instalação de Elevadores;
- Auto de Vistoria de Corpo de Bombeiros (AVCB);
- projetos legais (Prefeitura e incêndio);
- projetos executivos (arquitetura, instalações elétricas e hidráulicas, SPDA, elevadores, paisagismo, mapeamento de rede de telefonia e de dados, ventilação mecânica, ar-condicionado etc.);
- Manual do Proprietário;
- Manual das áreas comuns;
- Certificado de Garantia dos equipamentos instalados;
- notas fiscais dos equipamentos;
- manuais técnicos de uso, operação e manutenção dos equipamentos;
- Convenção do Condomínio;
- Regulamento Interno;

- Livro de Atas;
- Livro de Presença dos Condôminos nas assembleias;
- Cadastro dos condôminos.

Contábil

- inscrição no CNPJ;
- apuração das contas da administração anterior;
- certificado digital;
- pastas com as despesas e receitas referentes aos últimos cinco anos;
- pastas com as contas a pagar;
- guias – Taxa Anual de Licença para o Funcionamento dos Elevadores e outros Aparelhos de Transportes paga à Prefeitura;
- contrato de seguro;
- contrato para manutenção de elevadores;
- contrato para manutenção de bomba de água;
- contrato para manutenção de piscina;
- contrato de prestação de serviços da administradora.

Dos funcionários

A administração dos empregados e o cumprimento das exigências legais somam um grande volume de documentos. Entre eles estão:

- livro ou cartão de ponto;
- horário de trabalho;
- matrícula no INSS;
- Livro de Registro de Empregados;
- Livro de Inspeção do Trabalho;
- contratos de experiência;
- folha de pagamento;
- pasta com todas as rescisões de contrato de trabalho;
- cadastro do empregador para o vale-transporte;
- declaração e termo de responsabilidade – vale-transporte;
- termos de responsabilidade para concessão do salário-família;
- declaração de dependentes para fins de desconto do Imposto de Renda;
- pasta com os relatórios referentes ao PCMSO (NR7), PPRA (NR9) e PPP;
- guias – Contribuição Sindical, INSS, FGTS, PIS, IR;
- RAIS (Relação Anual de Informação Social);
- DIRF (Declaração de Imposto de Renda na Fonte);
- comprovante de rendimentos pagos e de retenção de Imposto de Renda na Fonte.

Alteração da inscrição no CNPJ para condomínios já existentes

Após a eleição de um novo síndico é necessário alterar o representante legal perante a Receita Federal, conforme informações contidas na Instrução Normativa RFB nº 1.863, de 27/12/2018, atualizada pela IN RFB nº 1.991, de 19/11/2020, sendo necessárias, entre outras, as seguintes ações:

- providenciar cópia autenticada da Convenção, registrada no Registro de Imóveis;
- elaborar a Ata de assembleia referente à eleição do síndico e registrar no Registro de Títulos e Documentos;
- preencher os atos cadastrais do CNPJ, solicitados por meio do aplicativo Coletor Nacional da Redesim, disponível no Portal Nacional da Redesim, no endereço http://www.redesim.gov.br/. O aplicativo possibilita o preenchimento e o envio de documentos eletrônicos, como a Ficha Cadastral da Pessoa Jurídica (FCPJ);
- após a entrega dos primeiros documentos via web, e não havendo incompatibilidade, será disponibilizado para impressão o Documento Básico de Entrada (DBE) ou Protocolo de Transmissão;
- o DBE deve ser assinado pelo síndico. Ele pode ser substituído pelo Protocolo de Transmissão quando a entidade for identificada pelo uso de certificado digital ou de senha eletrônica fornecida pela empresa conveniada. O prazo para cumprimento dessa etapa é de 90 (noventa) dias; caso não seja cumprido, a solicitação será cancelada;
- a solicitação do cadastro no CNPJ é formalizada pela remessa postal ou entrega direta do DBE ou Protocolo de Transmissão à unidade cadastradora de jurisdição do estabelecimento.

Como estabelecer um novo condomínio

Todo projeto de um novo condomínio passa obrigatoriamente por um processo de incorporação. A etapa inicial do processo consiste em requerer aos órgãos competentes alvarás para início da obra. Mediante as autorizações, o incorporador efetua o registro no cartório de Registro de Imóveis, obedecendo às normas descritas na Lei nº 4.591/1964, sobre as Incorporações Imobiliárias (art. 32). A seguir serão relacionados alguns documentos exigidos pelo cartório para o registro:

- título de propriedade do terreno;
- certidões negativas de impostos federais;
- projeto de construção devidamente aprovado pelas autoridades competentes;
- memorial descritivo das especificações da obra projetada;

- avaliação do custo;
- minuta (primeira redação) da futura convenção de condomínio que regerá a edificação (deve obedecer a um padrão estabelecido por lei).

A partir desse registro no cartório é que a incorporadora poderá negociar as unidades autônomas.

Próximo ao término da obra, a construtora solicita uma vistoria do Corpo de Bombeiros e da Prefeitura, podendo então dar entrada no "habite-se" (documento que autoriza a ocupação e o uso do edifício). Tendo esse documento em mãos, a construtora deve, agora em caráter definitivo, registrar no Cartório de Imóveis a conclusão da obra através do "Instrumento de Instituição, Discriminação, Especificação e Convenção de Condomínio".

A seguir deverá ser realizada a primeira assembleia geral, também denominada assembleia de implantação, na qual serão entregues a Convenção e o Regulamento Interno, ambos já registrados no Cartório de Imóveis, tendo sido dispensada a aprovação dos condôminos. Nessa ocasião, serão eleitos síndico, subsíndico e conselheiros; indicada uma empresa administradora e também aprovado o valor do primeiro rateio do condomínio.

Os novos administradores deverão:
- providenciar a inscrição do condomínio na Receita Federal para obter o número do CNPJ;
- fazer a inscrição no INSS;
- requerer à prefeitura o desmembramento do Imposto Predial (IPTU);
- registrar o Livro de Registro de Empregados e o Livro de Inspeção de Trabalho no Ministério do Trabalho;
- verificar se o condomínio poderá cadastrar-se na companhia de água para beneficiar-se do desconto concedido mediante tabela progressiva;
- contratar o seguro do condomínio, conforme art. 1.346 do Código Civil e art. 13 da Lei nº 4.591/1964, que estabelece o prazo de 120 (cento e vinte) dias, contados da data da concessão do "habite-se", no valor da reconstrução, sob pena de o condomínio ficar sujeito a multa, equivalente a um doze avos do Imposto Predial, cobrada pela Prefeitura;
- organizar toda a documentação necessária ao funcionamento do condomínio, conforme item "Documentação usual".

O Código atual exige que a Convenção seja subscrita pelos titulares de, no mínimo, dois terços das frações ideais e torne-se, desde logo, obrigatória para os titulares de direito sobre as unidades ou para quantos sobre elas tenham posse ou detenção (art. 1.333).

Inscrição para obtenção do CNPJ

Após a assembleia de instituição do condomínio e a eleição do primeiro síndico, é necessário cadastrar o condomínio na Receita Federal, cuja natureza jurídica corresponde ao CNAE nº 308-5. A Instrução Normativa RFB nº 1.863, de 27/12/2018, atualizada pela IN RFB nº 1.991, de 19/11/2020, determina em seu art. 4º, II, que os "condomínios edilícios, conceituados nos termos do art. 1.332 da Lei nº 10.406, de 10 de janeiro de 2002, e os setores condominiais na condição de filiais, desde que estes tenham sido instituídos por convenção de condomínio" são obrigados a se inscrever no CNPJ (Cadastro Nacional da Pessoa Jurídica), devendo adotar, entre outras, as seguintes ações:

- providenciar cópia autenticada da Convenção, registrada no Registro de Imóveis, que deverá atender os arts. 1.332 a 1.334, 1.347, 1.348 do Código Civil e arts. 3º, 7º, 9º, 22 e 32* da Lei nº 4.591/1964;**
- elaborar a Ata de assembleia referente à eleição do síndico e registrar no Registro de Títulos e Documentos;
- preencher os atos cadastrais no CNPJ, solicitados por meio do aplicativo Coletor Nacional da Redesim, disponível no Portal Nacional da Redesim, no endereço http://www.redesim.gov.br/. O aplicativo possibilita o preenchimento e o envio de documentos eletrônicos, como a Ficha Cadastral da Pessoa Jurídica (FCPJ);
- após a entrega dos primeiros documentos via web, e não havendo incompatibilidade, será disponibilizado para impressão o Documento Básico de Entrada (DBE) ou Protocolo de Transmissão;
- o DBE deve ser assinado pelo síndico. Ele pode ser substituído pelo Protocolo de Transmissão, quando a entidade for identificada pelo uso de certificado digital ou de senha eletrônica fornecida pela empresa conveniada. O prazo para cumprimento dessa etapa é de 90 (noventa) dias; caso não seja cumprido a solicitação será cancelada;
- a solicitação do cadastro no CNPJ é formalizada pela remessa postal ou entrega direta do DBE ou Protocolo de Transmissão à unidade cadastradora de jurisdição do estabelecimento.

---

* Lei nº 4.591/1964 – art. 32 – O incorporador somente poderá negociar sobre unidades autônomas após ter arquivado, no cartório competente de Registro de Imóveis de vários documentos, os quais os mais importantes já foram mencionados no início desse assunto.

** Os artigos mencionados poderão ser encontrados no capítulo referente às normas, regulamentações e legislação do condomínio.

Principais obrigações no condomínio

Muitos são os itens que necessitam de fiscalização constante por parte dos administradores, sendo possível transferir essas responsabilidades para outra pessoa, por exemplo, o zelador ou gerente predial. Esse funcionário, quando adequadamente treinado, cuida, entre outras coisas, para que as atividades diárias sejam executadas e que os problemas corriqueiros sejam resolvidos, levando para os administradores apenas as questões importantes e de solução difícil.

Itens a serem inspecionados regularmente

Foram divididos em quatro grupos, para facilitar a verificação, e observados os principais cuidados que se deve ter com cada um deles. Seguem-se os itens encontrados com maior frequência, sendo necessário adequar a lista a cada condomínio, que pode possuir outros itens:

Área comum

1. Jardins
   - Contratar profissionais capacitados para a manutenção mensal. Deve-se considerar que um jardim bem cuidado transmite aos moradores e visitantes a ideia de uma administração atenta aos detalhes, principalmente quando há canteiros de flores.

   O síndico deve ficar atento se a empresa contratada ou o profissional que executará o serviço está utilizando os EPIs adequados para o trabalho de jardinagem, conforme determina a NR nº 6, Anexo I, que trata sobre os Equipamentos de Proteção Individual. Veja, a seguir, os principais cuidados relacionados à jardinagem:

Requisito para inspeção visual	NA
Bota de cano longo	Ataque de animais peçonhentos
Calçado com proteção	Contra impactos de quedas de objetos sobre os dedos
Uniforme completo (boné com proteção para o pescoço, calça, camisa de manga longa)	Lesões no corpo
Luvas	Contra agentes abrasivos e escoriantes
Óculos de proteção	Lesões oculares
Protetor solar	Lesões de face e membros
Cinturão de segurança com trava-queda	Queda de altura
Protetor auditivo	Nível elevado de ruído
Máscara	Produtos químicos e poeira
Óculos contra proteção de radicação	Exposição contra raios solares

2. Área de lazer e *hall* de entrada
- Determinar que a limpeza seja bem-feita e realizar manutenções constantes, por exemplo, a pintura do *hall* e quadra de esporte, troca das redes de futebol e basquete.
3. Lixeiras
- Verificar a legislação do município quanto ao horário para colocação do lixo e o compartimento adequado previsto pela norma.

4. Portarias
- Manter a portaria fechada, evitando a entrada até mesmo de moradores, dado que podem distrair o funcionário e deixar o condomínio vulnerável.
- Estabelecer normas para a recepção de encomendas e entrega de chaves.
5. Garagem
- Verificar se os veículos respeitam a faixa demarcatória das vagas e se não há vazamento de óleo, que pode provocar acidentes, como escorregões e quedas.
6. Banheiros de uso dos empregados e os de uso dos condôminos
- Agendar a limpeza dessas áreas para as primeiras horas da manhã.
7. *Playground* – Deverá atender à NBR 16.071/2012, Parte 7 – Inspeção, manutenção e utilização.
- Inspeção:
  o Visual de rotina (diária) – verificar a limpeza, distância entre os equipamentos, presença de cantos vivos, falta de componentes e desgaste excessivo.
  o Funcional periódica (1 a 3 meses) – recomendação do fabricante.

- o Principal (anual) – comprovar o nível geral de segurança – realizada pelo fabricante ou pessoa habilitada, com laudo.
- Manter uma agenda permanente só para as inspeções do *playground,* onde devem ser registradas as ocorrências e providências adotadas.
- Manter placas de orientação referente à idade adequada para o uso.
- Piso com atenuador de impacto, dado que 60 centímetros já são considerados queda livre.

8. Salão de jogos
- Cuidar da limpeza e manutenção dos equipamentos, evitando acidentes.

9. Salão de festas e churrasqueiras
- Manter o local limpo e com manutenção frequente da pintura. Adotar um Termo de Responsabilidade para o uso.

10. Depósito de materiais
- Conservar o local sempre limpo e livre de entulhos ou objetos que foram descartados pelos moradores.
- Instalar prateleiras para organizar os materiais, mantendo o chão livre para facilitar a limpeza.

11. Escadarias
- Zelar para que não seja mantido nenhum objeto, cesto de lixo ou móveis que possam obstruí-la, atendendo às orientações do Corpo de Bombeiros.

12. Telhado
- Conservar a área – telhas, rufos e calhas – para evitar vazamentos nos últimos apartamentos.
- Manter os ralos sempre limpos.

13. Encanamentos
- Fazer a troca dos canos que apresentarem vazamentos, evitando a permanência de cintas de borracha, que devem ser usadas apenas em emergências.

14. Vidraças
- Trocar as vidraças que apresentarem trincas, evitando graves acidentes.

15. Barrilete
- Verificar o estado de conservação, segurança e limpeza dessa área técnica localizada abaixo das caixas-d'água superiores, onde ficam instalados os registros de todos os ramais das colunas de distribuição que abastecem os apartamentos. Além desses, encontram-se ali os registros dos ramais dos hidrantes e a bomba que dará pressão às mangueiras de incêndio. Geralmente, esse local é de difícil acesso, devendo os gestores cuidar para que seja seguro, devido à inspeção constante do zelador ou do gerente predial.

Manutenção efetiva

1. Elevadores
   - Devido à importância desse equipamento, falarei sobre isso mais adiante.
2. Interfone
   - Considerado um equipamento de segurança, deve ser mantido com bom funcionamento em todos os pontos de comunicação.
3. Caixas-d'água
   - O abastecimento de água no condomínio é classificado como um dos itens fundamentais para os moradores e, portanto, necessita de atenção especial por parte dos gestores. Ainda neste capítulo serão fornecidas outras informações sobre o tema.
4. Bombas de água
   - Para que haja o abastecimento das caixas-d'água é fundamental que as bombas de recalque estejam funcionando de forma adequada e que exista no condomínio bomba reserva, *backup*, que possa ser acionada automaticamente quando a principal apresentar problemas. Ainda neste capítulo serão fornecidas outras informações sobre o tema.
5. Antena coletiva de TV
   - Mesmo que todos os moradores possuam assinatura de TV, o condomínio terá que manter disponível a antena coletiva para o caso de algum morador desejar usá-la.
6. Antena – Instalação no topo do edifício Estação Rádio Base para celulares – locação do espaço
   - Verificar com bastante atenção o contrato estabelecido com a empresa, principalmente o item que diz respeito à quantidade de equipamentos, evitando que seja instalada quantidade maior do que a estabelecida no contrato. Um número grande de antenas pode trazer risco ao condomínio devido ao excesso de peso.
   - Ter atenção para que a manta de impermeabilização não seja furada no momento da instalação da antena, devendo ser colada sobre uma base de concreto.
   - Observar com atenção o horário que será destinado à manutenção, preferindo sempre que esta seja feita em horário comercial, período em que o condomínio conta com maior número de funcionários. Recomenda-se que o profissional de manutenção seja sempre acompanhado por um funcionário do condomínio.
7. Aquecimento central
   - Inspecionar o equipamento com a periodicidade recomendada pelo fabricante.

8. Caldeira
- Realizar inspeção recomendada pelo fabricante.

9. Minuterias e sensores
- Verificar se todos estão funcionando, atendendo ao tempo de acionamento.

10. Portões automáticos
- Com o auxílio de profissionais ligados à área de risco e projeto, analisar se os portões, principalmente os de correr, possuem item de segurança que evite que ele caia e despenque sobre as pessoas ou prense os carros. Essa recomendação é importantíssima para evitar acidentes graves, com risco de morte. Há notícias de acidentes graves e até paraplegia de um dos envolvidos.

11. Casa de máquinas
- Proibir a entrada de funcionários do condomínio no local em função do perigo pela alta voltagem, sendo a limpeza feita pelos próprios mecânicos contratados para a manutenção dos elevadores.
- Solicitar que a área seja mantida limpa, livre de produtos no chão – como óleo lubrificante, estopas –, que deverão ser colocados em prateleiras.
- Manter do lado de fora um extintor CO_2 e uma lixeira.

12. Piscina
- Devido à importância dessa área, o livro trará várias informações e cuidados, inclusive algumas referências legais.

13. Válvula Redutora de Pressão
- É um equipamento hidráulico instalado em edifícios altos, com a finalidade de reduzir a pressão nas tubulações, evitando, entre outros problemas, a ruptura de tubulações, flexíveis e conexões. Pode estar localizada no subsolo ou em um andar intermediário, dependendo do projeto da construtora. De acordo com a norma NBR 5626/2020 da ABNT, o seu funcionamento deve ser revisado anualmente por um **profissional habilitado**, que verificará se o manômetro está indicando a pressão prevista no projeto. Além disso, fará a limpeza, examinará o estado de corrosão das partes metálicas internas, vedação, diafragma e molas. Essa manutenção jamais deverá ser feita por funcionários do condomínio ou curiosos, uma vez que as consequências poderão afetar toda a rede hidráulica do edifício.

Nota: O leitor poderá encontrar fotos de vários itens no *link* <www.ocondominio.com.br/modelos>.

Segurança

Os itens a seguir precisam ser verificados com frequência. Dada sua importância, eles serão abordados com detalhes no capítulo 7.

1. Portas corta-fogo
2. Extintores
3. Mangueiras de incêndio
4. Para-raios
5. Iluminação de emergência
6. Quadro de força

Nota: O leitor poderá encontrar fotos de vários itens no *link* <www.ocondominio. com.br/modelos>.

Funcionários

1. Livro de ponto.
2. Quadro de horários.
3. Aparência dos funcionários.
4. Condição dos uniformes.

Cuidados com os serviços de manutenção

Os serviços de manutenção em geral possuem contratos que devem ser observados cuidadosamente, em especial quanto ao prazo de duração, forma de pagamento, tipo de serviço prestado, forma de rescisão e atendimento à legislação. Será mencionada para alguns itens, como referência, a legislação estadual e municipal de São Paulo, devendo o leitor verificar a legislação pertinente a seu estado e município. Necessitam de manutenção os seguintes itens:

Elevadores

Infelizmente, a grande maioria dos síndicos e moradores desconhece ou até subestima os riscos que esse meio de transporte pode oferecer. O síndico é o responsável pela contratação de uma empresa habilitada, registrada na Prefeitura e que possua engenheiro responsável pela conservação e manutenção dos elevadores. Constatei, por meio de uma pesquisa sobre o uso dos elevadores, que:

- Frequentemente, as cabines são danificadas com pedaços de palito, clipes e cola, que são colocados nos botões e nos fechos, acarretando problemas no funcionamento e riscos não previstos.
- As placas com as orientações sobre o número de pessoas ou peso máximo permitido e ainda as de identificação sobre a empresa conservadora com seu nome, endereço e telefone são constantemente arrancadas ou destruídas, não sendo considerada a importância de suas informações para um socorro rápido e para evitar multas no caso de fiscalização pelos órgãos públicos, já que são exigidas por lei.

- Os síndicos, muitas vezes pressionados pelos próprios condôminos para diminuir os custos, acabam contratando empresas de conservação não qualificadas, que, para servir o condomínio com um valor baixo, empregam pessoas despreparadas. Não possuem pronto-atendimento 24 horas para as emergências; utilizam peças recondicionadas, estendendo sua vida útil o máximo possível; seus estoques de peças de reposição não são suficientes, obrigando os condôminos, muitas vezes, a esperar, com o elevador parado, até que as peças sejam entregues pela fábrica.

- As portas dos elevadores são abertas além de 90°. Esse procedimento constante provoca um desgaste rápido dos amortecedores das portas.

- Quando a cabina para totalmente desnivelada, surgindo um grande degrau, o resgate feito pelos funcionários do prédio ou curiosos é totalmente desaconselhável, podendo colocar em sério risco seus ocupantes. **Somente devem fazer o resgate de pessoas retidas no interior da cabine a empresa conservadora ou o Corpo de Bombeiros.** Segundo o Decreto nº 52.340, de 25 de maio de 2011, da Prefeitura de São Paulo: "A conservadora é obrigada a prestar socorro, atendendo, de imediato, aos chamados nos casos de pessoas retidas no interior de ATs*...".

Verificamos, infelizmente, que, em muitos prédios, as pessoas retidas no interior da cabina, quando há falta de energia, são resgatadas pelo zelador ou encarregado, sem ao menos haver o cuidado de desligar a chave geral dos elevadores. Desconhecem que, caso a energia retorne de repente e o aparelho não esteja com a manutenção adequada, há a possibilidade de que o elevador volte a funcionar, ferindo gravemente ou até matando a pessoa que está sendo resgatada.

ATENÇÃO: Esse procedimento perigoso, se adotado pelo condomínio, pode ser considerado quebra de contrato pela empresa de conservação e manutenção. Em caso de acidente nessas condições, a empresa não irá se responsabilizar, e o seguro do condomínio provavelmente criará dificuldades para o pagamento da indenização. Somente estão autorizados a realizar esse tipo de procedimento a empresa conservadora e o Corpo de Bombeiros.

Em razão desses alarmantes resultados, é importante que o síndico:

- tenha conhecimento sobre a legislação que envolve os aparelhos de transporte;
- alerte, chame a atenção dos condôminos para o uso correto e seguro desse aparelho, por exemplo, chamar apenas um dos elevadores, não carregar peso em excesso, abrir as portas apenas 90° e evitar vandalismo. Essas ações de

---

* ATs – Aparelhos de Transporte Vertical e Horizontal.

conscientização, que podem ser feitas periodicamente por meio de circulares e cartazes, contribuem para que haja maior segurança para os usuários, menos desgaste das peças e também economia de energia;

- lembre aos pais sobre o perigo de as crianças menores de 10 anos utilizarem os elevadores desacompanhadas. Em alguns municípios, essa precaução já é prevista em lei;
- contrate uma boa empresa conservadora, não considerando como mais importante o custo baixo do serviço, e sim o fator segurança, que trará menor risco a todos;
- caso a conservadora não seja a própria fabricante do aparelho, o síndico deve solicitar referências, verificando os serviços prestados a outros edifícios; informe os condôminos sobre o tipo de contrato firmado com a conservadora.

Tipos de contrato de conservação para os elevadores

É importante que, além do síndico e seus colaboradores, os moradores também tenham informação sobre o tipo de contrato firmado com a conservadora, para evitar aborrecimentos desnecessários.

Tentando atender um número maior de clientes, as empresas conservadoras oferecem diferentes tipos de contrato:

- **Cobertura simples** – Compreende uma visita mensal de rotina – quando as peças são lubrificadas e ajustes necessários são feitos, porém sem troca de peças – e as chamadas de emergência. Para efetuar troca de peças, é necessária a elaboração de um orçamento, que é levado ao síndico e aprovado ou não por este. Muitas vezes, o elevador com problema permanece parado até que uma resposta seja dada. Esse contrato é o mais econômico, porém possui a desvantagem do tempo de espera para um conserto efetivo.
- **Cobertura parcial** – Além dos serviços normais, está incluída no contrato a troca de peças básicas que se desgastam no dia a dia. Para a troca de outras peças, os técnicos ainda necessitam da aprovação do síndico. Esse tipo de contrato permite que a maioria dos problemas seja resolvida com agilidade.
- **Cobertura geral** – É o tipo de contrato mais completo e inclui todas as peças, com exceção dos amortecedores das portas, acessórios danificados por vandalismo, troca de interfones, pintura das portas e troca das luzes de emergência.

Informações sobre a legislação

Na capital de São Paulo, a instalação e o funcionamento de elevadores e de outros aparelhos de transporte (ATs), como escadas rolantes, planos inclinados, elevadores de carga etc., são regidos e fiscalizados pela Prefeitura, em cumprimento à Lei nº 10.348, de 4 de setembro de 1987, que foi alterada pela Lei nº 12.751, de 4 de novembro de 1998, e pelo Decreto nº 52.340/2011.

Cabe ao síndico e aos moradores, para evitar problemas com a segurança e multas ao condomínio, estarem atentos ao cumprimento da legislação, principalmente nos seguintes itens:

- O aparelho de transporte, após obter um Alvará de Instalação na Prefeitura do Município de São Paulo, recebe uma chapa de identificação de registro do aparelho, a qual deve ser colocada em local visível.
- A Prefeitura fornece o Alvará de Funcionamento, sendo este obrigatório para todos os aparelhos de transporte, bem como o pagamento da taxa anual de licença para o funcionamento, que deve ser paga até o mês de abril. O valor cobrado é de uma UFM (Unidade Fiscal do Município) por AT, sendo o valor atualizado mensalmente. A falta de pagamento acarretará ao condomínio multa, juros e correção monetária e ainda, no caso de fiscalização, autuação.
- Em cada aparelho de transporte deve constar, em lugar de destaque, uma placa com nome, endereço e telefone atualizados dos responsáveis pela conservação.
- Deve ainda estar afixada a capacidade máxima permitida com o peso ou número de passageiros.
- Quando não houver a permissão do síndico para a execução de qualquer reparo em defeitos que afetem o funcionamento ou a segurança do aparelho de transporte, a empresa que faz a manutenção comunica a Prefeitura, escapando assim da responsabilidade em caso de acidente.

As empresas que fazem a manutenção dos elevadores devem ser habilitadas e qualificadas pelos órgãos públicos, principalmente pela Prefeitura, que exige o cumprimento do Decreto nº 52.340, de 25 de maio de 2011, o qual regulamenta a abertura e o funcionamento das empresas de conservação de elevadores e outros aparelhos de transporte.

O síndico, segundo a legislação, deve exigir da empresa conservadora:

- certificado de registro na PMSP, conforme Decreto nº 52.340, de 25 de maio de 2011;
- atendimento imediato aos chamados nos casos de pessoas retidas no interior dos elevadores ou em qualquer outra emergência;
- veículo, telefone, oficina e peças de reposição em estoque, sendo de preferência próximos ao local do condomínio;
- serviços de pronto-atendimento 24 horas;

- a conservação de rotina deverá ser feita obrigatoriamente por lei em intervalos regulares, que não poderão ultrapassar um mês;
- componentes originais de fabricação ou equivalentes, desde que possuam Certificado de Qualidade ou Conformidade expedido por entidade idônea;
- o Relatório de Inspeção Anual (RIA), conforme Decreto nº 47.334, de 31 de maio de 2006, que institui a RIA ON-LINE. Nesse relatório deverá constar o número do AT, a data da inspeção, o nome da empresa conservadora, o nome do responsável técnico com sua assinatura e seu número no Crea. O síndico deve colocar uma cópia no quadro de avisos para informar aos condôminos sobre o estado de segurança do aparelho.

O síndico não deve permitir que pessoas não habilitadas pela empresa conservadora executem qualquer serviço de manutenção, por menor e sem importância que possa parecer. Se isso ocorrer, o síndico pode ser responsabilizado em caso de acidente, tendo que prestar esclarecimentos à justiça. A função de ascensorista deve ser exercida obrigatoriamente por funcionário legalmente habilitado.

Outros cuidados importantes com a segurança dos elevadores serão abordados no capítulo 7.

Bombas

Em um prédio existem vários tipos de bomba, dentre elas podemos encontrar as seguintes:

Quantidade	Tipo de bomba	Finalidade
2	Recalque	• Serve para levar a água da caixa inferior para o reservatório superior do prédio.
1	Combate de incêndio	• Vai canalizar e dar pressão à água para os hidrantes.
2	Esgoto	• Joga os dejetos do coletor que existe no pavimento mais baixo do prédio para a rede pública de esgoto.
2	Água servida	• Joga a água servida do coletor para a rede pública de esgoto.
1	Lençol freático	• Somente vai existir nos edifícios em que, ao fazer as fundações, houve perfuração de um lençol de água. Essa água será canalizada para uma caixa de captação, que, quando atinge um determinado nível, é bombeada para a rua.
1	Piscina	• Funciona com os filtros para manter a água limpa.

Embora essas máquinas sejam robustas, o ambiente úmido e com temperatura elevada, bem como o cloro, a areia e os detritos que estão na água, no caso das bombas submersas, contribuem para que haja desgaste e falhas no equipamento. Para a conservação dessas máquinas, são realizados contratos de manutenção com empresas especializadas em lubrificação, verificação de juntas e reposição de peças, sendo o trabalho executado por meio de visitas mensais e chamados de emergência.

O síndico deve estar sempre atento aos preços desses serviços. A comparação de preço auxilia na negociação, contribuindo para a obtenção de preços mais baixos.

Para conhecer os modelos de bomba, acesse: <www.ocondominio.com.br/modelos>.

Caixas-d'água

Há vários cuidados que o síndico precisa adotar com relação às caixas-d'água. Entre eles estão:

Estrutural

O suprimento de água dos condomínios em edifícios é realizado da seguinte forma: a água da rede pública entra e abastece as caixas inferiores, também chamadas de cisternas, e por meio de bombas de recalque essa água é bombeada para as caixas superiores, sendo então consumida pelos moradores por meio da rede de distribuição. Os gestores devem estar atentos à higiene do local, mantendo as caixas sempre fechadas com cadeado, sendo inclusive restrita a entrada na área. Outro cuidado que se deve ter, principalmente nas caixas superiores, é o tipo de tampa utilizada, sendo apropriadas as de forma piramidal, que impedem o acúmulo de água. A vedação deve ser perfeita, evitando a entrada de insetos.

Para evitar problemas de infiltração, deve-se estar sempre atento à necessidade de impermeabilização das caixas-d'água. Há no mercado várias empresas qualificadas para a realização desses serviços. Cabe ao síndico escolher com bastante cuidado, por tratar-se de uma obra com muitas implicações, pondo em risco tanto a saúde dos moradores como a estrutura do prédio, caso o serviço não seja realizado com perfeição e a infiltração persista.

Para conhecer os modelos de tampa, acesse: <www.ocondominio.com.br/modelos>.

Limpeza e desinfecção

De acordo com o Decreto Estadual de São Paulo nº 12.342, de 27 de setembro de 1978, art. 10, § 2º: "São obrigatórias a limpeza e a desinfecção periódica dos reservatórios prediais, na forma indicada pela autoridade sanitária". A obrigatoriedade da limpeza também está presente na Lei Municipal de São Paulo nº 10.770, de 8 de novembro de 1989.

Sua periodicidade pode ser encontrada pela determinação da Secretaria de Estado da Saúde, no Comunicado CVS (Centro de Vigilância Sanitária) 36, de 27 de junho de 1991, que aponta como medida preventiva o intervalo máximo de seis meses entre as lavagens, a fim de eliminar as crostas de lodo que se formam no fundo e que facilitam a proliferação de bactérias que poluem a água, colocando em risco a saúde dos moradores. Os procedimentos para limpeza e higienização de caixas-d'água podem ser encontrados no Comunicado CVS 006 (Estado de São Paulo), de 12 de janeiro de 2011.

Outra recomendação importante é que não se deve transferir a água de uma caixa, ainda não limpa, para uma que acabou de ser limpa, para evitar o risco de contaminação. O abastecimento da caixa limpa deve ser com água corrente. Muitas empresas oferecem a possibilidade de transferência, alegando evitar perda de água para o condomínio. Essa economia de água será obtida, e sem risco, se a próxima caixa a ser limpa for esgotada com o consumo normal e a empresa retornar para concluir o serviço tão logo ela esteja vazia.

Como existem no mercado várias empresas especializadas, a comparação de preços é fundamental, bem como pedir referências dos atuais clientes servidos por essas empresas e verificar se elas atendem as normas. De acordo com a Resolução Normativa nº 122, de 9 de novembro de 1990 (art. 1º, item 5.61) – Conselho Federal de Química: "É obrigatório o registro em Conselho Regional de Química das empresas e suas filiais que tenham atividades relacionadas à área da Química, Serviços Auxiliares de Higiene, limpeza, e outros serviços executados em prédios e domicílios (dedetização, desinfecção, desratização, ignifugação, tratamento de piscinas, manutenção de jardim etc.)".

Análise da água

Após a limpeza das caixas, recomenda-se a análise da água, realizada por meio da amostra de diferentes pontos, atendendo a Lei Estadual nº 3.718, de 19 de janeiro de 1983, que estabeleceu no art. 1º: "É instituída a vigilância sanitária de água utilizada para consumo humano, mediante a obrigatoriedade de análises periódicas de amostras colhidas em: V – edifícios de apartamentos, de escritórios e similares".

Desinsetização e desratização

A recomendação é que seja feita a cada seis meses, havendo a necessidade de o síndico comunicar aos condôminos o horário e os cuidados que devem ser adotados. A execução desse tipo de serviço é regulamentada pelo Decreto Estadual de São Paulo nº 12.479, de 18 de outubro de 1978, que completa o Decreto nº 12.342, de 27 de setembro de 1978. Esse decreto determina, em seu art. 39, que as empresas aplicadoras somente podem funcionar depois de devidamente licenciadas e tendo em sua direção técnica um responsável legalmente habilitado, com termo de responsabilidade assinado perante autoridade sanitária competente. O Decreto observa ainda que a licença será concedida apenas para empresas especializadas e que sua validade deve ser renovada até 31 de março de cada ano.

Os produtos utilizados na aplicação devem estar devidamente registrados no Órgão de Vigilância Sanitária no Ministério da Saúde, devendo ser utilizados seguindo rigorosamente as instruções previstas na embalagem. Alerta ainda que, após a aplicação do produto, a empresa fica obrigada a fornecer certificado assinado pelo responsável técnico, do qual conste o nome e a composição qualitativa do produto ou associação utilizada, as proporções e a quantidade total empregada por área, bem como as instruções para a prevenção ou para o caso de ocorrência de acidente, conforme determina o art. 42, parágrafo único. Recomenda-se que a diluição seja feita no próprio condomínio para que haja a conferência do que será aplicado.

Todas essas informações devem compor a proposta comercial da empresa, sendo que o modelo adequado de certificado foi estabelecido pelo Centro de Vigilância Sanitária – Portaria nº 9 de 16 de novembro de 2000 – Anexo 18 (http:// aprag.org.br/images/pdf/cvs09-norma-tecnica.pdf).

Cuidados na contratação e no trabalho de desinsetização:
1) Todos os aplicadores devem ser registrados da empresa contratada e com seguro de vida.
2) Não permitir que o aplicador trabalhe sozinho em área confinada.
3) Tanto o aplicador como o funcionário do condomínio que irá acompanhar o trabalho devem estar devidamente protegidos com o uso dos EPIs (Equipamento de Proteção Individual), tais como: luvas, uniforme que cubra todo o corpo, boné, botas e máscara para gases.
4) Nunca realizar o trabalho de desinsetização no mesmo dia da limpeza das caixas-d'água, para evitar contaminação com produtos tóxicos.

Ferramentas e peças de reposição

O zelador ou o gerente predial podem auxiliar na manutenção do condomínio realizando pequenos reparos, usando, por exemplo, as seguintes ferramentas e peças:
- alicates;
- chaves de fenda de vários tamanhos;
- grifo;

- martelo;
- pregos e parafusos;
- lâmpada teste;
- "courinho" para torneira;
- diversos tipos de cola;
- fita isolante;
- resistência de chuveiros;
- fusíveis.

Para manter o controle sobre esses itens é aconselhável que seja feito um inventário com todos eles e que sejam guardados em uma caixa com cadeado, ficando a chave com o responsável.

Caso o condomínio tenha o hábito de emprestar ferramentas para os moradores, é necessário que haja um protocolo de saída do item e controle na devolução, evitando extravio e a restituição do item quebrado.

Jardins

Podem ser contratadas pessoas ou empresas especializadas para a conservação do jardim, tanto esporádica como diariamente. Quando for pequeno, um funcionário do próprio condomínio, com devido treinamento e uso dos EPIs indicados pela NR 6, conforme mencionado neste capítulo, pode realizar a tarefa.

O funcionário que executar essa tarefa deve receber acúmulo de função, caso não tenha sido contratado como Serviços Gerais ou essa atividade não conste do seu contrato de trabalho.

Piscinas

É necessário que o síndico e os condôminos estejam atentos à qualidade da água, pois esta pode ser fonte de doenças (micose, conjuntivite, otite, pé de atleta etc.) causadas por micro-organismos (bactérias, fungos e vírus).

A água pode estar visualmente limpa, e até azul, mas sua qualidade biológica pode estar comprometida. Resumidamente, para manter a água saudável é preciso:

- **Limpeza física da piscina** – Utilizar os equipamentos e acessórios para remover da superfície folhas, insetos e outras sujeiras. Deve-se também aspirar o fundo.
- **Ajustar o pH da água** – Esse ajuste é feito através de um bom *kit* de medição. O pH é um índice que mede o grau de acidez da água. O pH da água da piscina deve sempre ser mantido na faixa de 7,2 a 7,6; nesse nível, a água encontra-se levemente básica, o que torna a cloração eficaz. Abaixo de 7,0, a água está ácida, o que causa irritação nos olhos e prejudica a piscina e seus equipamentos por meio da corrosão dos metais.

Acima de 7,6, a água fica leitosa, sem brilho, provocando também irritação nos olhos e endurecimento dos cabelos.

- **Cloração** – Deve-se manter a piscina clorada para eliminar as sujeiras que não são visíveis a olho nu, os micro-organismos e as algas. A presença das algas na água é notada pelo aspecto turvo e esverdeado. As algas aparecem principalmente no verão, quando a temperatura da água é mais alta e a incidência de chuvas é maior. Portanto, quando a água está turva, com cheiro forte de cloro e com espuma, é necessário que se inicie um tratamento imediato, pois a saúde e o bem-estar dos condôminos estão ameaçados.

  Os produtos mais usados para o tratamento normal são o cloro granulado, que evapora mais lentamente que o cloro líquido, e, para as algas, algicida, tanto para prevenir como para eliminar. A dosagem e o modo de aplicação devem seguir rigorosamente as indicações do fabricante, pois o uso inadequado de qualquer produto químico pode ser bastante prejudicial à saúde.

O tratamento e a limpeza da piscina não é um trabalho difícil, embora exija bastante responsabilidade, portanto, não é necessário ser realizado por empresa especializada. Logo, cabe ao síndico propiciar treinamento específico ao funcionário que será encarregado dessa tarefa. Existem no mercado vários cursos voltados para essa finalidade.

É importante ressaltar que a piscina não acarreta muitas despesas, pois os produtos utilizados para o tratamento são encontrados com facilidade, sendo baratos e de longa duração.

Hoje, muitos condomínios, para evitar o uso de grande quantidade de cloro, instalam ozonizador.

A NBR 10.339/2019 da ABNT recomenda manter um livro de registro com, no mínimo, as seguintes informações:

- volume dos tanques;
- vazão pelos filtros;
- anotação diária:
  - limpidez da água (aspecto visual) (diário);
  - pH e teor residual do desinfetante (nos tanques) (diário);
  - alcalinidade (mensal);
  - dureza cálcica (mensal).
- **Nota:** É recomendada pela norma a medição da concentração de ácido cianúrico* a cada três meses, bem como a análise microbiológica, conforme ABNT NBR 10.818/2016.

---

* Também chamado de estabilizador de cloro de piscinas, o ácido cianúrico é um composto químico que protege o cloro da ação dos raios solares, prevenindo sua evaporação.

Segurança

Este capítulo não tem a pretensão de detalhar tecnicamente todos os procedimentos que aumentam a segurança, mas destacar os principais tópicos que o síndico e sua equipe necessitam olhar com mais atenção. Darei algumas dicas e apontarei as principais normas da ABNT (Associação Brasileira de Normas Técnicas) que regem a segurança e que são constantemente atualizadas, sendo possível ao leitor verificar e acompanhar as modificações, que ocorreram no próprio *site* da ABNT (https://www.abntcatalogo.com.br/). Mencionarei ainda algumas leis e decretos referentes à segurança nos edifícios da cidade de São Paulo. O leitor de outro município deve verificar a existência de leis e normas equivalentes em sua cidade.

É de extrema importância que, uma vez identificada uma "condição insegura", o síndico tome imediatamente as providências cabíveis, inclusive solicitando o auxílio de profissionais habilitados pelos órgãos públicos competentes.

Na cidade de São Paulo, a responsabilidade pela fiscalização das condições de segurança nas edificações pertence à Prefeitura e ao Corpo de Bombeiros. Na Prefeitura, esse trabalho é feito pela Coordenadoria de Atividade Especial e Segurança de Uso (Segur).

Compete ao Corpo de Bombeiros (http://www.corpodebombeiros.sp.gov.br) a realização de serviços de prevenção e de extinção de incêndio, atendendo ao Decreto Estadual nº 63.911, de 10 de dezembro de 2018. A responsabilidade do Corpo de Bombeiros de São Paulo foi ampliada com a regulamentação da Lei Complementar nº 1.257, de 6 de janeiro de 2015, que estabeleceu o Código Estadual de Proteção Contra Incêndio e Emergências. Segundo o art. 1º, o Código Estadual foi instituído com o objetivo de sistematizar normas e controles para a proteção da vida humana, do meio ambiente e do patrimônio, estabelecendo padrões mínimos de prevenção e proteção contra incêndios e emergências, bem como fixar a competência e atribuições dos órgãos encarregados pelo seu cumprimento e fiscalização, facilitando a atuação integrada de órgãos e entidades. O Decreto trouxe, entre outras, as seguintes atribuições:

- "notificar orientativamente o proprietário ou responsável pelo uso da edificação e áreas de risco para correção de irregularidades ou adoção de providências correlatas;
- advertir, autuar e sancionar o proprietário ou **responsável pelo uso da edificação e área de risco em caso de não cumprimento das medidas de segurança contra incêndio**, depois de esgotadas todas as alternativas apresentadas como orientação prévia;
- fiscalizar as edificações e áreas de risco com o objetivo de verificar o cumprimento das medidas de segurança contra incêndios e emergências previstas no Regulamento."

Em razão do número insuficiente de fiscais, outros estados também adotaram medidas que incluem o Corpo de Bombeiros em ações de fiscalização.

O gestor deve adotar todas as medidas preventivas contra incêndio, dado que, em caso de acidente, se for constatada omissão, ele pode responder civil e criminalmente.

Segundo o Decreto nº 63.911/2018, art. 3º, XI, é necessário que as edificações obtenham o Auto de Vistoria do Corpo de Bombeiros (AVCB), certificando que a edificação possui as condições de segurança contra incêndio previstas pela legislação e constante no processo, estabelecendo um período de revalidação. Diz, também, em seu art. 4º, § 1º:

> Estão excluídas das exigências deste Regulamento:
> 1 – residências exclusivamente unifamiliares;
> 2 – residências exclusivamente unifamiliares localizadas no pavimento superior de ocupação mista, com até dois pavimentos e que possuam acessos independentes.

O Decreto também estabelece, no Anexo do Regulamento de Segurança Contra Incêndio – Anexo A, a classificação das edificações e áreas de risco quanto à ocupação. Constam no Grupo A, Ocupação Residencial, Divisão A-1, casas térreas ou assobradadas (isoladas ou não) e os condomínios horizontais, e, na Divisão A-2, os edifícios de apartamentos em geral (consulte o Anexo A para verificar outras ocupações).

Os prazos de validade do AVCB no estado de São Paulo estão previstos na Instrução Técnica nº 1/2019, Anexo T, sendo:

- **1 ano** – para edifícios desocupados ou que não possam receber o Atestado de Brigada de Incêndio; tais como: estádio de futebol e boates.

- **2 anos** – para locais de reunião de público, tais como: arte cênica, auditórios e clubes sociais.
- **3 anos** – Esse prazo deve atendido, por exemplo, por restaurantes, serviços de hospedagem, atividades comerciais, serviços profissionais e educacionais.
- **5 anos** – para edificações do Grupo A. Nesse Grupo estão as habitações unifamiliares (casas isoladas ou condomínios horizontais), as multifamiliares (edifícios de apartamento em geral) e as coletivas (pensionatos, internatos, com capacidade máxima de 18 leitos).

O Decreto nº 63.911/2018 também esclarece, na Tabela 6A, quais são as medidas de segurança contra incêndio para as edificações do Grupo A, Residencial, com área superior a 750 m² ou altura superior a 12 metros, sendo elas: "acesso de viatura na edificação, segurança estrutural contra incêndio, saída de emergência, brigada de incêndio, iluminação de emergência, alarme de incêndio, sinalização de emergência, extintores e hidrantes e mangotinhos". Alerta, ainda, que: "deverá haver elevador de emergência para altura maior que 80 m, que poderá ser substituído por sistema de controle de fumaça somente nos átrios; o sistema de alarme de incêndio poderá ser setorizado na central junto à portaria desde que tenha vigilância 24 horas e tenha uma fonte de energia autônoma, com duração mínima de 60 minutos". A tabela ainda orienta que as instalações elétricas e o SPDA (Sistema de Proteção Contra Descargas Atmosféricas) devem estar em conformidade com as normas técnicas oficiais.

É importante, portanto, que o síndico, os moradores e os empregados de edifícios tenham conhecimento das normas elementares de segurança, tanto para garantir a tranquilidade de todos como para cumprir a legislação, evitando que o condomínio seja penalizado com aplicação de multas ou, em casos mais graves, com interdição.

Este capítulo aborda de forma sucinta os principais itens que envolvem a segurança, levando em conta as orientações normativas estabelecidas pela legislação. Os itens abordados são os seguintes:

- incêndio:
  - extintores;
  - mangueiras;
  - porta corta-fogo;
  - instalações elétricas;
  - para-raios;
  - iluminação de emergência;
  - brigada de incêndio;
  - cuidados essenciais;
  - providência para o combate ao fogo;

- área de circulação;
- gás;
- elevadores;
- trabalho em altura;
- inspeção predial;
- reformas nas áreas externas e internas;
- gestão de risco;
- segurança dos usuários das piscinas;
- assaltos.

Incêndio

No que diz respeito a incêndio, fazem parte das responsabilidades do síndico ações para prevenir o incêndio, por meio de medidas que visam, entre outras:

1. **Evitar o incêndio:** para isso é preciso, entre outras coisas, verificar com frequência as condições das instalações elétricas – não permitindo gambiarras, tanto na área comum como no interior dos apartamentos – e da rede de gás.

2. **Permitir o abandono seguro:** as saídas de emergência devem estar sempre desobstruídas e sinalizadas, a iluminação de emergência, funcionando corretamente e a brigada de incêndio a postos para acompanhar a desocupação do edifício.

3. **Dificultar a propagação das chamas:** as portas corta-fogo devem permanecer fechadas. Nos edifícios comerciais, os síndicos devem estar atentos à necessidade de divisão dos ambientes ou compartimentar,[*] de acordo com as normas, e se a rede de *sprinklers* está funcionando.

4. **Proporcionar meios de controle e extinção do incêndio:** segundo a própria legislação, todas as edificações devem possuir equipamentos contra incêndio, como extintores e mangueiras. Esses itens devem passar por revisões periódicas feitas por empresas credenciadas no Inmetro. Além disso, o registro do hidrante, localizado na calçada, precisa estar funcionando, as portas corta-fogo devem ficar destrancadas e a bomba de pressurização dos hidrantes necessita de testes periódicos.

---

[*] Compartimentar – conjunto de medidas construtivas que tem como maior objetivo limitar o incêndio a um determinado ambiente, evitando que ele se alastre de um compartimento a outro, horizontal ou verticalmente.

5. **Facilitar o acesso dos bombeiros:** providenciar, antes da chegada da viatura, local na frente do edifício para que o trabalho de combate às chamas seja iniciado com rapidez.

Cuidados essenciais

O síndico pode, periodicamente, passar circulares ou fixar cartazes alertando os moradores quanto aos cuidados com a prevenção de incêndio. Alguns avisos que podem ser colocados nas circulares:

- Antes de jogar os cigarros e os palitos de fósforo nas lixeiras, certifique-se de que estejam realmente apagados. Essa prática pode evitar grandes incêndios.
- Para desocupação do prédio, a melhor e mais segura opção é descer; somente suba para o heliporto ou telhado quando não houver outra alternativa.
- Nunca utilize os elevadores para deixar o prédio, pois eles certamente serão desligados, havendo a possibilidade de alguém ficar preso no seu interior.
- Não entre na caixa-d'água enquanto aguarda por socorro, pois a água também ficará quente com o calor.
- Respeite os lugares com os sinais para *não fumar.*
- A casa de força, a casa de máquinas e os elevadores do edifício não devem ser utilizados como depósitos de materiais, principalmente produtos de limpeza.
- As portas corta-fogo devem ficar sempre fechadas.

Providências para o combate ao fogo

- A primeira providência é chamar os bombeiros.
- Acionar o alarme.
- Comunicar o incêndio à empresa fornecedora da energia elétrica e ao hospital mais próximo.
- Preparar o hidrante na calçada para quando os bombeiros chegarem, retirando a tampa protetora do engate.
- Desligar a chave geral.
- A brigada de incêndio deve começar a atuar, providenciando a saída dos moradores pelas escadas. Caso haja necessidade, os moradores devem ser conduzidos até o heliporto.
- Os extintores comuns só devem ser utilizados no princípio do incêndio, cabendo aos hidrantes o combate efetivo.
- Para combater o fogo, devem-se proteger os olhos, o nariz e a boca, que são as partes mais delicadas e as que o fogo pode atingir primeiro.

Use uma toalha molhada sobre o rosto caso não possua máscara de proteção.

Brigada de incêndio

Segundo a Instrução Técnica 17/2019 do Corpo de Bombeiros, os edifícios devem possuir brigada de incêndio da seguinte forma:

- Composição:
  - edifícios residenciais – todos os funcionários e um morador (ou empregado) por pavimento;
  - outros edifícios – segue % da Instrução Técnica (IT).
- Periodicidade do treinamento: anual ou quando houver alteração de 50% dos membros (para fins de vistoria – seis meses retroativos à data do protocolo da vistoria).
- Carga horária:
  - risco alto – 16h;
  - condomínios residenciais – 4h.
- Profissionais habilitados:
  - baixo risco – segurança e Medicina do Trabalho (registrado no Conselho) – militares das Forças Armadas, PMs com ensino médio completo e que possuam especialização em prevenção e combate a incêndio (60 horas-aula);
  - alto risco – engenheiros de segurança ou pessoa com nível superior com 100 horas-aula de Primeiros Socorros e 400 horas-aula de Prevenção e Combate a Incêndio.

De acordo com o Corpo de Bombeiros, quanto maior for o número de participantes da brigada, melhor será para a segurança do prédio como um todo. O órgão recomenda que o condomínio tenha o hábito de efetuar simulações de incêndio periódicas. Durante esses exercícios, o alarme deve ser tocado, elevadores e luzes, desligados e dois funcionários devem subir até o último andar para verificar, principalmente, se as pessoas estão fechando as portas corta-fogo no momento da descida e fazer a contagem do tempo gasto para esvaziar o prédio. O tempo deve ser anotado e comparado com as próximas simulações.

Extintores

A NBR 12.962 da ABNT traz todos os cuidados que o síndico deve adotar para que os extintores estejam sempre em perfeitas condições de uso. Veja, a seguir, de forma resumida, os principais itens que são mencionados na norma:

1. Conferência periódica

- *Mensal* – realizada pelo proprietário ou responsável pela manutenção do extintor.
- É preciso verificar os seguintes itens:
  - o lacre deve estar sempre intacto;
  - se não apresenta vazamento;
  - se os bicos e as válvulas da tampa estão desentupidos;
  - o ponteiro do manômetro deverá estar sempre no verde;
  - nova inspeção, caso o material esteja empedrado;
  - se está instalado no local adequado;
  - deve ser registrado em relatório contendo nome, data e horário de quem efetuou os registros.

2. Inspeção

- Realizada somente por profissionais capacitados de empresa (PJ) registrada no Sistema Brasileiro de Avaliação da Conformidade (SBAC).
- A empresa definirá o **nível de manutenção** a ser efetuado.
- Relatório com o detalhamento do nível de manutenção que foi executado.

3. Manutenção

- *Manutenção de primeiro nível*
  - Caráter corretivo, exemplo: limpeza e reaperto de componentes que não estejam submetidos à pressão.
  - Pode ser realizada no local onde o extintor se encontra instalado.
  - Relatório contendo os componentes que foram substituídos, apertados e limpos.
- *Manutenção de segundo nível*
  - Caráter preventivo e corretivo, exemplo: desmontagem completa do extintor, limpeza de todos os componentes e desobstrução.
  - Realizada na empresa de serviço de inspeção e manutenção de extintores de incêndio.
  - Prazo – 12 meses.
  - Relatório deverá conter, entre outras informações: todos os componentes novos, os reprovados e o número do selo de identificação.
- *Manutenção de terceiro nível*
  - Caráter preventivo e corretivo, visa a resistência e as condições de operação do extintor de incêndio e seus componentes.
  - Intervalo máximo de 5 anos a partir da data de fabricação.
  - Ensaio hidrostático.
  - Relatório contendo componentes novos, perda de massa, identificação do recipiente/cilindro, número de série.

Os extintores deverão ser esvaziados antes de ser mandados para recarga.

Tipos de extintor de incêndio

São oferecidos pelo mercado os seguintes extintores:
* carga de pó químico;
* carga de água;
* carga de gás carbônico;
* carga líquida.

Cada equipamento contra incêndio deve ser usado para uma finalidade específica – classes de incêndio (A, B e C) –, sendo importante que sejam seguidas rigorosamente as recomendações para evitar acidentes ou danos. Nos edifícios residenciais, os extintores com maior número são os de pó químico (para cobrir as classes de incêndio B e C), de espuma (cobrindo as classes A e B) e, em menor quantidade, o de gás carbônico (cobrindo a classe C) e o de água pressurizada (cobrindo a classe A). Os de carga líquida ou água são geralmente substituídos pelos hidrantes.

Veja no quadro a seguir um resumo das classes de incêndio mais importantes, os tipos de extintor mais utilizados nos edifícios residenciais e como usá-los.

Mangueiras de incêndio

* devem estar com as conexões enroladas para fora, facilitando o engate no registro e no esguicho;
* não devem ser mantidas conectadas no registro; isso deve ser feito apenas no momento de uso;
* devem ser anualmente testadas por empresas especializadas;
* o registro não pode apresentar vazamento nem estar com o volante endurecido. Para que esse endurecimento não ocorra, pode-se aplicar vaselina líquida semestralmente;
* os engates não podem estar amassados;
* não devem ser enroladas molhadas.

A ABNT (Associação Brasileira de Normas Técnicas) NBR nº 12.779/2009 enfatiza que o teste anual seja hidrostático, ou seja, com água, sendo utilizado equipamento para secagem forçada, com controle de temperatura. A norma recomenda ainda que seja realizada uma inspeção semestral, na qual todas as mangueiras devem ser desenroladas e medidas. Caso haja uma alteração de 2% no

Classes de incêndio e tipos de extintor

Classe de incêndio	Pó químico	Gás carbônico	Água pressurizada
A Fogo em papéis, madeira etc. Onde haja brasa ou cinzas que necessitem ser molhadas e resfriadas.	Apaga somente a superfície. RUIM	Apaga somente a superfície. RUIM	Apaga por refriamento. EXCELENTE
B Líquidos inflamáveis (óleo, gasolina, graxas etc.) Requer ação rápida de resfriamento e abafamento.	Abafa rapidamente. EXCELENTE	Não deixa resíduo e é inofensivo. BOM	Não tem eficiência. RUIM
C Equipamentos elétricos e não condutores de corrente.	Não é condutor de eletricidade, porém pode causar danos aos equipamentos delicados. BOM	Não deixa resíduo, não danifica o equipamento e não conduz eletricidade. EXCELENTE	Não tem eficiência. RUIM
D Materiais pirofóricos (que inflamam espontaneamente); ex.: motores de carros.	Abafa. BOM	Não é indicado. RUIM	Pode-se usar água quando não houver o extintor de pó químico. RUIM
Como usá-los	1) Abra a ampola de gás. 2) Segure com firmeza o punho difusor. 3) Aperte o gatilho. 4) Oriente o jato de maneira a formar uma cortina de pó sobre o fogo.	1) Retire a trava de segurança. 2) Segure firmemente o punho difusor. 3) Aperte o gatilho. 4) Oriente o jato para a base do fogo fazendo uma varredura.	1) Puxe a trava para romper o lacre. 2) Aperte o gatilho. 3) Dirija o jato à base do fogo.

Os hidrantes são usados para apagar efetivamente os incêndios maiores quando não há mais perigo de existir corrente elétrica.

comprimento, tanto para mais como para menos, é sinal de que o material pode ter se deformado, deixado de ser adequado para o uso, e a mangueira deve ser substituída. Essa inspeção, que pode ser conduzida pelo zelador ou pelo gerente predial, deve ser feita com intervalos menores se a mangueira ficar exposta a condições agressivas, como ambiente quente ou úmido.

Após a limpeza das caixas-d'água, verificar se foi aberto o registro geral do sistema de hidrantes para que não falte água no caso de incêndio e não trocar o local das mangueiras, quando voltarem da inspeção, respeitando os tamanhos determinados no projeto de segurança, que geralmente são de 15 m e 30 m.

Portas corta-fogo

Nunca podem ser trancadas com chave nem mantidas abertas. Devem ser inspecionadas periodicamente, atendendo às determinações da norma da ABNT NBR nº 11.742/2018, que recomenda as seguintes inspeções:

- **imediata** – manutenção corretiva sempre que for observada a necessidade de regulagem;
- **visual mensal** – verificar o funcionamento automático, que deve ter o fechamento completo e sem bater com força, além das condições das fechaduras, dobradiças, barras antipânico e a limpeza nos alojadores de trincos;
- **semestral** – aplicar lubrificante em todas as partes móveis, como: dobradiças e maçanetas. Verificar, ainda, as condições gerais da pintura e se as placas estão legíveis. No caso de nova pintura, é preciso seguir as recomendações do fabricante e nunca realizar furos nem aplicar pregos ou parafusos. A tinta recomendada é a antichama, que reduz os gases tóxicos provenientes de sinistro.

As placas de sinalização, na cor verde, indicando que as portas precisam ser mantidas fechadas, são obrigatórias. A NRB nº 11.711/2003 também determina que o fabricante fixe na testeira das portas, ao lado das dobradiças, duas placas metálicas com as seguintes informações:

- porta fabricada conforme a mencionada NBR;
- identificação do fabricante;
- número de ordem de fabricação;
- mês e ano de fabricação.

Essas placas não podem ser arrancadas nem pintadas.

Instalações elétricas

A maior parte dos incêndios ocorre por defeito nas instalações elétricas. As principais causas são:

- **Sobrecarga na instalação** – Toda fiação é dimensionada para suportar uma determinada corrente elétrica; quando há uma sobrecarga na instalação, ocorre um superaquecimento dos fios, que incendeiam a isolação, caso esta não seja antichama. É perigoso fazer muitas ligações utilizando a mesma tomada.
- **Curtos-circuitos** – Podem ter origem em instalações malfeitas. As ligações provisórias também constituem grande perigo. Certifique-se de que os fios estão devidamente isolados e bem protegidos. Utilize sempre os serviços de técnicos qualificados para fazer as instalações elétricas.

Todos os serviços de instalação, manutenção e reforma realizados nas instalações elétricas devem atender, entre outras, à NBR nº 5.410/2008 – Instalações Elétricas de Baixa Tensão e à NR nº 10,* de 19 de outubro de 2020 – Segurança em Instalações e Serviços em Eletricidade, do Ministério do Trabalho, aprovada por meio da Portaria nº 598, de 7 de dezembro de 2004. O síndico, como responsável pelo condomínio, deve sempre contratar profissional legalmente habilitado e autorizado, que tenha registro no conselho de classe. Esse profissional pode delegar a execução do serviço somente a trabalhadores capacitados, ou seja, que receberam capacitação sob orientação e responsabilidade de profissional habilitado (engenheiro ou técnico em instalações elétricas com registro no Crea) e autorizado, e que trabalhem sob a responsabilidade de profissional habilitado e autorizado. A NR nº 10 determina que a carga horária mínima para o treinamento básico de segurança em instalações e serviços com eletricidade para trabalhadores autorizados é de 40 horas. O síndico, por precaução, pode solicitar ao trabalhador que apresente o certificado do treinamento e a autorização para qualquer trabalho nas instalações elétricas do condomínio.

Após a realização dos serviços, o profissional habilitado deve emitir um Atestado e recolher uma ART (Anotação de Responsabilidade Técnica).

A Normativa ainda determina que seja instalado um dispositivo DR (Diferencial de Resíduos), que detecta fugas de corrente e desarma o disjuntor que apresenta a falha, evitando que alguém receba uma descarga elétrica. É obrigatório o uso de DRs de alta sensibilidade nos circuitos terminais que atendam áreas molhadas, como: banheiros, cozinhas, copas-cozinhas, lavanderias, áreas de serviço e áreas externas, que incluem as piscinas e chafariz.

---

* A NR nº 10 poderá ser encontrada parcialmente no *site*: www.ocondominio.com.br (seção Biblioteca/Legislação/Segurança em instalações elétricas).

As instalações elétricas deverão ser reformuladas se apresentarem as seguintes hipóteses:

- uso de fusíveis do tipo rolha e/ou cartucho;
- uso de quadros de luz/força de material combustível (madeira);
- se os fusíveis estiverem queimados e/ou os disjuntores estiverem desligando com frequência;
- se os condutores e os disjuntores estiverem aquecidos;
- se existirem ligações diretas no lugar dos disjuntores e/ou fusíveis (gambiarras);
- se os condutores estiverem fora de eletrodutos.

Para-raios

A NBR nº 5.419, de 2018, estabelece que o sistema de para-raios deve ser anualmente revisto por empresas habilitadas, as quais precisam seguir rigorosamente as instruções do fabricante. Sua instalação deve estar no ponto mais alto do edifício, ultrapassando até mesmo as antenas de TV. Quando houver torres, antenas, painéis de propaganda e sinalização, devem ser interligados aos cabos de descida do para-raios.

Os para-raios mais adequados são os do tipo Franklin ou Gaiola de Faraday, representados na figura abaixo.

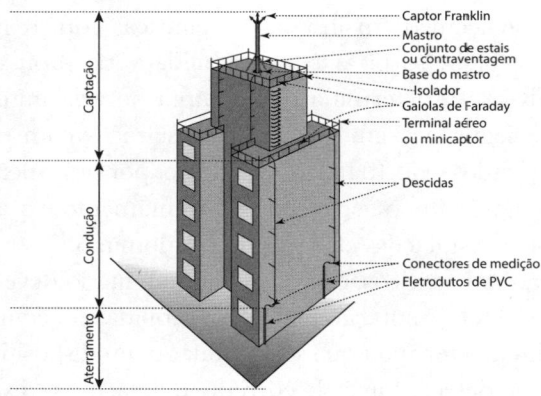

Sistema de para-raio.

O tipo iônico foi proibido por possuir carga radioativa. Após a realização da inspeção ou reforma do sistema, a empresa ou o profissional habilitado deve emitir um atestado e recolher uma ART.

Prazo para as inspeções

- **Semestral** – Visual – realizada pela equipe interna que deve identificar eventuais pontos deteriorados no sistema, visando garantir a eficiência do sistema.
- **Anual** – Teste de continuidade e inspeção completa. Em regiões litorâneas e em estruturas que contenham munição ou explosivos. A inspeção anual inclui a captação, descidas, aterramentos e quadro elétrico – proteção contra surto (DPS) e barramentos de aterramento. Deve ser realizada por empresa especializada e habilitada, com recolhimento de ART (Anotação de Responsabilidade Técnica).
- **A cada três anos** – Teste de continuidade e inspeção completa para as demais estruturas, que inclui todo o sistema: mastro, hastes, espaçadores e cabos.
- **Imediatamente** – Quando houver a suspeita de ter ocorrido queda de raio.

Para que haja maior proteção contra descargas atmosféricas, a NRB 5.410/2008 recomenda a instalação de DPS (Dispositivo de Proteção Contra Surto) no quadro geral de distribuição.

Iluminação de emergência

A fim de garantir visibilidade adequada para abandono seguro do edifício em condições excepcionais ou de urgência, é exigida por lei a instalação de iluminação de emergência em prédios, que pode ser proveniente dos seguintes sistemas: conjunto de baterias seladas, unidades autônomas e gerador.

A instalação e a manutenção desses equipamentos não devem ser feitas de forma aleatória, mas de acordo com o estipulado na NBR nº 10.898/2013 – Sistema de iluminação de emergência e Instrução Técnica nº 18/2019 – Corpo de Bombeiros de São Paulo, podendo o seu não cumprimento acarretar riscos aos usuários do edifício. Há dois tipos de sistema:

- **Iluminação permanente** – São as instalações em que os aparelhos são alimentados por uma fonte normal e cuja alimentação é trocada automaticamente para uma fonte própria (conjunto de baterias ou gerador) em caso de falha da fonte regular (as lâmpadas da iluminação de emergência permanecem acesas quando a iluminação normal está ligada).
- **Iluminação não permanente** – São as instalações em que os aparelhos não são alimentados em serviço normal e, em caso de falha de fonte normal, são alimentados automaticamente pela fonte de alimentação própria (conjunto de baterias, unidades autônomas e gerador). As lâmpadas da iluminação de emergência não permanecem acesas quando a iluminação normal está ligada.

Qualquer que seja a forma de ligação ou tipo de fonte utilizada, a iluminação de emergência deve ter autonomia para assegurar o funcionamento ininterrupto do sistema por no mínimo uma hora.

O síndico deve colocar em lugar visível do aparelho e/ou equipamento central uma plaqueta de identificação, com marca, tipo de sistema e instruções para testes.

O equipamento deve ser testado com a seguinte periodicidade:

- **Semanalmente** – Acionar o funcionamento do sistema de iluminação de emergência por meio do dispositivo de proteção e seccionamento.
- **Trimestralmente** – Deixar o sistema em funcionamento por uma hora a plena carga. No caso de bateria de acumuladores, verificar também a carga. O síndico deve ser informado quando houver qualquer anomalia.
- **Anualmente** – Deve ser feita, por profissional habilitado, inspeção para avaliação das baterias ou gerador com emissão de Atestado e ART. A inspeção do gerador deve incluir teste de estanqueidade do tanque de combustível.

É recomendado ter uma reserva de componentes primários, como lâmpadas e fusíveis, igual a 10% do número de peças de cada modelo utilizado, com um mínimo de dois por modelo.

Tipos de sistemas de iluminação de emergência

- **Conjunto de baterias seladas** – Os componentes da fonte de energia devem ser instalados de forma centralizada, em local fechado, livre de matérias ou objetos que possam acarretar risco de incêndio e com ventilação. A vida útil estimada das baterias é de 4 anos.
- **Blocos autônomos** – O síndico deve preocupar-se com a garantia do fabricante, devendo exigir a comprovação emitida pelo Sistema Brasileiro de Certificação.
- **Gerador** – Deve ser instalado em local confinado, em que haja tomada de ar, sem risco de captar fumaça (no caso de incêndio). O compartimento deve resistir ao fogo por duas horas. Após a Lei nº 15.095, de 4 de janeiro de 2010, os equipamentos devem ser convertidos ou utilizar combustível menos poluente, adaptar filtros ou acessórios que reduzam a poluição. Deve ser feita manutenção anual, por profissional habilitado, que entre outras ações fará a troca do combustível, verificação de água e limpeza dos filtros.

Área de circulação

Os corredores, escadas e saídas de emergência devem estar sempre livres e atender a NBR nº 9.077/2001 e NBR nº 9.050/2020. Nunca utilize essas áreas como depósitos. Não devem ser colocados trincos e cadeados nas portas de circulação. Os produtos inflamáveis, como os de limpeza, não podem permanecer nesses locais, mesmo que não atrapalhem a passagem.

As escadas de uso comum ou coletivo, bem como as rampas, devem, obrigatoriamente, ter corrimãos, e estes devem atender vários requisitos, dentre eles:

- ser obrigatoriamente colocados de ambos os lados da escada ou rampa;
- estar situados entre 0,75 e 0,85 metro acima do nível de bordo dos pisos;
- quando a largura da escada ou rampa for superior a 1,80 m, deve ser instalado também um corrimão intermediário;
- em diferença de nível, havendo a presença de três ou mais degraus, ou equivalente a uma rampa para subir ou descer, será necessária a instalação de corrimão;
- os corrimãos deverão ser contínuos.

Gás

Para que haja maior segurança, o gás do condomínio, sempre que possível, deve ser encanado (gás natural); quando não for, os cilindros devem ser armazenados fora do prédio, em uma central, a qual distribui o gás por meio de ramais para os apartamentos (ABNT – NBR nº 13.523/2019). Esse local deve ter ventilação natural, os botijões devem ficar protegidos do sol e da chuva, afastados 1,5 m de ralos, caixa de gordura e esgoto e não pode haver iluminação.

Ao receber os botijões de gás deve-se:
a) verificar no lacre e no botijão se o nome da empresa distribuidora é o mesmo;
b) passar um produto espumante para detectar vazamento;
c) caso apresente vazamento ou corrosão acentuada, o botijão deve ser rejeitado.

Vazamentos:
a) pode ocorrer vazamento se o cone-borboleta não estiver bem ajustado à válvula. Nesse caso, repita a instalação;
b) caso o vazamento continue, não tente eliminá-lo com cera, sabão ou qualquer outro produto. Ligue para a empresa fornecedora e peça a ela que efetue imediatamente a substituição do botijão;
c) caso o vazamento ocorra em algum apartamento, deve-se verificar se a torneira do gás está fechada e deixar janelas e portas abertas. Persistindo o cheiro, deve-se avisar o zelador, que telefonará imediatamente para a companhia de gás.

Quando houver cheiro de gás, nunca se deve fumar, acender ou apagar as luzes, e também não se devem ligar aparelhos elétricos, pois a menor faísca pode provocar uma grande explosão.

O síndico pode instalar na central de gás um aparelho que detecta vazamento de gás, com alarme, visando aumentar a segurança das instalações.

Os aparelhos que usam gás devem ser revisados a cada dois anos por profissionais habilitados da distribuidora, no entanto é recomendado que, diariamente, a equipe interna verifique se há cheiro de gás na central, onde estão os medidores de gás, caso não tenha sido instalado aparelho para detectar vazamento. Caso haja a suspeita de vazamento, deverá ser chamada imediatamente uma empresa especializada para fazer a inspeção. É recomendado que as tubulações da central de gás, inclusive os medidores, sejam inspecionados anualmente por profissionais habilitados, bem como seja realizado teste de estanqueidade em todos os ramais dos apartamentos. A inspeção de atender a NBR nº 15.526/2016. A empresa capacitada e habilitada deve seguir a NBR nº 15.923/2011 – Inspeção de Rede de distribuição interna de gás combustível em instalações residenciais e instalações de aparelhos a gás para uso residencial – Procedimentos. Após o serviço, o profissional deve emitir um atestado e recolher ART. No capítulo 19 poderá ser encontrado um modelo desse atestado.

As despesas com a inspeção da central, dos ramais e do atestado são de responsabilidade do condomínio (CC, art. 1.331, § 2º), cabendo ao condômino a despesa referente aos problemas encontrados após o registro dentro da sua unidade, como a mangueira do fogão com data de validade vencida, que deverá ser trocada mesmo que não apresente vazamento.

Quando, por exemplo, for identificado vazamento em vários apartamentos e o orçamento mensal não comportar o pagamento, o síndico deverá dar início à obra e convocar imediatamente uma assembleia para aprovação de rateio ou solicitar autorização para utilizar o Fundo de Reserva.

Fazem parte das normas da ABNT referentes a gases combustíveis: NBR nº 13.523/2019 – Central de gás liquefeito de petróleo – GLP e NBR nº 15.526/2016 – Rede de distribuição interna para gases combustíveis em instalações residenciais e comerciais – Projeto e execução (central de gás).*

---

* Os resumos de todas as normas da ABNT poderão ser encontrados no *site* <https://www.abntcatalogo.com.br>.

Elevadores

Esse item requer bastante atenção e responsabilidade por parte do síndico e da empresa que faz a manutenção, havendo uma série de exigências legais, como mencionado no capítulo anterior.

Seria interessante que o síndico divulgasse regularmente a importância e os riscos desse aparelho de transporte, informando a necessidade da colaboração de todos os usuários, inclusive das crianças.

Cuidados com os elevadores

Serão relacionados a seguir alguns cuidados importantes que os administradores deverão ter com os elevadores:

- Na casa de máquinas não deve ser guardado nenhum objeto, pois, além de incomodar o pessoal da manutenção, pode causar incêndio.
- Não deve ocorrer infiltração de água nas instalações, quer seja da lavagem dos *halls* e pisos, quer seja de vazamentos. Esses fatos podem causar curto no sistema, acarretando riscos imprevistos aos usuários.
- O acesso à casa de máquinas, ao poço e à caixa de passagem só deve ser feito por pessoas habilitadas, sendo que esses lugares devem permanecer sempre trancados, e as chaves, guardadas em local seguro.
- O transporte de cargas concentradas e pesadas, como cofres, exige regulagem especial dos freios e manobra em baixa velocidade. O zelador deve comunicar-se com a empresa contratada para fazer a manutenção e conservação, para que este faça a regulagem, inclusive com termo de responsabilidade.
- Estar sempre atento para o número máximo de pessoas, pois o excesso de peso coloca em risco o aparelho, além de provocar maior desgaste dos componentes.
- Avisar aos usuários que não devem jogar lixo (clipes, palitos, cigarros, papéis de bala, gomas de mascar) no poço do elevador.
- Não permitir que pessoas não habilitadas mexam nos elevadores.

Procedimento para evitar riscos aos usuários

São instruções da própria Prefeitura, quanto ao uso dos elevadores:

- A abertura da porta de pavimento, com chave especial, deve ser feita apenas por pessoas habilitadas, de preferência da própria conservadora. A chave deve permanecer com o zelador.
- Em caso de incêndio não utilizar os elevadores.
- Para que seja feito um resgate totalmente seguro, a chave de força deve estar sempre desligada.

- É necessário que se respeite o número de pessoas ou peso máximo permitido para cada equipamento.
- As crianças devem ser orientadas a usar o elevador com segurança, ficando sempre afastadas das portas, e a evitar brincadeiras, pulos ou movimentos bruscos. Ainda segundo a Lei Municipal de São Paulo nº 12.751/1998, menores de 10 anos não podem andar nos elevadores desacompanhados de um responsável.
- Antes de entrar no elevador, verificar se o mesmo está parado no andar (Lei Estadual – SP nº 9.502, de 11/3/1997).
- Comunicar à empresa conservadora qualquer irregularidade no seu funcionamento, como barulhos estranhos, desnivelamento entre a cabina e o pavimento, movimento anormal durante o percurso etc.
- Não deve haver no interior da cabina do elevador elementos estranhos que possam causar danos aos usuários em caso de parada brusca, como objetos de decoração.
- Recomenda-se que toda cabina possua iluminação de emergência.
- O alarme deve estar em condições de uso, devendo ser usado somente nos casos de emergência, evitando-se as brincadeiras.

Caso o elevador pare entre os andares, as pessoas retidas em seu interior devem:
- manter a calma. A situação não oferece perigo;
- acionar o botão de alarme a fim de atrair a atenção e/ou usar o interfone para pedir ajuda;
- perguntar se a chave de força dos elevadores foi desligada;
- caso o desnível entre os andares seja acentuado, solicitar que se chame imediatamente a conservadora, cujo telefone deve estar fixado no elevador, ou o Corpo de Bombeiros, pelo telefone 193;
- aguardar calma e passivamente o resgate seguro;
- em hipótese alguma deve-se tentar sair por conta própria.

Resumo – Cuidados referentes à segurança

Itens	Principais cuidados	Frequência
Incêndio – Extintores	• **Verificação:** manômetros, lacre, obstrução, vazamentos, bicos e válvulas. • **Recarga:** após utilização, se despressurizado, material empedrado e após teste hidrostático. • **Não usados:** – tipo espuma; – tipo pó químico e água.	diária imediatamente anual anual
Incêndio – Mangueiras	• Não podem ser enroladas molhadas e necessitam de tratamento adequado.	anual
Instalação elétrica	• Revisão efetiva.	mensal
Para-raios	• Verificação completa – área litorânea. • Verificação completa – demais edifícios. • Visual – equipe interna. • Após descarga atmosférica. • Quando apresentar corrosão.	anual a cada três anos semestral imediatamente imediatamente
Iluminação de emergência	• Funcionamento geral. • Funcionamento do sistema por uma hora.	semanal trimestral
Área de circulação	• Devem estar sempre livres.	diária
Gás	• Verificar se não há vazamento. • Aparelhos que usam gás. • Inspeção nas instalações – teste de estanqueidade.	diária e na chegada do gás a cada dois anos anual
Elevadores	• Manutenção geral. • Pagar Taxa Anual de Licença--funcionamento.	mensal pagar até abril

Trabalho em altura

Sempre que houver necessidade de contratar serviços, como reforma, manutenção e limpeza das fachadas ou serviços em telhados, o síndico precisa ser bastante cauteloso na escolha da empresa, pois existem riscos graves de acidente na execução desses serviços. Assim, o síndico deve exigir que as empresas que estão participando da licitação atendam a todas as normas de segurança estabelecidas pelo Ministério do Trabalho,[*] principalmente as NRs 18 e 35, referentes às Condições e Meio Ambiente de Trabalho na Indústria da Construção. Em caso de

---

[*] As Normas Regulamentadoras do Ministério do Trabalho poderão ser encontradas no *site*: <portal.mte.gov.br/legislacao/normas-regulamentadoras-1.htm>.

acidente, a falta de atenção ao cumprimento das normas pode acarretar ao síndico responsabilidade civil e criminal, pois é ele quem responde pela contratação dos serviços.

Além desses cuidados, o síndico deve exigir que a empresa apresente: comprovação do registro dos funcionários que irão trabalhar no condomínio, os respectivos seguro de vida, exame médico, comprovante de treinamento no trabalho em altura.

Entre os itens apresentados na NR 18, destacam-se:

Andaimes suspensos mecânicos

- Os sistemas de fixação e sustentação e as estruturas de apoio dos andaimes suspensos devem ser precedidos de projeto elaborado e acompanhado por profissional legalmente habilitado.
- Os andaimes suspensos devem ser dotados de placa de identificação, colocada em local visível, onde conste a carga máxima de trabalho permitida.
- A instalação e a manutenção dos andaimes suspensos devem ser feitas por trabalhador qualificado, sob supervisão e responsabilidade técnica de profissional legalmente habilitado, obedecendo, quando de fábrica, as especificações técnicas do fabricante.
- O trabalhador deve utilizar cinto de segurança tipo paraquedista, ligado ao trava-quedas de segurança, e este, ligado a cabo-guia fixado em estrutura independente da estrutura de fixação e sustentação do andaime suspenso.
- A sustentação dos andaimes suspensos deve ser feita por meio de vigas, afastadores ou outras estruturas metálicas de resistência equivalente a, no mínimo, três vezes o maior esforço solicitante.
- A sustentação dos andaimes suspensos somente pode ser apoiada ou fixada em elemento estrutural.
- Em caso de sustentação de andaimes suspensos em platibanda ou beiral da edificação, essa ação deverá ser precedida de estudos de verificação estrutural sob responsabilidade de profissional legalmente habilitado.
- É proibida a fixação de sistemas de sustentação dos andaimes por meio de sacos com areia, pedras ou qualquer outro meio similar.
- Quando da utilização do sistema contrapeso, como forma de fixação da estrutura de sustentação dos andaimes suspensos, este deve atender as seguintes especificações mínimas:
  - o ser invariável (forma e peso especificados no projeto);
  - o ser fixado à estrutura de sustentação dos andaimes;
  - o ser de concreto, aço ou outro sólido não granulado, com seu peso conhecido e marcado de forma indelével em cada peça; e
  - o ter contraventamentos que impeçam seu deslocamento horizontal.

- É proibido o uso de cabos de fibras naturais ou artificiais para sustentação dos andaimes suspensos.
- Sobre os andaimes suspensos somente é permitido depositar material para uso imediato.

Cadeira suspensa

- Em quaisquer atividades em que não seja possível a instalação de andaimes, é permitida a utilização de cadeira suspensa (balancim individual).
- A cadeira suspensa deve dispor de:
  o sistema dotado com dispositivo de subida e descida com dupla trava de segurança, quando a sustentação for através de cabo de aço;
  o sistema dotado com dispositivo de descida com dupla trava de segurança, quando a sustentação for por meio de cabo de fibra sintética;
  o requisitos mínimos de conforto previstos na NR 17 – Ergonomia;
  o sistema de fixação do trabalhador por meio de cinto.
- O trabalhador deve utilizar cinto de segurança tipo paraquedista, ligado ao trava-quedas em cabo-guia independente.
- A cadeira suspensa deve apresentar na sua estrutura, em caracteres indeléveis e bem visíveis, a razão social do fabricante e o número de registro respectivo no Cadastro Nacional de Pessoa Jurídica (CNPJ).
- É proibida a improvisação de cadeira suspensa.
- O sistema de fixação da cadeira suspensa deve ser independente do cabo-guia do trava-quedas.

Ancoragem

- De acordo com a NBR nº 16.325 e a NR nº 18, as edificações com no mínimo quatro pavimentos ou altura de 12 m a partir do nível do térreo devem possuir previsão para a instalação de dispositivos destinados à ancoragem de equipamentos de sustentação de andaimes e de cabos de segurança para o uso de proteção individual, a serem utilizados nos serviços de limpeza, manutenção e restauração de fachadas.
- **Os pontos de ancoragem devem:**
  o estar dispostos de modo a atender todo o perímetro da edificação;
  o suportar uma carga pontual de 1.500 Kgf (mil e duzentos quilogramas-força);
  o constar do projeto estrutural da edificação;
  o ser constituídos de material resistente às intempéries, como aço inoxidável ou material de características equivalentes.

- Os pontos de ancoragem de equipamentos e dos cabos de segurança devem ser independentes.
- O primeiro item relacionado não se aplica às edificações que possuírem projetos específicos para instalação de equipamentos definitivos para limpeza, manutenção e restauração de fachadas.
- **Orientação sobre procedimentos de inspeção periódica:**
  o Pelo menos uma vez a cada 12 meses, cada dispositivo de ancoragem deve ser submetido a uma inspeção periódica, conforme as instruções do fabricante.
  o Na aprovação da inspeção, a data da próxima inspeção deve ser marcada na documentação de controle do dispositivo de ancoragem e, se possível, essa **data também deve estar marcada junto ao dispositivo de ancoragem**.
  o O dispositivo de ancoragem reprovado para uso **deve ser etiquetado para esse efeito até que qualquer ação corretiva ou de remoção deste seja efetivada e registrada**.

Serviços em telhados
- Para esse tipo de serviço, deve ser usado dispositivo que permita a movimentação segura dos trabalhadores, sendo obrigatória a instalação de cabo-guia de aço (linha de vida) para fixação do cinto de segurança tipo paraquedista – NBR 16.325.
- É proibido qualquer tipo de carga concentrada sobre as telhas, pois este é o principal motivo de acidentes em telhados.
- É proibido com chuva ou vento o trabalho em telhado.
- Dependendo do tipo de telhado e de sua resistência, pode ser necessário utilizar uma prancha apoiada sobre as telhas para distribuir o peso.

Trabalho em área confinada

Definição: "É qualquer área ou ambiente não projetado para ocupação humana contínua, que possua meios limitados de entrada e saída, cuja ventilação existente é insuficiente para remover contaminantes ou onde possa existir a deficiência ou enriquecimento de oxigênio."

Exemplos: cisternas (caixas-d'água inferiores) e barrilete (registros das caixas superiores)

Principais cuidados:
- Placa de sinalização – ANEXO I;
- Permissão de Entrada e Trabalho – PET – ANEXO II;

- A Permissão de Entrada e Trabalho é válida somente para cada entrada;
- É vedada a realização de qualquer trabalho em espaços confinados de forma individual ou isolada.

De acordo com a Norma Regulamentadora (NR) 33, cabe ao empregador fornecer e garantir que todos os trabalhadores que adentrarem em espaços confinados disponham de todos os equipamentos para controle de riscos, previstos na Permissão de Entrada e Trabalho. Caso seja uma empresa terceirizada, o síndico também deve se certificar de que os prestadores de serviço cumpram as determinações da norma. Segue abaixo o modelo de placa que deverá ser afixada nos locais de confinamento.

Inspeção predial

Para prevenir e evitar qualquer tipo de acidente, como queda de marquises, desabamento de telhados e muros, incêndios causados por danos elétricos e ainda acidentes graves, é fundamental que seja feita com periodicidade a inspeção predial, conforme definida pela NBR 16.747, de 21 de maio de 2020. A norma tem como objetivo "constatar o estado de conservação e funcionamento da edificação, seus sistemas e subsistemas, de forma a permitir um acompanhamento sistêmico do comportamento em uso ao longo da vida útil, para que sejam mantidas as condições necessárias à segurança, habitabilidade e durabilidade da edificação".

É aplicada a edificações de qualquer tipologia, públicas ou privadas, e estabelece conceitos, diretrizes e procedimentos relativos à inspeção predial, uniformizando a metodologia a ser empregada nessa atividade, e definindo, inclusive, as suas etapas mínimas. O documento que resulta da inspeção é denominado "laudo" e deve ser solicitado pelo síndico. O documento deve ser datado e assinado por profissional responsável, habilitado e especializado em inspeção predial. Deve ser mencionado seu número de registro no Crea (engenheiro) ou CAU (arquiteto) e recolhimento de ART ou RRT. O profissional deve evidenciar as anomalias relacionadas a problemas estruturais ou funcionais e as falhas que estão ligadas à atividade de manutenção ou sua ausência, desgaste pelo uso e operação inadequada. O laudo deve ter fotos que ilustrem os problemas encontrados.

Segundo a norma, devem ser inspecionados[*]:

- elementos estruturais aparentes;
- sistemas de vedação (externos e internos);
- sistemas de revestimentos, incluindo as fachadas;
- sistemas de esquadrias;
- sistemas de impermeabilização, por meio dos indícios de perda de desempenho, como infiltrações;
- sistemas de instalação hidráulica (água fria, água quente, gás, esgoto sanitário, águas pluviais, caixas de gordura, reúso de água e esgoto etc.);
- sistemas de instalação elétrica;
- geradores;
- elevadores;
- motores, bombas e equipamentos eletromecânicos;
- alarmes e sistemas de segurança (como CFTV, por exemplo);
- sistemas de ar-condicionado;
- sistemas de proteção contra descargas atmosféricas (para-raios);
- sistema de combate a incêndio;
- sistema de coberturas (telhados, rufos, calhas etc.);
- acessibilidade.

Veja, a seguir, os documentos que deverão ser analisados[**]:

- manual da edificação;
- manuais dos equipamentos instalados;
- habite-se (para os condomínios, por exemplo) ou alvará de funcionamento (para prédios industriais, instalações hospitalares etc.);
- alvarás e relatórios de inspeção de elevadores;
- AVCB e demais projetos legais;
- regimento interno;
- licenciamento ambiental;
- outorgas e licenças para casos em que houver poços artesianos ou ETEs;
- contratos de manutenção de equipamentos;
- relatório de potabilidade da água dos reservatórios, bem como relatórios de manutenção e limpeza dessas estruturas;
- relatórios e atestados do SPDA;

---

[*] Informações retiradas do *site*: <fibersals.com.br>.
[**] Informações retiradas do *site*: <fibersals.com.br>.

Em várias cidades já existem leis específicas que obrigam a realização da inspeção predial, como em Balneário Camboriú, no litoral catarinense, a Lei Ordinária nº 2.805/2008, e no Rio de Janeiro a Lei nº 6.400/2013. O Estado de São Paulo, que concentra o maior número de edifícios do País, possui apenas Projetos de Lei, tanto Municipal quanto Estadual, prevendo a periodicidade de cinco anos.

A falta de manutenção ou manutenção inadequada, principalmente em edifícios com mais de 20 anos, contribui para o aumento da probabilidade de ocorrerem graves acidentes e reduzir a vida útil da edificação. Há algumas patologias que não são visíveis para leigos, justificando mais uma vez a importância da avaliação periódica de um profissional. Entretanto, existem vários problemas que são aparentes, sendo os mais comuns:

- **Fissuras e trincas** – Podem ocorrer em pilares, vigas, paredes e lajes, possuindo várias causas que precisam ser avaliadas.
- **Infiltrações** – Ocorrem tanto nas áreas internas dos apartamentos (banheiros, cozinha e lavanderia) como nas áreas comuns. Esse tipo de problema está relacionado principalmente às instalações hidráulicas e ao desgaste na impermeabilização. Devem ser corrigidas o mais rápido possível, caso contrário, a estrutura do prédio pode ser comprometida, em função da corrosão das armaduras que ficam dentro do concreto armado, sendo necessário, em casos mais graves, reforçar a estrutura.
- **Curto-circuito e sobrecarga** – Podem causar a queima de equipamentos e incêndio.

Existe ainda muita omissão e negligência por parte de inúmeros gestores, que, para evitar conflito com os moradores, fazem vistas grossas quanto às exigências da ABNT NRB nº 16.280/2014, que trata das reformas, tanto nas áreas comuns como nas privativas, o que será abordado logo a seguir. A isso se soma o descaso de muitos ocupantes do imóvel, que realizam reformas ignorando a norma mencionada, como retirada de paredes, transferência de local da área de serviço, tubulações de gás e pia da cozinha, sem consultar um engenheiro ou arquiteto para a emissão de um laudo sobre o projeto, o qual deveria ser comunicado ao síndico, e este, por sua vez, checaria com a construtora ou outro profissional habilitado a viabilidade da reforma. As alterações internas que mais causam problemas são:

- transferência da pia da cozinha e/ou máquina de lavar para outro local, o que pode acarretar entupimento devido ao fato de a tubulação utilizada não estar preparada para o escoamento de detritos;
- instalação de banheira não prevista no projeto – o excesso de peso poderá fragilizar a estrutura da laje;
- remoção de paredes não prevista no projeto – ação perigosa que pode provocar o desabamento do edifício, caso a parede derrubada seja estrutural;

- fechamento de sacadas – realizado em edifícios antigos, produz excesso de peso e torna irregular a edificação como um todo, pois as sacadas não estavam previstas como área construída.

Mais informações: capítulo 16, questão 12.

Outro ponto de atenção que o gestor deve ter está relacionado à construção de um empreendimento vizinho ao condomínio. Recomenda-se que, antes de serem iniciadas as obras de fundação, o síndico tome a iniciativa de contratar a inspeção predial, visando documentar que o condomínio não apresenta nenhum problema estrutural e que, caso venha a apresentar qualquer problema após o início da obra, a construtora do novo prédio poderá ser responsabilizada. Após a inspeção, que pode ser acompanhada pelos engenheiros da construtora do prédio vizinho, o síndico deve encaminhar uma cópia protocolada do laudo para a construtora.

Os síndicos podem utilizar como referência para as atividades de manutenção e conservação das edificações as normas da ABNT, sobretudo a NBR nº 5.674/2012 – Manutenção de Edificações – Requisitos para o sistema de gestão de manutenção.

Após a obtenção dos resultados da inspeção, o síndico deve convocar uma assembleia para conscientizar os condôminos sobre a situação estrutural do condomínio e prever, se necessário, obras para regularizar todos os itens que apresentaram não conformidade e que possam trazer risco a segurança.

Reforma das áreas externas e internas

Após as tragédias que ocorreram na cidade do Rio de Janeiro, na qual três edificações, de 20, 10 e 4 andares, desabaram, causando a morte de 17 pessoas, e de São Bernardo do Campo, em São Paulo, em que ocorreu desabamento parcial de um edifício de 14 andares e a morte de uma criança, a ABNT aprovou a NBR nº 16.280/2015, atualizada em 2020.

A entrada em vigor dessa importante norma traz responsabilidades aos síndicos, mas também embasamento para poder controlar as reformas, não só da área externa como também as realizadas pelos moradores em seus apartamentos ou salas comerciais. Tendo essa referência, torna-se mais fácil para o síndico aprovar, em assembleia, obras que devem ser realizadas por profissionais habilitados, cujo custo apresenta diferença quando comparados com o custo de prestadores não qualificados.

A responsabilidade pelas obras e o atendimento à NBR, quando se tratar de obras no interior das unidades, é do proprietário e não do inquilino. A norma estabelece os requisitos para a gestão e o controle de processos, projetos, execução e segurança, inclusive meios para:

- prevenção de perdas de desempenho decorrente das ações de intervenção gerais ou pontuais nos sistemas;
- planejamento, projetos e análises técnicas de implicações da reforma;
- alteração das características originais da edificação;
- descrição das características da execução das obras de reforma;
- segurança da edificação, do entorno e de seus usuários;
- registro documental da situação da edificação antes da reforma, dos procedimentos utilizados e do pós-obra de reforma;
- supervisão técnica dos processos e das obras.

O plano de reforma deve ser elaborado por profissional habilitado e encaminhado ao responsável legal pela edificação, em comunicado formal, antes do início da obra de reforma. O síndico deve avaliar se a documentação apresentada atendeu aos requisitos da norma. Dentre estes estão:

- atendimento à legislação vigente;
- estudo que garanta a segurança da edificação e dos usuários;
- autorização para circulação dos insumos e funcionários;
- apresentação do projeto, desenhos, memoriais descritivos e referências técnicas, quando aplicáveis;
- escopo dos serviços;
- identificação de atividades que propiciem a geração de ruídos e seus níveis de pressão sonora;
- identificação de uso de materiais tóxicos, combustíveis e inflamáveis;
- localização e implicações no entorno da reforma;
- cronograma;
- dados das empresas, profissionais e funcionários envolvidos;
- a responsabilidade técnica pelo projeto, pela execução e pela supervisão das obras, quando aplicável e recolhimento de ART (Crea) ou RRT (CAU);
- planejamento de descarte de resíduos;
- estabelecimento do local de armazenamento dos insumos.

Estando tudo de acordo com a NBR, o síndico autoriza o início da obra. Após o término, e para dar maior segurança e tranquilidade ao síndico, é recomendado que o proprietário apresente o laudo de conclusão, comprovando que foi realizado exatamente o que estava previsto no plano de obra e que não houve nenhuma alteração do escopo. Caso haja necessidade de alguma modificação, o condômino deve apresentar um novo plano de obras.

Recomenda-se que o síndico adquira essa Norma, dado que ela pode servir de embasamento concreto para justificar a cobrança do seu cumprimento perante os condôminos e moradores.

Para poder cobrar a aplicação da norma, é aconselhável que o síndico convoque uma assembleia, com pauta específica, para estabelecer os critérios e cuidados que deverão ser aplicados às obras e reformas.

Gestão de risco

É frequente o síndico desconhecer ou negligenciar a necessidade de se fazer gestão de riscos, sendo o excesso de confiança o fomentador, potencializador do perigo, que pode acarretar graves acidentes. Estudiosos do assunto enfatizam que as causas principais são: falha humana, falha de projeto e acidente de sistema, como terremoto.

Nos condomínios destacam-se algumas situações e locais de risco, tais como:

- queda no chão molhado;
- objetos atirados das janelas;
- queda no fosso do elevador;
- excesso de peso no elevador;
- descarga elétrica dentro da casa de força;
- queda em buraco aberto em área comum; vão causado por deslocamento de grade de proteção;
- afogamento em piscina;
- *playground*;
- salão de jogos;
- azulejos quebrados dentro da piscina;
- falta de ralo adequado à piscina;
- desabamento do portão da garagem;
- pintura em geral;
- lavagem externa das janelas;
- dedetização das áreas comuns;
- troca de lâmpadas;
- retirada do lixo;
- produtos de limpeza inadequados, como ácido muriático;
- poda de árvores.

Para reduzir as possibilidades de acidentes e obter mais respaldo, o síndico deve adotar algumas medidas, entre as quais estão:

- contratar profissionais habilitados;

- exigir que conste no contrato cláusula que demonstre que o prestador de serviço avaliou o risco geral da obra ou manutenção, mesmo que pareça não existir nenhum perigo;
- o profissional, mesmo que autônomo, deve ter registro na Prefeitura, no INSS e no seguro de vida;
- cobrar o uso dos EPIs (Equipamentos de Proteção Individual) dos funcionários e dos prestadores de serviço;
- sinalizar os locais em manutenção ou reforma, impedindo que os moradores, principalmente as crianças, tenham acesso a eles.

Segurança dos usuários das piscinas

Para tornar a área da piscina mais segura, além dos cuidados com limpeza mencionados no capítulo anterior, os administradores devem estar atentos à legislação, à manutenção geral e às muitas recomendações da Sociedade Brasileira de Salvamento Aquático (Sobrasa),* a qual enfatiza em suas pesquisas que o afogamento é a segunda maior causa de morte de crianças de 1 a 9 anos no Brasil, perdendo apenas para acidentes de trânsito.** Também ressalta que 53% dos óbitos são por afogamento em piscinas. Entre as ações que todos os envolvidos devem adotar estão:

- **Construção da piscina** – Deve atender à Norma Brasileira NBR nº 10.339/2018, atualizada em 2019, da ABNT, que determina, por exemplo, a potência adequada para a motobomba e a quantidade necessária de drenos e ralos de fundo.
- **Instalação dos itens:**
  o **grades de proteção** – Na cidade de São Paulo, segundo a Lei nº 10.975, de 17/4/1991, art. 1º, "fica obrigatório constar nas plantas de edificações de prédios de apartamentos ou casas residenciais em que esteja prevista a instalação de piscina, a colocação de grades de proteção à sua vida". Essa exigência ainda não faz parte da legislação de muitas cidades, mas deve ser adotada como medida de precaução contra acidentes;
  o **ralo/tampa de fundo FSB** – Esse dispositivo, de baixo custo, traz maior segurança aos usuários, uma vez que aumenta a vazão do dreno, impedindo a sucção de banhistas e até o aprisionamento de cabelos. Mesmo assim, é recomendável manter-se longe de drenos e ralos, além de passar tal orientação às crianças;

---

* www.sobrasa.org.
** http://sobrasa.org/biblioteca/Manual_emerg_aquaticas_2012_curso_dinamico.pdf.

- o **Sistema de Segurança para Liberação de Vácuo (SSLV)** – Esse equipamento é instalado próximo à motobomba, visando diminuir ainda mais o risco de o banhista ficar preso em algum ralo ou dreno de fundo. Havendo algum tipo de sinal de interrupção de sucção da motobomba, o equipamento para imediatamente de funcionar e aciona um alarme.
- **Fechamento constante da área da piscina** – De nada serve o gradil se a área da piscina permanecer aberta sem que haja um salva-vidas durante o horário de funcionamento.* Caso o Regimento Interno não preveja essa condição, o síndico deverá levá-la a uma assembleia, a fim de formalizar a regularização do uso da área, prevendo a necessidade de retirada da chave do gradil, mediante protocolo.
- **Proibição de crianças menores desacompanhadas por um adulto na área da piscina** – A princípio, tal medida pode causar descontentamento a alguns pais. Portanto, essa condição também deve constar no Regimento Interno. Recomenda-se estabelecer em assembleia a idade mínima permitida. É importante lembrar que, segundo a Lei Municipal de São Paulo nº 12.751/1998, menores de 10 anos não podem andar nos elevadores desacompanhados de um responsável.
- **Equipamentos de salvamento** – A área das piscinas deve dispor de ganchos, boias, cordas e caixa de primeiros socorros.
- **Exame médico** – Para melhorar a qualidade da água, o síndico deve exigir o cumprimento do Decreto Estadual nº 13.166/1979, art. 51, de São Paulo, o qual determina que o exame seja renovado a cada seis meses.
- **Sinalizar a profundidade da piscina** – Essa recomendação faz parte do Decreto Estadual nº 50.225/2008, de São Paulo. Segundo a Sobrasa, para crianças com até um metro de altura, o ideal é 50 cm de profundidade, sendo que a água não deve ultrapassar seu umbigo. Alerta-se ainda que boias não são sinônimo de segurança e que, mesmo em piscinas rasas, a atenção dos adultos é indispensável, pois a criança pode escorregar e cair.
- **Qualidade da água e procedimentos** – Para garantir a segurança relativa à saúde dos usuários – NBR nº 10.818/2016.

---

* Na maioria das cidades do Brasil, a legislação não exige a permanência de salva-vidas em piscinas de condomínio.

Assaltos

Infelizmente, hoje não estamos seguros em lugar nenhum. Todo cuidado é pouco para impedir que marginais entrem no condomínio. Além da instalação de grades de segurança, portões com dispositivos eletrônicos, alarmes, comandos a distância para as garagens e vigias permanentes, outras precauções podem ser adotadas pelo condomínio:

- o síndico deve buscar informações sobre pretendentes a uma vaga de funcionário do condomínio, utilizando-se até de empresas especializadas para conhecer um pouco mais o perfil do candidato. Hoje é proibido exigir que o aspirante traga Atestado de Antecedentes Criminais.
- manter um bom relacionamento com os funcionários e efetuar os pagamentos de acordo com as leis, tentando evitar ações vingativas;
- proporcionar aos funcionários, principalmente a porteiros e zeladores, treinamento específico para segurança;
- todo empregado do condomínio deve usar crachá para facilitar a identificação, sendo recomendada a proibição do uso deste fora do condomínio, para evitar a identificação do local de trabalho, caso ele seja seguido ou feito refém;
- também recomenda-se o uso de identificação na área interna do condomínio para prestadores de serviço contratados pelo condomínio ou pelos moradores e visitantes, como ocorre nos hospitais, podendo ser utilizadas apenas etiquetas, para reduzir os custos;
- lembrar sempre aos moradores do perigo existente na abertura da garagem por meio do comando remoto. Um descuido do motorista pode facilitar a entrada de alguém mal-intencionado. O uso de identificação nos para-brisas dos veículos poderá auxiliar no reconhecimento, porém este não deve trazer o nome do condomínio. Atualmente, muitos utilizam cartões que são colocados no retrovisor apenas na hora em que o morador chega ao condomínio;
- não permitir que desconhecidos entrem no condomínio sem serem anunciados e sem que o morador autorize sua entrada;
- o morador nunca deverá abrir a porta de seu apartamento a um desconhecido, mesmo que ele esteja na companhia de um funcionário do condomínio;
- pedir aos visitantes ou prestadores de serviços que exibam na portaria seu documento de identidade, cabendo ao funcionário anotar em livro próprio data, nome, número do documento e finalidade da visita. Estão entre eles: os funcionários da companhia telefônica, Sabesp, Eletropaulo, Correios; quaisquer entregadores; tintureiros etc.

8

Seguros

Faz parte das atribuições do síndico a contratação do seguro, incluindo toda parte estrutural das unidades autônomas e áreas comuns da edificação ou do conjunto de edificações.

O *valor do prêmio* deve ser registrado nas despesas ordinárias, cabendo também aos inquilinos o seu pagamento.

Os seguros devem ser contratados conforme os arts. 1.346 do Código Civil, contra incêndio ou destruição total ou parcial e 13 da Lei nº 4.591/1964, que estabelece o prazo de 120 dias a contar da data da concessão do "habite-se", e têm de ser anualmente renovados com a atualização dos seus valores de reconstrução.

Caso esse dispositivo seja contrariado, fica o condomínio sujeito ao pagamento da multa mensal igual a um doze avos do imposto predial total da edificação, cobrável judicialmente pela municipalidade.

Planos de seguro

O Decreto-Lei nº 73, de 21/11/1966 – Sistema Nacional de Seguros Privados, regula as operações de seguros. Cada companhia seguradora possui um tipo de apólice, em que descreve suas condições para os diversos riscos. Dentre os itens abordados, os principais são:

- **Risco** – Possibilidade de um acontecimento acidental e inesperado causar danos materiais ou corporais, gerando um prejuízo ou necessidade econômica.
- **Sinistro** – É a ocorrência do risco, cujas consequências são economicamente danosas e cobertas pela apólice.
- **Objetivos do seguro** – Garantir até o limite das importâncias seguradas, que podem ser corrigidas sempre que houver um índice indicado na apólice, observados os limites de cada cobertura.

- **Bens cobertos pelo seguro** – Definição do que pode ser incluído. Dentre eles estão:
  - ○ **Imóvel** – Conjunto de construções que compõem o condomínio, incluindo as instalações fixas de água, gás, eletricidade, calefação, refrigeração e energia solar.
  - ○ **Benfeitorias** – São os elementos funcionais ou decorativos que não pertencem à construção original do imóvel e estão nas áreas comuns, tais como divisórias, forros falsos, carpetes, persianas e toldos, sendo considerados parte integrante do imóvel.
  - ○ **Máquinas, equipamentos, mobiliários** – Instalados nas áreas comuns.
- **Valor do seguro** – É o valor total apurado tendo como base os custos de reconstrução ou reparação do imóvel, das benfeitorias e das máquinas, equipamentos e mobiliários do condomínio; portanto, incluem-se nesse valor: bombas de água, interfones, antena coletiva, portão automático, elevadores, centrais de ar-condicionado, escadas rolantes, incineradores e compactadores de lixo, para-raios e luz piloto.

Caso o valor contratado pelo síndico seja menor que o indicado ou recomendado pelos especialistas das seguradoras, o condomínio corre o risco, se ocorrer o sinistro, de não ser indenizado com o valor necessário para cobrir os prejuízos. Nesse caso, o síndico terá de recorrer aos condôminos, com a proposta de um rateio ou saque do Fundo de Reserva, para completar o valor não indenizado pelo seguro. Os moradores com certeza ficarão muito contrariados, pois acreditavam que o síndico tivesse contratado o seguro necessário para cobrir todos os possíveis prejuízos. Essa contrariedade pode levar os condôminos a entrar na justiça para cobrar do síndico, na sua pessoa física, uma vez que é ele o responsável, segundo o Código Civil, pela contratação do seguro do condomínio (art. 1.348 – IX).

Para o síndico ter uma ideia aproximada do valor da reconstrução, basta fazer o seguinte cálculo:

$$VRA = 55\% \ (VM \times NA)$$

VRA = Valor de Reconstrução Aproximado
VM = Valor de Mercado de um Apartamento
NA = Número de Apartamentos existente no prédio

- **Contratos de seguros após a Resolução CNSP nº 392, de 30 de outubro de 2020,** entraram em vigor em 4 de janeiro de 2021.

  A Resolução estabelece critérios para *operação dos seguros obrigatórios*, segundo o art. 2º – "O seguro obrigatório para a edificação ou o conjunto de edificações, abrangendo todas as unidades autônomas e partes comuns, contra o risco de incêndio ou destruição, total ou parcial, será **contratado por meio de seguro compreensivo condomínio**, estruturado na forma regulamentada pelo Conselho Nacional de Seguros Privados – CNSP ou pela Superintendência de Seguros Privados – Susep.

  A Susep define como **plano de seguro compreensivo**: "o plano que conjuga vários ramos ou modalidades numa mesma apólice", e seguro compreensivo condomínio como: plano que se "destina a condomínios verticais e horizontais, e os critérios tarifários são diferentes conforme os tipos de condomínios (residencial, escritórios/consultórios, mistos, Flats/Apart Hotéis, Shopping Center etc.). Os planos compreensivos do Grupo Patrimonial garantem, em geral, três riscos: incêndio, queda de raio e explosão. Além desses riscos, esses planos conjugam diversas coberturas adicionais, tais como: vendaval, queda de aeronaves, perda de aluguel, entre diversas outras. Podem ainda conter coberturas de responsabilidade civil (do síndico e/ou condomínio, danos materiais a veículos de terceiros)".

O seguro de condomínio oferece as seguintes modalidades:

I – **Cobertura Básica Simples**: Compreende as coberturas de incêndio, queda de raio dentro do terreno segurado e explosão de qualquer natureza.

II – **Cobertura Básica Ampla**: Compreende as coberturas para quaisquer eventos que possam causar danos materiais ao imóvel segurado, exceto os expressamente excluídos.

A Cobertura Básica Simples refere-se à exigência estabelecida no Código Civil, art. 1.346. Contudo, deve-se observar com atenção e solicitar esclarecimentos à seguradora, pois alguns riscos e bens podem não ser cobertos, por exemplo: carbonização simples, sem ocorrência de incêndio; curto-circuito; sobrecarga na rede elétrica; danos causados por indução magnética da queda de raio; entre outros. Além desses casos, não são cobertas explosões decorrentes da não observância pelo segurado das recomendações do fabricante e da Associação Brasileira de Normas Técnicas correspondentes.

Outro cuidado que se deve ter, para evitar dificuldade na hora de solicitar uma indenização, é manter sempre atualizado o Auto de Vistoria do Corpo de Bombeiros, cujos prazos na cidade de São Paulo estão esclarecidos no capítulo 7.

Para salvaguardar o condomínio de outros riscos, o síndico deve contratar coberturas adicionais.

Antes de contratar o plano de seguro, é fundamental que o síndico observe quais são os itens excluídos de cobertura direta ou indireta. Entre eles, estão:

- má qualidade, vício intrínseco não declarado, ou mesmo declarado, pelo segurado na Proposta de Seguro;
- desarranjo mecânico, desgaste natural pelo uso, deterioração gradativa, manutenção deficiente e/ou inadequada, operações de reparo, ajustamento e serviços de manutenção dos bens/interesses garantidos, erosão, corrosão, ferrugem, oxidação, incrustação, fadiga, fermentação e/ou combustão natural ou espontânea;
- atos de autoridade pública, salvo para evitar propagação de danos cobertos pelo seguro contratado;
- atos de hostilidade ou de guerra, rebelião ou atos praticados por qualquer organização cujas atividades visem derrubar, pela força, o governo ou instigar a sua queda pela perturbação de ordem política e social do País;
- dano resultante do uso de qualquer arma química, biológica, bioquímica ou eletromagnética, bem como a utilização ou operação, como meio de causar prejuízo, de qualquer computador ou programa, sistema ou vírus de computador, ou ainda de qualquer outro sistema eletrônico;
- qualquer perda, destruição ou dano de quaisquer bens causado por radiações ionizantes, contaminação pela radioatividade de qualquer combustível nuclear, resíduos nucleares ou material de armas nucleares;
- qualquer prejuízo originado de ou que consistir em falha ou mau funcionamento de qualquer equipamento, programa de computador e/ou sistema de computação eletrônica de dados;
- atos ilícitos dolosos, ou por culpa grave equiparável ao dolo, praticados pelo segurado, pelo beneficiário ou pelo representante de um ou de outro.

A contratação do seguro não mais prevê a aplicação da cláusula de rateio, que envolvia o valor real do risco, devendo ser feita obrigatoriamente a primeiro risco absoluto, ou seja, mesmo que os prejuízos sejam maiores ou superiores à importância segurada, a responsabilidade da seguradora vai limitar-se ao valor contratado pelo segurado.

As normas atuais determinam que podem ser estabelecidas franquias e/ou participação obrigatória do segurado, sendo excluídos os casos que necessitem de indenização integral. É importante que o síndico, antes de contratar, compare os valores dos prêmios de cada seguradora e o valor das franquias. Seguem-se exemplos de algumas franquias:

Coberturas	Franquias
Danos elétricos	20% das indenizações com o mínimo de R$ 2.000,00
Responsabilidade Civil – Condomínio	10% das indenizações com o mínimo de R$ 1.000,00
Desmoronamento	10% das indenizações com o mínimo de R$ 550,00

Será caracterizada a indenização integral quando os prejuízos resultantes de um mesmo sinistro atingirem ou ultrapassarem a quantia apurada a partir da aplicação de percentual previamente determinado sobre o valor contratado, fixado nas condições contratuais e não superior a 75%.

- **Valor do prêmio** – Corresponde ao valor que será pago pelo segurado, incluindo o imposto (IOF). É baseado na aplicação de determinadas taxas, que variam de acordo com cada cobertura e entre as seguradoras. Para que fique mais claro, o leitor pode encontrar no capítulo 19 um modelo de apólice.
- **Vigência do seguro** – O seguro vigorará no dia e hora indicados na apólice.
- **Pagamento da indenização** – A seguradora está obrigada a pagar a indenização em prazo determinado e após o término das investigações e perícias necessárias para estabelecer as causas do sinistro e o valor dos prejuízos.
- **Ocorrência de sinistro e indenização** – Em caso de sinistro, o segurado deverá:
  o comunicar à polícia;
  o avisar imediatamente a seguradora;
  o tomar as providências ao seu alcance para proteger os bens segurados ou para evitar a agravação dos prejuízos;
  o não dispor dos bens segurados atingidos pelo sinistro e não iniciar sua reparação sem prévia concordância da seguradora, salvo para atender ao interesse público ou para evitar a agravação dos prejuízos;
  o apresentar relatório dos fatos ocorridos, com a relação dos danos havidos;
  o pedir orçamentos para a reparação dos prejuízos.
- **Declarações inexatas** – Quaisquer declarações inexatas ou omissas do segurado na Proposta do Seguro sobre circunstâncias que possam influir no conhecimento do risco isentam a seguradora, por exemplo, do pagamento das indenizações.

Coberturas adicionais

Os principais riscos são:

- **Responsabilidade civil do condomínio** – Sempre que constar expressamente a inclusão dessa cobertura nas condições particulares da apólice, haverá indenização ou garantia da seguradora até o limite da importância segurada. Esse item refere-se principalmente aos seguintes acidentes:
  - atos ou omissões culposas do segurado ou de seus empregados no exercício de suas funções;
  - danos causados aos bens de terceiros alugados pelo segurado, em consequência de incêndio, queda de raio e explosão;
  - por acidentes relacionados com a visita de terceiros nas instalações do condomínio;
  - por danos corporais causados aos funcionários do condomínio devidamente registrados.

Deve-se ficar atento aos riscos não cobertos e se os valores contratados são atuais, evitando surpresas no momento da indenização, quando consta na apólice cláusula de depreciação dos bens.

- **Responsabilidade civil do síndico** – Está coberto por esta garantia o reembolso das quantias pelas quais o síndico do condomínio segurado vier a ser responsável civilmente até o valor do limite máximo de responsabilidade contratado para essa garantia, em sentença judicial transitada em julgado ou em acordo autorizado de modo expresso pela seguradora, relativas à reparação por danos involuntários, corporais e/ou materiais causados a terceiros em decorrência do cumprimento de suas obrigações funcionais. Geralmente, as seguradoras impõem algumas restrições a essa cobertura, por exemplo:
  - danos morais;
  - multa de qualquer natureza imposta ao segurado;
  - qualquer perda sofrida pelo condomínio ou por terceiros (os condôminos são equiparados a terceiros) que implique para o segurado vantagem ou lucro não autorizado por Lei;
  - qualquer ganho ou vantagem indevida obtido pelo segurado no exercício de suas atribuições, inclusive na hipótese de remunerações recebidas indevidamente, sem o prévio consentimento do condomínio;
  - danos a veículos ou quaisquer bens, próprios ou de terceiros;
  - extravio, roubo ou furto de valores em poder do síndico ou do condomínio;
  - falhas ou omissões relativas à contratação ou manutenção de seguros;

o   extorsão, de acordo com o art. 158 do Código Penal, extorsão mediante sequestro e extorsão indireta definidas conforme arts. 159 e 160 do Código Penal.

- **Vendaval, granizo e fumaça** – Devem constar expressamente da apólice e referem-se aos prejuízos causados por:
  o   Vento cuja velocidade for comprovada por laudo meteorológico como sendo superior a 74 km/h ou, na sua impossibilidade, por divulgação generalizada da ocorrência através de comunicação (jornal, rádio, internet ou televisão).
  o   Chuva de pedra ou gelo.
  o   Fumaça proveniente de desarranjo imprevisto e acidental no funcionamento das instalações de calefação, aquecimento ou cozinha e somente quando esses sistemas possuírem chaminé devidamente instalada.

Algumas seguradoras obrigam seus segurados a participar em 10% desses prejuízos.

- **Danos elétricos** – Haverá indenização ou garantias sempre que constar expressamente a inclusão na apólice. Refere-se aos danos causados aos equipamentos e instalações eletroeletrônicos de propriedade do condomínio, provenientes de:
  o   variações anormais de tensão;
  o   curto-circuito;
  o   calor gerado acidentalmente por eletricidade;
  o   descarga elétrica;
  o   eletricidade estática;
  o   queda de raio.
  São vários os riscos e bens não cobertos, dentre eles estão: desgaste normal, corrosão; defeitos preexistentes à contratação; lâmpadas; danos a qualquer peça e componentes não elétricos.

Para esse tipo de cobertura é necessário que o segurado participe em 10% dos prejuízos.

- **Quebra de vidros** – Serão cobertos os prejuízos sempre que constar expressamente a sua inclusão na apólice. Os riscos cobertos referem-se aos danos materiais causados por quebra de vidros e espelhos que estejam convenientemente instalados e fixados em janelas, portas, paredes, coberturas, divisórias, desde que sejam de propriedade do condomínio.

Os riscos não cobertos referem-se a pequenas avarias, danos aos vidros e espelhos que façam parte de luminárias, móveis e objetos de decoração e equipamentos.

- **Desmoronamento** – Para que haja indenização, deverá estar expressamente descrito na apólice. Considera-se o desmoronamento total ou parcial, como queda de parede ou de quaisquer elementos estruturais, tais como: coluna, viga ou laje.

  Os riscos e bens não cobertos referem-se, por exemplo, aos desabamentos de revestimentos, beirais e acabamentos.

  O segurado participará em todos os prejuízos com um valor estipulado na apólice.

- **Responsabilidade civil – guarda de veículos de terceiros – colisão, incêndio e roubo** – Sempre que constar expressamente a inclusão dessa cobertura nas condições particulares da apólice, a seguradora garantirá, até o limite da importância segurada, o reembolso das indenizações pelas quais o segurado vier a ser responsável civilmente, por sentença judicial transitada em julgado ou por acordo com expressa anuência da seguradora, por danos materiais causados aos veículos e motocicletas de terceiros, enquanto estiverem sob a guarda do segurado, somente nos locais indicados na apólice.

  Para todos os efeitos desejados, os condôminos serão equiparados a terceiros. Existem, contudo, riscos não cobertos, por exemplo: roubo ou furto de motocicletas que não estejam guardadas em boxe fechado a chave, nem fixadas ao solo por corrente e cadeado, no interior do estabelecimento segurado; incêndio iniciado no próprio veículo, exceto quando provocado por culpa de funcionários; colisão em portão automático.

O segurado participará em todos os prejuízos com o valor especificado na apólice.

- **Portões automáticos** – Esta contratação visa reembolsar o condomínio segurado das quantias pelas quais vier a ser responsável civilmente, em sentença judicial transitada em julgado ou em acordo autorizado de modo expresso pela seguradora, relativas às reparações por danos involuntários, pessoais e/ou materiais, causados a terceiros por portões automáticos do condomínio segurado. Os danos causados ao portão por impacto de veículos estão cobertos desde que de propriedade e conduzidos por terceiros (os condôminos são equiparados a terceiros), ocorridos e reclamados durante a vigência da apólice.

Exemplos de restrição à cobertura:

o danos à carga dos veículos;

o danos decorrentes de imprudência dos motoristas;

o eventos premeditados ou danos preexistentes;

o aluguel de veículos ou lucro cessantes;

o danos morais.

* **Tumultos** – Sempre que constar expressamente a inclusão dessa cobertura nas condições particulares da apólice, a seguradora indenizará, até o limite da importância segurada, os danos materiais causados ao imóvel e/ou seu conteúdo em consequência de tumultos, greve e *lockout*.

Nesse tipo de cobertura há riscos e bens não cobertos pelo seguro, dentre eles:

o danos causados aos vidros e espelhos;

o danos causados aos ornamentos, objetos artísticos e históricos;

o atos de sabotagem.

O segurado participará em todos os prejuízos com um valor fixado na apólice.

Além de todos esses itens, o síndico poderá contratar seguro contra: queda de aeronave e, se o condomínio for comercial, derrame de *sprinkler* ou chuveiros automáticos.

Procedimentos em caso de sinistros

* comunicar imediatamente a Seguradora, informando data, hora, local, causa, consequências e estimativa preliminar dos prejuízos;
* atuar sempre de forma a reduzir ou minimizar os prejuízos;
* até a realização da vistoria por representante da Seguradora, devem ser preservadas todas as evidências e vestígios;
* os comprovantes das despesas deverão ser imediatamente encaminhados à Seguradora;
* deverão ser fornecidos à Seguradora, os documentos básicos necessários à regularização dos sinistros, conforme relacionados pela Seguradora;
* a Seguradora se reserva o direito de, em caso de dúvida justificável, solicitar outros documentos além dos relacionados na apólice;
* principais documentos que constam na apólice:

o aviso de sinistro;

- declaração dos prejuízos descrevendo os quantitativos e valores, acompanhada do orçamento para recuperação ou substituição dos bens atingidos;
- Boletim de Ocorrência Policial;
- documento comprovando a propriedade do bem;
- certidão fornecida pelo Corpo de Bombeiros, ou outro órgão competente, atentando a ocorrência do evento;
- cópia do Laudo da Perícia Técnica;
- declaração do condomínio segurado sobre sua responsabilidade;
- cópia do Laudo Técnico sobre a causa e consequência do evento;
- demonstrativo de caixa
- registro contábeis e fiscais (notas e livros)
- cópia do CNPJ do condomínio e outros.

Mutuários do SFH

Quando o mutuário do Sistema Financeiro de Habitação (SFH) efetua o pagamento das prestações, a amortização é acrescida dos seguintes seguros: de morte e invalidez permanente e danos físicos ao imóvel. Geralmente, este último refere-se à cobertura básica, que seriam riscos de incêndio, queda de raio e explosão. Essa cobertura estende-se apenas à unidade autônoma.

Para o seguro das áreas comuns, o mutuário necessita participar com os outros moradores do rateio de uma cobertura complementar que inclui entre as opções: incêndio, queda de raio, explosão, responsabilidade civil do condomínio, danos elétricos, quebra de vidros, responsabilidade civil – guarda de veículos e terceiros – colisão, incêndio e roubo.

Segundo a Circular da Susep nº 620, de 29 de dezembro de 2020, art. 7º:

Art. 7º – Para imóvel garantido por seguro habitacional do sistema financeiro de habitação ou do seguro habitacional em apólices de mercado, os seguros compreensivos condomínio e residencial serão considerados a segundo risco enquanto perdurar o contrato de financiamento concedido, desde que o referido contrato esteja amparado por seguro obrigatório, dando cobertura contra incêndio e outros riscos que possam causar a destruição total ou parcial do imóvel, garantindo a sua reposição integral.

Parágrafo único. A cobertura do seguro compreensivo condomínio, quando considerada a segundo risco, refere-se apenas ao imóvel garantido por seguro habitacional, não sendo aplicável às partes comuns do condomínio.

9

Inquilinos

Com a Lei do Inquilinato – Lei nº 8.245, de 18 de outubro de 1991, a figura do inquilino ou locatário aparece perante o condomínio. Essa lei foi alterada pela Lei nº 12.112, de 9 de dezembro de 2009.

A Lei nº 4.591/1964 não mencionava os vocábulos "inquilinos" ou "locatários", utilizando "moradores" e "ocupantes do imóvel". Com o acréscimo do § 4º ao art. 24 dessa lei, proveniente do art. 83 da nova Lei do Inquilinato, é que a palavra "locatário" passou a ser utilizada. Esse artigo teve a sua redação alterada pela Lei nº 9.267/1996, em que o inquilino poderia votar em todas as assembleias que não envolvessem despesas extraordinárias. Porém, com a entrada em vigor da Lei nº 12.112/2009, o artigo passou a ter a mesma redação dada pela Lei nº 8.245/1991.

Art. 83

Ao art. 24 da Lei nº 4.591, de 16 de dezembro de 1964, fica acrescido o seguinte § 4º: "Nas decisões da assembleia que envolvam *despesas ordinárias* do condomínio, o locatário poderá votar, caso o condômino – locador a ela não compareça".

Modificações advindas da Lei nº 8.245/1991

Art. 22. O locador é obrigado a:

X – pagar as despesas extraordinárias de condomínio.

Parágrafo único. Por despesas extraordinárias de condomínio se entendem aquelas que não se refiram aos gastos rotineiros de manutenção do edifício, especialmente:

a. obras de reformas ou acréscimos que interessem à estrutura integral do imóvel;

b. pintura das fachadas, empenas, poços de aeração e iluminação, bem como das esquadrias externas;

c. obras destinadas a repor as condições de habitabilidade do edifício;

d. indenizações trabalhistas e previdenciárias pela dispensa de empregados, ocorridas em data anterior ao início da locação;

e. instalação de equipamentos de segurança e de incêndio, de telefonia, de intercomunicação, de esporte e de lazer;

f. despesas de decoração e paisagismo nas partes de uso comum;

g. constituição de fundo de reserva.

Art. 23. O locatário é obrigado a:

VII – entregar imediatamente ao locador os documentos de cobrança de tributos e encargos condominiais, bem como qualquer intimação, multa ou exigência de autoridade pública, ainda que dirigida a ele, locatário;

X – cumprir integralmente a convenção de condomínio e os regulamentos internos;

XII – pagar as despesas ordinárias de condomínio.

§ 1º Por despesas ordinárias de condomínio se entendem as necessárias à administração respectiva, especialmente:

a. salários, encargos trabalhistas, contribuições previdenciárias e sociais dos empregados do condomínio;

b. consumo de água e esgoto, gás, luz e força das áreas de uso comum;

c. limpeza, conservação e pintura das instalações e dependências de uso comum;

d. manutenção e conservação das instalações e equipamentos hidráulicos, elétricos, mecânicos e de segurança, de uso comum;

e. manutenção e conservação das instalações e equipamentos de uso comum destinados à prática de esportes e lazer;

f. manutenção e conservação de elevadores, porteiro eletrônico e antenas coletivas;

g. pequenos reparos nas dependências e instalações elétricas hidráulicas de uso comum;

h. rateios de saldo devedor, salvo se referentes a período anterior ao início da locação;

i. reposição do fundo de reserva, total ou parcialmente utilizado no custeio ou complementação das despesas referidas nas alíneas anteriores, salvo se referentes a período anterior ao início da locação.

§ 2º O locatário fica obrigado ao pagamento das despesas referidas no parágrafo anterior, desde que comprovadas a previsão orçamentária e o rateio mensal, podendo exigir a qualquer tempo a comprovação das mesmas.

§ 3º No edifício constituído por unidades imobiliárias autônomas, de propriedade da mesma pessoa, os locatários ficam obrigados ao pagamento das despesas referidas no § 1º deste artigo, desde que comprovadas.

Art. 25. Atribuída ao locatário a responsabilidade pelo pagamento dos tributos, encargos e despesas ordinárias de condomínio, o locador poderá cobrar tais verbas juntamente com o aluguel do mês a que se refiram.

Inquilinos após a vigência do atual Código Civil

Os direitos do locatário após a entrada em vigor da Lei nº 12.112/2009 foram reduzidos, podendo *votar* apenas nas assembleias cuja pauta seja: aprovação da previsão orçamentária das despesas ordinárias para o próximo período, rateio extra para cobrir despesas ordinárias e saldo devedor, exceto se referentes a período anterior ao início da locação, desde que o condômino-locador não esteja presente. Para os demais assuntos, como eleição de síndico, subsíndico e Conselho e aprovação de despesas extraordinárias, a presença do locatário é permitida, mas o voto estará autorizado mediante apresentação de procuração devidamente constituída.

O atual Código Civil, aprovado em 2002, não alterou a Lei nº 8.245, de 18 de outubro de 1991, sendo omisso quanto à participação dos locatários nas assembleias, assunto abordado pela Lei nº 4.591/1964, art. 24, § 4º mesmo depois da alteração da Lei nº 12.112/2009. Muitos especialistas acreditam que os locatários continuam com o direito de participar das assembleias em função de a lei anterior ter sido derrogada tacitamente. As palavras "inquilino" e "locatário" não foram expressas no novo texto, optando o legislador pelo vocábulo "possuidor", que inclui não só o inquilino, mas qualquer pessoa que esteja morando no imóvel.

É necessário enfatizar que o termo *condômino* denomina necessariamente um coproprietário, ou seja, o dono de uma parte da propriedade dentro do condomínio. Ele tem algum tipo de escritura dessa propriedade, registrada ou não em cartório. O inquilino, por sua vez, não é condômino, mas *possuidor*, visto que está no momento da posse do apartamento, casa, loja ou salas. Assim, não basta morar no condomínio para ser considerado condômino.

O possuidor foi mencionado diretamente em três artigos do texto referente ao Condomínio Edilício, a saber:

- art. 1.333 – obriga os titulares de direito sobre as unidades, incluindo o possuidor, a cumprir o que está estabelecido na Convenção;
- art. 1.337 – determina que o condômino ou possuidor que não cumpre reiteradamente com os seus deveres poderá, por deliberação de três quartos dos condôminos restantes, ser constrangido a pagar multa correspondente a até cinco vezes o valor do condomínio;
- art. 1.338 – somente o condômino (coproprietário) pode ser locador de área no abrigo de veículos, ou seja, o inquilino pode ser apenas locatário e nunca locador. Caso o condômino decida alugar área no abrigo de veículos, dará preferência ao possuidor, depois aos condôminos e, por último, a estranhos que não habitem o condomínio.

O *prêmio de seguro normal* da unidade locada compete ao locatário, sendo, portanto, despesa ordinária.

As reclamações que o inquilino tenha sobre o condomínio deverão ser feitas ao locador, coproprietário do imóvel, e este as transmitirá ao síndico.

Se quiser, o inquilino pode ser eleito síndico, mesmo sem deter procuração do proprietário, desde que não haja proibição expressa na Convenção, sendo que a Lei nº 10.406, de 10 de janeiro de 2002, é taxativa quando diz que o síndico poderá não ser condômino.

A Lei nº 4.591/1964, em seu art. 23, determina que o cargo de conselheiro seja exercido por condôminos. Já a Lei atual não é clara ao abordar o assunto no art. 1.356, pois limita-se a utilizar a palavra "membros":

> **Art. 1.356.** Poderá haver no condomínio um conselho fiscal, composto de três membros, eleitos pela assembleia, por prazo não superior a dois anos, ao qual compete dar parecer sobre as contas do síndico.

Assim, para que o conselho seja composto exclusivamente de condôminos, tal determinação tem de constar na Convenção.

Com relação ao uso da garagem da edificação, o locatário, mesmo que a vaga esteja incluída na escritura pública da unidade, somente terá direito a ela se constar expressamente no contrato de locação, não cabendo ao síndico interferir no acordo firmado entre as partes.

Quando a garagem ou o estacionamento for explorado pelo condomínio, a decisão quanto à utilização pelo inquilino será do síndico, aplicando o que dispuser a respeito a Convenção e as assembleias gerais regulares, bem como o Regulamento da Garagem, se houver.

Segundo o Código Civil, art. 1.277, é permitido ao inquilino impedir que o mau uso da propriedade vizinha venha a prejudicar sua segurança, sossego e saúde. Ficando assim assegurado seu direito de agir, até judicialmente, contra o condomínio ou os condôminos.

A participação dos inquilinos nas decisões, e não apenas na hora de pagar e cumprir o regulamento, trará benefícios a todos, evidenciando os desejos democráticos da administração. Os inquilinos sentirão que são aceitos pelo grupo. Além disso, o trabalho do síndico será facilitado, pois terá mais argumentos para exigir o cumprimento das normas, dado que todos os moradores são tratados com igualdade. Possibilitará também a queda da inadimplência, uma vez que os inquilinos terão conhecimento dos motivos dos aumentos. Além disso, estragos realizados nas áreas comuns tenderão a baixar, em consequência da integração de todos no condomínio.

10

Empregados e legislação, de acordo com a Reforma Trabalhista

Administrar os empregados exige muita *responsabilidade*, sendo uma das funções *mais trabalhosas* para o síndico. É ele quem seleciona e admite os empregados, hoje chamados de colaboradores, efetua a divisão das atribuições e funções, orienta e demite. É importante que o condomínio possua uma boa assessoria nessa área, para evitar problemas de ordem legal.

O fato de o síndico possuir uma administradora para assessorá-lo não elimina a necessidade de conhecer os direitos e os deveres dos empregados, procurando sempre manter um bom relacionamento, que certamente facilita a obtenção de resultados positivos.

A principal legislação que envolve o relacionamento entre o condomínio e seus empregados é a CLT (Consolidação das Leis do Trabalho). Essa legislação passou por mudanças significativas com a aprovação da Lei nº 13.467/2017, chamada popularmente de Reforma Trabalhista, que trouxe muitas alterações nos direitos dos trabalhadores, nas normas processuais da Justiça do Trabalho e nas relações com os sindicatos, sendo de responsabilidade desses a elaboração do Acordo Coletivo de Trabalho.

Após a Reforma Trabalhista as negociações entre o sindicato patronal e o sindicato dos empregados ganharam força. Segundo o art. 611-A da CLT, **os acordos realizados entre eles prevalecem sobre a Lei**, quando dispuserem, entre outros, sobre:

- pacto quanto à jornada de trabalho, observados os limites constitucionais;
- banco de horas anual;
- intervalo intrajornada, respeitando o limite mínimo de trinta minutos para jornadas superiores a seis horas;
- plano de cargos, salários e funções compatíveis com a condição pessoal do empregado, bem como identificação dos cargos que se enquadram como funções de confiança;

- remuneração por produtividade;
- modalidade de registro de jornada de trabalho;
- troca do dia de feriado.

O art. 611-B da CLT menciona **os direitos que não podem ser objeto de negociação coletiva**, tais como:

- normas de identificação profissional;
- anotação na Carteira de Trabalho e Previdência Social;
- seguro-desemprego em caso de desemprego involuntário;
- FGTS;
- multa rescisória sobre o saldo de FGTS;
- valor nominal do 13º salário;
- remuneração do trabalho noturno superior à do diurno;
- salário-família;
- repouso semanal remunerado;
- remuneração das horas extras com adicional de no mínimo 50% ao valor da hora normal;
- número de dias de férias devidas ao empregado, com o pagamento de pelo menos um terço a mais do que o salário normal;
- licença-maternidade com a duração mínima de 120 dias;
- licença-paternidade nos termos fixados pela lei;
- aviso-prévio proporcional ao tempo de serviço, sendo o mínimo de 30 dias;
- normas de saúde, higiene e segurança do trabalho previstas em lei;
- aposentadoria;
- seguro contra acidente de trabalho, a cargo do empregador;
- prazo prescricional de cinco anos para os trabalhadores urbanos e rurais, até o limite de dois anos após a extinção do contrato de trabalho;
- proibição de qualquer discriminação no tocante a salário e critério de admissão do trabalhador com deficiência;
- proibição de trabalho noturno, perigoso ou insalubre a menores de 18 anos;
- proibição de qualquer trabalho a menores de 16 anos, salvo na condição de aprendiz, a partir de 14 anos;
- igualdade de direitos entre o trabalhador com vínculo empregatício permanente e o trabalhador avulso;
- direito do trabalhador de não sofrer, sem sua expressa e prévia anuência, qualquer cobrança ou desconto salarial estabelecidos em convenção ou acordo coletivo de trabalho.

Embora já tenham passado alguns anos, muitos assuntos ainda trazem dúvidas e discussões, mesmo na esfera judicial. É recomendado que os gestores tenham cautela na aplicação de algumas novidades, e quando houver dúvidas, consultar um advogado especialista na área trabalhista condominial, visando evitar ações na justiça.

É preciso prestar atenção, dado que o vínculo empregatício é criado desde o momento em que o empregado começa a trabalhar no condomínio, independente do registro na Carteira de Trabalho e Previdência Social e o registro em livro próprio ou em fichas do empregado. Os elementos que caracterizam o vínculo empregatício são: 1) pessoa física – o trabalho executado pela pessoa natural, não empresa; 2) subordinação – receber ordens de alguém; 3) pessoalidade – o trabalho ser executado sempre pelo mesmo empregado; 4) habitualidade – permanência contínua na prestação de serviço; e 5) onerosidade – ganho financeiro em contrapartida ao trabalho realizado. É importante ressaltar que, hoje, a falta de registro, da vigência correta do contrato e da correta remuneração é considerada crime, previsto no Código Penal – art. 297, § 4º –, com reclusão de dois a seis anos e multa.

O condomínio, ao admitir um empregado, deverá registrá-lo no Livro de Registro de Empregados, podendo optar pela ficha ou ainda pelo sistema informatizado, que deve atender à Portaria nº 41, de 28 de março de 2007. De acordo com a Lei nº 10.243/2001, não há mais necessidade de registro do livro ou da ficha no Ministério do Trabalho, sendo ambos autenticados pelo fiscal do trabalho quando houver fiscalização. Suas folhas devem ser obrigatoriamente numeradas, não podendo ser extraviadas, e não se admitindo folhas em branco, sendo destinada a folha 1 do livro ou da ficha aos termos de abertura. Caso o condomínio não cumpra essas exigências, estará sujeito a multa.

Teve também grande impacto na área trabalhista a necessidade de cumprimento das exigências do eSocial, que é o instrumento de unificação da prestação das informações referentes à escrituração das obrigações fiscais, previdenciárias e trabalhista, que inclui os seguintes órgãos: Ministério do Trabalho, Previdência Social, Receita Federal, INSS e Caixa Econômica Federal, tendo por finalidade padronizar sua transmissão, validação, armazenamento e distribuição. Para os condomínios, enquadrados no Grupo 3 (entidades sem fins lucrativos), foi realizado em janeiro de 2019 o envio da Fase 1, que se referia ao Cadastro do Empregador. Em abril de 2019 cumpriu-se a Fase 2 – Cadastro dos Trabalhadores e Eventos não Periódicos. Está previsto para 2021 o cumprimento da Fase 3 – Eventos de Folha de Pagamento, EFD-Reinf (Escrituração Fiscal Digital das Retenções e Informações da Contribuição Previdenciária Substituída), que diz respeito às retenções ocorridas nos serviços prestados mediante cessão de mão de obra e empreitada e ainda a previsão da substituição da GFIP para as Contribuições Previdenciárias. No que diz respeito aos eventos ligados à Saúde e Segurança no Trabalho, os envios estão previstos para 2022.

Este livro não possui a intenção de esgotar o assunto na área trabalhista, mas servir de base e talvez ser o primeiro contato com o assunto, que poderá ser aprofundado em obras especializadas.

Cuidados na admissão

Devido ao alto índice de criminalidade, principalmente nos grandes centros urbanos, é interessante que o síndico, antes de admitir um empregado, anote seu nome completo e o número de seu RG e, em posse dessas informações, vá a uma delegacia verificar os antecedentes criminais do candidato, minimizando assim a possível infiltração no condomínio de um elemento que poderá trazer risco à segurança. Além dessas, recomenda-se que outras informações sejam obtidas, por meio de empresas especializadas, inclusive checando a veracidade do local indicado como endereço da residência.

Procedimentos para admissão de empregado

Quando o condomínio não é administrado como autogestão, em que todas as atividades são desenvolvidas dentro do próprio condomínio, o síndico, após selecionar o candidato à vaga, deve adotar os seguintes procedimentos para a admissão, sendo os documentos apresentados pelo futuro colaborador direcionados para a empresa que assessora o condomínio – principalmente nas questões burocráticas –, administradora ou escritório de contabilidade, para que ela faça o registro efetivo do funcionário.

Documentos necessários para o registro do empregado

O síndico deve solicitar ao novo funcionário os seguintes documentos:

- Carteira de Trabalho e Previdência Social (CTPS) – a partir de 2019, o Ministério da Economia* disponibilizou o documento no formato digital, em substituição à Carteira de Trabalho física. O documento digital pode ser acessado por meio de aplicativo para celular, nas versões iOS, Android e Web. Se o empregado já possui a carteira digital, basta informar o número do CPF no momento da contratação. Para o empregador, as informações prestadas no eSocial substituem as anotações antes realizadas no documento físico.
- Cédula de Identidade (RG);
- Cadastro da Pessoa Física (CPF);

---

* A partir de novembro foi recriado o Ministério do Trabalho e Previdência.

- Título de Eleitor;
- Certidão de Casamento;
- Certificado de Reservista;
- Declaração da escola para menor estudante;
- Exame médico admissional, conforme PCMSO;*
- Fotografias 3 × 4 (a quantidade de fotos pode variar entre os condomínios);
- Cartão do PIS.

Poderão ser encontrados mais detalhes sobre o PCMSO no capítulo 18.

Documentos para o salário-família (filhos até 14 anos)
- Certidões de Nascimento;
- Cadernetas de Vacinação ou cartões;
- Sentença Judicial referente à separação do casal;
- Atestado de Invalidez para filhos de qualquer idade.

Etapas para o registro
O síndico ou o pessoal encarregado do registro, mediante os documentos fornecidos pelo novo empregado, dá início ao registro, cujas principais etapas são:
- registrar na Carteira de Trabalho e Previdência Social a data de admissão, a remuneração e as condições especiais, se houver, no prazo de 5 dias, sendo facultado ao empregador a adoção de sistema manual, mecânico ou eletrônico para o controle da frequência e horas trabalhadas, conforme art. 29 da CLT. Quando o empregado possuir a Carteira de Trabalho no formato digital as informações do registro serão imediatas, em função da transmissão dos dados para o eSocial;
- deve constar na carteira o nome do estabelecimento bancário e a respectiva agência onde se encontra aberta a conta vinculada do empregado para efeito dos depósitos do FGTS; o mesmo procedimento deve ser feito com relação ao PIS;
- para evitar dúvidas, as anotações não podem ser abreviadas, devendo ser ressalvadas na página de Observações as emendas ou rasuras que existirem;
- a contribuição sindical será descontada do empregado e recolhida ao sindicato, caso haja autorização expressa do empregado;

---

* PCMSO – Programa de Controle Médico de Saúde Ocupacional – faz parte da Portaria nº 24, de 29 de dezembro de 1994, que aprovou a nova redação para a Norma Regulamentadora nº 7 (NR7).

- registrar o novo empregado no Livro ou Ficha de Registro de Empregados, ou ainda por meio eletrônico, sendo que, após seu preenchimento, deve ser assinado(a) pelo empregado;
- não será mais necessário ter quadro de Horário de Trabalho, segundo a CLT, art. 74, basta que o horário de trabalho seja anotado em registro de empregados. Menciona ainda que é obrigatória a anotação da hora de entrada e saída para empresas com mais de vinte trabalhadores em qualquer das formas adotadas, seja manual, mecânica ou eletrônica. **Para evitar futuros problemas trabalhistas**, é recomendado que a anotação seja realizada mesmo que o condomínio tenha apenas um empregado registrado;
- a admissão deve ser comunicada ao Ministério do Trabalho, por meio do eSocial até o final do dia imediatamente anterior ao do início da prestação do serviço pelo trabalhador admitido. Como o sistema do eSocial ainda não está totalmente implantado, a admissão deve também ser informada por meio eletrônico, utilizando o Aplicativo Caged (Cadastro Geral de Empregados e Desempregados) Informatizado (ACI). O prazo de entrega pode ser diário ou mensal. Caso a opção seja pelo mensal, pode ser feita até o sétimo dia do mês seguinte à admissão.
- o empregado deve também assinar:
  o termo de responsabilidade para concessão do salário-família;
  o declaração de dependentes para fins de desconto do Imposto de Renda na Fonte;
  o formulário para obtenção do vale-transporte.

Contrato de trabalho
Segundo a legislação (art. 443 da CLT), fazem parte do contrato individual de trabalho as seguintes opções:

Contrato por prazo indeterminado
É a forma mais comum de contratar um empregado. Nesse tipo de contrato não há fixação prévia do seu tempo de duração, havendo a intenção, de ambas as partes, de que perdure indefinidamente.

Contrato por prazo determinado
Esse tipo de contrato *não é muito comum*, pois contraria a estabilidade do emprego, priorizada pela legislação. Dentro desse tipo de contrato podemos encontrar:
- contrato de experiência;

- contrato de obra certa;
- contrato a prazo determinado propriamente dito.

O contrato de experiência é o mais empregado nos condomínios.

Contrato de experiência

Esse tipo de contrato tem por finalidade experimentar os serviços do empregado, verificando se ele corresponde às necessidades do condomínio. É importante para que o empregado também avalie se suas expectativas em relação ao emprego estão corretas. Esse contrato pode ser rompido por qualquer uma das partes, devendo as exigências legais ser seguidas principalmente quanto ao seu prazo de duração. Após seu término, passa para contrato a prazo indeterminado.

Prazo de duração

O prazo máximo de duração do contrato de experiência é de noventa dias (CLT, art. 445, parágrafo único). Esse contrato, dentro dos noventa dias, pode ser prorrogado uma só vez, ou seja, o contrato de trinta dias prorrogável por mais sessenta dias, ou somente por mais trinta dias. Exemplo: o condomínio contrata um porteiro através de contrato de experiência com duração de noventa dias. Após trinta dias, o síndico chega à conclusão de que o porteiro não está desempenhando suas funções de acordo com o previsto. Nesse caso, o condomínio deve pagar ao empregado, além do seu salário referente aos trinta dias, os encargos, FGTS, aviso-prévio, férias e 13º salário proporcionais.

Para que o condomínio fique isento do pagamento do aviso-prévio, a rescisão deve ser feita no último dia do contrato de experiência.

Caso o contrato firmado possua cláusula que mencione os arts. 479 e 480 da CLT, o síndico pagará apenas 50% da remuneração a que teria direito o empregado.

O impresso do Contrato de Experiência poderá ser adquirido nas papelarias.

Horário de trabalho

Segundo a CLT, art. 74, o horário de trabalho deve ser anotado em registro de empregados, não sendo mais necessário que o horário de trabalho seja afixado em lugar visível.

Cada empregado terá uma jornada de trabalho normal não superior a 220 horas mensais, correspondendo a 44 horas semanais, cujos turnos poderão ser de:

- sete horas e vinte minutos por dia para empregados que trabalhem de segunda-feira a sábado e tenham o descanso no domingo ou conforme escala de revezamento; ou
- oito horas diárias, para empregados que trabalhem de segunda a sexta-feira, sendo quatro horas no sábado, descansando no domingo ou conforme escala de revezamento.

Serão consideradas horas extras o número de horas trabalhadas que ultrapassarem o turno contratado. Estas deverão ser pagas com acréscimo conforme a lei.

Trabalhador noturno

Segundo a CLT, art. 73, § 1º, esse trabalhador terá uma jornada das 22h às 5h, sendo a hora noturna igual a 52m30s, e receberá um adicional de 20% sobre o salário-hora diurno.

O fato de a hora noturna não ter 60 minutos traz importante impacto no cálculo do salário dos empregados que trabalhem nesse período. Exemplo: O empregado trabalha das 22 horas às 5 horas, tem sua jornada não de 7 horas, mas de 8 horas, devido ao seguinte cálculo: (7 horas × 52,5) ÷ 60 = 8 horas. Se a jornada contratada por dia for de 7h20 e o resultado do cálculo aponta que o empregado trabalhou 8 horas, o condomínio deverá acrescentar ao seu salário diário 40 minutos de horas extras, referente ao horário reduzido, com acréscimo de 50% mais 20% de adicional noturno. Isso significa que no mês, se ele trabalhou 25 dias, terá direito a: (40 minutos × 25 dias) ÷ 60 minutos = 16,66, que, transformado em horas, resultará em 16 horas e 40 minutos (0,66 × 60), a serem pagas como "Hora Extra do Horário Reduzido".

Quando, por exemplo, ele trabalhar das 22h às 6h, a hora das 5h às 6h também será paga com 20% de adicional noturno, pelo entendimento de que houve prorrogação* de jornada, não sendo necessário o cálculo do horário reduzido nesse período.

Intervalo para refeição

Esse intervalo possui duas opções:
- de uma a duas horas não incluídas na jornada diária de trabalho; ou
- de quinze a trinta minutos incluídas na jornada diária de trabalho de até 6 horas.

A Lei nº 8.923, de 27 de julho de 1994, também chamada Lei do Intervalo, acrescentou ao art. 71, o parágrafo 4º, na CLT, determinando que: "A não concessão ou

---

* Súmula nº 60, II, do TST, e na OJ SDI-1 nº 388.

a concessão parcial do intervalo intrajornada mínimo, para repouso e alimentação, a empregados urbanos e rurais, implica o pagamento, de natureza indenizatória, apenas do período suprimido, com acréscimo de 50% (cinquenta por cento) sobre o valor da remuneração da hora normal de trabalho."

Intervalo entre jornadas

Prevê o art. 66 da CLT, o intervalo de 11 horas consecutivas para o descanso entre duas jornadas.

Intervalo da folga

É assegurado a todo empregado um descanso semanal de 24 horas consecutivas, o qual, salvo motivo de conveniência pública ou necessidade imperiosa do serviço, deve coincidir com o domingo, no todo ou em parte, art. 67 da CLT. Esse artigo ainda estabelece que, quando o serviço exigir trabalho aos domingos, deve ser estabelecida escala de revezamento. É permitido para aqueles que trabalham em escalas 5 × 1, que a folga no domingo ocorra até a sétima semana.

Definição dos horários de trabalho

A seguir será dado um exemplo do horário de trabalho para um condomínio com oito empregados que trabalham de segunda a sábado, sendo a jornada de sete horas e vinte minutos por dia:

Horário de trabalho						
EMPREGADOR: Edifício Canadá Rua: Marco Polo, 4.130				DENOMINAÇÃO: Condomínio		
Nome do empregado	Função	Cart. Profis.	Entrada	Intervalo	Saída	Descanso semanal
1. José Luiz Vaz	Zelador	98385	8h00	12h00 às 14h00	17h20	conf. escala
2. Mário da Silva	Porteiro	87698	6h00	10h00 às 11h00	14h20	conf. escala
3. Antônio Antunes	Porteiro	32457	14h20	18h20 às 19h20	22h40	conf. escala
4. Juvenal Pereira	Porteiro	23567	22h00	1h00 às 2h00	5h00	conf. escala
5. Dênis Marcondes	Vigia	78691	23h00	2h00 às 3h00	6h00	conf. escala
6. Maria Lenalva	Faxineira	98763	8h00	12h00 às 13h00	16h20	conf. escala
7. Alice Pinheiros	Faxineira	45672	8h00	12h00 às 13h00	16h20	conf. escala
8. Mariano Júnior	Folguista	96532	conf. escala			conf. escala

Escala de revezamento

Após a definição do horário, deverão ser distribuídas as folgas, conforme exemplo:

		ESCALA DE REVEZAMENTO Mês: novembro/X1				
Nome	H	1ª Semana S T Q Q S S D	2ª Semana S T Q Q S S D	3ª Semana S T Q Q S S D	4ª Semana S T Q Q S S D	5ª Semana S T Q Q S S D
1. José Luiz Vaz		F	F	F	F	F
2. Mário da Silva		F	F	F	F	F
3. Antônio Antunes		F	F	F	F	F
4. Juvenal Pereira		F	F	F	F	F
5. Dênis Marcondes		**F**	F	F	F	F
6. Maria Lenalva		F	F	F	F	F
7. Alice Pinheiros		**F**	F	F	F	F
8. Mariano Júnior		F	F	**F**	F	F

F = Folga no domingo
F = Folga durante a semana

Procure evitar que haja coincidência nos dias de folga para que o condomínio tenha sempre o maior número de empregados trabalhando.

Folha de pagamento

A elaboração da folha de pagamento é obrigatória segundo a legislação. Na folha são lançados mensalmente todos os valores a que o empregado faz jus e os respectivos encargos.

Divide-se em duas partes distintas: rendimentos e descontos.

Rendimentos
- salário-base – são especificados os dias e as horas normais trabalhados e seus valores;
- salário extraordinário – constam o número de horas extras e os valores;
- DSR sobre horas extras;
- salário-família;
- salário-maternidade;
- adicional noturno;
- adicional por tempo de serviço;
- acúmulo de função;
- hora do intervalo ou interpretação da Lei nº 8.923/1994;
- salário-habitação;
- ajuda de custo.

Descontos

- quota de previdência;
- salário-habitação;
- Imposto de Renda;
- contribuição sindical;
- seguros;
- adiantamento;
- faltas e atrasos;
- vale-transporte.

Cada condomínio pode ter seu próprio modelo de folha, desde que não fuja às determinações legais.

Cálculo do salário

Para facilitar a compreensão do cálculo salarial, darei um roteiro baseado no exemplo de um empregado, porteiro da manhã, que foi registrado com um salário mensal de R$ 1.800,00, trabalhou 48 horas extras, não chegou atrasado durante o mês, faz 1 hora de intervalo para refeições, possui três dependentes, recebeu adiantamento salarial de 40% (vale) no valor de R$ 720,00 e, referente ao vale-transporte, foi descontado o equivalente aos 25 dias trabalhados. O mês do exemplo possui 30 dias, sendo 25 dias úteis + 5 domingos + 0 feriado. Essa informação será utilizada para o cálculo de DSR (Descanso Semanal Remunerado). Tempo de serviço: 3 anos, ou seja, terá direito ao adicional de 1 Biênio, 5%.

As etapas para o cálculo do salário são:

Porteiro / manhã	
Salário-base (SB)	1.800,00
Tempo de trabalho – anos	3 anos = Biênio 5%
Horário de trabalho	6h às 11h – intervalo das 11h às 12h – 12h às 14h
Dias úteis trabalhados	25
Feriado trabalhado	0
Mês: dias úteis	25
Domingos + feriados	5
Dependentes = 3	$189,59 \times 3 = 568,77$
% do INSS	12% e parcela a deduzir de 82,60

Vencimentos	Cálculo detalhado	Total
Salário-base (SB)	220h – inclui os descansos semanais remunerados	1.800,00
Biênio	= SB × 5%	90,00
Hora Extra – 50%	= [(SB ÷ 220) × 1,50] × número horas extras realizadas no mês (48h)	589,09
Reflexo – Biênio sobre a hora extra	= Hora extra – 50% × 5%	29,45
Descanso semanal remunerado (DSR)	= (Hora extra 50% ÷ 25 dias úteis) × 5 (domingos + feriados do mês)	117,82
Total dos vencimentos		**2.626,36**

Descontos	Cálculo detalhado	Total
INSS	= (Total dos venc. × 12%) – R$ 82,60	232,56
Adiantamento automático	= SB × 40%	720,00
Vale-transporte	= [(SB / 30) × 25 dias trabalhados] × 6% (percentual possível de descontar)	90,00
Desconto IRRF*		0,00
Total dos descontos		**1.042,56**
Total líquido	**Total dos vencimentos – total dos descontos**	**1.583,80**

Tabela Progressiva do INSS – a partir de janeiro de 2021

Salário de contribuição	Alíquotas (%)	Parcelas a deduzir (R$)
Até R$ 1.100,00	7,5	–
De R$ 1.100,01 até R$ 2.203,48	9	16,50
De R$ 2.203,49 até R$ 3.305,22	12	82,60
De R$ 3.305,23 até R$ 6.433,57	14	148,71

Imposto de Renda Retido na Fonte

Deve-se consultar constantemente a tabela de desconto do Imposto de Renda na Fonte. Essa tabela é atualizada pelo governo e divulgada através de boletins especiais ou jornais no caderno de economia.

---

* Para calcular o desconto de Imposto de Renda Retido na Fonte, veja as tabelas na página 152.

Tabela do IR de 2021 – Vigente desde 2015

Rendimento	Alíquota (%)	Dedução
Até R$ 1.903,98	Isento	–
De R$ 1.903,99 até 2.826,65	7,5	R$ 142,80
De R$ 2.826,66 até 3.751,05	15	R$ 354,80
De R$ 3.751,06 até 4.664,68	22,5	R$ 636,13
De R$ 4.664,69	27,5	R$ 869,36
Dedução por dependente:		R$ 189,59

Cálculo do IRRF		
Descontos	INSS + Dependentes [232,56 + (3 dependentes × 189,59)]	801,33
Base de cálculo p/ IR	Total dos salários – Descontos = (2.626,36 – 801,33)	1.825,03
IRRF	Até R$ 1.903,98 não há retenção	**0,00**

Em nosso exemplo, o funcionário está isento do desconto.

Modelo de folha de pagamento

SALÁRIO DE XXXX		Pág.1
Empresa: Condomínio São Paulo **Endereço:** Rua São Miguel, 39 CGC 00.000.000/000-00		
Registro: 23	José Aparecido Dias	Admissão: 01/11/X
Livro: 1/45	Porteiro / Manhã	
PROVENTOS	DESCONTOS	BASES
Salário 1.800,00	INSS 12% – 82,50 232,56	Salário-base do mês 1.800,00
Biênio – 5% 90,00	Adiantamento 720,00	Base de cálculo INSS 2.626,36
Horas extras/50% 48h 589,09	Vale-transporte 90,00	Base de cálculo FGTS 2.626,36
Reflexo–Biênio s/H. E. 29,45	IRRF 0,00	Base de cálculo IR 1.825,03
DSR sobre horas extras 117,82		FGTS 210,10
Total dos Proventos: 2.626,36	**Total dos Descontos:** 1.042,56	**Líquido a Receber:** 1.583,80

Registro: 25 Admissão: 01/03/X1	Armando Teixeira	Admissão: 01/03/X1
Livro: 1/45	Faxineiro	
PROVENTOS	DESCONTOS	BASES
Salário 1.600,00	INSS 9% – 16,50 127,50	Salário-base do mês 1.600,00
Horas extras/50% –	Adiantamento 640,00	Base de cálculo INSS 1.600,00
DSR sobre horas extras –	Vale-transporte 80,00	Base de cálculo FGTS 1.600,00
	IRRF 0,00	Base de cálculo IR 0,00
		FGTS 128,00
Total dos Proventos: 1.600,00	**Total dos Descontos:** 847,50	**Líquido a Receber:** 752,50

Resumo da folha de pagamento – __/XX

PROVENTOS	DESCONTOS	BASES
Salários 3.400,00	INSS 360,06	Salários-base do mês 3.400,00
Biênio 90,00	Adiantamento 1.360,00	Base de cálculo INSS 4.226,36
Horas extras/50% 48 589,09	Vale-transporte 170,00	Base de cálculo FGTS 4.226,36
Reflexo- Biênio 29,45	IRRF 0,00	Base de cálculo IR 1.825,03
DSR sobre horas extras 117,82		FGTS (8%) 338,10
Total dos Proventos: 4.226,36	**Total dos Descontos:** 1.890,06	**Líquido a Receber:** 2.366,30

Cálculo das férias

Terá direito a trinta dias de férias o funcionário que completar doze meses de serviços prestados ao condomínio e que nesse período tenha faltado até cinco dias sem justificativas.

O empregador terá os doze meses seguintes para conceder e pagar as férias.

Mais detalhes sobre as férias serão dados neste capítulo na seção "Principais itens da legislação".

Exemplo: Cálculo das férias

Para que fique bem claro, será dado um exemplo de um empregado que no mês anterior recebeu R$ 1.700,00; durante o ano de aquisição das férias, faltou apenas quatro dias sem justificativas e não realizou horas extras. Esse funcionário deseja vender dez dias de suas férias, abono pecuniário, e por esse motivo entregou o pedido de acordo com o prazo determinado por lei, ou seja, quinze dias antes de completar um ano.

Horas extras – Como o funcionário realizou horas extras durante o ano de aquisição, estas deverão ser somadas, e o resultado dividido por 12, obtendo-se a média de horas extras. No caso do exemplo, o empregado realizou durante o período aquisitivo 96 horas extras a 50%, sendo a média nos 12 meses de 8 horas, e 120 horas a 100%, com a média de 10 horas. Essa média será multiplicada pelo valor do salário atual, ganho por hora, e seu resultado acrescido ao valor do salário.

A seguir serão demonstradas as etapas dos cálculos:

1ª – Número de faltas
Verificar o número de faltas que o empregado teve durante o ano de aquisição. Conforme o exemplo, o funcionário faltou quatro dias.

2ª – Número de dias de férias
Consultar neste capítulo a seção "Principais itens da legislação", referente às férias, para verificar a proporção correta para o pagamento.

Como o funcionário do exemplo só faltou quatro dias, terá direito a trinta dias de férias, sendo vinte de descanso e dez de abono pecuniário.

3ª – Calcular o salário-base para as férias

Cálculo de férias com abono	
Salário-base (SB)	1.700,00
Tempo de trabalho – anos	5 anos – Biênio 10%
Horário de trabalho	14h às 22h com intervalo de 1 hora
Faltas não justificadas	4 dias
Dias de férias	Total de dias = 30 (20 descanso + 10 abono pecuniário)
Mês: dias úteis	25
Domingos + feriados	5
Dependentes = 3	189,59 × 3 = 568,77
Média das horas extras:	
50%	8h
100%	10h

Salário-base p/ férias	Cálculo detalhado	Total
Salário-base (SB)	220h	1.700,00
Biênio	SB × 10%	170,00
Hora extra – 50%	[(SB / 220) × 1,50] × n$^{\circ}$ horas (8h)	92,73
Hora extra – 100%	[(SB / 220) × 2,00] × n$^{\circ}$ horas (10h)	154,55
Biênio s/ horas extras	(H. Ex. 50% + H. Ex. 100%) × 10%	24,73
Descanso semanal remunerado (DSR)	[(H. Ex. 50% + H. Ex. 100%)/25] × 5	49,45
Total da Base de Sal. p/ férias		**2.191,45**

4ª – Recibo de férias com abono

Recibo de férias com abono	Aplicação dos valores	Total
Valor das férias 16 dias	(2.191,45/30) × 16	1.168,78
(+) 1/3 adicional de férias	1.168,78 / 3	389,59
(+) Abono pecuniário 8 dias	(2.191,45/30) × 8	584,39
(+) 1/3 abono pecuniário	584,39 / 3	194,80
Total da remuneração		**2.337,55**
(–) INSS	[(Valor das férias + 1/3 férias) × 9%] – 16,50	123,75
(–) IRRF		0,00
Total líquido		**2.213,80**

Rescisão do Contrato de Trabalho

Quando o contrato de trabalho é rompido, quer pelo empregador, quer pelo empregado, é necessário que a parte interessada avise a outra, através do aviso-prévio (art. 477, § 6º, da CLT), além da data, horário e local que será realizado o pagamento da rescisão.

Caso o síndico demita o empregado sem aviso-prévio, dá a este o direito de receber o salário correspondente ao aviso-prévio. Esse período deve ser acrescido ao seu tempo de serviço para o cálculo do 13º salário e das férias. Já a falta de aviso por parte do empregado dá ao condomínio o direito de descontar o salário correspondente ao prazo respectivo.

Segundo o art. 477 da CLT, quando houver "rescisão do contrato de trabalho, o empregador deverá proceder à anotação na Carteira de Trabalho e Previdência Social, comunicar a dispensa aos órgãos competentes e realizar o pagamento das verbas rescisórias no prazo de 10 dias contados a partir do término do contrato".

A anotação da extinção do contrato na Carteira de Trabalho e Previdência Social será necessária para que o ex-empregado possa requerer o benefício do seguro-desemprego e a movimentar a conta vinculada no Fundo de Garantia do Tempo de Serviço.

Após a entrada em vigor da Reforma Trabalhista (Lei nº 13.467/2017) e de acordo com o art. 477-A da CLT, não há mais necessidade que a homologação tenha autorização prévia de entidade sindical para sua efetivação, ou ainda que seja levada ao Ministério do Trabalho, podendo ser feita, se o empregado concordar, no próprio condomínio, ou na empresa administradora de condomínios. Caso, o empregado opte por realizar a homologação no sindicato e o empregado não tenha pago a contribuição sindical, poderá ser realizada, de acordo com alguns sindicatos, mediante o pagamento de um valor para esse serviço específico.

A rescisão deve ser comunicada à Secretaria de Relações do Trabalho, que faz parte do Ministério da Economia, por meio eletrônico, utilizando o aplicativo Caged (Cadastro Geral de Empregados e Desempregados). O prazo de entrega pode ser diário ou mensal. Caso a opção seja pelo mensal, pode ser entregue até o sétimo dia do mês seguinte à rescisão. Há ainda a necessidade de enviar essa informação do desligamento do empregado ao eSocial até 10 dias depois da data do desligamento. Quando todo o sistema do eSocial estiver concluído, não haverá mais necessidade do envio das informações de admissão e demissão ao Caged, assim como outras informações, que são enviadas à Receita Federal e Econômica, como a RAIS, DIRF e Sefip.

A Portaria Ministro de Estado do Trabalho e Emprego nº 1.057, de 6 de julho de 2012, alterou a Portaria nº 1.621, de 14 de julho de 2010, que aprovou os novos modelos de Termos de Rescisão do Contrato de Trabalho (TRCT) e Termo de Homologação. O art. 2 estabelece o número de vias e o tipo de documentos que deve ser apresentado na homologação.

> **Art. 2º.** Nas rescisões de contrato de trabalho em que não for utilizado o sistema Homolognet, deverão ser utilizados os seguintes documentos:
>
> I – TRCT previsto no Anexo I desta Portaria, impresso em 2 (duas) vias, sendo uma para o empregador e outra para o empregado, acompanhado do Termo de Quitação de Rescisão do Contrato de Trabalho, previsto no Anexo VI, impresso em quatro vias, sendo uma para o empregador e três para o empregado, destinadas ao saque do FGTS e solicitação do seguro-desemprego, nas rescisões de contrato de trabalho em que não é devida assistência e homologação; e
>
> II – TRCT previsto no Anexo I desta Portaria, impresso em 2 (duas) vias, sendo uma para o empregador e outra para o empregado, acompanhado do Termo

de Homologação de Rescisão do Contrato de Trabalho, previsto no anexo VII, impresso em quatro vias, sendo uma para o empregador e três para o empregado, destinadas ao saque do FGTS e solicitação do seguro-desemprego, nas rescisões de contrato de trabalho em que é devida a assistência e homologação.

Segue abaixo o quadro com o resumo dos documentos que deverão ser apresentados, dependendo do tempo de trabalho:

Tempo de trabalho	Documentos
Menos de 1 ano	TRCT Termo de Quitação
Mais de 1 ano	TRCT Termo de Homologação

O art. 477, § 1º, da CLT, que previa a assistência, no momento da homologação, do sindicato ou perante a autoridade do Ministério do Trabalho e Previdência Social, para empregados com mais de um ano de serviços, foi revogado totalmente pela Lei nº 13.467/2017.

Modalidades de rescisão de contrato de trabalho

Atualmente, as rescisões contratuais podem ocorrer nas seguintes condições:
- por iniciativa do condomínio (rescisão imotivada);
- por iniciativa do empregado, que realiza o pedido de demissão;
- por justa causa, por iniciativa do empregador, em função de ter ocorrido falta grave do empregado;
- rescisão indireta, por iniciativa do empregado por ato doloso realizado pelo condomínio;
- por culpa recíproca, quando as duas partes comentem faltas graves;
- por acordo mútuo entre empregador e empregado.

A opção pela modalidade de rescisão do contrato de trabalho pelo acordo entre empregado e empregador foi introduzida pela Reforma Trabalhista, art. 484-A da CLT. É comum ocorrer situações em que o empregado quer pedir demissão, mas não deseja perder a possibilidade de sacar o FGTS e nem de receber a multa de 40% sobre o saldo do FGTS. Do outro lado, o empregador não acha justo, por não ser iniciativa dele a demissão, ter que pagar todas as verbas definidas na legislação. **Essa opção precisa ser analisada com muita cautela por parte do empregador**, além de ser necessário estar bem documentado o acordo, por ser um dos pontos mais debatidos da reforma trabalhista, em função de poder ser questionado judicialmente pelo empregado, após terem sido realizados os pagamentos, alegando ter sido forçado ao acordo.

Quando firmado o acordo mútuo, o empregado terá os seguintes direitos:

* aviso-prévio – metade da verba se for indenizado;
* indenização sobre o saldo do FGTS – metade;
* demais verbas – integral;
* valor que pode ser sacado de FGTS – limitado até 80%.

Na modalidade de rescisão por acordo mútuo, o empregado não terá direito ao seguro-desemprego.

Os principais procedimentos para homologação de Rescisão de Contrato de Trabalho são:

Das partes

No momento da homologação, é necessária a presença do empregado e do empregador.

O empregador pode ser representado por um preposto (substituto) credenciado, e o empregado, excepcionalmente, por procurador com poderes especiais, nos termos da lei civil (documento com reconhecimento de firma em cartório).

Documentos necessários

* O Instrumento de Rescisão – TRCT, Termo de Homologação e Termo de Quitação, que será apresentado ao agente homologador, que pode ser com ou sem assistência do sindicato, deve estar preenchido no número de vias mencionado anteriormente.
* Carteira de Trabalho e Previdência Social (CTPS), com todas as anotações devidamente atualizadas.
* Livro ou Ficha de Registro de Empregado, com as anotações devidamente atualizadas.
* Aviso-prévio ou Pedido de Demissão em três vias.
* Cópia do acordo ou convenção coletiva ou sentença normativa.
* Apresentar as seis últimas Guias de Recolhimento do FGTS e o extrato de conta atualizado.
* Comunicação de Dispensa (CD), caso o empregado tenha direito ao seguro-desemprego.
* Procuração ou Carta de Credenciamento.
* Exame Médico Demissional, conforme PCMSO.
* Demonstrativo das respectivas médias de horas extras e adicionais.

O Sindicato dos Zeladores e Porteiros exige no momento da homologação a exibição da última guia de recolhimento das contribuições sindicais.

Prazo para pagamento

O síndico deve realizar o pagamento das verbas rescisórias no prazo de 10 dias contados a partir do término do contrato. Quando o aviso-prévio for cumprido, ou seja, trabalhado, o prazo para o pagamento é 10 dias a partir do último dia trabalhado. Quando o aviso for indenizado, o prazo é de 10 dias a partir do aviso da dispensa (art. 477, § 6º, da CLT).

Formas de pagamento

O pagamento deverá ser efetuado, em dinheiro, depósito bancário em conta--corrente do empregado, cheque visado, conforme acordem as partes, ou caso o empregado for analfabeto deverá ser em dinheiro ou depósito bancário (art. 477, § 4º, da CLT).

Prescrição

Os valores resultantes das relações de trabalho urbano a serem pagos ao empregado prescrevem (extinguem) em cinco anos, até o limite de dois anos após a extinção do contrato. Por exemplo, um funcionário que pediu demissão em 1º de fevereiro de 1994 pode pedir seus direitos até 31 de janeiro de 1996, retroagindo, para efeitos de cálculos, cinco anos.

Homologação da gestante

Não se procederá à homologação, em caso de empregada gestante, desde a confirmação da gravidez até o quinto mês após o parto (estabilidade provisória), prazo garantido pelo Ato das Disposições Constitucionais Transitórias, art. 10, II, b, sendo prorrogado por mais trinta dias em função da conquista de alguns sindicatos. A Constituição, art. 7º, XVIII, reconhece a licença à gestante, sem prejuízo do emprego e do salário, com a duração de cento e vinte dias.

No caso de já **ter ocorrido a dispensa e a ex-empregada descobrir que está grávida**, e que o início da gestação ocorreu durante a vigência do contrato de trabalho, ela terá direito à reintegração e à estabilidade previstas em lei.

É preciso ter atenção quando a **gravidez é descoberta durante o aviso--prévio**, a empregada terá direito à reintegração e assegurada a estabilidade.

Quando a **iniciativa de dispensa partir da gestante (demissão voluntária)**, a qual por lei tem direito à estabilidade provisória e há a renúncia desse direito, comprovada, inclusive com testemunhas, o art. 500 da CLT determina que a "demissão do empregado estável só será válida quando feita com a assistência do respectivo sindicato, e se não houver, perante autoridade local competente do Ministério do Trabalho e Previdência Social ou da Justiça do Trabalho".

Demissão com justa causa

A opção pela demissão de um empregado por justa causa traz muitos questionamentos, não sendo grande parte dos argumentos apresentados pelo empregador aceita pelos juízes. O síndico deve ter o fato comprovado, por meio de testemunhas, gravações, vídeos e até, dependendo do caso, Boletim de Ocorrência (BO). Outra dificuldade para a comprovação da justa causa no condomínio é que as testemunhas, para serem válidas, devem ser os próprios colegas de trabalho ou prestadores de serviço, dado que os moradores não poderão testemunhar por serem considerados parte interessada na ação.

É importante destacar que, caso ocorra uma acusação sem provas concretas, o empregado poderá entrar na justiça e pedir indenização por danos morais.

As rescisões de contrato com justa causa devem ser homologadas no sindicato do empregado ou na Delegacia Regional do Trabalho (DRT). Há alguns sindicatos que não aceitam homologar esse tipo de demissão.

O empregado pode ser demitido com justa causa se houver cometido uma falta grave (art. 482 da CLT), como:

- ato de improbidade (furto, roubo, extorsão);
- mau procedimento (ato incompatível com a norma ética);
- negociação habitual por conta própria ou alheia sem permissão do síndico;
- condenação criminal sem suspensão da pena;
- preguiça, negligência, desleixo, descaso no desempenho das respectivas funções;
- embriaguez habitual ou em serviço;
- violação de segredo do condomínio;
- ato de indisciplina ou insubordinação;
- abandono de emprego (trinta dias consecutivos de faltas injustificadas ou sessenta dias de faltas intercaladas sem justificativas);
- ato lesivo à honra e boa fama praticado no condomínio contra qualquer pessoa (injúria, calúnia ou difamação);
- ofensa física (agressão, inclusive aos colegas ou terceiros, no local de trabalho, salvo em caso de legítima defesa);
- atos atentatórios à segurança nacional (terrorismo ou corrupção).

Quando algum dos fatos mencionados for a causa para a demissão de um empregado, o síndico deverá registrar os acontecimentos, informar os motivos da rescisão de contrato ao empregado por meio de carta protocolada, obter a sua assinatura e as assinaturas de testemunhas, pois a probabilidade de o empregado recorrer à justiça é alta.

Outro cuidado que se deve ter é informar no comunicado a data, horário e local em que será realizada a homologação. Dessa forma, o ex-empregado não poderá alegar em juízo algum tipo de falha no processo de rescisão.

O empregado pode ser desligado imediatamente de suas funções, não tendo que cumprir o aviso-prévio.

Direitos na rescisão com justa causa de empregados com menos de um ano são:

- saldo de salário;
- salário-família, integral ou proporcional;
- FGTS do mês anterior e do mês será depositado;
- Não terá direito a:
  - aviso-prévio;
  - férias proporcionais e acréscimo de 1/3 sobre as férias;
  - 13º salário proporcional;
  - 40% do FGTS.

Direitos na rescisão com justa causa de empregados com mais de um ano:

- saldo de salário;
- salário-família, integral ou proporcional;
- férias vencidas e acréscimo de 1/3 sobre as férias;
- FGTS do mês anterior e do mês será depositado.
- Não terá direito a:
  - aviso-prévio;
  - férias proporcionais e acréscimo de 1/3 sobre as férias;
  - 13º salário;
  - 40% do FGTS.

Poderão ser encontrados mais detalhes sobre o aviso-prévio na seção "Principais itens da legislação".

Direitos do empregado na rescisão de contrato

Causa do afastamento	Saldo de salário	Aviso--prévio	13º Salário	Férias	FGTS do mês anterior	FGTS com 40%	Seguro--desemprego
Por pedido com menos de 1 ano	Pagar	Não pagar	Pagar	Pagar as proporcionais	Depositar	Não pagar	Sem direito
Por pedido com mais de 1 ano	Pagar	Não pagar	Pagar	Pagar as vencidas e as proporcionais	Depositar	Não pagar	Sem direito
Por dispensa sem justa causa com menos de 1 ano	Pagar	Pagar	Pagar	Pagar as proporcionais	Depositar	Depositar	Sem direito
Por dispensa sem justa causa com mais de 1 ano	Pagar	Pagar	Pagar	Pagar as vencidas e as proporcionais	Depositar	Depositar	Novo critério

O critério determinado para o pagamento do Seguro-Desemprego segue abaixo:

Solicitação do benefício	Quantidade de meses trabalhados	Quantidade de parcelas
1ª vez	Mínimo 12 – máximo 23 meses	4
	Mínimo 24 meses ou mais	5
2ª vez	Mínimo 9 – máximo 11 meses	3
	Mínimo 12 – máximo 23 meses	4
	Mínimo 24 meses ou mais	5
3ª vez ou mais	Mínimo 6 – máximo 11 meses	3
	Mínimo 12 – máximo 23 meses	4
	Mínimo 24 meses ou mais	5

FGTS da Rescisão – compreende o saldo do salário mais 13º salário.

Contribuições

Os condomínios estão obrigados, como as empresas, a efetuar o recolhimento de várias contribuições, sendo que a falta de pagamento acarreta multa, juros e correção monetária e, em caso de fiscalização, o condomínio pode ser autuado.

É importante que o síndico verifique mensalmente, por meio do Portal e--CAC (Centro Virtual de Atendimento da Receita Federal), se as guias referentes às contribuições estão sendo pagas corretamente, mesmo que na pasta de prestação de contas as guias estejam com os comprovantes pagos. Para esse acesso, é necessário ter código de acesso e senha.

INSS

Deve ser recolhido sem correção até o *dia 20* de cada mês; caso caia no sábado, domingo ou feriado, será antecipado para o dia útil anterior.

Os condomínios estão obrigados, a partir de 29/11/1999, a aplicar regras para as contribuições pagas ou creditadas aos empresários, trabalhadores autônomos, avulsos e demais pessoas físicas, que lhes prestem serviços sem vínculo empregatício, inclusive o pró-labore do síndico, caso receba remuneração ou isenção da quota condominial que é considerada remuneração indireta para o INSS. Essa lei dispõe sobre a contribuição previdenciária do contribuinte individual, prevista nas Leis nº 8.212/1991, art. 12, V, f, e nº 8.213/1991, art. 11, V, f, que deverá ser recolhida ao INSS, correspondendo a 20% sobre o valor pago ao contribuinte individual. Além desse valor, deve ser descontado e recolhido 11% sobre o valor pago ao contribuinte individual, respeitando o limite máximo do INSS, de acordo com a IN RFB nº 971/2009.

Após a entrada em vigor do eSocial, é fundamental que o síndico informe a administradora o mais rápido possível sobre os novos eventos relacionados aos empregados e prestadores de serviços autônomos que ocorreram, para que a transmissão seja realizada no tempo correto e o condomínio não fique sujeito a multa.

INSS do empregado

A tabela progressiva a seguir refere-se à porcentagem de desconto do INSS para cada faixa salarial a partir de janeiro de 2021, com as parcelas a deduzir que devem ser consideradas no cálculo. Esses valores são reajustados constantemente pelo governo e podem ser encontrados atualizados no *site* oficial do governo, e nos jornais com os outros indicadores econômicos.

Salário de contribuição	Alíquota (%)	Parcelas a deduzir (R$)
Até R$ 1.100,00	7,5	–
De R$ 1.100,01 até R$ 2.203,48	9	16,50
De R$ 2.203,49 até R$ 3.305,22	12	82,60
De R$ 3.305,23 até R$ 6.433,57	14	148,71

INSS do empregador

O exemplo a seguir refere-se à porcentagem que o condomínio recolhe de INSS sobre a Folha de Pagamento.

Encargos	%
Empregador	20
(+) Terceiros	4,5
(+) Seguro acidente	2,0*
Subtotal	**26,5**
(+) Parcela descontada do empregado**	7,5%, 12%, 14%
Valor % da Guia	variável

* O FAP (Fator Acidentário de Prevenção) está normatizado pelo Decreto nº 3.048/1999, arts. 202 e 202-A, e passou por várias atualizações, sendo a última o Decreto nº 10.410/2020. O grau de risco pode ser encontrado no Anexo V. Segundo esse Anexo, os condomínios prediais com CNAE 8112-5/00 possuem grau de risco 2. A partir de 2010 é possível rever o enquadramento dos Riscos Ambientais do Trabalho (RAT), a redução ou a majoração das alíquotas de 1%, 2% e 3%, de acordo com o desempenho de cada empresa. O coeficiente do FAP será obtido mediante CNPJ + senha no *site* <www. previdencia.gov.br>, para informá-lo no campo próprio na GFIP. Muitos condomínios já estão pagando 1% de alíquota, mas somente após a consulta e confirmação é que poderá ser feita a alteração na GPS (Guia da Previdência Social).

** A parcela descontada dos empregados varia de acordo com o valor do salário de cada um.

Imposto de Renda

O condomínio, em função de não ser considerado pessoa jurídica, é dispensado da apresentação da DIPJ (Declaração de Imposto de Renda Pessoa Jurídica), ainda que se encontre inscrito no Cadastro Nacional da Pessoa Jurídica (CNPJ), e da retenção e recolhimento do Imposto de Renda (IR), devendo apenas fazê-lo para os funcionários registrados. Porém, quando uma empresa que presta serviço para o condomínio emite uma nota fiscal subtraindo o IRRF (Imposto de Renda Retido na Fonte), o condomínio deve efetuar o recolhimento e, no ano seguinte, elaborar a DIRF.

Imposto de Renda na Fonte

As referências legais sobre a obrigatoriedade ou não da retenção do Imposto de Renda na Fonte seguem abaixo:

- Natureza jurídica do condomínio
  Parecer Normativo CST nº 37, de 24 de janeiro de 1972
  Os condomínios não possuem condições que os obriguem a reter o imposto de renda na fonte, sobre rendimento que pagarem, quando o cumprimento desta obrigação exigir de pessoa jurídica da fonte pagadora.

- Rendimentos pagos pela prestação de serviço
  Ato Declaratório Normativo CST nº 29, de 25 de junho de 1986
  Os rendimentos pagos ou creditados pelos condomínios a profissionais liberais, trabalhadores autônomos e empreiteiros de obras (pessoas físicas), como remuneração por serviços prestados sem vínculo empregatício, não estão sujeitos à retenção do Imposto de Renda.

- Pagamentos aos funcionários
  Parecer Normativo CST nº 114, de 28 de março de 1972
  O único Imposto de Renda que o condomínio tem o dever de reter é aquele incidente sobre os rendimentos do trabalho assalariado, sem indagar a natureza jurídica da fonte pagadora, sendo responsável tanto a pessoa jurídica quanto a pessoa física.
  O valor retido dos empregados devem ser recolhidos até o dia 20 do mês subsequente, se não for dia útil deverá ser antecipado.

- Isenção da Retenção de Imposto de Renda das contas de poupança
  Os rendimentos obtidos de aplicação de recursos, como os destinados ao Fundo de Reserva, na poupança são isentos da retenção do Imposto de Renda na Fonte. O embasamento para essa afirmação encontra-se a seguir:
  Lei nº 8.088, de 31 de outubro de 1990
  Art. 17. São isentos do imposto de renda os rendimentos cujos beneficiários sejam pessoas físicas, entidades sem fins lucrativos e pessoas jurídicas não tributadas com base no lucro real:
  I – creditados, a partir de 1º de junho de 1990, em contas de depósitos de poupança;

Recomenda-se que o síndico verifique se a instituição bancária em que possui a conta de poupança do condomínio está efetuando o desconto do IRRF. Caso isso esteja ocorrendo, solicitar a devolução de todo o imposto debitado da conta, com juros e correção monetária.

Tabela do Imposto de Renda na Fonte

Estes valores são atualizados pelo Governo Federal e estão nos jornais na seção de economia (indicadores econômicos). A tabela não é atualizada desde 2015.

Base de cálculo (R$)	Alíquota (%)	Parcela a deduzir do IRPF (R$)
Até 1.903,98	–	–
De 1.903,99 até 2.826,65	7,5	142,80
De 2.826,66 até 3.751,05	15	354,80
De 3.751,06 até 4.664,68	22,5	636,13
Acima de 4.664,68	27,5	869,36

O valor a ser deduzido por dependente é R$ 189,59. Basta multiplicá-lo pelo número de dependentes. Por exemplo:

Nº de dependentes	Deduções por dependente (em R$)
1	189,59
2	379,18
3	568,77

PIS

É obrigatório o seu recolhimento mensal, até o dia 20 do mês subsequente, se não for dia útil deverá ser antecipado, à Caixa Econômica Federal, através do estabelecimento bancário da sua escolha; 1% do valor bruto total da folha de pagamento do mês anterior.

FGTS

O condomínio está obrigado a recolher em conta bancária vinculada, até o dia 7 do mês subsequente, a importância de 8% sobre a folha de pagamento, 13º salário e férias (normais, em dobro e o adicional de um terço). Caso o dia do pagamento caia no sábado, domingo ou feriado, será antecipado para o dia útil anterior.

Em caso de dispensa sem justa causa, o empregador estará obrigado a depositar, por ocasião da rescisão de contrato, os 8% do FGTS sobre o saldo do salário e o 13º salário e ainda o equivalente a 40% do saldo existente na conta vinculada.

Já na dispensa com justa causa, o empregador deverá depositar os 8% do FGTS sobre o saldo do salário e o 13º salário.

É encaminhada, mensalmente, através do estabelecimento bancário em que são efetuados os recolhimentos, a Guia de Recolhimento do FGTS e Informações à Previdência Social (GFIP).

Segundo a Lei nº 8.036, de 11 de maio de 1990, art. 20, a conta vinculada poderá ser movimentada pelo empregado em várias situações, dentre elas:

- rescisão do contrato de trabalho sem justa causa, inclusive a indireta, de culpa recíproca e de força maior;
- extinção do contrato de trabalho prevista no art. 484-A da CLT;
- para a aquisição da casa própria;
- aposentadoria concedida pela Previdência Social;
- falecimento do trabalhador, sendo o saldo pago a seus dependentes;
- quando o trabalhador permanecer três anos ininterruptos fora do regime do FGTS;
- suspensão total do trabalho avulso por período igual ou superior a 90 dias;
- se tiver idade igual ou superior a 70 anos;
- se ele ou algum dependente dele for portador do vírus HIV;
- se ele ou algum dependente dele for acometido de neoplasia maligna (câncer);
- se ele ou qualquer de seus dependentes estiver em estágio terminal, em razão de doença grave;
- para pagamento de prestação, amortização e/ou liquidação de saldo devedor do Sistema Financeiro da Habitação (SFH) (verificar as condições);
- no caso de necessidade pessoal, urgente e grave, decorrente de desastre natural causado por chuvas ou inundações que tenham atingido a área de residência do trabalhador, quando a situação de emergência ou o estado de calamidade pública for assim reconhecido, por meio de portaria do Governo Federal.

Não havendo nenhum dos casos relacionados, a conta será transferida para outro estabelecimento bancário, onde o novo empregador mantém as contas vinculadas dos seus empregados.

RAIS

Refere-se à Relação Anual de Informação Social, que tem como finalidade fornecer ao Governo Federal dados para auxiliá-lo no controle da área social, referente aos empregados registrados. É obrigatório o uso de certificado digital.

Essa obrigação também fará parte das informações que serão transmitidas ao eSocial, sendo utilizados os dados de FGTS, INSS, PIS, os quais ainda servirão de base para estudos estatísticos. Segundo o Decreto nº 76.900, de 23 de dezembro de 1975, todos os condomínios estão obrigados a declarar. Ainda determina que, no caso de o condomínio não possuir empregados no ano-base, está obrigado a entregar a RAIS Negativa preenchendo apenas os dados a ele pertinentes.

Cabe destacar que:
- "O atraso na entrega da declaração, omissão ou declaração falsa ou inexata, sujeita o estabelecimento à multa, conforme determina a Portaria

nº 14, de 10 de fevereiro de 2006, alterada pela Portaria nº 688, de 24 de abril de 2009, art. 2º:

> O empregador que não entregar a RAIS no prazo legal ficará sujeito à multa prevista no art. 25 da Lei nº 7.998, de 1990, a ser cobrada em valores monetários a partir de R$ 425,64 (quatrocentos e vinte e cinco reais e sessenta e quatro centavos), acrescidos de R$ 106,40 (cento e seis reais e quarenta centavos) por bimestre de atraso, contados até a data de entrega da RAIS respectiva ou da lavratura do auto de infração, se este ocorrer primeiro.

• Quando ocorrer a lavratura de auto de infração, deverá ser acrescido de percentuais, em relação ao valor máximo da multa prevista no art. 25 da Lei nº 7.998, de 1990, a critério da autoridade julgadora.

Para outras informações, acesse: <http://portal.mte.gov.br/index.php/rais> e <http://www.rais.gov.br>.

DIRF

O condomínio é obrigado a informar anualmente à Receita Federal, através da Declaração de Imposto de Renda Retido na Fonte (DIRF), o Imposto de Renda que foi retido no ano anterior, conforme consta da IN RFB nº 1.671, de 22 de novembro de 2016, art. 2º, g. Esse artigo ainda determina, no § 4º, "que as pessoas jurídicas que tenham efetuado retenção, ainda que em um único mês do ano-calendário a que se referir a DIRF 2017, da Contribuição Social sobre o Lucro Líquido (CSLL), da Contribuição para o Financiamento da Seguridade Social (Cofins) e da Contribuição para o PIS/Pasep sobre pagamentos efetuados a outras pessoas jurídicas", devem entregar a DIRF.

A entrega deve ser feita por meio do programa Receitanet, disponível no *site* da Receita Federal.

O prazo de entrega, geralmente, é o final do mês de fevereiro. A falta de entrega, atraso, declaração incorreta ou a omissão acarretará elevada multa ao condomínio, conforme estabelece a IN SRF nº 197, de 10 de setembro de 2002, art. 1º.

> A falta de apresentação da Declaração do Imposto de Renda Retido na Fonte (DIRF) no prazo fixado, ou a sua apresentação após o prazo, sujeita o declarante à multa de dois por cento ao mês-calendário ou fração, incidente sobre o montante do imposto de renda informado na declaração, ainda que integralmente pago, limitada a vinte por cento, observado o disposto no § 3º.

§ 1º Para efeito de aplicação da multa, é considerado como termo inicial o dia seguinte ao término do prazo originalmente fixado para a entrega da declaração e como termo final a data da efetiva entrega ou, no caso de não-apresentação, da lavratura do auto de infração.

§ 2º Observado o disposto no § 3º, a multa é reduzida:

I – em 50%, quando a declaração for apresentada após o prazo, mas antes de qualquer procedimento de ofício;

II – em 25%, se houver a apresentação da declaração no prazo fixado em intimação.

§ 3º A multa mínima a ser aplicada é de:

I – R$ 200,00 (duzentos reais), tratando-se de pessoa física, pessoa jurídica inativa e pessoa jurídica optante pelo regime de tributação previsto na Lei nº 9.317, de 5 de dezembro de 1996;

II – R$ 500,00 (quinhentos reais), nos demais casos.

Principais itens da legislação

Os itens a seguir foram extraídos, em sua maioria, de uma Convenção Coletiva de Trabalho, firmada entre o Sindicato dos Empregados de Edifícios e o Sindicato Patronal. Existem outras Convenções Coletivas que variam de acordo com o sindicato estabelecido nos diferentes municípios do País. Para facilitar a consulta e a compreensão, foram colocados em ordem alfabética, complementados com a legislação e ilustrados com exemplos.

Após a aprovação da Reforma Trabalhista, Lei nº 13.467/17, muitos sindicatos introduziram algumas normas para buscar o equilíbrio financeiro, em função do recolhimento da contribuição sindical passar a ser facultativa, sendo seu desconto condicionado à autorização prévia e expressa do empregado (art. 578 da CLT).

Abono pecuniário – O trabalhador pode optar por deixar de gozar a terça parte (1/3) de seu período de férias, convertendo seu direito de descanso em pagamento em dinheiro, conforme previsto no art. 7º, XVII – Constituição Federal – "gozo de férias anuais remuneradas com, pelo menos, um terço a mais do que o salário normal;".

O abono não pode corresponder a mais que um terço das férias (dez dias). Assim, se o empregado tiver direito aos trinta dias de férias, poderá receber em dinheiro o equivalente a dez dias, mas deverá gozar os vinte restantes (art. 144 da CLT).

Caso o empregado esteja interessado no abono pecuniário, deve solicitá-lo ao síndico, por escrito, pelo menos quinze dias antes de terminar o período aquisitivo (art. 143, § 1º, da CLT). Caso o pedido seja feito fora do período estabelecido por lei, o síndico poderá aceitar ou não a solicitação.

Acidente de trabalho – Em caso de acidente ocorrido no local de trabalho, a caminho do condomínio ou, ainda, exercendo um serviço solicitado pelo condomínio, o empregado deve ser encaminhado a qualquer dos postos do INSS ou casa de saúde com que se mantenha convênio, devendo o condomínio informar até o primeiro dia útil seguinte ao da ocorrência e, em caso de morte, de imediato, fazer a comunicação, via internet, em formulário próprio (CAT – Comunicação de Acidente de Trabalho*), à entidade previdenciária. Essa informação também será integrada ao eSocial.

O condomínio é obrigado a promover o seguro contra acidentes do trabalho, que é pago na mesma guia de recolhimento das contribuições ao INSS – correspondendo a 2% da folha de pagamento – SAT (Seguro de Acidente do Trabalho da Previdência Social), podendo ser reduzido para 1%, no caso de não ter ocorrido acidente com os funcionários no período de um ano. Para checar esse percentual para o ano, deve-se consultar o INSS.

Ao empregado que venha a sofrer acidente do trabalho é garantida, na forma da legislação em vigor, pelo prazo mínimo de 12 (doze) meses, a manutenção da relação de emprego após seu retorno ao trabalho, na forma da Lei nº 8.213/1991, art. 118, e da Súmula nº 378, do Tribunal Superior do Trabalho.

Adiantamento da parcela do 13º salário – Os empregadores pagarão antecipadamente 50% do 13º salário quando do início do gozo das férias do empregado, desde que solicitado por este, e por escrito, no mês de janeiro.

Adiantamento salarial – Fica assegurado aos empregados o direito de obterem, no 15º dia subsequente à data de pagamento da remuneração, adiantamento salarial equivalente a 40% do salário.

Adicional noturno – A remuneração do trabalho noturno terá acréscimo de 20% sobre a hora normal, considerando-se trabalho noturno aquele executado entre as 22 horas de um dia e as 5 horas do dia seguinte, sendo que a hora de trabalho nesse período é de 52 minutos e 30 segundos. O impacto da hora não ser de 60 minutos poderá ser visto no início deste capítulo, no item Horário de trabalho – Trabalhador noturno.

Adicional por acúmulo de cargo – Desde que devidamente autorizados pelo empregador, os empregados que venham a exercer acumulativa e habitualmente outra função farão jus à percepção de adicional correspondente a 20% do respectivo salário contratual, no mínimo.

O pagamento do adicional aqui previsto cessará no momento em que o empregado deixar de exercer a função que estiver acumulando. O pagamento do referido adicional poderá ser feito de forma proporcional, levando-se em consideração a quantidade de horas mensais durante as quais o empregado ocupou-se no acú-

---

* Para saber mais sobre o CAT, acesse: <https://www.gov.br/pt-br/servicos/registrar-comunicacao-de-acidente-de-trabalho-cat>.

mulo das outras funções. Na hipótese de aplicação da observação anterior, fica o empregador obrigado a discriminar, por escrito e com antecedência, os períodos da jornada de trabalho em que o empregado se ocupará da(s) outra(s) função(ões).

Exemplo: o porteiro é substituído pelo faxineiro todos os dias durante o horário do almoço, que é de uma hora, neste exemplo. Supondo que ele tenha trabalhado 25 dias efetuando esse tipo de tarefa, devem-se calcular as 25 horas de seu salário normal acrescidas de 20%.

Adicional por tempo de serviço – Aos empregados sindicalizados e/ou contribuintes do sindicato profissional e que não apresentarem carta de oposição à contribuição negocial laboral para formação da receita orçamentária da entidade, os empregadores se obrigam ao pagamento de um adicional por tempo de serviço prestado pelo empregado ao mesmo empregador, igual a 5%, por biênio trabalhado, limitado ao máximo de três biênios, adicional esse que será calculado sobre o salário nominal do empregado e incidirá no cálculo das horas extras mensais, 13º salário, indenização integral ou parcial e depósitos fundiários.

Anotação de frequência – A frequência dos empregados deve ser anotada em livro ponto ou em cartão de ponto, que poderá ser mecânico ou eletrônico. Ao final do mês, ele será conferido e assinado pelo empregado e pelo síndico ou responsável.

Atestados médicos e odontológicos – Os atestados médicos e odontológicos emitidos por profissionais vinculados às entidades sindicais serão obrigatoriamente reconhecidos pelos empregadores.

Atraso na entrada do trabalho – Serão descontadas apenas as horas não trabalhadas.

Auxílio-invalidez – Os empregados que passarem a receber aposentadoria por invalidez terão direito a uma indenização correspondente a um salário nominal, pago uma única vez, no momento em que o INSS declarar definitiva essa aposentadoria.

Auxílio-funeral – Será concedido auxílio-funeral por parte dos empregadores, no valor de dois pisos salariais da categoria, pago aos dependentes designados perante a Previdência Social, no caso de falecimento de empregado com mais de doze meses no emprego. Para os dependentes do empregado que residam no imóvel, o pagamento do auxílio referido no presente item será feito da seguinte forma: a) na data do óbito, valor correspondente a um piso salarial; b) outro piso na data da desocupação do imóvel.

Aviso-prévio – Nos contratos de trabalho firmados por prazo indeterminado, o aviso-prévio é uma exigência legal. É necessário tanto para o empregado demitido, que precisa procurar outro emprego, como para o empregador, que precisa de um substituto para o lugar do empregado demissionário. Segundo a CLT:

Art. 487. [...] não havendo prazo estipulado, a parte que, sem justo motivo, quiser rescindir o contrato deverá avisar a outra da sua resolução com a antecedência mínima de:
I – oito dias, se o pagamento for efetuado por semana ou tempo inferior;
II – trinta dias aos que perceberem por quinzena ou mês, ou que tenham mais de doze meses de serviço na empresa.
§ 1º A falta do aviso-prévio por parte do empregador dá ao empregado o direito aos salários correspondentes ao prazo do aviso, garantida sempre a integração desse período no seu tempo de serviço.
§ 2º A falta de aviso-prévio por parte do empregado dá ao empregador o direito de descontar os salários correspondentes ao prazo respectivo.
Art. 488. O horário normal de trabalho do empregado, durante o prazo do aviso, e se a rescisão tiver sido promovida pelo empregador, será reduzido de duas horas diárias, sem prejuízo do salário integral.
Parágrafo único. É facultado ao empregado trabalhar sem redução das duas horas diárias previstas neste artigo, caso em que poderá faltar ao serviço, sem prejuízo do salário integral, por um dia, na hipótese do inciso I, e por sete dias corridos, na hipótese do inciso II do art. 487 desta Consolidação.

Com a promulgação da Lei nº 12.506, de 11 de novembro de 2011, o aviso--prévio, mencionado no art. 487, será concedido na proporção de trinta dias aos empregados que têm até um ano de serviço na mesma empresa, sendo acrescidos de três dias por ano de serviço prestado na mesma empresa, até o máximo de sessenta dias, perfazendo um total de noventa dias. A seguir, um exemplo prático:

Tempo de serviço (ano completo)	Aviso-prévio proporcional ao tempo de serviço (nº de dias)
0	30
1	33
2	36
3	39
4	42
5	45
6	48
7	51
8	54
9	57
10	60
11	63
12	66
13	69
14	72
15	75
16	78
17	81
18	84
19	87
20	90

A Convenção Coletiva de alguns sindicatos prevê que, no caso da concessão do aviso-prévio na forma da Lei nº 12.506/2011 ou outra que a substitua, prevaleçam sempre as condições mais favoráveis aos empregados, sendo vedada, em qualquer hipótese, a cumulação dos benefícios. Estabelece ainda que, em quaisquer das hipóteses de concessão de aviso-prévio, os primeiros trinta dias serão trabalhados, se assim desejar o empregador. Os dias excedentes a trinta serão sempre indenizados.

Quando o empregado for dispensado, sem justa causa, tendo, por exemplo, um ano e seis meses de trabalho, será considerado o aviso-prévio de 36 dias – ou seja, em casos de frações iguais ou superiores a seis meses, o empregador deverá considerar três dias a mais.

Outros esclarecimentos referentes à Lei nº 12.506/2011 podem ser encontrados na Nota Técnica nº 184/2012/CGRT/SRT/TEM.

Aos empregados com mais de 36 meses de serviços contínuos prestados ao mesmo empregador e que tenham, concomitantemente, mais de 45 anos de idade, fica assegurado um aviso-prévio de 45 dias.

Mediante acerto entre empregado e empregador, a redução da jornada de trabalho de que trata o art. 488 da Consolidação das Leis do Trabalho pode ser fixada no início ou no fim da jornada diária de trabalho.

O empregado fica dispensado do cumprimento do aviso-prévio concedido na hipótese de obtenção de novo emprego, antes de seu término, sem quaisquer ônus para o empregado, desde que, quando residente no local de trabalho, ele venha a desocupar o imóvel que lhe foi cedido para moradia em razão do contrato de trabalho.

Caso haja recusa do empregado em receber o aviso, o síndico deve solicitar a duas pessoas que assinem como testemunhas. Pode-se também enviar o aviso-prévio por intermédio de telegrama com Aviso de Recebimento, ou, ainda, carta com AR (Aviso de Recebimento).

O síndico ou o empregado podem desistir da demissão mesmo que já tenha sido emitido o aviso, desde que esteja dentro do prazo e a parte que foi notificada concorde com essa atitude. Caso cheguem a um acordo, o contrato continua normalmente.

Banco de horas – A Reforma Trabalhista trouxe importantes inovações na legislação, mas estas precisam ser analisadas com atenção por profissionais especializados na área trabalhista antes de serem colocadas em prática, para que o condomínio não incorra em erros, que podem gerar ações na justiça. Segundo o art. 59, § 2º, "Poderá ser dispensado o acréscimo de salário se, **por força de acordo ou convenção coletiva de trabalho**, o excesso de horas em um dia for compensado pela correspondente diminuição em outro dia, de maneira que não exceda, no período máximo de um ano, à soma das jornadas semanais de trabalho previstas, nem seja ultrapassado o limite máximo de dez horas diárias".

A novidade do banco de horas está no parágrafo 5º, do mesmo artigo, que define que "O banco de horas de que trata o § 2º deste artigo poderá ser pactuado por acordo individual escrito, desde que a compensação ocorra no período máximo de seis meses".

Desta forma é importante verificar o que está pactuado na convenção coletiva de trabalho do sindicato dos empregados de cada região e ter a anuência por escrito dos empregados.

Segue abaixo um exemplo de cláusula que consta de um acordo coletivo:

> Havendo a concordância do condomínio em pagar a contribuição patronal, o banco de horas poderá ser adotado, com o limite máximo de 25 horas mensais, sendo obrigatório a compensação ocorrer no prazo máximo de 6 meses, devendo haver o controle de frequência, que poderá ser manual, mecânico ou digital, e a concordância expressa do empregado. Ficam excluídas do banco de horas, as horas noturnas do horário reduzido e as horas não concedidas para o intervalo de alimentação.

Cabineiros – Os empregadores concederão aos cabineiros intervalo de vinte minutos, durante a jornada de trabalho, para descanso e lanche.

Carteira de trabalho e anotação de ocupação – Os empregadores fornecerão recibo da retenção da Carteira de Trabalho do empregado para as devidas anotações, particularmente da função exercida pelo empregado. Para a carteira física, o empregador tem 5 dias úteis para realizar a anotação na CTPS (art. 29 da CLT) e as digitais serão atualizadas com o envio das informações para o eSocial.

Cesta básica – Os empregadores concederão aos seus empregados, mensalmente, até o quinto dia útil, uma cesta básica no valor mencionado na Convenção Coletiva de Trabalho de cada sindicato. É facultado ao empregador cumprir a obrigação estabelecida no presente item mediante uma das seguintes alternativas:
* vale-cesta ou vale-alimentação;
* aquisição de cesta básica.

Segundo a orientação do TRT da 2ª Região – SP, a cesta básica não tem natureza salarial, tratando-se de cláusula social.

O benefício previsto deverá ser concedido aos empregados por ocasião das férias, da licença-maternidade, do auxílio-doença e do referente a acidente de trabalho, sendo que nos últimos dois casos por período de até seis meses.

Complementação do auxílio-doença – O empregado com dois anos ou mais de serviço prestado ao mesmo empregador, se em gozo de auxílio-doença e desde que não tenha sido punido com suspensão nos doze meses imediatamente anteriores, terá o valor do seu salário de benefício complementado pelo empregador enquanto durar a suspensão do contrato de trabalho, inclusive quanto ao 13º salário, de maneira a garantir a efetiva percepção da importância correspondente à média das últimas doze remunerações imediatamente anteriores ao início do seu afastamento do trabalho.

O benefício previsto neste item só será devido até o máximo de seis meses em cada triênio.

Contrato de experiência na readmissão – Todo empregado que for readmitido até seis meses após sua demissão estará desobrigado de firmar contrato de experiência.

Contribuição dos empregados – Após a aprovação da Reforma Trabalhista, Lei nº 13.467/17, o recolhimento da contribuição sindical passou a ser facultativo, sendo seu desconto condicionado à autorização prévia e expressa do empregado (art. 578 da CLT). Quando o empregado faz a opção pelo recolhimento, o valor do desconto será de um dia normal de trabalho (art. 582, § 1º, *a*), ou seja, são excluídas as horas extras e o abono de férias.

Contribuição patronal – Também passa ser opcional o seu pagamento (art. 587 da CLT). O condomínio que optar pelo recolhimento deverá verificar o critério e o valor que estão estabelecidos na Convenção Coletiva de Trabalho adotada pelo sindicato da região.

Creches – Os empregadores se obrigam a fornecer creches a suas empregadas, conforme o disposto no § 1º do art. 389 da CLT ou na forma estabelecida pela Portaria Ministerial nº 3.296/1986.

> **Art. 389**. [...] § 1º Os estabelecimentos em que trabalharem pelo menos 30 (trinta) mulheres, com mais de 16 (dezesseis) anos de idade, terão local apropriado onde seja permitido às empregadas guardar sob vigilância e assistência os seus filhos no período da amamentação.

Deficientes físicos – Os empregadores se comprometem a possibilitar a admissão de empregados "deficientes físicos".

Descanso mínimo – O descanso mínimo entre duas jornadas de trabalho é de 11 horas consecutivas.

Dia da categoria profissional – 11 de fevereiro: "Dia do Empregado em Edifícios".

Dia do síndico – 30 de novembro.

Dispensa por falta grave – O empregado dispensado sob alegação de falta grave deverá ser avisado do fato por escrito e contra recibo, sendo-lhe esclarecidos os motivos da dispensa, sob pena de presumir-se imotivada.

Na recusa do empregado em receber a comunicação, obriga-se o empregador a fazer com que ela seja firmada por duas testemunhas.

Empregado estudante – O empregado estudante, nos dias de exames escolares, será obrigatoriamente liberado pelo menos duas horas antes do término do horário de trabalho, sem nenhum desconto em seu salário. A data e o horário dos exames deverão ser previamente comunicados ao empregador, sendo posteriormente confirmados através de atestado fornecido pelo estabelecimento de ensino.

Estabilidade da gestante – À empregada gestante serão atribuídas todas as garantias previstas na Constituição Federal (art. 10, II, *b*, do Ato das Disposições Constitucionais Transitórias) – a licença à gestante, sem prejuízo do emprego e do salário, desde a confirmação da gravidez, é de cinco meses após o parto, sendo prorrogada por trinta dias, exceto nos casos de acordo para rescisão contratual e contrato por prazo determinado.

Estabilidade do empregado acidentado – Ao empregado que venha a sofrer acidente de trabalho é garantida, na forma da legislação em vigor, pelo prazo mínimo de doze meses, a manutenção da relação de emprego após seu retorno ao trabalho, independentemente de percepção de auxílio-acidente.

Estabilidade do empregado em auxílio-doença – O empregado com mais de um ano de serviços terá garantida sua permanência no emprego por trinta dias após a alta médica previdenciária. O referido benefício será concedido somente uma vez em cada seis meses.

Estabilidade do empregado em idade de serviço militar – Ao menor em idade de prestação de serviço militar é garantida a estabilidade provisória no emprego desde a incorporação até trinta dias após a baixa da unidade em que serviu.

Estabilidade pré-aposentadoria – Os empregados que comprovadamente estiverem no máximo a quinze meses da aquisição do direito à aposentadoria e que contarem com mais de três anos de serviços ao mesmo empregador terão garantia de emprego durante esses quinze meses. Ficam ressalvadas as hipóteses de rescisão por acordo, de dispensa por justa causa e de pedido de demissão. Adquirido o direito à aposentadoria, extingue-se a garantia objeto do presente item.

Exames médicos – Os empregadores custearão os exames médicos admissionais, periódicos e demissionais de seus empregados, em cumprimento ao Programa de Controle Médico de Saúde Ocupacional (PCMSO), estabelecido na NR7 (Portaria nº 24, de 29 de dezembro de 1994 e Portaria nº 8, de 8 de maio de 1996). Poderão ser encontrados maiores detalhes no capítulo 18.

Faltas justificadas – O empregado poderá deixar de comparecer ao trabalho, sem prejuízo do salário, nas seguintes condições, previstas no art. 473 da CLT (Consolidação das Leis do Trabalho):

> I – até 2 (dois) dias consecutivos, em caso de falecimento do cônjuge, ascendente, descendente, irmão ou pessoa que, declarada em sua carteira de trabalho e previdência social, viva sob sua dependência econômica;

II – até 3 (três) dias consecutivos, em virtude de casamento;

III – por um dia, em caso de nascimento de filho no decorrer da primeira semana. O síndico deve observar, na Convenção Coletiva de Trabalho adotada no respectivo município, o número de dias que está estabelecido para o acompanhamento do filho recém-nascido, dado que alguns sindicatos aumentaram esse número;

IV – por um dia, em cada 12 (doze) meses de trabalho, em caso de doação voluntária de sangue devidamente comprovada;

V – até 2 (dois) dias consecutivos ou não, para o fim de se alistar eleitor, nos termos da lei respectiva;

VI – no período de tempo em que tiver de cumprir as exigências do Serviço Militar referidas na letra "c" do art. 65 da Lei nº 4.375, de 17 de agosto de 1964 (Lei do Serviço Militar);

VII – nos dias em que estiver comprovadamente realizando provas de exame vestibular para ingresso em estabelecimento de ensino superior;

VIII – pelo tempo que se fizer necessário, quando tiver que comparecer a juízo;

IX – pelo tempo que se fizer necessário, quando, na qualidade de representante de entidade sindical, estiver participando de reunião oficial de organismo internacional do qual o Brasil seja membro;

X – até 2 (dois) dias para acompanhar consultas médicas e exames complementares durante o período de gravidez de sua esposa ou companheira;

XI – por 1 (um) dia por ano para acompanhar filho de até 6 (seis) anos em consulta médica. O síndico deve observar, na Convenção Coletiva de Trabalho adotada no respectivo município, o número de dias que está estabelecido para o acompanhamento do filho menor de 6 anos, dado que alguns sindicatos aumentaram esse número.

Faltas não justificadas – Segundo a legislação, o síndico poderá descontar do empregado o dia da falta e o próximo repouso semanal remunerado (RSR); contudo, deverá observar com atenção se esse procedimento estava sendo adotado nos meses anteriores. Caso tenha sido descontado apenas o dia da falta, então não poderá ser descontado o RSR, sendo considerado um direito adquirido.

Para os novos empregados, o síndico poderá descontar os dois dias, desde que conste do contrato de trabalho.

Essas faltas serão descontadas proporcionalmente do período de férias.

Feriados e domingos trabalhados – Os empregados em edifício não são obrigados a prestar serviços nos feriados nacionais – 1º de janeiro, 21 de abril, 1º de maio, 7 de setembro, 15 de novembro e 25 de dezembro, bem como nos dias de eleições, que são equiparados aos feriados nacionais, e nos feriados civis e religiosos.

É devida a remuneração em dobro do trabalho aos domingos (quando este se tratar do dia de folga semanal do empregado) e feriados não compensados, sem prejuízo do pagamento do repouso remunerado, desde que, para este, não seja estabelecido outro dia pelo empregador.

Férias – Anualmente, todo empregado tem direito ao gozo de um período de férias proporcionais à sua assiduidade ao serviço, devidamente remuneradas pelo empregador.

Segundo a CLT:

> **Art. 130**. Após cada período de 12 (doze) meses de vigência do contrato de trabalho, o empregado terá direito a férias, na seguinte proporção:
> I – 30 (trinta) dias corridos, quando não houver faltado ao serviço mais de 5 (cinco) vezes;
> II – 24 (vinte e quatro) dias corridos, quando houver tido 6 (seis) a 14 (quatorze) faltas;
> III – 18 (dezoito) dias corridos, quando houver tido de 15 (quinze) a 23 (vinte e três) faltas;
> IV – 12 (doze) dias corridos, quando houver tido de 24 (vinte e quatro) a 32 (trinta e duas) faltas.

De acordo com o art. 134 da CLT, após 12 meses de trabalho (período aquisitivo) serão concedidas férias por deliberação do empregador, em um só período, nos 12 meses subsequentes (período concessivo) à data em que o empregado tiver adquirido o direito. Após a Reforma Trabalhista, as férias poderão ser usufruídas em até três períodos, sendo que um deles não poderá ser inferior a quatorze dias corridos e os demais não poderão ser inferiores a cinco dias corridos, cada um, **desde que haja a concordância expressa do empregado**.

O síndico deverá informar ao empregado, por escrito, a concessão das férias, com antecedência mínima de 30 dias (art. 135 da CLT) e o pagamento deve ser feito até dois dias antes do início das férias (art. 145 da CLT), sendo que o período de férias não poderá iniciar nos dois dias que antecedem feriado ou dia de repouso semanal remunerado (art. 134, § 3º, da CLT).

Antes de sair de férias, o empregado receberá seu salário integral correspondente ao período em que estará fora. Além disso, será computada a média das horas extras trabalhadas no período de aquisição das férias, mais o adicional de férias, que corresponde a um terço de sua remuneração.

O abono pecuniário, ou "venda de férias", é dado ao trabalhador que efetua a opção de deixar de gozar uma parte de seu período de férias, trocando seu direito pelo pagamento em dinheiro. Isso deve ser solicitado ao empregador, por escrito, pelo menos quinze dias antes de terminar o período aquisitivo, isto é, antes de completar um ano de serviço.

O abono pecuniário não pode corresponder a mais de dez dias. Assim, se o empregado tiver direito a trinta dias de férias, ele poderá receber em dinheiro o equivalente a dez dias, mas deverá gozar os vinte dias restantes.

O empregado não terá direito ao gozo de férias nos seguintes casos, conforme o art. 133 (CLT):

- se deixar o emprego e não for readmitido dentro dos sessenta dias subsequentes à sua saída;
- caso permaneça em gozo de licença remunerada por mais de trinta dias;
- se deixar de trabalhar por mais de trinta dias, em virtude da paralisação total ou parcial dos serviços do condomínio;
- se tiver recebido da Previdência Social prestações de acidentes de trabalho ou de auxílio-doença, por mais de seis meses, mesmo descontínuos.

O período de férias não poderá ter início em dias de sábado, domingo, folga e feriado.

Em geral, a época da concessão das férias será determinada pelo empregador.

Se o empregador não fixar o período das férias nos doze meses subsequentes à data em que o empregado tiver adquirido o direito, deverá efetuar o pagamento em dobro (art. 137 da CLT).

O empregado estudante, menor de 18 anos, terá direito a fazer coincidir as suas férias com as férias escolares.

Quando houver empregados de uma mesma família e desde que não haja prejuízo para o empregador, e se estes desejarem, poderão gozar as férias no mesmo período.

Em casos excepcionais, as férias poderão ser concedidas em dois períodos. Entretanto, nos casos dos empregados menores de 18 anos e os maiores de 50 anos, as férias deverão ser concedidas de uma só vez.

Os encargos sobre as férias são:

Discriminação das férias	INSS	FGTS	IR
Normais	Sim	Sim	Sim
1/3 sobre as férias – normais	Sim	Sim	Sim
Abono pecuniário	Não	Não	Não
1/3 sobre o abono pecuniário	Não	Não	Não
Pagamento em dobro	Não	Não	Sim
Indenizadas + 1/3	Não	Não	Não

Férias em dobro – Caso o síndico não autorize as férias do empregado dentro do prazo legal, isto é, ao longo dos doze meses posteriores ao período de um ano completo de serviço, estará obrigado a fazê-lo em dobro. Nesse caso, o empregado não poderá vender dez dias e ficará de férias por trinta dias, se não tiver faltas para descontar, e receberá seu salário em dobro (art. 137 da CLT).

O empregado deverá receber sua remuneração acrescida do adicional de um terço, e, como é considerada uma indenização, o empregador calculará o INSS e o IR, recolhendo-os, mas não descontará do empregado.

Férias proporcionais – Fica assegurado aos empregados a que não configurar a justa causa, com menos de um ano de serviço ao mesmo empregador e que solicitarem a rescisão do contrato de trabalho, o direito às férias proporcionais quando do pagamento das verbas rescisórias.

A importância recebida não sofre desconto do Imposto de Renda, mas será calculado o INSS sobre ela.

Exemplo: cálculo de férias proporcionais para um empregado que trabalhou oito meses e recebe um salário de R$ 1.300,00 por mês.

Valor do salário – R$ 1.300,00	
Férias proporcionais [(1.300,00 ÷ 12) × 8]	R$ 866,66
(+) Adicional 1/3 (866,66 ÷ 3)	R$ 288,88
Valor total das férias proporcionais	**R$ 1.155,54**

Homologação – A homologação e a quitação das verbas rescisórias serão efetuadas, dentro do prazo previsto em lei, na entidade sindical profissional ou nos órgãos do Ministério do Trabalho.

Após a entrada em vigor da Reforma Trabalhista (Lei nº 13.467/2017) e de acordo com o art. 477-A da CLT, não há mais necessidade de que a homologação tenha autorização prévia de entidade sindical para sua efetivação ou, ainda, que seja levada à Secretaria de Relações do Trabalho, antigo Ministério do Trabalho. A homologação poderá feita, se o empregado concordar, no próprio condomínio, ou na empresa administradora de condomínios. Caso o empregado opte por realizar a homologação no sindicato e o empregado não tenha pago a contribuição sindical, esta poderá ser realizada, de acordo com alguns sindicatos, mediante o pagamento de um valor para esse serviço específico.

O saldo de salário referente ao período anterior ao aviso-prévio deverá ser pago, pelo empregador, por ocasião do pagamento geral dos demais funcionários, exceto se a homologação da rescisão ocorrer antes do mencionado pagamento.

Mais detalhes sobre rescisão de contrato são encontrados na seção "Rescisão do contrato de trabalho".

Honorários periciais – Serão de responsabilidade da parte sucumbente, ou seja, aquela que perdeu a ação, na pretensão objeto da perícia, ainda que beneficiária da justiça gratuita. O juiz poderá definir parcelamento dos honorários e não poderá exigir adiantamento no pagamento. Somente será arcado pela União quando o crédito obtido em juízo for inferior ao valor da perícia (art. 790-B da CLT).

Horas extras – De acordo com o art. 59 da CLT, o número de horas extras não poderá exceder a duas horas diárias. Fica garantido aos empregados o pagamento de um adicional de pelo menos 50% sobre o valor da hora normal (art. 59, § 1º, da CLT).

A média das horas extras, habitualmente trabalhadas, será computada para o pagamento de férias, 13º salário e indenização integral ou proporcional, bem como para os depósitos fundiários e para o adicional por tempo de serviço.

É devida a remuneração em dobro do trabalho em domingos e feriados não compensados, sem prejuízo do pagamento do repouso remunerado, desde que, para este, não seja estabelecido outro dia pelo empregador.
Exemplo: um funcionário que trabalhou no dia 1º de janeiro (feriado), se não estiver compensando esse dia, nem o síndico estabeleceu outro dia para essa folga, receberá por esse período de trabalho um adicional de 100% sobre a hora normal. O mesmo raciocínio se aplica se trabalhar no domingo.

Indenização por aposentadoria – Ao empregado que se aposentar e contar no mínimo com 36 meses de serviço contínuo ao mesmo empregador, quando de seu desligamento do condomínio, será paga uma indenização adicional equivalente ao valor de sua última remuneração.

O recebimento da indenização prevista acima não se acumula com a indenização mencionada no item "Auxílio-invalidez".

Indenização por morte e invalidez permanente – No caso de morte do empregado, natural ou acidental, e no caso de sua invalidez permanente causada por acidente, fica o empregador obrigado ao pagamento de uma indenização correspondente ao valor de doze salários nominais do empregado, tomado o valor deste à data do óbito.

A indenização de que trata a presente cláusula poderá ser garantida através de seguro de vida e acidentes pessoais.

Intervalos intrajornadas – Em qualquer trabalho contínuo, com duração maior que 6 horas, é obrigatória a realização de um intervalo para repouso ou alimentação, de no mínimo 1 hora, salvo acordo escrito ou contrato coletivo, não podendo exceder 2 horas (art. 71 da CLT). O limite mínimo de 1 hora para repouso ou refeição poderá ser reduzido para 30 minutos, desde que haja previsão em Convenção Coletiva (art. 611-A, III, da CLT). A não concessão ou a concessão parcial do intervalo intrajornada mínimo implica o pagamento, de natureza indenizatória, apenas do período suprimido, com acréscimo de 50% sobre o valor da remuneração da hora normal de trabalho, ou seja, apenas sobre o tempo não concedido (art. 71, § 4º, da CLT).

A Reforma Trabalhista revogou o art. 384 da CLT, que previa descanso obrigatório de 15 (quinze) minutos antes do início do período extraordinário de trabalho.

Jornada de trabalho de 12 × 36 – No condomínio, essa jornada é geralmente implantada para empregados que trabalham na portaria, sendo necessário a adesão, por escrito, dos quatro empregados que comporão o quadro.

Outra novidade polêmica trazida pela Reforma Trabalhista foi a inclusão da jornada de trabalho 12 × 36, no art. 59-A da CLT, que permitiu exceder as duas horas previstas no art. 59: "**é facultado às partes, mediante acordo individual escrito, convenção coletiva ou acordo coletivo de trabalho**, estabelecer horário de trabalho de doze horas seguidas por trinta e seis horas ininterruptas de descanso, **observados ou indenizados os intervalos para repouso e alimentação**".

A Reforma Trabalhista possibilita que o acordo individual seja realizado, por escrito, diretamente entre o empregador e os empregados, desde que a Convenção Coletiva de Trabalho tenha expressamente a cláusula da jornada 12 × 36. No entanto, há muitos sindicatos embasados no art. 611-A da CLT, que determina: "A convenção coletiva e o acordo coletivo de trabalho têm prevalência sobre a lei quando, entre outros, dispuserem sobre: I – pacto quanto à jornada de trabalho, observados os limites constitucionais". Com essa alegação, os sindicatos deixam claro em suas Convenções que esse tipo de jornada não pode ser realizado mediante acordo individual. Por outro lado, essa jornada somente poderá ser implantada pelo condomínio após este ter aderido às determinações impostas pela Convenção Coletiva, que implicam os pagamentos da contribuição sindical patronal e da contribuição sindical dos empregados, deixando, portanto, as contribuições serem facultativas, conforme art. 578 da CLT.

Outro ponto que merece atenção nesse tipo de jornada refere-se ao intervalo destinado ao descanso semanal remunerado e o descanso em feriados, que serão considerados compensados os feriados e não haverá mais o pagamento de adicional noturno nas horas que ultrapassarem as 5 horas, conforme previsto no art. 59-A, parágrafo único, porém o Acordo Coletivo de Trabalho poderá dispor sobre o pagamento em dobro e a prorrogação para o pagamento do adicional noturno em todo período trabalhado. Diante dessa polêmica, é importante que o gestor, antes de implantar qualquer medida, seja assessorado por um advogado trabalhista, inclusive para acompanhar se as determinações da Súmula nº 444 do TST perderam sua eficácia, dado que asseguravam ao empregado que trabalhasse nos feriados a remuneração em dobro.

Já o descanso para alimentação poderá ser concedido, pelo menos uma hora, conforme art. 71 da CLT, ou então indenizado, quando não houver a possibilidade de o empregado sair do seu posto de trabalho para se alimentar.

Jornada por tempo parcial – A duração do trabalho não deve exceder a 30 horas semanais, sem possibilidade de horas extras semanais, ou aquele cuja duração não exceda a 26 horas semanais, com a possibilidade de acréscimo de até 6 horas extras suplementares semanais, pagas com acréscimo de 50% sobre o salário normal. O valor do salário será proporcional à sua jornada, em relação aos empregados que cumprem, nas mesmas funções, tempo integral. As férias do regime de tempo parcial são regidas pelo disposto no art. 130 da CLT, seguindo os mesmos períodos que os demais funcionários em regime normal. A lei também prevê a possibilidade da conversão de 1/3 do período de férias em abono pecuniário, ou seja, o funcionário vai trabalhar ("vender") os dias que representam 1/3 das férias (art. 58-A).

Licença-paternidade – Alguns sindicatos preveem que os empregadores concederão aos seus empregados licença-paternidade de cinco dias úteis, em caso de nascimento de filho no decorrer da primeira semana, sem prejuízo da remuneração, conforme garantido pela Constituição Federal, mesmo que o art. 473 da CLT tenha previsto apenas um dia.

Mora salarial – O empregador fica obrigado a pagar aos empregados a remuneração mensal até o quinto dia útil do mês subsequente ao vencido.

O não cumprimento desse prazo acarretará ao empregador uma multa, a favor do empregado, correspondente a um trinta avos da remuneração devida, por dia de atraso, salvo motivo de força maior.

Penalidades – Fica estipulada a multa pecuniária, por empregado, de um piso salarial da categoria, em caso de descumprimento, pelo empregador, de quaisquer das cláusulas estabelecidas no Acordo Salarial, multa essa que reverterá em benefício do empregado, à exceção das cláusulas com penalidades específicas ou decorrentes de lei.

Piso salarial – Poderá ser alterado em cada Acordo Coletivo de Trabalho, variando de município para município.

O exemplo a seguir refere-se a um Acordo firmado em 1º/10/2021.

- Gerente condominial   R$ 3.348,48
- Gerente predial   R$ 2.376,08
- Zeladores   R$ 1.697,20
- Porteiros, vigias, cabineiros ou ascensoristas   R$ 1.625,77
- Faxineiros e demais empregados   R$ 1.554,36

Prazo para desocupação do imóvel – Segue abaixo um exemplo estabelecido por um sindicato.

Nos casos de dispensa por justa causa, a desocupação do imóvel deverá ser imediata, sendo concedida uma *tolerância máxima de dez dias* para a sua desocupação. Transcorrido esse prazo, o empregado residente fica sujeito a uma multa diária de 5% de seus vencimentos até a entrega efetiva das chaves do imóvel, sem prejuízo da adoção das medidas judiciais cabíveis na espécie.

Aos dependentes do empregado residente e falecido, sendo considerados como tais a viúva ou a companheira e/ou filhos que com ele estejam coabitando no local de trabalho, será assegurado o prazo de sessenta dias, contados da data do óbito, para a desocupação do imóvel cedido pelo empregador para sua residência.

Prêmios – Para que não haja questionamento judicial, por parte do empregado, sobre a legitimidade do pagamento do prêmio, o síndico deverá ter os elementos para demonstrar que o pagamento efetuado se refere à premiação de desempenho, sendo importante terem sido definidos os critérios previamente formalizados de avaliação, demonstrando que houve aumento no desempenho, em comparação com as atividades executadas no dia a dia. Essa definição visa evitar que no futuro o empregado solicite pagamento dos encargos trabalhistas e previdenciários sobre os valores pagos a título de prêmio.

Segundo o art. 457, § 2º, da CLT, "As importâncias, ainda que habituais, pagas a título de ajuda de custo, auxílio-alimentação, vedado seu pagamento em dinheiro, diárias para viagem, prêmios e abonos não integram a remuneração do empregado, não se incorporam ao contrato de trabalho e não constituem base de incidência de qualquer encargo trabalhista e previdenciário.

[...]

§ 4º Consideram-se prêmios as liberalidades concedidas pelo empregador em forma de bens, serviços ou valor em dinheiro a empregado ou a grupo de empregados, **em razão de desempenho superior ao ordinariamente** esperado no exercício de suas atividades".

Quadro de avisos – Publicações, avisos, cópias de convenções ou acordos coletivos serão afixados, de preferência, nos quadros de avisos dos próprios empregadores, objetivando manter informados seus funcionários.

Quitação das verbas rescisórias – A quitação das verbas rescisórias será efetuada, dentro do prazo previsto em lei, na entidade sindical profissional ou nos órgãos do Ministério do Trabalho.

O saldo de salário referente ao período anterior ao aviso-prévio deverá ser pago, pelo empregador, por ocasião do pagamento geral dos demais funcionários, exceto se a homologação da rescisão ocorrer antes do mencionado pagamento.

Reajuste salarial – O salário dos empregados em edifícios possui data-base diferente em cada município do país. Poderá ser antecipado, dependendo de acordo realizado com os empregados.

São compensáveis todos os aumentos e/ou reajustes concedidos compulsória ou espontaneamente pelos empregadores após a data do dissídio coletivo, sendo que não serão compensados os aumentos decorrentes de promoção, transferência, equiparação salarial e término de aprendizagem. Os salários dos empregados admitidos após a data do dissídio coletivo serão reajustados proporcionalmente ao número de meses trabalhados.

Recibo de pagamento – Os empregadores fornecerão obrigatoriamente aos empregados os comprovantes de pagamento com a identificação do empregador, discriminação detalhada das importâncias pagas efetuadas – salário propriamente dito, horas extraordinárias, adicional noturno, salário-família, salário habitação, adicional de tempo de serviço, acúmulo de função, folgas trabalhadas –, bem como valores relativos aos descontos previdenciários.

Caso o empregado seja analfabeto, é válida a sua impressão digital como assinatura.

Os descontos permitidos por lei são:

- Previdência Social;
- Imposto de Renda;
- Contribuição Sindical, quando autorizado pelo empregado;
- financiamento da casa própria;
- adiantamento (vale);
- mensalidade do sindicato;
- seguro de saúde;
- pensão alimentícia.

O salário não pode ser reduzido, a não ser por acordo ou Convenção Coletiva.

Os empregadores que se utilizarem, para pagamento dos salários, do sistema de "cheque salário", deverão proporcionar aos empregados, dentro da jornada de trabalho, tempo hábil para recebimento do equivalente em moeda corrente, desde que tal horário coincida com o horário bancário e não prejudique os horários das refeições.

Repouso Semanal Remunerado (RSR) – O empregado tem direito semanalmente a um dia de 24 horas de descanso, sem prejuízo do recebimento integral do seu salário. Habitualmente, o dia da folga corresponde a um domingo determina o art. 7º, XV, da Constituição Federal, entretanto, não sendo possível, pode ser feita uma escala de revezamento, devendo uma vez por mês o repouso coincidir com o dia de domingo.

Com a entrada em vigor da Lei nº 10.101/2000, a Portaria nº 417, de 10 de junho de 1966, foi revogada, a qual previa que, na escala 5 × 1, o descanso no domingo poderia ocorrer até a 7ª semana. Diante dessa condição, cabe ao acordo ou à convenção coletiva de trabalho definir a forma adequada para que o empregado tenha um domingo de folga.

Rescisão indireta – Ocorrendo o descumprimento comprovado de qualquer item referente aos direitos do empregado, este poderá rescindir, indiretamente, o contrato de trabalho nos termos da CLT.

> **Art. 483.** O empregado poderá considerar rescindido o contrato e pleitear a devida indenização quando:
>
> a) forem exigidos serviços superiores às suas forças, defesos por lei, contrários aos bons costumes, ou alheios ao contrato;
>
> b) for tratado pelo empregador ou por seus superiores hierárquicos com rigor excessivo;
>
> c) correr perigo manifesto de mal considerável;
>
> d) não cumprir o empregador as obrigações do contrato;
>
> e) praticar o empregador ou seus prepostos, contra ele ou pessoas de sua família, ato lesivo da honra e boa fama;
>
> f) o empregador ou seus prepostos ofenderem-no fisicamente, salvo em caso de legítima defesa, própria ou de outrem;
>
> g) o empregador reduzir o seu trabalho, sendo este por peça ou tarefa, de forma a afetar sensivelmente a importância dos salários.
>
> § 1º O empregado poderá suspender a prestação dos serviços ou rescindir o contrato quando tiver de desempenhar obrigações legais, incompatíveis com a continuação do serviço.
>
> § 2º No caso de morte do empregador constituído em empresa individual, é facultado ao empregado rescindir o contrato de trabalho.
>
> § 3º Nas hipóteses das letras "d" e "g", poderá o empregado pleitear a rescisão de seu contrato de trabalho e o pagamento das respectivas indenizações, permanecendo ou não no serviço até final decisão do processo.

Salário admissão – Admitido o empregado para a função de outro, será garantido salário igual ao do empregado de menor salário na função, sem distinção de sexo, grupo étnico, nacionalidade ou idade, nos termos do art. 461 da CLT.

Salário-família – Será pago mensalmente ao segurado na proporção do respectivo número de filhos ou equiparados com idade até os 14 anos ou inválidos (de qualquer idade). O salário-família deve ser solicitado pelo empregado. No pagamento da Previdência Social, o valor do salário-família é descontado na guia do INSS mensal.

As quotas são fixadas pela Previdência Social e reajustadas periodicamente. Seus valores são divulgados, podendo ser encontrados nos jornais, no caderno de economia.

Salário-família a partir de 1º de janeiro de 2021

Remuneração	Salário-família
Até R$ 1.503,25	R$ 51,27
Acima de R$ 1.508,26	Extinto

Fonte: Site <http://www.previdencia.gov.br>.

Salário do substituto – O empregador fica obrigado, enquanto perdurar a substituição, a pagar ao empregado substituto o mesmo salário pago ao substituído.

13º salário – Todo empregado faz jus ao recebimento do 13º salário, que corresponde a um mês do salário que receber no mês de dezembro de cada ano e deverá ser pago até o dia 20 daquele mês.

A média das horas extras habitualmente trabalhadas, para efeito de cálculo, integra o salário.

O pagamento do 13º poderá ser feito em *duas parcelas*: a primeira pode ser paga juntamente com o pagamento das férias, sendo solicitada no mês de janeiro, ou pode ser paga até o dia 30 de novembro, correspondendo em ambos os casos à metade do salário do mês anterior e sobre essa parcela incide apenas o FGTS. Já a segunda parcela deve ser paga até o dia 20 de dezembro.

Quando o pagamento for efetuado em duas parcelas e houver alteração do salário, após o recebimento da primeira, será o valor complementado quando do pagamento da segunda, ou seja, a média das horas extras, biênio, se houver, acúmulo de função e demais verbas, e incidem os demais recolhimentos.

É vedado o pagamento do 13º em duodécimos, exceto nos casos de rescisão de contrato de trabalho, no correr do ano, quando o empregado faz jus a um doze avos por mês.

Os descontos efetuados sobre o 13º são:

- Contribuição à Previdência Social;
- Imposto de Renda;
- faltas não justificadas.

Salário habitação

Esse tipo de salário, também conhecido como salário *in natura* ou ainda utilidade, são percentuais pagos sobre o salário nominal (salário-base) e com características específicas, previstas na CLT e nas convenções coletivas de trabalho, em função de o empregado residir no condomínio. Esse percentual poderá variar de acordo com cada sindicato. Segue abaixo o exemplo da uma Convenção Coletiva de Trabalho estabelecida na cidade de São Paulo, cujo percentual pago a título de salário habitação é de 33%:

- Nas folhas de pagamento e nos respectivos recibos, deverá constar, com destaque, a parcela fixa do salário habitação, tanto na coluna de verbas a pagar como na coluna de verbas a descontar, na mesma proporção.
- O desconto previsto no parágrafo anterior não será efetuado quando do pagamento de férias indenizadas, 13º salário e no aviso-prévio quando indenizado, sendo que, em relação ao aviso-prévio indenizado e às férias indenizadas, o empregado não fará jus ao acréscimo até que desocupe o imóvel. Nesse caso, o empregador deverá pagar ao empregado a verba correspondente a esse acréscimo, no máximo, em dez dias contados da data da entrega das chaves do imóvel.
- O salário nominal mais o salário habitação servirão de base para o recolhimento das verbas previdenciárias, fundiárias, PIS e Imposto de Renda, bem como para o pagamento das horas extras mensais, folgas e feriados trabalhados.

Solução das divergências – Quaisquer divergências originadas do acordo intersindical, inclusive quanto ao cumprimento de suas cláusulas, serão solucionadas perante a Justiça competente.

Tempo não considerado à disposição do empregador – Segundo o art. 58, § 1º, da CLT, "Não será computado como período extraordinário o que exceder a jornada normal, ainda que ultrapasse o limite de cinco minutos, observado o limite máximo de 10 minutos diários".

A Reforma Trabalhista incluiu no art. 4º da CLT, o parágrafo 2º, que determinou que, quando o empregado, por escolha própria, buscar proteção pessoal, em caso de insegurança nas vias públicas ou más condições climáticas, bem como adentrar ou permanecer nas dependências da empresa para exercer atividades particulares, entre outras: I – práticas religiosas; II – descanso; III – lazer; IV – estudo; V – alimentação; VI – atividades de relacionamento social; VII – higiene pessoal; e troca de roupas ou uniforme, quando não houver obrigatoriedade a troca na empresa".

Diante dessa abertura da Lei, é recomendado que o síndico oriente e alerte os condôminos, por meio de circular com entrega protocolada, que a contratação de empregados do condomínio para serviços no interior das unidades, após o horário de trabalho, folga, ou ainda nos intervalos de descanso ou refeição, será de total responsabilidade dos mesmos, inclusive possíveis indenizações no caso de acidente no interior da unidade.

A Reforma trouxe também o seguinte esclarecimento: "O tempo despendido pelo empregado desde a sua residência até a efetiva ocupação do posto de trabalho e para o seu retorno, caminhando ou por qualquer meio de transporte, inclusive o fornecido pelo empregador, não será computado na jornada de trabalho, por não ser tempo à disposição do empregador" (art. 58, § 2º, da CLT).

Trabalho intermitente – Essa forma de trabalho foi incluída no art. 443 da CLT. Alguns condomínios, principalmente os de veraneio, podem utilizar esse tipo de trabalho em alguns momentos ou épocas do ano para a contratação, por exemplo, de segurança e faxineiros. Possui a característica de não ser contínuo, ocorrendo com alternância de período e inatividades, determinado em horas, dias ou meses, independentemente da atividade do empregado e do empregador. O contrato deverá ser celebrado por escrito e deve conter principalmente o valor da hora de trabalho, que não pode ser inferior ao valor do salário mínimo ou àquele devido aos demais funcionários que exerçam a mesma função em contrato intermitente ou não. O empregado deverá ser convocado com 3 dias de antecedência e terá 1 dia para responder ao convite. No silêncio deste, presume-se que houve recusa. A recusa da oferta não descaracteriza a subordinação para fins do contrato de trabalho intermitente. No final de cada período trabalhado, o empregado receberá o pagamento imediato das seguintes parcelas: I – remuneração; II – férias proporcionais com + 1/3; III – 13º salário proporcional; repouso semanal remunerado e adicionais legais. O empregador fará o recolhimento de INSS e FGTS e fornecerá ao empregado os comprovantes. A cada 12 meses, o empregado terá direito a usufruir, nos 12 meses subsequentes, 1 mês de férias, período no qual não poderá ser convocado para prestar serviço pelo mesmo empregado (art. 452-A da CLT).

Uniforme – Os empregadores fornecerão gratuitamente os uniformes considerados de uso obrigatório, incluindo luvas, botas, aventais, guarda-pós ou outras peças de uso necessário ao atendimento da exigência, cuja restituição deverá ocorrer, no estado de uso em que se encontrem, na data da extinção do contrato de trabalho. Na hipótese de não devolução dos uniformes, o empregado sujeita-se a indenizar o empregador pelo valor correspondente e comprovado por nota fiscal de aquisição, mediante desconto da respectiva verba rescisória.

Vale-refeição – É preciso verificar se a Convenção Coletiva de Trabalho da região prevê o pagamento do vale-refeição e qual será o valor pago por dia de trabalho. Poderá ser distribuído por meio da contratação de empresas especializadas e escolhidas pelo síndico.

Vale-transporte – O vale-transporte devido aos empregados deverá ser pago na forma prevista na Lei nº 7.619/1987 e regulamentado pelo Decreto nº 95.247/19879*, que tornou obrigatória a sua concessão pelos empregadores, cabendo aos empregados solicitá-lo ou não.

Quando os empregados aceitam o benefício do vale, devem apresentar um relatório informando o trajeto de sua residência até o seu local de trabalho, as conduções utilizadas, bem como quanto gastam. Essas informações devem ser periodicamente atualizadas.

De posse desses dados, o síndico providenciará junto a empresas credenciadas os vales correspondentes ao número de dias efetivamente trabalhados.

Ao final de cada mês, o empregador poderá descontar o máximo de 6% do salário-base, proporcional aos dias trabalhados, do empregado, conforme determina o Decreto nº 95.247, art. 10, não incidindo tal percentual sobre os ganhos extras.

Quando o síndico não quiser descontar os 6% do salário do funcionário, poderá deduzir um valor simbólico, para que esse benefício não seja incorporado ao valor do salário e, portanto, sujeito a encargos, férias e 13º salário.

Para completar as informações referentes às obrigações do empregador relativas aos empregados, é importante verificar no capítulo 18 as Normas Regulamentadoras – NR1 – Programa de Gerenciamento de Risco (PGR), NR7 Programa de Controle Médico de Saúde e Ocupacional – PCMSO e NR9 – Avaliação e Controle das Exposições Ocupacionais a Agentes Físicos, Químicos e Biológicos.

---

* Decreto nº 95.247, de 17 de novembro de 1987, disponível em: <www.planalto.gov.br>.

11

Prestadores de serviços/ terceirização

Para atender as necessidades do condomínio de mão de obra e serviços, o síndico pode optar por contratar, além de empregados registrados, outros prestadores de serviços que não possuam vínculo empregatício, como empresas (pessoas jurídicas) e autônomos (pessoas físicas).

A aprovação da Lei nº 13.429, de 31 de março de 2017, alterou dispositivos da Lei nº 6.019/74, que dispõe sobre o trabalho temporário e os serviços prestados por empresas terceirizadas, os quais buscam trazer esclarecimentos e maior segurança jurídica para várias questões polêmicas encontradas nesse tipo de contratação. Dentre as mudanças estabelecidas pela Lei nº 6.019/74, as que causaram maior impacto, são:

- o trabalho temporário deverá ser prestado por pessoa jurídica, devidamente registrada no Ministério do Trabalho, sendo responsável pela colocação de trabalhadores à disposição de outras empresas temporariamente (art. 4º);
- a contratante poderá celebrar contrato com empresa de prestação de serviços relacionados a quaisquer de suas atividades, inclusive sua atividade principal (art. 4º-A);
- são asseguradas aos empregados da empresa prestadora de serviço as mesmas condições dos empregados registrados, como: alimentação garantida aos empregados da contratante, quando oferecida em refeitório, direito de utilizar os serviços de transporte, atendimento médico ou ambulatorial existentes nas dependências da contratante, treinamento adequado, fornecido pela contratada, quando a atividade exigir. Além disso, atender às medidas de proteção à saúde, e de segurança no trabalho e de instalações adequadas à prestação de serviço (art. 4º-C);
- é de responsabilidade da contratante garantir as condições de segurança, higiene e salubridade dos trabalhadores (art. 5º-A, § 3º);
- a empresa contratante é subsidiariamente responsável pelas obrigações trabalhistas referentes ao período em que ocorrer a prestação de serviço,

e o recolhimento das contribuições previdenciárias observará o disposi-tivo no art. 31 da Lei nº 8.212, de 24 de julho de 1991 (art. 5º-A, § 5º);

- o empregado que for demitido não poderá prestar serviços para essa mesma empresa na qualidade de empregado de empresa prestadora de serviços antes do decurso de prazo de 18 meses, contados a partir da demissão do empregado (art. 5º-D);
- qualquer que seja o ramo da empresa tomadora de serviços, não existe vínculo de emprego entre ela e os trabalhadores contratados pelas em-presas de trabalho temporário (art. 10).

É recomendado que o gestor faça uma leitura completa da Lei nº 6.019/74 para adotar todas as precauções necessárias e evitar que o condomínio seja envol-vido em ações judiciais.

Na sequência, serão identificadas algumas formas de contratações e as suas obrigações tributárias.

Cessão de mão de obra/terceirização

A contratação de terceiros para trabalhar no condomínio exige uma série de cui-dados, que devem ser seguidos rigorosamente, a fim de evitar problemas, inclusive com a Justiça do Trabalho, em função de haver a responsabilidade solidária e a subsidiária.

Os administradores também devem estar atentos para evitar o vínculo em-pregatício, o qual poderá advir da pessoalidade e da subordinação. A primeira se dá quando uma pessoa trabalha no mesmo lugar por um longo período; a segunda ocorre quando o trabalhador que não é funcionário registrado do condomínio recebe ordens de um funcionário do condomínio ou do próprio síndico, quando deveria recebê-la de um coordenador da empresa contratada.

Havendo interesse pela terceirização e, após analisar os riscos que ela implica, o síndico deve levantar a situação cadastral das empresas, que inclui: prova de inscrição no Cadastro Nacional da Pessoa Jurídica (CNPJ); registro na Junta Co-mercial; capital social compatível com o número de empregados*; Cartórios de Protestos; Justiça Federal, Estadual e Municipal e Justiça do Trabalho. Além disso, tem de pedir referências e visitar as empresas e alguns clientes mais próximos ao local, verificando há quanto tempo estão prestando serviços para o condomínio. Após a identificação das melhores empresas, recomenda-se que o gestor convo-que uma assembleia, para que os moradores escolham uma delas. O contrato deve ser detalhado, enfatizando o cumprimento da legislação, o seguro de todos

---

* Esses três itens constam da Lei nº 6.019/74, art. 4º-B.

os funcionários, os equipamentos de proteção individual e ter para a referência do valor que será pago uma planilha de custos que contenha entre as informações: número de postos (exemplo: 4 porteiros e 2 faxineiros), salário de cada funcionário e encargos trabalhistas (exemplo: INSS, FGTS, PIS, vale-transporte, uniforme, cesta básica, vale-refeição).

Para estimular a manutenção da qualidade dos serviços prestados pela empresa terceirizada, recomenda-se que seja incluída no contrato uma cláusula que se refira a um acordo de nível de serviço (*Service Level Agreement* – SLA). Nessa cláusula, pode-se determinar a possibilidade de ser realizada periodicamente uma pesquisa de satisfação com os moradores ou usuários (se edifício comercial). Caso o resultado obtido esteja, por exemplo, entre 80% e 90% de satisfação, o condomínio deverá pagar a exata parcela do mês. Porém, se o resultado indicar que a satisfação ficou abaixo dos 79%, o condomínio pagará com um desconto de 10%, e, caso o valor obtido supere os 91% de satisfação, o condomínio deverá pagar a fatura com um acréscimo de 10%. Esse tipo de avaliação já é usual nos condomínios comerciais.

A legislação que trata do assunto foi modificada várias vezes, sendo que algumas alterações ocorreram dentro do mesmo ano. Podemos encontrar na versão consolidada da Instrução Normativa (IN) nº 971 RFB, de 13 de novembro de 2009, muitos esclarecimentos sobre a legislação que envolve cessão de mão de obra e empreitada, a qual foi alterada várias vezes, sendo a última a IN RFB nº 1.997, de 7 de dezembro de 2020.

Definição de cessão de mão de obra – É a colocação à disposição da empresa contratante, em suas dependências ou nas de terceiros, de trabalhadores que realizem serviços contínuos, relacionados ou não com sua atividade-fim, quaisquer que sejam a natureza e a forma de contratação, inclusive por meio de trabalho temporário na forma da Lei nº 6.019, de 1974 (IN nº 971 RFB, de 13 de novembro de 2009, art. 115).

Os serviços mais frequentes ligados ao condomínio e sujeitos a essa legislação são: a) limpeza, conservação ou zeladoria, enceramento, jardins, desinfecção, desentupimento; b) vigilância e segurança; c) construção civil; d) coleta e reciclagem de lixo e resíduos; e) manutenção de instalações, de máquinas ou equipamentos (equipe mantida à disposição); f) portaria, recepção e ascensorista.

Ao se contratar uma empresa para prestação de serviços ao condomínio, devem ser exigidos os seguintes documentos:

* cópia da Carteira de Trabalho de cada profissional que trabalha diariamente no condomínio;
* guia mensal de INSS e GFIP distintas para cada estabelecimento;
* folha de pagamento para cada estabelecimento;
* cópia do seguro dos funcionários.

INSS

Determina a legislação que deverão ser *descontados 11%* sobre o valor do serviço prestado. O valor do desconto e o total líquido a ser pago (valor total – desconto) deverão ser apenas apontados no escopo da nota, não influenciando no campo intitulado "total da nota fiscal".

- Principais deduções da retenção de 11%:
  - materiais ou equipamentos próprios ou de terceiros cujos valores estejam estabelecidos em contrato. Caso não constem, o valor do serviço não poderá ser inferior a 50% do total do serviço contratado. O valor do material fornecido, discriminado na nota fiscal, não poderá ser superior ao valor de sua aquisição.
  - vale-transporte e vale-refeição, em conformidade com a legislação própria.
- Não poderão ser descontados:
  - materiais de consumo próprio da atividade, tais como: cera, detergente, desinfetante, uniformes, colher de pedreiro, cassetete, arma do vigilante.
- A fiscalização poderá exigir comprovação das deduções efetuadas do valor bruto da nota fiscal.
- A retenção sempre se presumirá feita pela contratante, não lhe sendo lícito alegar qualquer omissão para se eximir do recolhimento, ficando diretamente responsável pela importância que deixar de reter ou tiver retido em desacordo com a legislação.
- Haverá dispensa da retenção nas seguintes condições (IN nº 971/2009, art. 120):
  - se o valor de 11% retido na nota fiscal for inferior ao limite mínimo estabelecido pelo INSS, R$ 10,00 (art. 398 da IN nº 971/2009);
  - se a contratada não possuir empregados, o serviço for prestado pessoalmente pelo titular ou sócio e seu faturamento do mês anterior for igual ou inferior a duas vezes o limite máximo do salário de contribuição, cumulativamente (jan./2021 = 2 × R$ 6.433,57 = R$ 12.867,14). O prestador deverá apresentar Declaração contendo essas informações;
  - se a contratação envolver somente serviços profissionais relativos ao exercício de profissão regulamentada por legislação federal (exemplo: contador, engenheiro, economista), desde que prestados pessoalmente pelos sócios. O prestador deverá apresentar Declaração contendo essas informações;
  - se a empresa contratada for ME ou EPP e optante do Simples Nacional (IN nº 971 RFB, de 13 de novembro de 2009, art. 191).

o   Com a entrada em vigor da Escrituração Fiscal Digital das Retenções e Informações da Contribuição Previdenciária – EFD-Reinf, as retenções realizadas durante o mês referentes ao INSS deverão ser informadas ao sistema e pagas de acordo com a legislação. No entanto, **quando não ocorrer fato gerador no período a que se refere a escrituração,** os contribuintes do 3º grupo estão desobrigados do envio da EFD--Reinf "Sem Movimento", de acordo com a versão 1.5.1.2 do Manual do usuário da EFD-Reinf, publicado em 27/05/2021.

Atenção: para que não seja feita a retenção dos 11%, o síndico deverá exigir que a empresa apresente uma Declaração, esclarecendo que ela não é tributada na forma do Anexo IV da Lei Complementar nº 123, de 2006.

Art. 191. As ME e EPP optantes pelo Simples Nacional que prestarem serviços mediante cessão de mão de obra ou empreitada não estão sujeitas à retenção referida no art. 31 da Lei nº 8.212, de 1991, sobre o valor bruto da nota fiscal, da fatura ou do recibo de prestação de serviços emitidos, excetuada:

I – a ME ou a EPP tributada na forma dos Anexos IV e V da Lei Complementar nº 123, de 2006, para os fatos geradores ocorridos até 31 de dezembro de 2008; e

II – a ME ou a EPP tributada na forma do Anexo IV da Lei Complementar nº 123, de 2006, para os fatos geradores ocorridos a partir de 1º de janeiro de 2009.

§ 1º A aplicação dos incisos I e II do *caput* se restringe às atividades elencadas nos §§ 2º e 3º do art. 219 do RPS, e, no que couberem, às disposições do Capítulo VIII do Título II desta Instrução Normativa.

§ 2º A ME ou a EPP que exerça atividades tributadas na forma do Anexo III, até 31 de dezembro de 2008, e tributadas na forma dos Anexos III e V, a partir de 1º de janeiro de 2009, todos da Lei Complementar nº 123, de 2006, estará sujeita à exclusão do Simples Nacional na hipótese de prestação de serviços mediante cessão ou locação de mão de obra, em face do disposto no inciso XII do art. 17 e no § 5º-H do art. 18 da referida Lei Complementar.

Para uma melhor compreensão, transcrevemos abaixo o art. 219 do Regulamento da Previdência Social (RPS), do Decreto nº 3.048, de 6 de maio de 1999:

Art. 219. A empresa contratante de serviços executados mediante cessão ou empreitada de mão de obra, inclusive em regime de trabalho temporário, deverá reter onze por cento do valor bruto da nota fiscal, fatura ou recibo de prestação de serviços e recolher a importância retida em nome da empresa contratada, observado o disposto no § 5º do art. 216 (Redação dada pelo Decreto nº 4.729, de 2003).

....

§ 2º Enquadram-se na situação prevista no *caput* os seguintes serviços realizados mediante cessão de mão de obra:

I – limpeza, conservação e zeladoria;

II – vigilância e segurança;

III – construção civil;

[...]

VIII – coleta e reciclagem de lixo e resíduos;

[...]

XV – manutenção de instalações, de máquinas e de equipamentos;

[...]

XX – portaria, recepção e ascensorista;

§ 3º Os serviços relacionados nos incisos I a V também estão sujeitos à retenção de que trata o *caput* quando contratados mediante empreitada de mão de obra.

Serviços de portaria – Segundo o Ato Declaratório Interpretativo RFB nº 7, de 10 de junho de 2015, é *vedada* a opção ao Regime Especial Unificado – Simples Nacional a pessoas jurídicas que prestarem serviço de *portaria* por cessão de mão de obra, portanto a retenção do INSS será feita normalmente.

Serviços de limpeza e vigilância – Poderão ser enquadrados no Simples Nacional, porém deve-se fazer a retenção do INSS – Lei Complementar nº 123/2006 – Art. 18 – 5º – C – VI).

Consulta optante do Simples Nacional – acesse o *site*: <https://www8.receita.fazenda.gov.br/SimplesNacional/Servicos/Grupo.aspx?grp=10>.

Notas:

1) Serão recolhidos 15% sobre o valor bruto da nota fiscal ou fatura de prestação de serviços, relativamente a serviços que lhe são prestados por cooperados por intermédio de cooperativas de trabalho.

2) Todas as contratações de cooperados ou de serviços por cessão de mão de obra devem ser informadas na GPS e na GFIP, para não acarretar elevadas multas ao condomínio.

Quando o condomínio contratar um *Microempreendedor Individual (MEI)*, deverá adotar os seguintes cuidados:

- MEI está obrigado a emitir documento fiscal quando prestar serviço para empresas que possuam CNPJ, segundo a Lei Complementar nº 123, de 2006, art. 26, §§ 1º e 6º, inciso II.

- Nas notas fiscais emitidas pelo Microempreendedor não haverá nenhuma retenção (INSS – IN 971/2009, art. 78, § 1º, inciso II, ISS, Cofins, CSLL, PIS e IRRF).

- Não contratar MEI para serviços contínuos, cessão ou locação de mão de obra, atendendo a orientação de proibição determinada pela Resolução CGSN nº 140, de 22 de maio de 2018, alterada pela Resolução CFSN nº 156, de 29 de setembro de 2020, art. 112.

- No caso de contratar serviços de hidráulica, elétrica, pintura, alvenaria, carpintaria e manutenção ou reparo de veículo, o condomínio deverá recolher 20% de INSS, sobre o valor do serviço, referente à Contribuição Patronal, conforme determina a IN 971/2009, art. 201, 1º. Esse valor deverá ser recolhido na mesma GPS dos funcionários do condomínio. Informar esse recolhimento também na GFIF/Sefip, com o código de ocorrência "05", sendo utilizado o número de registro no INSS ou PIS/Pasep do prestador do serviço. O campo "Ocorrência" deverá ser preenchido com "0,00".

ISS

Foi aprovada pelo Congresso Nacional a Lei Complementar nº 116, de 31 de julho de 2003, que dispõe a respeito do Imposto Sobre Serviços de Qualquer Natureza (ISS). Essa Lei é de âmbito federal e determina as normas gerais sobre a prestação de serviço, devendo ser personalizada em cada município. Serão utilizadas como referência as normas aplicadas à cidade de São Paulo, estabelecidas com a aprovação da Lei nº 13.701, de 24 de dezembro de 2003, atualizada pelo Decreto nº 53.151, de 17 de maio de 2012*. No art. 6º, fica definido que os condomínios localizados na cidade de São Paulo devem realizar a retenção e o recolhimento do ISS, quando contratarem determinados serviços, dentre eles: mão de obra (zeladoria, portaria e limpeza), vigilância e segurança. Nas contratações de profissionais autônomos, como pedreiros, encanadores e eletricistas, as retenções ocorrem em casos específicos, que serão abordados ainda neste capítulo.

Para poderem efetuar a emissão das guias DAMSP (Documento de Arrecadação do Município de São Paulo) a fim de realizar os pagamentos das retenções, é necessário que os condomínios tenham inscrição no Cadastro de Contribuinte Mobiliário (CCM) e senha eletrônica para acessar o programa da Prefeitura.

---

* Decreto nº 53.151/2012, teve os artigos 6º, 93 e 101 alterados pelo Decreto nº 58.303, de 10 de julho de 2018.

Nota: O leitor deve estar atento às especificações do seu município, fazendo pesquisa no *site* da Prefeitura.

Prestador de serviços: Pessoa Jurídica – São Paulo

O texto a seguir refere-se às normas definidas na cidade de São Paulo, quando o condomínio contrata uma empresa de prestação de serviço enquadrada como pessoa jurídica.

Segundo a Lei nº 53.151/2012, os condomínios edilícios residenciais ou comerciais, quando tomarem ou intermediarem serviços de algumas atividades definidas pela Prefeitura, estarão obrigados a reter e pagar o ISS. Dependendo da atividade desenvolvida pela empresa, o percentual da retenção será de 2% e, em outras atividades, de 5%. Esse valor deverá ser apontado no corpo da nota fiscal, cabendo ao condomínio a emissão do Documento de Arrecadação do Município de São Paulo (DAMSP), e o seu pagamento deverá ser feito até o dia 10 do mês subsequente.

Para efetuar o pagamento do ISS retido, o condomínio deverá inscrever-se no Cadastro de Contribuinte Mobiliário (CCM). É importante que o condomínio esteja atento ao percentual aplicado, pois, em caso de erro, poderá ser responsabilizado. A lista de atividades e seus respectivos códigos apontada pela legislação é muito extensa, mas, para o condomínio, os principais serviços sujeitos a retenção são:

Códigos	Atividades*	Retenção (%)
7.02	Execução, por administração, empreitada ou subempreitada, de obras de construção civil	5%
7.05	Reparação, conservação e reforma de edifícios	5%
7.09	Coleta e remoção de lixo	5%
11.02	Vigilância, segurança ou monitoramento de bens e pessoas	2%
17.01	Análise, exame, pesquisas, compilação / Assessoria ou consultoria de qualquer natureza, não contida em outros itens desta lista	5%
17.05	Fornecimento de mão de obra, mesmo em caráter temporário	2%
17.15	Auditoria	5%
17.19	Consultoria e assessoria econômica ou financeira	5%

* A lista completa das atividades, com os respectivos códigos, poderá ser encontrada no Decreto nº 53.151/2012, Capítulo I – Fato Gerador do ISS e Incidência.

É importante que o condomínio observe os seguintes parágrafos do art. 6º da Lei nº 53.151, de 17 de maio de 2012:

> **Art. 6º** São responsáveis pelo pagamento do Imposto, desde que estabelecidos no Município de São Paulo, devendo reter na fonte o seu valor:
>
> I – ....
> II – as pessoas jurídicas, ainda que imunes ou isentas, e os condomínios edilícios residenciais ou comerciais, quando tomarem ou intermediarem os serviços:
>
>   a) descritos nos subitens 3.04, 7.09, 7.10, 7.12, 7.14, 11.02, 17.05 e 17.09 da lista do *caput* do artigo 1º deste regulamento, a eles prestados dentro do território do Município de São Paulo;
>
>   b) descritos nos subitens 7.02, 7.04, 7.05, 7.11, 7.15, 7.17 e 16.01 da lista do *caput* do artigo 1º deste regulamento, a eles prestados dentro do território do Município de São Paulo por prestadores de serviços estabelecidos fora do Município de São Paulo;
>
>   c) descritos nos subitens 1.01, 1.02, 1.03, 1.04, 1.05, 1.06, 1.07, 1.08, 14.05, 17.01, 17.06, 17.15 e 17.19 da lista do *caput* do artigo 1º deste regulamento a elas prestados dentro do território do Município de São Paulo por prestadores de serviços estabelecidos no Município de São Paulo, conforme cronograma a ser estabelecido pela Secretaria Municipal de Finanças.
>
> ....
> § 4º Independentemente da retenção do imposto na fonte a que se referem o *caput* e os §§ 3º e 6º deste artigo, fica o responsável tributário obrigado a recolher o imposto integral, multa e demais acréscimos legais, na conformidade da legislação, eximida, neste caso, a responsabilidade do prestador de serviços.
> § 5º Para fins de retenção do Imposto incidente sobre os serviços descritos nos subitens 7.02, 7.04, 7.05, 7.15 e 7.19 da lista do *caput* do artigo 1º deste regulamento:
> I – o prestador de serviços deverá informar ao tomador, no campo "Valor Total das Deduções" da NFS-e, o valor das deduções da base de cálculo do Imposto, na conformidade da legislação, para fins de apuração da receita tributável;

Para facilitar a identificação dos serviços apontados no Decreto nº 53.151/2012, segue tabela contendo na primeira coluna os códigos apontados pela Lei nº 13.701/2003, a descrição, o código do serviço na Prefeitura, o código em que devem ser recolhidos a retenção dos serviços e o percentual que deverá ser retido para cada código.

Serviços sujeitos a retenção
Empresas estabelecidas no Município de São Paulo

Código Lei nº 13.701	Serviços prestados no Município	Código do serviço na Prefeitura	Código da retenção na Prefeitura	Retenção
3.04	Cessão de andaimes, palcos, coberturas e outras estruturas de uso temporário.	07803	09687	5%
7.09	Varrição, coleta, remoção, incineração, tratamento, reciclagem, separação e destinação final de lixo, rejeitos e outros resíduos quaisquer.	01325	09520	5%
7.10	Limpeza, manutenção e conservação de vias e logradouros públicos, imóveis, chaminés, piscinas, parques, jardins e congêneres.	01384 01406	09512 09954	2%
7.12	Controle e tratamento de efluentes de qualquer natureza e de agentes físicos, químicos e biológicos.	01724	09946	5%
7.14	Florestamento, reflorestamento, semeadura, adubação e congêneres.	01740	09946	5%
11.02	Vigilância, segurança ou monitoramento de bens e pessoas.	07870	09679	2%
17.05	Fornecimento de mão de obra, mesmo em caráter temporário, inclusive de empregados ou trabalhadores, avulsos ou temporários, contratados pelo prestador de serviço.	06491	09776	2%
17.09	Planejamento, organização e administração de feiras, exposições, congressos e congêneres.	07161	09733	2%

Além dos códigos mencionados acima, foram incluídos os serviços abaixo, que podem ser contratados pelos condomínios, e que também devem ter o ISS retido e recolhido pelo condomínio, por serem prestados dentro do Município de São Paulo por prestadores de serviço estabelecidos no Município de São Paulo:

- 17.01 – Assessoria ou consultoria de qualquer natureza, não contida em outros itens desta lista; análise, exame, pesquisa, coleta, compilação e fornecimento de dados e informações de qualquer natureza, inclusive cadastro e similares.
- 17.15 – Auditoria.
- 17.19 – Consultoria e assessoria econômica ou financeira.

Serviços sujeitos a retenção
Empresas estabelecidas no Município de São Paulo

Código Lei nº 13.701	Prestadores estabelecidos fora do Município	Código do serviço na Prefeitura	Código da retenção na Prefeitura	Retenção
7.02	Execução, por administração, empreitada ou subempreitada, de obras de construção civil, hidráulica ou elétrica e de outras obras semelhantes, inclusive sondagem, perfuração de poços, escavação, drenagem e irrigação, terraplanagem, pavimentação, concretagem.	01015 01023	09580 09571	5%
7.04	Demolição.	01031	09563	5%
7.05	Reparação, conservação e reforma de edifícios, estradas, pontes, portos e congêneres (exceto o fornecimento de mercadorias produzidas pelo prestador dos serviços, fora do local da prestação dos serviços, que fica sujeito ao ICMS).	01058	09555	5%
7.11	Decoração e jardinagem, inclusive corte e poda de árvores, a elas prestados dentro do território do Município de São Paulo.	01430 01449	09504 09490	5%
7.15	Escoramento, contenção de encostas e serviços congêneres.	01090	09547	5%
7.17	Acompanhamento e fiscalização da execução de obras de engenharia, arquitetura e urbanismo.	01805	09946	5%
16.01	Serviços de transporte de natureza municipal, a elas prestados dentro do território do Município de São Paulo.	02429 02445 02364 02402	09920 09920 09911 09911	2%

O condomínio ficará *desobrigado da retenção* e do pagamento do Imposto em relação aos serviços tomados ou intermediados quando o prestador de serviço (Decreto nº 53.151/2012, art. 7º):

- for profissional autônomo inscrito e estabelecido no Município de São Paulo;
- for sociedade cujos profissionais (sócios, empregados ou não) sejam habilitados ao exercício da mesma atividade e prestem serviços de forma pessoal, em nome da sociedade, assumindo responsabilidade pessoal, nos termos da legislação específica. Deverá apresentar Declaração comprovando essa qualificação;
- gozar de isenção, desde que estabelecido no Município de São Paulo;
- gozar de imunidade;
- for Microempreendedor Individual (MEI), optante pelo Sistema de Recolhimento em Valores Fixos Mensais dos Tributos abrangidos pelo Simples Nacional (Simei).

Nota Fiscal do Tomador de Serviço (NFTS) – São Paulo

A emissão da NFTS passou a ser exigida após a entrada em vigor da Lei nº 52.610, de 31 de agosto de 2011, mantida pelo Decreto nº 53.151, de 17 de maio de 2012, art. 117, que determina que os condomínios devem, entre outras exigências, emitir a Nota Fiscal do Tomador de Serviço (NFTS) quando:

- contratarem empresas estabelecidas no Município de São Paulo que *não emitirem NFS-e*, Cupom Fiscal Eletrônico ou outro documento obrigatório;
- contratarem empresas estabelecidas *fora do Município* de São Paulo, mesmo que não haja obrigatoriedade de retenção, na fonte, do ISS;
- contratarem profissionais, tais como pedreiros, carpinteiros, encanadores e eletricistas, que *não tenham inscrição na Prefeitura (CCM)*.

Prazo para o envio da NFTS:

- "até o dia 10 (dez) do mês subsequente ao da prestação dos serviços contratados ou intermediados, nos casos em que houver a obrigatoriedade de retenção e recolhimento do ISS pelo tomador ou intermediário do serviço;
- até o dia 30 (trinta) do mês subsequente ao da prestação dos serviços contratados ou intermediados, nos demais casos."

Penalidade pela não emissão da NFTS

Segundo o Decreto nº 53.151, 17/05/2012, art. 134, "As infrações às normas relativas ao Imposto sujeitam o infrator às seguintes penalidades:

[...]

V – infrações relativas aos documentos fiscais:

[...]

e) multa equivalente a 50% do valor do imposto devido, observada a imposição mínima de R$ 1.144,96, aos tomadores de serviços responsáveis pelo pagamento do imposto que deixarem de emitir ou o fizerem com importância diversa do valor dos serviços ou com dados inexatos, nota fiscal eletrônica do tomador/intermediário de serviços;

f) multa de R$ 78,92, por documento, aos tomadores de serviços não obrigados à retenção e recolhimento do imposto que deixarem de emitir ou o fizerem com importância diversa do valor dos serviços ou com dados inexatos, nota fiscal eletrônica do tomador/intermediário de serviços;

[...]

§ 1º As importâncias previstas serão corrigidas monetariamente na forma do disposto no art. 2º da Lei nº 13.105, de 29 de dezembro de 2000."

Atenção: O valor devido a título de ISS não pago ou pago a menor pelo tomador de serviço, quando for o responsável tributário, relativo às NFTS emitidas, será enviado para inscrição na Dívida Ativa do Município, juntamente com os acréscimos legais (Decreto nº 53.151/2012, art. 120).

Utilização dos créditos gerados pelo pagamento do ISS retido – São Paulo

A Lei nº 14.097, de 8 de dezembro de 2005, instituiu a Nota Fiscal Eletrônica de Serviços e dispôs sobre a geração e a utilização de créditos tributários para tomadores de serviços, possibilitando abater o valor do Imposto Predial e Territorial Urbano (IPTU). Essa Lei foi alterada várias vezes, podendo agora os créditos provenientes do pagamento das retenções do ISS, além do abatimento no valor do IPTU, serem creditados em conta-corrente ou poupança, conforme Decreto nº 53.151/2012, arts. 101 e 104:

SUBSEÇÃO VII
Geração de crédito

Art. 101. O tomador de serviços fará jus a crédito proveniente de parcela do Imposto, incidente sobre os serviços definidos pela Secretaria Municipal de Finanças, nos seguintes percentuais aplicados sobre o valor do ISS constante da NFS-e:

....

III – 10% (dez por cento) para condomínios edilícios residenciais ou comerciais localizados no Município de São Paulo, observado o disposto nos §§ 1º e 2º deste artigo.

....

§ 1º Nas hipóteses de o prestador de serviços ser profissional liberal e autônomo, Microempreendedor Individual (MEI) optante pelo Sistema de Recolhimento em

Valores Fixos Mensais dos Tributos abrangidos pelo Simples Nacional (Simei), sociedade constituída na forma do artigo 19 deste regulamento, ou sociedade que explore serviços de planos de medicina de grupo ou individual e convênios ou de outros planos de saúde, a que se referem os subitens 4.22 e 4.23 da lista do *caput* do artigo 1º deste regulamento, *não haverá geração de crédito*.

§ 2º No caso de o prestador de serviços ser ME ou EPP optante pelo Simples Nacional e recolher o ISS com base nesse regime, será considerada, para o cálculo do crédito a que se refere o *caput* deste artigo, a alíquota de 3% (três por cento) incidente sobre a base de cálculo do ISS, vedada a geração do crédito quando a ME ou EPP utilizar a receita bruta total recebida no mês, considerado o regime de caixa, para a determinação da base de cálculo ou quando tratar-se de MEI optante pelo Sistema de Recolhimento em Valores Fixos Mensais dos Tributos abrangidos pelo Simples Nacional – SIMEI (§ 2º pelo Decreto nº 58.303/18, efeitos a partir de 1º/1/18).

SUBSEÇÃO VIII
Utilização do crédito

Art. 104. O crédito a que se refere o artigo 101 deste regulamento poderá ser utilizado para:

I – abatimento do valor do Imposto sobre a Propriedade Predial e Territorial Urbana (IPTU) a pagar de exercícios subsequentes, referente a imóvel localizado no território do Município de São Paulo, indicado pelo tomador;

II – solicitar o depósito dos créditos em conta-corrente ou poupança mantida em instituição do Sistema Financeiro Nacional.

§ 1º No período de 1º a 30 de novembro de cada exercício, o tomador de serviços deverá indicar, no sistema, os imóveis que aproveitarão os créditos gerados.

Cofins/CSLL/PIS

A Lei nº 10.833, de 29 de dezembro de 2003 (DOU de 30/12/2003) foi modificada por várias normas, sendo a mais recente a Lei nº 13.137, de 19 de junho de 2015. Essas normas determinam que também o condomínio edilício deverá fazer o pagamento do desconto na fonte, o que já é normalmente efetuado por empresas (pessoas jurídicas), pela prestação de serviços ao condomínio. A Lei entrou em vigor em 1º/2/2004.

Resumidamente a lei aborda os seguintes itens:

- **Serviços sujeitos a retenção** – A Lei inclui as atividades de limpeza, conservação, manutenção, segurança, vigilância, serviços de assessoria e administração em geral, bem como a remuneração de serviços profissionais de profissão legalmente regulamentada – por exemplo: administração de bens ou negócios em geral, advocacia, arquitetura, assessoria e consultoria técnica, auditoria, avaliação e perícia, contabilidade, elaboração de projetos, engenharia, planejamento e programação.

- **Percentual de retenção** – O desconto será de 4,65%, distribuído da seguinte maneira:

Contribuições sociais federais	%
1 – **Cofins** (Contribuição para o Financiamento da Seguridade Social)	3%
2 – **CSLL** (Contribuição Social sobre o Lucro Líquido)	1%
3 – **PIS** (Programa de Integração Social)	0,65%
Total	**4,65%**

O IR de 1% ou 1,5% não será retido em função de ser o condomínio dispensado da retenção; porém, se a empresa contratada destacar o IR e subtraí-lo do valor a ser pago, este deverá ser recolhido à Receita Federal em uma DARF.

- **Nota Fiscal** – O prestador de serviço deverá anotar no corpo da nota fiscal a especificação de cada contribuição, seus percentuais e respectivos valores, bem como o total da retenção. Essa anotação não poderá influenciar o valor total do serviço prestado.
- **Não estão sujeitas a retenção** – As pessoas jurídicas optantes pelo Simples (ME ou EPP). Entretanto, deverão apresentar, a cada pagamento, à pessoa jurídica que prestar serviço, uma Declaração justificando a sua isenção da retenção, que deverá ser em duas vias assinadas pelo representante legal. A fonte pagadora deverá arquivar a primeira via, que ficará à disposição da Secretaria da Receita Federal, ao passo que a segunda via é devolvida ao interessado como recibo. É dispensada a retenção para pagamentos de valor igual ou inferior a R$ 10,00 (Notas Fiscais abaixo de R$ 215,05).
- **Comprovante anual de retenção** – O condomínio deverá fornecer à pessoa jurídica beneficiária do pagamento um Comprovante Anual de Retenção até o dia 28 de fevereiro do ano subsequente, informando, relativamente a cada mês em que houver sido efetuado o pagamento, o código de retenção, a natureza do rendimento, o valor pago antes de efetuada a retenção e o valor retido.
- **Data de pagamento** – A retenção será recolhida em DARF. Os valores retidos no mês deverão ser recolhidos ao Tesouro Nacional, de forma centralizada, pelo condomínio, até o último dia útil do segundo decêndio do mês subsequente àquele mês em que tiver ocorrido o pagamento à pessoa jurídica fornecedora dos bens ou prestadora do serviço.

- **DIRF** – A administradora deverá elaborar a Declaração de Imposto de Renda Retido na Fonte.
- Com a entrada em vigor da Escrituração Fiscal Digital das Retenções e Informações da Contribuição Previdenciária – EFD-Reinf, as retenções realizadas durante o mês referentes ao PIS, Cofins e CSLL deverão ser informadas ao sistema e pagas de acordo com a legislação. No entanto, **quando não ocorrer fato gerador no período a que se refere a escrituração**, os contribuintes do 3º grupo estão desobrigados do envio da EFD--Reinf "Sem Movimento", de acordo com a versão 1.5.1.2 do Manual do usuário da EFD-Reinf, publicado em 27/05/2021.

Empreitada de mão de obra

Ocorre não com muita frequência a contratação de empresas especializadas para executar diversos serviços no condomínio, tais como: impermeabilização, pintura, consertos de calçadas, decoração, instalação ou troca de esquadrias, demolição, reforma, colocação de grades ou instrumentos de recreação, serviços hidráulicos e elétricos. Esses serviços seguem um cronograma, ou seja, possuem uma data para serem iniciados e outra para serem finalizados, não sendo, portanto, serviços contínuos.

Definição de empreitada de mão de obra – É a execução, contratualmente estabelecida, de tarefa ou de obra ou serviço, por preço ajustado, com ou sem fornecimento de material ou de equipamentos, que podem ou não ser utilizados, realizada nas dependências da empresa contratante, nas de terceiros ou nas da empresa contratada, tendo como objeto um resultado pretendido (IN nº 971 RFB, de 13 de novembro de 2009, art. 116).

INSS/ISS/Cofins/CSLL/ISS/PIS na empreitada de mão de obra

Deverão ser adotadas as mesmas leis e normas que dispõem sobre a cessão de mão de obra referentes às retenções e pagamentos.

Contribuintes individuais – autônomos e síndicos

Contribuinte individual ou autônomo é todo aquele que exerce suas atividades profissionais sem vínculo empregatício, por conta própria e com assunção de seus próprios riscos. A prestação de serviços é de forma eventual e não habitual. Os profissionais autônomos mais contratados nos condomínios são: encanadores, eletricistas, pedreiros e pintores. Recomenda-se que seja elaborado um contrato formal com todos os dados do profissional, entre eles: número de inscrição no INSS ou PIS, na Prefeitura (CCM), endereço, objeto, data de início e de término do serviço. Atualmente, o síndico é considerado um contribuinte individual (Lei nº 9.876/1999) e, portanto, sujeito à adoção das normas que se seguem, desde que receba remuneração ou seja isento da taxa condominial.

INSS – contribuição do condomínio

São considerados, entre outros, segurados obrigatórios da Previdência Social na qualidade de contribuintes individuais:

* associado eleito para cargo de direção em cooperativa, associação ou entidade de qualquer natureza ou finalidade, bem como síndico ou administrador eleito para exercer atividade de direção condominial, desde que recebam remuneração, sendo considerada a dispensa do pagamento da sua conta de condomínio forma indireta de remuneração (Lei Federal nº 8.212, de 24 de julho de 1991, art. 12, V, f, dispõe sobre a contribuição previdenciária do contribuinte individual);
* quem presta serviço de natureza urbana ou rural, em caráter eventual, a uma ou mais empresas, sem relação de emprego;
* pessoa física que exerce, por conta própria, atividade econômica de natureza urbana, com fins lucrativos ou não.

Atualmente, a contribuição do condomínio ao INSS deverá ser de 20% sobre o valor total das remunerações pagas no decorrer do mês ao segurado contribuinte individual. Esse valor deverá ser recolhido na mesma guia (GPS) dos funcionários e informado na GFIP. Após a implantação do eSocial, essas informações serão enviadas por meio de eventos próprios denominados como: "Trabalhadores sem Vínculo de Empregado", sendo necessário o envio prévio dos dados cadastrais referentes ao profissional, como: CPF, NIS e data de nascimento.

O valor da contribuição incide apenas sobre o valor da mão de obra. A contribuição poderá ser menor, caso o síndico separe do valor do serviço prestado o valor do material usado, sendo que esse gasto deverá ser comprovado através de notas fiscais.

O único responsável pelo recolhimento dos 20% é o condomínio, sendo que a lei proíbe qualquer desconto do autônomo ou do síndico referente a esse percentual.

INSS – dedução do contribuinte individual

A Instrução Normativa do INSS, IN RFB nº 971/2009, art. 65, II, b, 1, trouxe mais algumas atribuições para os administradores. O condomínio ficou encarregado, pelo governo, de arrecadar a contribuição previdenciária dos contribuintes individuais que prestarem serviço ao condomínio, mediante desconto na remuneração paga, devida ou creditada a esse segurado, e recolher o produto arrecadado com as outras contribuições, até o dia 20 do mês seguinte ao da competência, prorrogando-se o vencimento para o dia útil subsequente quando não houver expediente bancário no dia 20. O percentual de *dedução corresponde a 11%* sobre o total da remuneração paga, devida ou creditada, a qualquer título, no decorrer do mês, ao segurado contribuinte individual, observado o limite máximo do salário de contribuição (R$ 6.433,57*). Caso o contribuinte comprove, por meio de Declaração, que já obteve a remuneração máxima, o condomínio não fará a retenção nem o recolhimento. Essa declaração deverá ser anexada à nota fiscal ou ao recibo.

Quando o total da remuneração mensal recebida pelo contribuinte individual por serviços prestados a um ou mais condomínios ou empresas for inferior ao limite mínimo (R$ 1.100,00**) do salário de contribuição, o segurado (prestador de serviço) deverá recolher diretamente a complementação da contribuição incidente sobre a diferença entre o limite mínimo do salário de contribuição e a remuneração total recebida, aplicando sobre a parcela complementar a alíquota de 20% (art. 13, § 2º).

Segundo o art. 14, "A empresa que remunerar contribuinte individual deverá fornecer a este comprovante de pagamento pelo serviço prestado consignando, além dos valores da remuneração e do desconto feito a título de contribuição previdenciária, a sua identificação completa, inclusive com o número no Cadastro Nacional de Pessoa Jurídica (CNPJ) e o número de inscrição no Instituto Nacional de Seguro Social (INSS)".

Para evitar que seja ultrapassado o teto do INSS, o trabalhador autônomo que prestar serviços a vários estabelecimentos em um mesmo mês deverá fornecer cópias dos comprovantes de pagamentos realizados pelos contratantes. Essas informações também permitirão apresentar na GFIP a ocorrência de múltiplas fontes pagadoras.

Os recibos emitidos e as cópias recebidas devem permanecer arquivados à disposição da fiscalização por dez anos.

Todas as contratações de autônomos devem ser informadas na GPS e na GFIP para não acarretar elevadas multas ao condomínio.

---

* Esse valor é estabelecido pelo INSS, por meio da tabela de contribuição, a qual é atualizada todo início de ano.

** Salário mínimo – atualizado geralmente no mês de janeiro.

O condomínio passa a ser o responsável pela inscrição no INSS dos prestadores de serviços que ainda não tenham inscrição.

Prazo para o recolhimento da contribuição do autônomo

Quando foi realizado o serviço prestado?	O pagamento foi efetuado...	Data da competência	Data para recolhimento do INSS
início e término dentro do mês	dentro do mês	o próprio mês	mês seguinte ao pagamento
início em um mês e término em outro	quando terminou	data do término	mês seguinte ao término
início em um mês e término em outro	parte no início e parte no final	data em que foi efetuado o pagamento	mês seguinte à parcela paga
início e término dentro do mês	com antecipação	data do pagamento	mês seguinte ao pagamento
início em um mês e término em outro			

ISS – Prestador de serviço autônomo – não inscrito na Prefeitura de São Paulo

Caso o prestador de serviço autônomo, como encanadores, eletricistas e pedreiros, ainda não possua inscrição na Prefeitura – Cadastro de Contribuinte Mobiliário (CCM) –, o condomínio deverá emitir a NFTS (Nota Fiscal do Tomador de Serviço), reter 5% sobre o valor do serviço e emitir a guia para pagamento – Documento de Arrecadação do Município de São Paulo (DAMSP) – em nome do condomínio, observado na guia o nome do prestador de serviços e seu CPF.

Essa situação tem de ser provisória, devendo o profissional providenciar sua própria inscrição. O pagamento deverá ser feito todo dia 10 do mês seguinte ao do fato gerador.

Decreto nº 53.151/2012

Art. 9 – "O tomador do serviço deverá exigir Nota Fiscal de Serviços, Nota Fiscal-Fatura de Serviços, ou outro documento exigido pela Administração, cuja utilização esteja prevista em regulamento ou autorizada por regime especial.

Art. 10 – O tomador do serviço é responsável pelo Imposto e deve reter e recolher o seu montante, quando o prestador:

I – obrigado à emissão de Nota Fiscal de Serviços, Nota Fiscal-Fatura de Serviços, ou outro documento exigido pela Administração, não o fizer;

II – desobrigado da emissão de Nota Fiscal de Serviços, Nota Fiscal-Fatura de Serviços, ou outro documento exigido pela Administração, não fornecer recibo de que conste, no mínimo, o nome do contribuinte, o número de sua inscrição no Cadastro de Contribuintes Mobiliários – CCM, seu endereço, a descrição do serviço prestado, o nome do tomador do serviço e o valor do serviço;

[...].

ISS – Prestador de serviço autônomo – inscrito na Prefeitura de São Paulo

O prestador de serviço autônomo que possuir inscrição na Prefeitura (CCM) *não terá retenção* sobre o valor do serviço prestado, devendo para tanto apresentar Nota Fiscal de Serviço Eletrônica (NFS-e) ou recibo, conforme o art. 10º, II, do **Decreto nº 53.151/2012**. Caso não apresente a NFS-e ou esteja inscrito em outro município, o condomínio deverá emitir a NFTS.

12

Como administrar o condomínio

A tarefa de administrar um condomínio é bastante ampla, sendo importante que se tenha um prévio conhecimento sobre a legislação do condomínio, dos funcionários, dos inquilinos; os tipos de administração; os documentos envolvidos na fiscalização; os itens de manutenção; e os tipos de seguro. A união dessas informações, somadas às que serão fornecidas neste capítulo, dará ao administrador os fundamentos principais para uma administração eficaz, facilitando seu posicionamento e escolha de alternativas.

Qualidades de uma administração eficaz

Para que uma gestão tenha bom desempenho, é fundamental que seja conduzida com integridade, ética, transparência e competência.

- **Integridade** – É a primeira qualidade indispensável a qualquer BOM administrador. Ele deve escolher como guia para suas ações a Convenção de Condomínio, aplicando-a com imparcialidade, não havendo favorecimento a nenhum grupo. Toda movimentação realizada com os recursos dos condôminos deverá ser documentada para evitar qualquer dúvida e facilitar a prestação de contas. Todas as obras que ultrapassarem os limites permitidos na Convenção deverão ser submetidas às assembleias, exceto quando os gastos forem para cobrir emergências.
- **Ética** – É uma qualidade indispensável para nortear as ações de todo ser humano. O termo *ethos* está ligado ao filósofo Aristóteles, por volta de 384 a.C. Segundo o filósofo, o bem é a finalidade de toda ação e buscar o bem é o que difere o ser humano de todos os outros animais. Podemos encontrar várias definições para "ética", nos livros e na internet, e entre elas estão: "princípios que motivam, disciplinam ou orientam o comportamento humano, refletindo a respeito da essência das normas, valores, prescrições e estímulos presentes em qualquer realidade social". Para Douglas Flinto, "a ética pode ser melhor compreendida por: Tudo o que for bom. Tudo

que for justo. Tudo que for verdadeiro. Tudo que for nobre. Tudo que for correto...". Podem-se citar, entre tantas, as seguintes ações práticas relativas à ética nos condomínios: não comprar nenhum material ou contratar serviço (despesas ordinárias) sem efetuar pelo menos três orçamentos, os quais devem ser apresentados aos conselheiros. Quando essas despesas não estiverem previstas no orçamento anual e exigirem rateio extra, além do conselho deverá ser convocada uma assembleia para aprovação; não aceitar nenhum tipo de agrado ou favorecimento para contratar uma determinada empresa; não privilegiar nenhum morador, com relação ao cumprimento do Regimento Interno.

- **Transparência** – Quando há integridade e ética, provavelmente os administradores buscam a transparência, ou seja, possibilitam que os condôminos tenham informações atualizadas e claras sobre a realidade do condomínio. Suas ações devem incluir: permitir que sejam verificadas as pastas com as despesas e as receitas; fornecer mensalmente demonstrativos financeiros detalhados; incentivar que todos participem do levantamento de preço de qualquer gasto, mediante escopo predefinido por profissional independente, que irá realizar a obra conscienciosamente e fornecer material de qualidade; estabelecer um amplo canal de comunicação com os moradores, em que estes poderão apresentar suas dúvidas sem nenhuma censura e fazer sugestões; informar os principais acontecimentos, inclusive andamento de obras, através de circulares periódicas; criação de um endereço de *e-mail* aberto apenas pelo síndico; estabelecer horário de atendimento pessoal, com a possibilidade de agendamento, e a instalação de uma caixa de sugestões e críticas em local discreto, para que o morador tenha liberdade, podendo até não se identificar na sua comunicação.

- **Competência** – É uma qualidade difícil de ser visualizada, mas, quando ela não existe, seus efeitos podem ser sentidos mensalmente, por exemplo, através da elevação descontrolada do valor do condomínio, sem que haja prévia explicação. Quando há competência, o valor pago de condomínio deve refletir-se principalmente em:
  o   boa conservação do edifício;
  o   manutenção eficaz de todos os equipamentos;
  o   importância dada à segurança dos moradores;
  o   higiene e limpeza;
  o   hábito de propiciar aos moradores a análise e o debate dos orçamentos em assembleia;
  o   execução das obras dentro do tempo previsto.

Qualidades principais de uma gestão eficaz

O condomínio como empresa

Um condomínio legalmente constituído possui quase todas as obrigações legais das empresas; entre elas estão:

- Inscrição obrigatória junto à Receita Federal para obtenção do no do CNPJ (Cadastro Nacional da Pessoa Jurídica), conforme Instrução Normativa RFB nº 1.863, de 27 de dezembro de 2018 , art. 4º, II, mesmo não possuindo personalidade jurídica, por pagar, por exemplo, salários aos funcionários, os quais estão sujeitos à retenção do Imposto de Renda na Fonte;
- Certificação digital;
- Inscrição no INSS;
- Registro dos livros referentes aos empregados no Ministério do Trabalho;
- DCTF (Declaração de Débitos e Créditos Tributários Federais) – Os condomínios estão dispensados;
- DIPJ (Declaração de Imposto de Renda Pessoa Jurídica) – Os condomínios residenciais e comerciais são isentos do imposto e dispensados da entrada da declaração;
- Recursos humanos (empregados e condôminos);
- Recursos materiais (produtos de limpeza, peças de reposição, equipamentos etc.);
- Recursos financeiros (valor pago pelos condôminos, aplicações financeiras);
- Obrigações financeiras (pagamento das despesas, empréstimos);
- Contabilidade – O condomínio deverá conservar em ordem diária os registros relativos às receitas e às despesas, chamados de conta-corrente ou livro-caixa, e todos os documentos que fizeram parte dos lançamentos, como: notas fiscais, folha de pagamento, guias de recolhimento, DARF das retenções na fonte do imposto de renda e das contribuições, e DIRF. Não há exigência, por parte da legislação do Imposto de Renda, para que os condomínios mantenham escrituração contábil completa, entretanto,

deverão manter a guarda dos documentos referentes às receitas e despesas gerais por cinco anos, conforme determina o art. 173 do Código Tributário Nacional. Os documentos referentes ao atendimento das NR 7 e NR 9 deverão ser guardados por vinte anos e guias de recolhimento do FGTS, dos funcionários, por trinta anos;

- Objetivos (expectativas, desejos e necessidades dos moradores).

Para gerenciar todas essas variáveis de forma eficaz, é aconselhável que os síndicos utilizem os principais conceitos administrativos empregados nas empresas e muitos deles ensinados por Taylor, no início do século XIX. São eles: planejamento, organização, direção e controle. A partir dos anos 1980, devido às ideias de Deming, Juran e Feigenbaum, a administração passou a focar na Gestão da Qualidade Total (TQM), sendo necessário buscar cada vez mais a eficiência. A evolução tecnológica trouxe para a administração os chamados "Métodos Ágil", em que o tempo de planejamento, organização, direção e controle precisam de respostas rápidas, para atender à demanda. Esses pontos também devem ser considerados pelo síndico que busca profissionalizar a gestão e valorizar o patrimônio.

A tendência atual é formar times, equipes de trabalho (*teamwork*), em que há união de todos para atingir os objetivos predeterminados. Muitas empresas já estão comprovando os bons resultados do trabalho em equipe como uma estratégia gerencial para *reduzir custos e melhorar a qualidade dos serviços ou produtos*, podendo ainda contar com a *satisfação dos envolvidos*.

Nos condomínios, a equipe de trabalho poderá ser formada por síndico, subsíndico, conselheiros, funcionários e administradora. Cabe ao síndico, como tarefa principal, integrar a equipe, canalizando as opiniões e expectativas, nunca deixando de levar em consideração a legislação. Além disso, elaborar o planejamento estratégico, de curto, médio e longo prazos, com o auxílio da parceira administradora e moradores.

O zelador ou gerente predial, com a importante função de executar as orientações e diretrizes do síndico, principalmente nos cuidados e supervisão das áreas comuns, supervisão dos trabalhos que devem ser realizados pelos empregados, bem como acompanhar se os moradores estão cumprindo o Regulamento Interno. Essa tarefa, quando exercida com eficiência, proporciona ao síndico e seus conselheiros tranquilidade e, em consequência, sobra mais tempo para dirigirem as atenções a outros pontos importantes.

A ideia de equipe está em toda parte, nas empresas, no esporte, nas artes, nas companhias teatrais, na política, e por que não nos condomínios? Deve-se ter sempre em mente que nem todo grupo é uma equipe. Através de pesquisa realizada, verificou-se que, na maioria dos condomínios, o síndico centraliza todas as decisões, até mesmo em alguns casos as execuções, quase não deixando nenhuma tarefa para os outros participantes. Em outros casos, chega a inibir os conselheiros de executarem as tarefas de supervisão das contas.

Tentando reduzir os custos, sem levar em consideração os riscos, alguns condomínios têm optado pela autogestão, através da qual eles próprios ficam responsáveis pela administração, sem a presença de administradoras. Para que esse método funcione bem, é necessário que haja um envolvimento de todos os membros da equipe e que possam contar com a participação ativa dos moradores. As qualidades individuais precisam ser somadas para se atingirem os objetivos comuns, sendo necessário **conhecimento principalmente da área trabalhista e acesso ao Sistemas Público de Escrituração Digital – SPED**. Hoje, com a necessidade da transmissão das informações para o eSocial e a para o EFD-Reinf, a autogestão é uma opção bastante arriscada para o condomínio.

O síndico como integrador da equipe

O síndico será o catalisador, integrador, conciliador, respeitando os limites de cada um e, ao mesmo tempo, aproveitando os pontos positivos de cada estilo. Assim, o participante que for:

- *organizado*, *lógico* e *claro* poderá, entre outras coisas, desenvolver ótimo trabalho com as contas, efetuando a conciliação bancária e outras tarefas que tratem de números, e verificar a veracidade dos dados apontados nos demonstrativos e contratos;

- *comunicador*, descontraído, diplomático, amigável, paciente e atencioso saberá com certeza conduzir com habilidade as assembleias, tratar os problemas de disciplina entre os moradores, participar de um canal aberto com os condôminos, a fim de esclarecer dúvidas e resolver problemas;

- *questionador* e que demonstre ser fiel aos bons princípios, sincero, ético, verdadeiro, franco e busque transparência deverá ser sempre ouvido com atenção e respeito, pois poderá evitar que a equipe altere os objetivos sem ter previamente consultado os condôminos e comece a tomar atitudes arbitrárias. É sempre conveniente que o morador com esse perfil faça parte do conselho, de alguma comissão, como a de obras, ou mesmo participe informalmente, visando evitar que ele fomente um grupo de oposição à gestão, que, dependendo da postura do grupo, poderá dificultar o trabalho do síndico.

O que caracteriza uma equipe é o alto grau de interdependência dos membros, direcionados para a realização dos objetivos comuns e predeterminados. Para atingirem esses propósitos, a melhor forma seria trabalharem unidos. O síndico poderá verificar se o trabalho do grupo vem sendo realizado em um ambiente de equipe quando sejam respeitadas algumas premissas básicas, como:

- **Atmosfera** – O ambiente deverá ser informal e bastante descontraído, não havendo tensões nem tédio. Procurar passar aos participantes que sua contribuição é fundamental para a equipe.
- **Discussões** – Todos podem participar de forma respeitosa, sendo sempre guiados a não divagarem para outros assuntos não pertinentes no momento.
- **Objetivos** – Todos compreendem e aceitam os objetivos predeterminados nas assembleias.
- **Consenso** – Deve prevalecer a opinião da maioria e que todos estejam dispostos a aceitá-la e apoiá-la.
- **Críticas** – Deverão ser bem recebidas, pois servirão para que a equipe amadureça, desde que feitas de forma construtiva, nunca partindo para ataques pessoais.

O síndico como líder do grupo

O síndico que se preocupar com os detalhes supramencionados com certeza estará criando um ambiente harmonioso e favorável para que todos trabalhem com prazer, dedicando horas de seu lazer em benefício de todos os moradores, que poderão aprovar essa conduta e sentir-se encorajados a participar mais ativamente. Essas são ações de um verdadeiro líder democrático, que se caracteriza por: inspirar, motivar e influenciar as pessoas; transmitir sinceridade e confiança; envolver-se mais do que dar ordens; saber ensinar e possibilitar o treinamento aos membros da equipe; transmitir paixão pelo que faz; cobrar resultados e estabelecer canais para que ocorra o *feedback*, troca de informações.

Funções administrativas

Depois de tudo o que foi exposto, pode-se concluir que uma das principais tarefas do síndico que busca uma administração eficaz é canalizar os esforços e criar no condomínio um ambiente que propicie a obtenção dos objetivos predefinidos. Para alcançá-los, diferentes atividades necessitam ser realizadas.

A execução das tarefas poderá ser facilitada se elas forem agrupadas de forma que evidencie e mostre com clareza as funções administrativas. Esse procedimento é habitual nas empresas. As principais funções são organização, planejamento e controle.

Organização

Organizar envolve a determinação e a enumeração de atividades necessárias para a consecução dos objetivos, envolvendo a delegação de autoridade, ou seja, divisão das responsabilidades.

Essas definições e divisões deverão ser claras, sendo importante que sejam documentadas e que todos os condôminos tenham conhecimento delas.

Síndico

Resumidamente, as principais funções do cargo de síndico, inclusive muitas definidas no art. 1.348 do Código Civil e reproduzidas nas Convenções são:

- representar o condomínio legalmente e defender os interesses comuns;
- exercer a administração interna, respeitando a moralidade, a segurança, e executar os serviços de interesse dos moradores;
- *seguir rigorosamente a Convenção e o Regulamento Interno*, adaptando-os e atualizando-os de acordo com as necessidades;
- prestar conta à assembleia de condôminos;
- guardar por cinco anos a documentação do condomínio;
- advertir verbalmente ou por escrito o condômino infrator de qualquer disposição da Convenção e do Regulamento Interno;
- administrar os funcionários;
- cobrar, inclusive judicialmente, os devedores do condomínio;
- apresentar o orçamento trimestral;
- receber e dar quitação em nome do condomínio;
- movimentar as contas bancárias deste, emitindo e endossando cheques, de acordo com a Convenção;
- efetuar seguro do prédio, previsto na Convenção, devendo fazer constar da respectiva apólice a previsão de reconstrução do edifício, no caso de destruição total ou parcial;
- transferir toda a documentação do condomínio para o novo síndico através da ata da eleição;
- verificar todos os prazos e formas dos contratos de prestação de serviços existentes, tais como: seguros, elevadores, bombas, manutenção da piscina, antena coletiva, administradora etc.

Subsíndico

Suas principais atribuições são:

- substituir temporariamente o síndico, não devendo o período de seu exercício ser superior a trinta dias; sendo essa sua função principal e legalmente definida, em muitas Convenções;
- auxiliar o síndico em suas atividades.

Conselheiros

Resumidamente, poderão ter as seguintes tarefas:

- conferir periodicamente as contas do condomínio, comparando-as com os comprovantes originais;
- analisar as contas apresentadas pelo síndico;
- emitir parecer sobre as contas e apresentá-lo em assembleia geral;
- autorizar o síndico a efetuar despesas necessárias, não previstas, com custo não elevado, que não ultrapassem o orçamento mensal e que não necessitem de rateio extra ou saque do fundo de reserva;
- elaborar, para ser aprovado em assembleia, um regulamento e as alterações que forem necessárias para o uso das partes recreativas do condomínio, sem que haja disposições contrárias ao estabelecido na Convenção;
- auxiliar o síndico em suas atividades.

Zelador ou gerente predial

Hoje muitos condomínios não possuem mais a função de zelador, estão optando pelo gerente predial, um profissional mais capacitado e que não mora no condomínio.

Suas principais atribuições são:

- distribuir aos faxineiros os serviços, os materiais e equipamentos do dia, necessários ao serviço, procedendo à fiscalização dos trabalhos;
- verificar se o sistema de iluminação foi desligado;
- examinar o funcionamento dos elevadores, avisando imediatamente a empresa de conservação caso haja alguma irregularidade;
- substituir as lâmpadas queimadas;
- verificar se as bombas de água estão funcionando;
- averiguar se o fornecimento de água da rua está ocorrendo e comunicar aos moradores qualquer irregularidade constatada;
- fiscalizar a retirada do lixo e sua coleta;
- percorrer todas as áreas do condomínio, verificando o andamento dos serviços de limpeza;
- avisar com delicadeza aos moradores e pedir a imediata retirada de roupas que estejam sendo penduradas nas janelas;
- lembrar sempre aos condôminos que o lixo deverá ser ensacado em volumes e tamanhos adequados, sendo necessários cuidados especiais com vidros quebrados, que deverão ser embalados de forma segura para evitar acidente, colocados fora do balde e com um bilhete alertando sobre o perigo;
- fiscalizar o uso dos elevadores para evitar uso indevido;
- providenciar a proteção dos elevadores nos casos de entrada ou saída de mudanças, observando sempre o horário permitido para esse movimento.

Chamar a conservadora para ajustar os elevadores caso haja necessidade de transportar grandes volumes, como pianos, cofres etc.;

- cuidar para que as ferramentas e os aparelhos necessários aos consertos, cuja guarda está sob sua responsabilidade, estejam sempre limpos e prontos para ser usados;
- verificar com periodicidade o estado dos extintores de incêndio, registro e mangueiras, comunicando imediatamente qualquer irregularidade encontrada;
- providenciar, em caso de defeito, a imediata chamada das empresas fornecedoras de água, eletricidade, gás e telefone;
- chamar o pronto-socorro ou cuidar do encaminhamento de qualquer morador ou funcionário em caso de acidente;
- chamar a polícia caso seja necessário, procurando não alarmar os moradores;
- manter sempre em bom estado de conservação o apartamento onde reside, evitando gritarias ou qualquer problema que possa perturbar a tranquilidade dos condôminos;
- executar pequenos reparos e consertos, desde que estejam dentro de suas possibilidades;
- examinar cadeados, fechaduras, eliminar vazamentos de torneiras, válvulas de descarga, regularizar curto-circuitos etc., tanto nos apartamentos como nas partes comuns do prédio;
- atender todos os condôminos com delicadeza, respeito e, acima de tudo, imparcialidade;
- evitar comentários e ser sempre discreto;
- cuidar dos jardins do prédio, evitando a destruição de plantas, e, pelo menos uma vez por dia, regá-las, quando não houver funcionário exclusivo para isso;
- relatar qualquer falha, seja dos funcionários e moradores, seja de problemas no prédio, levando imediatamente ao conhecimento do síndico de forma imparcial.

Além das funções mencionadas, as atividades do **gerente predial** abrangem:

- gerenciamento da segurança, da portaria e das manutenções;
- coordenação das equipes;
- administração dos contratos;
- negociação da compra de produtos e serviços;
- cotações de preço;
- controle de almoxarifado; e
- elaboração de relatórios gerenciais.

Há, no capítulo 19, um modelo de distribuição das atividades do zelador.

Faxineiros

Suas principais atribuições são:

- cumprir as determinações do zelador e da administração;
- solicitar ao zelador os materiais e equipamentos necessários à limpeza e usá-los sem desperdícios;
- limpar diariamente os pisos e as paredes da área comum e externa, inclusive as garagens, varrendo-as e recolhendo os detritos encontrados. Por orientação do zelador, essas áreas deverão ser lavadas pelo menos uma vez por semana;
- dar atenção especial à entrada social e ao *hall*;
- limpar os vidros diariamente;
- executar com perfeição e capricho os serviços que lhes atribuírem;
- sempre tratar a todos com distinção, educação e imparcialidade.

É proibida a entrada dos faxineiros na casa de força, casa de máquinas ou casa de bombas, sem a autorização do zelador ou a sua presença.

Todos os exemplos dados para descrever os cargos devem ser adaptados a cada condomínio. Proceder em relação aos porteiros diurnos ou noturnos, manobristas, ascensoristas e outros funcionários seguindo essa mesma linha.

Há, no capítulo 19, um modelo de distribuição das atividades dos faxineiros.

Funções dos condôminos

Após ter definido todas as funções dentro do condomínio, é importante lembrar aos moradores que eles também possuem papel fundamental dentro do grupo. A seguir alguns exemplos:

- cumprir a Convenção e o Regulamento Interno. Ensinar a todos os membros da família a importância de se respeitar o bem comum e as regras;
- frequentar as assembleias;
- trazer, quando necessário, orçamento dentro do escopo predefinido, auxiliando, assim, na busca de custos mais baixos;
- colocar sempre suas sugestões, dúvidas e críticas, por meio de *e-mail* direcionado ao síndico, livro de ocorrência, carta protocolada e na caixa de sugestões. Caso não exista uma poderá ser solicitada a compra e instalada em local discreto;
- utilizar o horário de comunicação direta com o síndico para verificar documentos, extratos bancários e outros assuntos de seu interesse.

Planejamento e controle

O *planejamento* envolve a seleção de objetivos e diretrizes. Seria também o conjunto de instruções, programas e procedimentos para se atingirem as metas predeterminadas.

O *controle* faz com que os fatos se amoldem aos objetivos. Assim, mede o desempenho, corrige os desvios negativos e assegura a consecução dos objetivos. Pode-se dividir o controle em quatro fases: 1) estabelecimento dos objetivos; 2) observação do desempenho; 3) comparação do objetivo e o desempenho; e 4) ações corretivas. Os principais instrumentos de controle são: previsão orçamentária, conta-corrente, controle de estoque e demonstrativos financeiros.

Definição de alguns objetivos

O síndico, para definir os objetivos de seu condomínio, poderá pedir a colaboração do subsíndico e dos conselheiros. Os objetivos escolhidos devem ser levados às assembleias para análise, podendo ser aprovados ou rejeitados pelos condôminos, sendo possível, ainda, que estes façam algumas sugestões. Os resultados deverão ser registrados em ata distribuída a todos os moradores, sendo então colocados em prática.

Cada condomínio poderá estabelecer diferentes objetivos, como:
- administrar de forma transparente;
- valorizar o imóvel;
- realizar obras de acordo com prioridades;
- obter maior participação dos moradores, principalmente nas assembleias;
- manter as despesas sob controle, fixando-as em um determinado valor.

Como atingir os objetivos

Para atingir os objetivos mencionados, muitas providências devem ser adotadas pelo síndico. A seguir estão algumas sugestões:
- **Administrar de forma transparente** – Deve-se cumprir e fazer cumprir toda a legislação pertinente ao condomínio com imparcialidade. Levar aos condôminos todas as informações possíveis: distribuir as atas, sempre seguindo os prazos estabelecidos em lei, sendo que elas deverão ser bem detalhadas; mensalmente entregar os balancetes; solicitar aos moradores, quando houver necessidade da realização de obras, que tragam orçamentos nas assembleias; deixar abertos todos os canais de comunicação (*e-mail* do síndico, horário de atendimento pessoal, caixa de sugestões e críticas; página do condomínio na internet, circulares e livro de ocorrência) para que não paire nenhuma dúvida sobre nenhum assunto.
- **Valorização do imóvel** – Deverá o edifício possuir impecável limpeza e uma manutenção constante de tudo, da fachada do prédio, jardim, salão de festas, pátio, *hall* de entrada até as garagens. Caso haja necessidade de

uma manutenção dispendiosa, como uma pintura, o síndico deverá convocar uma assembleia para solicitar aos condôminos a aprovação.

- **Realizar obras de acordo com prioridades** – Será necessário que o síndico e seus colaboradores elaborem uma lista com as obras prioritárias para o condomínio em um determinado período. Ela deverá ser levada à assembleia e ser submetida à apreciação dos moradores, que poderão concordar com todas ou com apenas algumas, e até sugerirem outras. Após a aprovação das prioridades, outras obras deverão ser encaixadas somente em caráter de emergência. Essa lista é fundamental, sendo a base para a elaboração do planejamento do fluxo de caixa para o período.

- **Obter maior participação dos moradores, principalmente nas assembleias** – Para atingir esse objetivo, o síndico e seus conselheiros deverão procurar entender o grupo, saber quais são suas expectativas, preservar o indivíduo perante o grupo, principalmente através da votação secreta e da utilização da caixa de sugestões e críticas, em que o condômino não tem necessidade de identificar-se.

Enfatizar sempre que a opinião de cada condômino é fundamental para o grupo. As pesquisas de opinião, realizadas com frequência, irão demonstrar com mais clareza as pretensões, tornando mais próximos os gestores dos condôminos e moradores. (Mais detalhes nos capítulos 2 e 3.)

Votação secreta – Caso seja estabelecido pela Convenção que os votos serão proporcionais às frações ideais, e os condôminos presentes na assembleia assim desejarem, para torná-la legal, deve-se estabelecer uma ponderação, tendo como base para o cálculo a fração ideal de cada categoria. Os votos poderão ser colocados em urnas distintas e apurados separadamente, ou, antes da votação, os votos podem ser classificados por categorias; por exemplo: A, B e C.

- **Manter as despesas sob controle, fixando-as em determinado valor** – Para alcançar esse objetivo, faz-se necessária a utilização pela administração de alguns instrumentos:
  o previsão orçamentária;
  o contas-correntes;
  o controle de estoque;
  o demonstrativo financeiro.

Previsão orçamentária

Esse tipo de instrumento administrativo fornecerá ao síndico, com certa antecedência, a quantidade de recursos necessários para fazer frente às obrigações em determinado período, geralmente de um ano, atendendo as determinações do Código Civil, art. 1.350. O montante desses recursos será primeiramente baseado em dados reais ocorridos no período anterior, que serão projetados para o próximo período, de acordo com os aumentos e reajustes previstos e ainda os acréscimos nas despesas ordinárias que serão necessárias no período seguinte. Estas despesas serão distribuídas em um mapa de acordo com o período de incidência e o plano de contas adotado. As necessidades serão controladas à medida que os fatos ocorrerem e os valores forem lançados na coluna referente aos valores reais, sendo possível efetuar uma comparação entre o previsto e o realizado. Essa atitude dará ao síndico tempo hábil para adequar os valores de seu orçamento diante de problemas inesperados, quando é necessário, em alguns casos, convocar assembleia para solicitar a aprovação para ratear um valor extra ou utilizar o Fundo de Reserva para cobrir a despesas.

Plano de contas

Para facilitar o entendimento e a análise, é interessante que se crie um plano de contas comum, ou seja, sempre classificar ou agrupar cada despesa ou receita pelo mesmo nome. A seguir será dado um exemplo que poderá ser modificado, ampliado ou reduzido de acordo com a necessidade de cada condomínio:

PLANO DE CONTAS

DESPESAS
1 – PESSOAL
    1.1 – Salários
    1.2 – Férias
    1.3 – Rescisão
    1.4 – 13º salários
    1.5 – INSS
    1.6 – PIS
    1.7 – FGTS
    1.8 – Vale-transporte
    1.9 – Cesta básica
    1.10 – Vale-refeição
2 – ÁGUA
3 – ENERGIA
4 – ELEVADORES
5 – BOMBAS
6 – MANUTENÇÃO

6.1 – Portões automáticos

6.2 – Interfones

6.3 – Piscina

6.4 – Jardim

6.5 – Antena coletiva

6.6 – Recarga de extintores

6.7 – Portas corta-fogo

6.8 – Luz de emergência

6.9 – Lâmpadas

6.10 – Compra de minuterias

6.11 – Retenções de INSS, Cofins, CSLL, PIS e ISS (quando houver devem ser lançadas em seguida à conta de origem).

7 – CONSERTOS E REFORMAS

7.1 – Peças de reposição

7.2 – Reparos hidráulicos

7.3 – Cimento

7.4 – Areia

7.5 – Pedra

7.6 – Tijolos etc.

7.7 – Retenções de INSS, Cofins, CSLL, PIS e ISS (quando houver devem ser lançadas em seguida à conta de origem).

8 – MATERIAL DE LIMPEZA

9 – ADMINISTRAÇÃO

9.1 – Honorário da Administração

9.2 – Honorário do síndico (inclusive a isenção da taxa condominial)

10 – DESPESAS BANCÁRIAS

11 – DESPESAS DIVERSAS

11.1 – Despesas gerais do escritório

11.2 – Xerox

11.3 – Outras despesas não incluídas antes

RECEITAS

1 – RECEITAS ORDINÁRIAS

1.1 – Quotas ordinárias

1.2 – Receitas com aplicações financeiras

2 – RECEITAS EXTRAS*

2.1 – Quotas extras

2.2 – Receitas com aplicações financeiras

---

* É importante separar as despesas extras, como pintura do prédio e impermeabilização, para facilitar o controle e a prestação de contas.

3 – FUNDO DE RESERVA

    3.1 – Multas pelo atraso no pagamento do condomínio

    3.2 – Receitas pelo aluguel do salão de festas

    3.3 – Saldo do final do exercício (exemplo: 20%)

    3.4 – Contribuição trimestral (exemplo: 10%)

    3.5 – Receita com aplicações financeiras

Como montar um mapa para a previsão orçamentária

Depois de efetuar o plano de contas, pode-se montar o mapa propriamente dito, quando será escolhido o período que se deseja prever e acompanhar. Devido às alterações na legislação e nos índices econômicos, é interessante que se faça uma previsão para no máximo um ano, devendo esse valor ser aprovado em assembleia, conforme determinação do Código Civil (art. 1.350). Caso o valor aprovado não esteja cobrindo as necessidades, o síndico deverá convocar outra assembleia e apresentar as justificativas para o reajuste.

Tendo em mãos os demonstrativos financeiros com os valores gastos em períodos anteriores, geralmente o último ano, pode-se começar a montar o mapa para a previsão orçamentária.

As receitas e despesas ordinárias deverão ser separadas das receitas e despesas extras e, ainda, dos valores que serão lançados no fundo de reserva. Esse cuidado contribuirá para que esses valores não sejam incorporados ao valor normal do condomínio e os locatários possam efetuar os devidos descontos do locador.

A previsão orçamentária aprovada representará a nova taxa condominial para um determinado período. As etapas para obter a previsão são:

1) Transcrever para uma planilha, separada por mês, todos os valores gastos, agrupados de acordo com o plano de contas preestabelecido, por exemplo: Salários, Encargos Sociais, Água, Energia, Elevadores, Manutenção, Consertos e Reformas, Despesas com a Administração, Despesas Diversas. Fazer a soma de cada coluna (vertical).

2) Criar uma coluna após o último mês e realizar a soma das despesas de cada uma das contas. Exemplo: quanto foi o gasto no ano com Salários, Encargos etc. Fazer a soma de cada linha (horizontal).

3) Criar mais uma coluna para realizar a média dos valores gastos no período.

4) Em uma nova planilha, com todas as colunas para o próximo período e tendo como ponto de referência os valores apurados como média, é possível lançar em cada mês as variações que ocorrerão, como: reajuste de contrato, dissídio dos funcionários, aumento médio dos serviços das concessionárias e novas manutenções e consertos e reformas.

5) Realizar a soma como na planilha anterior e calcular a nova média para as despesas mensais. Com base nesse valor total é que será feito o cálculo do rateio.

Após avaliar os valores que serão necessários para cobrir as despesas, é importante que se verifique, do lado das receitas, como estão os recebimentos, se a inadimplência está controlada e se, com a entrada dos acordos, é possível receber o valor para cobrir as despesas. Se isso ocorrer, não será necessário incluir na previsão a diferença que não é recebida. Segue modelo de orçamento:

Análise para orçamento – 2014

	Valor médio 2013	Jan/14	Fev/14	Mar/14	Abr/14	Mai/14	Jun/14	Jul/14
Desp. Pessoal	20.450,67	20.450,67	20.450,67	20.450,67	20.450,67	22.086,72	22.086,72	22.086,72
Água	6.537,58	6.537,58	6.537,58	6.537,58	6.537,58	6.537,58	6.537,58	6.537,58
Energia	1.751,50	1.751,50	1.751,50	1.751,50	1.751,50	1.751,50	1.751,50	1.751,50
Elevadores	1.458,33	1.950,00	1.950,00	1.950,00	1.950,00	1.950,00	1.950,00	1.950,00
Manutenção	1.060,08	1.060,08	1.060,08	1.060,08	1.060,08	2.650,00	2.650,00	1.060,08
Consertos e Reparos	916,83	916,83	916,83	916,83	916,83	916,83	916,83	1.200,00
Mat. Limpeza	583,00	583,00	583,00	583,00	583,00	583,00	583,00	583,00
Desp. Administração	2.243,67	2.243,67	2.243,67	2.333,42	2.333,42	2.333,42	2.333,42	2.333,42
Desp. Bancária	499,25	499,25	499,25	499,25	499,25	499,25	499,25	499,25
Desp. Diversas	494,67	494,67	494,67	494,67	494,67	494,67	494,67	494,67
	35.995,58	36.487,25	36.487,25	36.577,00	36.577,00	39.802,97	39.802,97	38.496,22

	Ago/14	Set/14	Out/14	Nov/14	Dez/14	Total	Valor médio 2014
Desp. Pessoal	22.086,72	22.086,72	22.086,72	22.086,72	22.086,72	258.496,43	21.541,37
Água	6.537,58	6.929,84	6.929,84	6.929,84	6.929,84	80.020,02	6.668,34
Energia	1.856,59	1.856,59	1.856,59	1.856,59	1.856,59	21.543,45	1.795,29
Elevadores	1.950,00	2.067,00	2.067,00	2.067,00	2.067,00	23.868,00	1.989,00
Manutenção	1.060,08	1.060,08	1.060,08	1.060,08	1.060,08	15.900,83	1.325,07
Consertos e Reparos	1.500,00	1.500,00	916,83	916,83	916,83	12.451,50	1.037,63
Mat. Limpeza	583,00	583,00	583,00	583,00	583,00	6.996,00	583,00
Desp. Administração	2.333,42	2.333,42	2.333,42	2.333,42	2.333,42	27.821,50	2.318,46
Desp. Bancária	499,25	499,25	499,25	499,25	499,25	5.991,00	499,25
Desp. Diversas	494,67	494,67	494,67	494,67	494,67	5.936,00	494,67
	38.901,31	39.410,57	38.827,40	38.827,40	38.827,40	459.024,73	38.252,08

Para fazer o acompanhamento mensal, avaliando o previsto com o realizado, poderá ser adotado o seguinte modelo:

Receitas	Previsão	Realizado	Maior	Menor	Justificativa
Ordinária	31.542,00	28.765,32		2.776,68	
Benfeitoria	2.661,00	2.447,91		213,09	
Total Receitas	34.203,00	31.213,23		2.989,77	
Despesas					
Salários	8.700,00	7.027,72		1.672,28	
Recarga Extintores	500,00	611,50	111,50		
Total Despesas	9.200,00	7.639,22	111,50	1.672,28	

Por meio desse acompanhamento poderá ficar evidenciada uma possível falta de recurso em determinada data, sendo necessário um rateio extra ou um saque do fundo de reserva, ou optar por um aumento no valor do condomínio.

Com o preenchimento dos campos referentes à realidade ocorrida num dado período, estaremos executando o controle.

Cálculo do reajuste das contas

A seguir será dado um exemplo para o cálculo dos salários que obtiveram um aumento de 8,5%, referente ao dissídio da categoria. A folha de pagamento de setembro/X1 totalizou R$ 14.500,00, sendo que todos os funcionários possuem mais de um ano no condomínio. O raciocínio é válido para qualquer conta, tendo apenas que se adequar ao índice de aumento.

Salário previsto para outubro = Salário de setembro × Índice de reajuste
Índice de reajuste = [(8,5 ÷ 100) + 1,00] = 1,085
Salário previsto para outubro = 14.500,00 × 1,085 = R$ 15.732,50

Esse valor será colocado na coluna referente a outubro no item salário.

Exemplo: Acompanhamento do Previsto × Realizado

A seguir será dado um exemplo do acompanhamento da previsão orçamentária comparado com o realizado para quatro meses, com início no mês 10/X1 até 1/X2. O prédio possui 48 apartamentos e efetua seu rateio seguindo a divisão em partes iguais para todos os moradores. Estará realizando nesse período a pintura do salão de festas e o pagamento do 13o salário, que serão controlados com rateios extras.

O quadro a seguir demonstrará os valores necessários para cobrir todos os pagamentos, os valores que cada condômino deverá pagar referentes às quotas ordinárias e extraordinárias e, ainda, os totais a receber com os inadimplentes.

Mapa – Provisão de caixa

CONTAS	10/X1		11/X1		12/X1		1/X2	
	Prev.	Real	Prev.	Real	Prev.	Real	Prev.	Real
1 – SALDO INICIAL (Banco + Caixa)	100	100	100	0	100	172	100	0
RECEITAS								
Rec. Ordinárias	3.360	3.150	3.744	3.744	3.792	3.160	4.032	3.864
Rec. Ordinária – Atraso	0	0	210	70	140	70	702	0
A – Total – Rec. Ordinárias	3.360	3.150	3.954	3.814	3.932	3.230	4.734	3.864
Rec. – Extra I	576	540	672	672	0	0	0	0
Rec. – Extra I – Atraso	0		36	36	0	0	0	0
B – Total – Rec. Extra I	576	540	708	708	0	0	0	0
Rec. – Extra II	0	0	960	960	960	800	0	0
Rec. – Extra II – Atraso	0	0	0	0	0	0	160	0
C – Total – Rec. Extra II	0	0	960	960	960	800	160	0
2 – TOTAL DAS RECEITAS (A + B + C)	3.936	3.690	5.622	5.482	4.892	4.030	4.894	3.864
3 – TOTAL DISPONÍVEL (1 + 2)	4.036	3.790	5.722	5.482	4.992	4.202	4.994	3.864
DESPESAS								
Desp. Pessoal	1.579	1.579	1.894	1.894	1.894	1.894	2.083	2.083
Água	571	575	580	579	607	610	650	630
Luz	336	380	390	388	390	395	400	396
Elevadores	268	270	268	268	268	290	268	268
Consertos e Reparos	100	105	100	85	100	50	100	95
Manut. Instalações	67	70	67	60	67	50	80	70
Mat. Limpeza	33	30	30	25	30	15	30	20
Taxa Administrativa	134	134	134	134	134	134	147	147
Bombas	67	67	67	100	67	102	67	67
Desp. Bancárias	33	30	30	25	30	35	30	26
Desp. Diversas	172	150	178	120	178	25	160	140
D – Total das Desp. Ordinárias	3.360	3.390	3.738	3.678	3.765	3.600	4.015	3.942
Despesas – Extra I	576	576	672	672	0	0	0	0
Despesas – Extra II	0	0	960	960	960	960	0	0
E – Total das Despesas Extras	576	576	1.632	1.632	960	960	0	0
4 – TOTAL DAS DESPESAS (D + E)	3.936	3.966	5.370	5.310	4.725	4.560	4.015	3.942
5 – SALDO (3 – 4)	100	(176)	352	172	267	(358)	979	(78)
6 – SAQUE DO FUNDO/RESERVA	0	176	(252)	0	(167)	358	(879)	78
7 – SALDO FINAL (5 + 6)	100	0	100	172	100	0	100	0
VALOR DO RATEIO								
Rec. Ordinária	70		78		79		84	
Rec. Extra I	12		14		0		0	
Rec. Extra II	0		20		20		0	
VALOR A RECEBER EM ATRASO								
Rec. Ordinária	0	210	210	140	140	702	702	870
Rec. Extra I	0	36	36	0	0	0	0	0
Rec. Extra II	0	0	0	0	0	160	160	160
TOTAL A RECEBER EM ATRASO	0	246	246	140	140	862	862	1.030

Por meio desse exemplo de acompanhamento do orçamento, torna-se evidente que deverá o síndico cobrar com mais determinação os inadimplentes, pois a ausência desses valores nas receitas está gerando constantes saques ao Fundo de Reserva, os quais precisam de aprovação em assembleia.

O síndico, após o preenchimento da primeira parte do mapa, referente à previsão das receitas e despesas necessárias para a manutenção diária, gastos esporádicos e futuras obras, deverá levá-lo ao conhecimento dos condôminos em assembleia. Estes, após analisarem os dados, poderão aceitá-lo em sua totalidade ou reduzir algum gasto.

Através desse comportamento, terá o síndico maior tranquilidade quanto aos valores a serem cobrados dos condôminos, e, por sua vez, haverá maior apoio dos moradores, que terão conhecimento prévio das despesas, podendo prevenir-se financeiramente.

Essa atitude por parte da Administração estará canalizando os esforços para dar cumprimento ao objetivo estabelecido no planejamento, que é *administrar de forma transparente*.

Cálculo do rateio

Os critérios mais adotados são:

- **Fração ideal do terreno ocupado** – É a parte que não é possível dividir das áreas comuns e de terreno, proporcional à unidade autônoma de cada condomínio, conforme descrito em Convenção. Esse critério é o melhor e também o mais justo, pois quem possui uma maior parte da propriedade deverá pagar proporcionalmente mais do que quem possui uma parcela menor.

  Exemplo – Um condomínio com dois edifícios, sendo que no prédio 1 os apartamentos possuem área útil de 58,44 m^2, área comum de 44,20 m^2, área total de 102,64 m^2, correspondendo a cada um a fração ideal de terreno de 0,76773% e o direito ao uso de uma vaga para estacionamento de um automóvel. Já o prédio 2 possui apartamentos com área útil de 67,26 m^2, área comum de 50,86 m^2 e área total de 118,12 m^2, correspondendo a cada unidade a fração ideal de terreno de 0,88350% e o direito ao uso de uma vaga para estacionamento de um automóvel. O total das despesas ordinárias previstas para um determinado mês foi de R$ 10.600,00; o valor a ser pago pelos condôminos seria:

Taxa Mensal Ordinária – Prédio 1 = Total das Despesas × Fração Ideal
Taxa Mensal Ordinária – Prédio 1 = R$ 10.600,00 × 0,76773%
Taxa Mensal Ordinária – Prédio 1 = R$ 81,38
Taxa Mensal Ordinária – Prédio 2 = R$ 10.600,00 × 0,88350%
Taxa Mensal Ordinária – Prédio 2 = R$ 93,65

Será cobrada de cada unidade do Prédio 1 a taxa mensal ordinária de R$ 81,38, e do Prédio 2, R$ 93,65.

---

* **Divisão em partes iguais para todos os moradores** – Em muitos casos, pode ser empregada sem que cause problemas, pois todos os moradores possuem a mesma área ocupada.
   Exemplo – Um condomínio com 130 apartamentos iguais divididos em dois blocos. As despesas ordinárias previstas para determinado mês tendo sido de R$ 10.600,00, o valor a ser pago pelos condôminos seria:

Taxa Mensal Ordinária = Total das Despesas ÷ nº de apartamentos
Taxa Mensal Ordinária = R$ 10.600,00 ÷ 130
Taxa Mensal Ordinária = R$ 81,54

Será cobrada de cada um dos condôminos a importância de R$ 81,54.

Conta-corrente

Os valores recebidos e pagos pelo condomínio serão facilmente controlados se o síndico adotar o sistema das contas-correntes. Esse tipo de controle se assemelha aos extratos fornecidos pelos bancos, com o saldo inicial do período, datas das transações, os valores creditados (entradas), os debitados (saídas) e o histórico, que seria um detalhamento das operações, ou seja, toda informação que auxilie a identificar um valor recebido ou pago, como: o número do documento, nome da pessoa ou empresa que tenha prestado algum serviço ao condomínio, números dos cheques, números dos apartamentos que efetuaram o pagamento, sendo importante que se adote nessa identificação o mesmo plano de contas.

Os lançamentos deverão ser feitos diariamente e abranger o período de 1º a 30 ou 31 de cada mês.

Seria interessante que os administradores mantivessem diferentes contas bancárias para finalidades distintas, como: uma conta para as receitas e despesas ordinárias, outra para os rateios extras e uma para o fundo de reserva.

O demonstrativo das contas-correntes é peça fundamental para a montagem dos demonstrativos financeiros e poderá ser enviado aos condôminos como complementação da prestação de contas.

Modelo de demonstrativo – Contas-correntes
Receitas e Despesas – Ordinárias
Banco XYZ – conta 58.790-6 – Mês 11/X1

DATA	HISTÓRICO	DÉBITO	CRÉDITO	SALDO
1º/11	**Saldo em 31/outubro/19X1**			0,00
1º/11	Condômino 11, venc. 01/11/X1		78,00	78,00
1º/11	Condômino 12, venc. 01/11/X1		78,00	156,00
1º/11	Condômino 21, venc. 01/11/X1		78,00	234,00
1º/11	Condômino 22, venc. 01/11/X1		78,00	312,00
1º/11	Condômino 31, venc. 01/11/X1		78,00	390,00
1º/11	Condômino 41, venc. 01/11/X1		78,00	468,00
1º/11	Condômino 42, venc. 01/11/X1		78,00	546,00
1º/11	Soma dos recebimentos ocorridos no dia 1º, venc. 1º/11/X1		3.198,00	3.744,00
3/11	Pg. Conta de Energia – ch. 788	388,00		3.356,00
4/11	Pg. Conta Água – ch. 789	579,00		2.777,00
4/11	Rec. Atraso – Cond. 42, venc. 1º/12/X Multa Pg. em atraso – Cond. 42		70,00 1,40	2.847,00 2.848,40
6/11	Pg. Elevadores nf. 345 – ch. 790	268,00		2.580,40
8/11	Pg. Conserv. e Rep. nf. 405 – ch. 791	85,00		2.495,40
8/11	Pg. Manut. Inst. nf. 110 – ch. 792	60,00		2.435,40
10/11	Pg. Mat. Limp. nf. 876 – ch. 793	25,00		2.410,40
10/11	Pg. Taxa Adm. recibo 90 – ch. 794	134,00		2.276,40
10/11	Pg. Salários – Armando – ch. 795	947,00		1.329,40
10/11	Pg. Salários – José – ch. 796	947,00		382,40
11/11	Pg. Bombas nf. 012 – ch. 797	100,00		282,40
12/11	Pg. Desp. cópia chaves nf. 51 – ch. 798	60,00		222,40
20/11	Pg. Desp. Banc. – deb. em conta	25,00		197,40
25/11	Pg. Desp. cópia de chave nf. 269 – ch. 800	60,00		137,40
31/11	**Saldo final**			**137,40**

Controle de estoque

As principais finalidades desse controle são: evitar a falta de materiais importantes à manutenção do condomínio, controlar os preços e auxiliar na elaboração de pesquisa de mercado. Facilitará muito as compras, não sendo necessário procurar a última nota fiscal para saber quando e que quantidades foram adquiridas, quem foi o fornecedor e que valor foi pago.

O controle deverá ser feito através de fichas, planilhas Excel, ou *software* especializados, nos quais serão lançados separadamente, inclusive por fornecedor, todos os itens que compõem as notas fiscais de entrada, referentes aos produtos de limpeza, materiais elétricos, hidráulicos etc. Todo final de mês, os administradores poderão apurar os resultados de cada item; tendo assim uma posição para cada produto. Esses resultados auxiliarão na previsão de futuras compras, cujos valores serão lançados na provisão de caixa.

Modelo de ficha – Controle de estoque – X1

Materiais de limpeza: Água sanitária – Sol   **unid.**: litros
Prazo de entrega: 2 dias

Data	Entrada			Saída	Saldo	Quando comprar
	Qtde.	Valor unit.	Total	Qtde.	Qtde.	
1º/10/X1					0	
2/10	20	2,80	56,00		20	
3/10				6	14	
5/10				4	10	
10/10				6	4	comprar
11/10				2	2	
12/10	10	2,80	28,00		12	
31/10	Total: 30		84,00	18	12	

Demonstrativos financeiros

Os demonstrativos financeiros, chamados equivocadamente de balancetes, são outro tipo de controle. Demonstram de forma ordenada os resultados de toda movimentação ocorrida em cada conta em determinado período. Seus dados poderão ser extraídos das contas-correntes e devem ser entregues aos condôminos mensalmente.

Existem várias formas de apresentar um demonstrativo financeiro, dentre elas estão os que apresentam as informações resumidas e os que são mais detalhados, em que poderão ser mencionados os nomes dos prestadores de serviços, os motivos das despesas, os números dos cheques pagos etc. Deve-se também seguir o mesmo plano de contas, mantendo a uniformidade nas informações.

Cabe à Administração adotar o modelo que se ajuste às expectativas dos moradores, principalmente em relação ao detalhamento das informações.

A seguir, será fornecido um exemplo de um modelo resumido, em que os valores lançados são os totais de cada conta.

EDIFÍCIO CANADÁ
Demonstrativo ref. ao período de 1º/11/X1 a 30/11/X1

*** CONTA CONDOMÍNIO ***			
RESUMO DAS EMISSÕES	PREVISTO		REALIZADO
Condomínio – 10/X1	28.254,01		
(–) Recebimento antecipado	1.100,00		
(–) Desconto	0,00	27.154,01	26.235,77
Condomínio em atraso		6.794,39	3.537,40
		33.948,40	29.773,17
CONDOMÍNIOS EM ATRASO – 30/11/X1			**4.175,23**

EDIFÍCIO CANADÁ
Demonstrativo ref. ao período de 1º/11/X1 a 30/11/X1

DEMONSTRAÇÃO FINANCEIRA Conta-corrente e Aplic. Itaú	DÉBITO	CRÉDITO
SALDO – Conta-corrente e Aplic. 1º/11/X1		4.740,36
RECEITAS		
Condomínio – 10/X1		24.219,45
Condomínio – Atraso		3.499,55
Condomínio Antecipado – 11/X1		0,00
Fundo de Reserva – 10/X1		1.223,53
Fundo de Reserva – Atraso		29,34
Fundo de Reserva Antecipado – 11/X1		0,00
Gás – 10/X1		476,54
Gás – Atraso		8,51
Multa Estacionamento Irregular		184,00
Aluguel do Salão de Festas		34,50
Aluguel da Garagem		97,75
Multa por Atraso		618,22
Receitas Aplicação Financeiras		39,80
Depósito a mais em cheque		20,65
Depósito a mais em dinheiro		3,75
TOTAL DAS RECEITAS:		**30.455.59**
Transferência da Poupança		5.225,66
DESPESAS		
Desp. c/ Pessoal	16.270,09	
Água	3.267,00	
Luz	1.452,37	
Gás	346,83	
Elevadores	1.142,82	
Manutenção	499,11	
Consertos e Reparos	971,50	
Material de Limpeza	493,00	
Honorários	787,00	
Isenção da Administração	250,26	
Despesas Diversas	329,93	
TOTAL DAS DESPESAS:	**25.809,91**	
Transferência para Poupança	1.224,90	
TOTAL GERAL	**27.034,81**	**35.681,25**
SALDO – Conta-corrente e Aplic. 30/11/X1		**13.386,80**

EDIFÍCIO CANADÁ

Demonstrativo das Despesas ref. ao período de 1º/11/X1 a 30/11/X1

CONTAS	R$	R$	%
DESPESAS C/ PESSOAL			
Salários	4.520,18		
Adiantamento	1.993,00		
INSS – 10/X1	2.988,63		
FGTS – 10/X1	579,14		
PIS – 10/X1	73,68		
Vale-Transporte	559,80		
Cesta Básica	330,00		
Rescisão de Contrato – Luiz do Nascimento	5.225,66	16.270,09	63,04%
ÁGUA – 10/X1 – 2.334 m³		3.267,00	12,66%
LUZ – 10/X1 – 8.160 kWh		1.452,37	5,63%
GÁS – Ultragaz – 11 GLP 45 – nf. 043146		346,83	1,34%
ELEVADORES			
Elevadores – Otis – reparo – 4/4	920,46		
Elevadores – Otis – conservação – 11/X1	222,36	1.142,82	4,43%
MANUTENÇÃO			
Jaguaré Bombas – conservação – 11/X1 – nf. 168	106,96		
Thelev – Portões – subst. de fechadura – nf. 845	180,00		
Bella – piscina – nf. 378	74,40		
Marcelo – Antena – 11/X1 – conf. Recibo	137,75	499,11	1,93%
CONSERTOS E REPAROS			
Casa das Tintas Ltda. – tintas – nf. 79031	133,00		
Casa das Tintas Ltda. – tintas – nf. 79508	66,50		
Progend Ltda. – tapetes p/elevadores – 2/2	490,00		
Pisos RPS – piso casa do Zelador – nf. 1771	282,00	971,50	3,76%
HONORÁRIOS			
TSP Assessoria Ltda.		787,00	3,05%
ISENÇÃO – ADMINISTRAÇÃO		250,26	0,97%
MAT. LIMPEZA			
Limpeza & Cia. nf. 2659		493,00	1,91%
DESPESAS DIVERSAS			
Copy Ltda. nf. 7474 – 240 cópias	12,00		
Móveis Tamoio nf. 2050 – 1 arquivo	99,00		
Banco – outras despesas	105,45		
Rubens Chaveiro – cópias de chaves – nf. 1966	113,48	329,93	1,28%
TOTAL DAS DESPESAS:		25.809,91	100,00%

CONDOMÍNIO CANADÁ
Movimento Poupança – 1º/11/X1 a 30/11/X1

DATA	DÉBITO	CRÉDITO	RENDIMENTO	SALDO
1º/11/X1				15.542,57
3/11/X1	5.225,66			10.316,91
5/11/X1		1.224,90	188,35	11.730,16
30/11/X1	**5.225,66**	**1.224,90**	**188,35**	**11.730,16**

CONDOMÍNIO CANADÁ
Condomínios em Atraso – 30/11/X1

Nº APTO.	VENCIMENTO	VALOR ORIGINAL	TOTAL
22	1º/7/X1	534,50	
	1º/8/X1	554,50	1.089,00
42	1º/10/X1		520,00
51	1º/9/X1	504,00	
	1º/10/X1	511,00	1.015,00
72	1º/9/X1	514,00	
	1º/10/X1	514,00	1.028,00
102	1º/10/X1		523,23
TOTAL A RECEBER			**4.175,23**

Gestão da Manutenção – Matriz GUT

Para auxiliar o síndico a determinar os objetivos necessários para a gestão, a Matriz de Priorização GUT poderá ser um grande recurso. Muitas vezes, o síndico encontra dificuldade para justificar determinadas obras de manutenção no condomínio, quando os condôminos possuem outros interesses, como, por exemplo: a garagem está com várias infiltrações, sendo preciso colocar algumas telhas para impedir que a água caia nos veículos, além disso, a calçada está com várias imperfeições e buracos que podem causar acidentes aos pedestres, mas os condôminos estão pressionando o síndico para realizar uma nova decoração no hall de entrada, mesmo que a atual ainda esteja em bom estado e, ainda, desejam que seja trocado o aquecedor da piscina.

Diante da divergência de opiniões é fundamental que o síndico contrate uma Inspeção Predial, de acordo com a Norma 16.747/2020 da ABNT, realizada por engenheiro habilitado, com emissão de ART, o qual emitirá um laudo apontando o estado de conservação e funcionamento do condomínio. Esse relatório já orienta de forma clara as prioridades de ação que devem ser realizadas, deixando de lado o achismo. É importante que essa contratação seja aprovada em assembleia, com maioria simples.

O síndico com o laudo nas mãos pode elaborar a Matriz de Priorização GUT, na qual deixa claro para os condôminos a ordem em que as obras devem ser realizadas pela gestão e, na sequência, se avalia quais os recursos que deverão ser planejado para a sua execução, uso do Fundo de Reserva ou Fundo de Obras, ou ainda um rateio extra.

Segue abaixo o significado do termo GUT e como funciona:

VARIÁVEIS	CONCEITO
Gravidade Impacto	Representa o impacto do problema caso ele venha a acontecer. É analisado sobre alguns aspectos, como: tarefas, pessoas, resultados, processos, organizações etc. Verifica-se sempre seus efeitos a médio e longo prazo, caso o problema em questão não seja resolvido.
Urgência Tempo para resolver	Representa o prazo, o tempo disponível ou necessário para resolver um determinado problema analisado. Quanto maior a urgência, menor será o tempo disponível para resolver esse problema. É recomendado que seja feita a seguinte pergunta: "A resolução deste problema pode esperar ou deve ser realizada imediatamente?".
Tendência Potencial de crescimento	Representa o potencial de crescimento do problema, a probabilidade de o problema se tornar maior com o passar do tempo. É a avaliação da tendência de crescimento, redução ou desaparecimento do problema. Recomenda-se fazer a seguinte pergunta: "Se eu não resolver esse problema agora, ele vai piorar pouco a pouco ou vai piorar bruscamente?".

Fonte: Periard (2011)

O quadro abaixo demonstra o peso de cada um dos itens:

MATRIZ DE PRIORIZAÇÃO DE GUT			
Gravidade – G	Urgência – U	Tendência – T	Nota
Extremamente grave	Extremamente urgente	Piora imediata	5
Muito grave	Muito urgente	Piora curto prazo	4
Grave	Urgente	Piora médio prazo	3
Pouco grave	Pouco urgente	Piora longo prazo	2
Sem gravidade	Sem urgência	Sem tendência de piora	1
Avaliação					

Item	Descrição problema	G	U	T	Total	Priorização

Quando o item for Extremamente Grave, terá peso 5. Já quando for Sem Gravidade, terá peso 1.

O mesmo raciocínio se aplica para as questões de Urgência e Tendência.

Segue abaixo um exemplo prático da aplicação da Matriz de Priorização GUT:

Item	Descrição problema	G	U	T	Total	Priorização
1	Troca de parte do encanamento da garagem – vaga 52 – com braçadeira	1	1	2	2	4
2	Buracos na calçada – frente do prédio	3	5	2	30	1
3	Infiltração na garagem vindas do térreo – impermeabilização	4	3	2	24	2
4	Troca do aquecedor da piscina – modernização para redução de energia	1	1	1	1	5
5	Substituição da esteira ergométrica da academia – quebrada e antiga	3	2	1	6	3

O resultado é bastante simples de se obter, basta multiplicar os pesos.

Exemplo: **Item 1** – G = 1   U = 1   e   T = 2   → $1 \times 1 \times 2 = 2$

Após realizar todos os cálculos para todos os itens, será fácil visualizar quais são os itens prioritários. Serão aqueles que possuem maior valor; no exemplo, é o item 2, que obteve 30 pontos. Em segundo lugar, o item 3.

O síndico com essa ferramenta de gestão, que também foi embasada no laudo do engenheiro, terá todos os argumentos para justificar em assembleia a ordem em que as obras deverão ser realizadas, não cabendo mais debates infundados.

13

Conjunto residencial horizontal

Este livro reuniu até o momento as principais informações pertinentes aos condomínios verticais (edifícios), ou ainda classificados, segundo a Prefeitura de São Paulo, Lei nº 16.402, de 22 de março de 2016, art. 94, categoria de Uso Residencial – R, como: conjunto com mais de duas unidades habitacionais, agrupadas verticalmente em edifícios de apartamentos ou conjuntos residenciais verticais com áreas comuns (R2v), sendo subdividido de acordo com a área construída: R2v-1; R2v-2; R2v-3 e R2v-4.

A finalidade deste capítulo é transmitir ao leitor um breve conhecimento sobre os outros tipos de conjunto residencial, dos quais fazem parte os condomínios horizontais e os loteamentos fechados. Embora os dois sejam chamados de condomínio horizontal pelos leigos, há muitas diferenças entre eles, principalmente de ordem legal.

Condomínios horizontais

O empreendimento de um condomínio horizontal é também denominado, segundo a Prefeitura de São Paulo, Lei nº 16.402/2016 – art. 94, *Conjunto Residencial – R2h*. Essa classificação se refere ao conjunto de duas ou mais unidades habitacionais, agrupadas horizontalmente ou superpostas, e todas com entrada independente com frente para a via oficial de acesso ou em condomínio, sendo subdividido em: R2h-1, R2h-2 e R2h-3. A subdivisão R2h-3 especifica: conjunto residencial horizontal: aquele *constituído em condomínio* por casas isoladas, geminadas ou superpostas, com acesso independente a cada unidade habitacional por via particular de circulação de veículos ou de pedestres, internas ao conjunto, ficando vedado o acesso direto pela via oficial de circulação.

A legislação municipal pertinente ao assunto é bastante vasta, incluindo o Decreto nº 57.521, de 9 de dezembro de 2016, que regulamentou a Lei nº 16.402/2016, que dispõe sobre o uso e a ocupação do solo do Município, o qual revogou a Lei nº 11.605, de 12 de julho de 1994, que dispunha sobre a criação da subcategoria de uso residencial R3-03, intitulado Conjunto Residencial – Vila.

Características do Conjunto Residencial – R2h-3

As principais características e especificações que envolvem esse Conjunto Residencial – segundo o art. 18, do Decreto nº 57.521/2016, são:

I – acesso por via de circulação de pedestres com largura mínima de 1,50 m (um metro e cinquenta centímetros), devendo ser garantida uma faixa de circulação observando as condições de acessibilidade, com, no mínimo, 1,20 m (um metro e vinte centímetros), podendo o restante da extensão receber tratamento paisagístico;

II – quando o acesso às unidades se der de ambos os lados da via de circulação de pedestres, a referida via deve ter largura mínima de 3,00 m (três metros);

III – no caso de o acesso ao conjunto se der por via de circulação para pedestres e veículos, a referida via deve atender ao seguinte:

a) o leito carroçável deve ter inclinação máxima de 15% (quinze por cento) e largura mínima de 5,50 m (cinco metros e cinquenta centímetros), podendo a largura ser reduzida para 3,0 m (três metros) na hipótese em que possibilitar acesso a, no máximo, 30 (trinta) vagas ou quando a circulação for unilateral;

b) as calçadas nas vias de circulação de veículos devem ter largura mínima de 1,20 m (um metro e vinte centímetros) de cada lado do leito carroçável;

IV – os acessos de veículos para os espaços de estacionamento, cobertos ou não, devem atender ao disposto no COE e legislação correlata;

V – o nível do pavimento térreo das edificações, conforme estabelecido no artigo 61 da Lei nº 16.402, de 2016, deve ser observado em referência às vias internas pelas quais sejam feitos os acessos;

VI – os acessos às unidades residenciais, às áreas comuns e ao estacionamento onde estiver localizada a vaga especial devem ter condições de acessibilidade;

VII – no conjunto implantado em lote ou gleba com área inferior ou igual a 500 m² (quinhentos metros quadrados), metade da área permeável obrigatória pela Lei nº 16.402, de 2016, deve ser ajardinada.

Parágrafo único. A calçada pode ser implantada de um único lado da via quando as edificações e áreas de uso comum estiverem assim localizadas.

O empreendimento de um conjunto residencial horizontal, quando instituído legalmente como condomínio, possui as mesmas determinações legais que os condomínios verticais, tendo, portanto, que utilizar para sua organização a Lei nº 4.591/1964 e Código Civil, Capítulo VII, Condomínio Edilício, ficando sujeito a todas as regras dos edifícios, como: a forma de incorporação imobiliária, Convenção de Condomínio, utilização do conjunto, administração do condomínio, assembleia geral etc.

O leitor que residir nesse tipo de condomínio poderá seguir todas as orientações fornecidas neste livro, com exceção de algumas despesas que não possuirão, como elevadores e bombas para elevação de água.

Loteamento fechado

Esse tipo de conjunto residencial não poderá ser chamado de condomínio fechado, pois possui características diferentes, entre elas:

- não há um projeto de incorporação imobiliária com o intuito de promover e realizar a construção para a alienação total ou parcial;
- há um projeto de subdivisão de gleba em lotes destinados à construção, havendo a possibilidade de abertura de novas vias de circulação de logradouros públicos ou prolongamento, modificação ou ampliação das vias existentes;
- as cancelas colocadas nas portarias necessitam da autorização da Prefeitura, sendo consideradas as vias de circulação como áreas públicas;
- a coleta de lixo é efetuada pela Prefeitura normalmente, de porta em porta, não havendo o serviço de coleta no local. A coleta poderá passar ser feita pela associação de moradores, desde que autorizada pela Prefeitura;
- as correspondências são entregues pelos próprios carteiros nas residências, não havendo funcionário com essa tarefa;
- as taxas cobradas para a manutenção não são obrigatórias como nos condomínios. Devido a esse problema, muitos empreendedores fazem constar, em seus contratos de compra e venda, a obrigação do proprietário de pagar as taxas mensais para que possam obter segurança, limpeza e desfrutar as áreas de lazer.

Esse tipo de empreendimento residencial segue as diretrizes da Lei nº 6.766, de 19 de dezembro de 1979, que dispõe sobre o parcelamento do solo urbano. Essa lei passou por várias alterações, sendo a última a Lei nº 12.608, de 10 de abril de 2012.

Para administrar esse tipo de conjunto residencial, a legislação orienta que se constitua uma associação, que deverá ter sua aprovação através de uma reunião dos proprietários das casas ou lotes que fazem parte do empreendimento, sendo importante a aprovação de pelo menos 2/3 dos proprietários, para que haja representatividade perante a Lei.

Após ter sido aprovada a formação de uma associação, será criado o *Estatuto da Associação*, que possui como objetivo a boa convivência dentro do conjunto residencial, semelhante à Convenção dos condomínios.

Estatutos das Associações

Deverão conter entre seus itens:
* como será administrado o conjunto residencial;
* como serão arrecadadas as verbas necessárias para sua manutenção;
* o Regulamento Interno;
* como serão exercidas a fiscalização e a segurança;
* a determinação do período de eleição da diretoria e seu presidente;
* o apontamento das penalidades que deverão ser impostas aos desobedientes às normas.

A forma de administrar um conjunto residencial pode ser a mesma utilizada no condomínio edilício, sendo necessárias pequenas adaptações no plano de contas. As normas são estabelecidas no Estatuto e não na Convenção.

Obrigações fiscais das associações de moradores

Segundo Azevedo e Senne, as associações de moradores legalmente constituídas, para serem consideradas sem fins lucrativos, deverão atender principalmente as seguintes condições:

* **Imposto de Renda** – Segundo a Lei nº 9.532/1997, art. 15, § 1º, que foi atualizada por várias leis, sendo a mais recente a Lei nº 13.353/2016, são consideradas isentas do pagamento do Imposto de Renda, porém devem apresentar, anualmente, a Declaração de Rendimentos – DIPJ.
* **Taxa de manutenção** – Devem ser aplicadas integralmente na manutenção do empreendimento, para não descaracterizar o enquadramento, sem fins lucrativos.
* **Ganhos de capital** – Os ganhos obtidos em aplicações financeiras de renda fixa ou de renda variável (Lei nº 9.532/1997, art. 15, § 2º) são tributados normalmente.
* **Remuneração dos dirigentes** – Estes não podem receber qualquer tipo de remuneração pelas atividades que desenvolvem, exceto quando exercerem o cargo de gerência ou chefia interna, não diretor.
* **Contabilidade** – Deve atender as exigências legais determinadas pelas Normas Brasileiras de Contabilidade, referentes aos registros das receitas e despesas para garantir a conferência e integridade dos dados. A formalidade abrange a escrituração do Diário e do Razão, sendo os lançamentos efetuados de acordo com as datas em que os fatos ocorreram.
* **Guarda dos documentos** – Os documentos que fizerem parte dos registros contábeis, referentes às receitas e despesas, devem ser guardados por

5 (cinco) anos. Contudo, deve-se ter atenção com relação ao prazo para a guarda das guias DARF, referente às retenções do Imposto de Renda na Fonte e das contribuições, DIRF (Declaração do Imposto de Renda na Fonte), DCTF (Declaração de Débitos e Créditos Tributários Federais) e DIPJ (Declaração de Rendimento da Pessoa Jurídica), cujo prazo é de 7 (sete) anos, em função de o prazo iniciar-se a partir do primeiro dia do exercício seguinte àquele em que o lançamento poderia ter sido efetuado. As guias referentes aos recolhimentos de FGTS deverão ser guardadas por 30 (trinta) anos.

- **Retenção e recolhimento do Imposto de Renda na Fonte** – Haverá retenção sobre os valores pagos ou creditados, referente à prestação de serviço, como mencionado no capítulo 11.

Para atender todas as exigências mencionadas, é indispensável que a administradora contratada possua um contador registrado no CRC (Conselho Regional de Contabilidade), para se responsabilizar pelo Balanço Patrimonial, Declaração de Renda Pessoa Jurídica e todas as exigências fiscais e tributárias.

14

Atitudes sustentáveis resultam em redução de custos

Cresce a cada dia a consciência de que, para preservar o planeta, as ações humanas devem ser cada vez mais sustentáveis. Esse conceito foi criado em 1987 pelos membros da Comissão Mundial sobre Meio Ambiente e Desenvolvimento da ONU e refere-se a "satisfazer as necessidades presentes, sem comprometer a capacidade das gerações futuras de suprir suas próprias necessidades", ou seja, é importante cuidar hoje do planeta para que haja recursos suficientes no futuro, buscando o equilíbrio na convivência entre o homem e o meio ambiente.

Atualmente ganhou destaque e valorização no ambiente corporativo as empresas que incorporam em suas atividades os conceitos ESG (da sigla em inglês Environmental, Social and Governance – em português, Ambiental, Social e Governança). Trata-se de um conjunto de regras que avaliam o desempenho das empresas nesses três princípios, visando posicioná-la perante o mercado e, como consequência, aumentar a lucratividade e direcionar os investimentos.

Dado que o condomínio, cada vez mais, deve ser administrado como uma empresa, mesmo que sem a finalidade de lucro, o conceito ESG vem sendo incorporado à gestão condominial, ainda sem a conotação direta ao conceito ESG. As práticas de desenvolvimento sustentável, as quais se alinham ao ESG, são um caminho sem volta em todos os níveis da sociedade, tornando-se estratégicas para a administração. Além da redução de custos a médio e longo prazos, implementar um projeto sustentável traz qualidade de vida e promove a valorização patrimonial.

A aplicação dos conceitos ESG e a sua divulgação para o mercado traz um diferencial importante para os gestores, síndicos e administradoras, demonstrando que estão atualizados e integrados às tendências mundiais de gestão.

Para colocar em prática os conceitos, o síndico deve adotar as seguintes ações:

- **Ambiental** – Uso racional da água e energia; descarte correto do lixo orgânico; implantação de coleta seletiva; aquisição de matérias de origem sustentáveis.
- **Social** – Proporcionar boas condições de trabalho para os colaboradores e prestadores de serviço, com uso dos EPIs adequados a cada atividade;

incentivar o aprendizado e a troca de experiência, oferecendo cursos de capacitação; cuidados com a privacidade e proteção de dados (LGPD) e relação com a comunidade (entorno do condomínio); zelar para que o ambiente seja harmonioso e de respeito entre todos os envolvidos (colaboradores, moradores e prestadores de serviços).

- **Governança** – As palavras de ordem na gestão devem ser ética e transparência na prestação de contas; o conselho consultivo deve ser participativo e independente; organização de assembleias produtivas; ter um canal de comunicação amplo com os moradores, por exemplo, por meio de: circulares, aplicativos, linha de transmissão no WhatsApp, endereço exclusivo de e-mail para comunicação com os moradores e horário para atendimento presencial; transparência na contratação de produtos e prestadores de serviço; atenção especial à manutenção para que haja a valorização patrimonial; a auditoria externa poderá ser utilizada como importante instrumento para avaliar a atuação dos gestores na condução da administração do condomínio, dando maior tranquilidade aos condôminos.

No Brasil, tem crescido o interesse entre incorporadores e construtoras em acompanhar a tendência mundial de construções de edifícios sustentáveis, também chamados *Green Buildings* ou edifícios "verdes". Para demonstrar que a construção seguiu e atenderá os propósitos da sustentabilidade, existem certificações reconhecidas internacionalmente, sendo a mais renomada a do Leed (Leadership in Energy and Environmental Design). No Brasil, a entidade Green Building Council Brasil (www.gbcbrasil.org.br) é a responsável pela emissão da certificação, bem como pela adaptação dos critérios do Leed para as condições e realidades brasileiras. Estudos realizados demonstraram que há ganhos consideráveis quando se adotam ações sustentáveis, como: redução do acúmulo de detritos em aterros e lixões; redução de 30% no consumo de energia e de 50% no consumo de água; diminuição da poluição gerada pela construção; redução de 35% na emissão de gás carbônico e, ainda, para os edifícios comerciais, aumento da produtividade dos funcionários em até 16%.

De modo geral, as instituições têm procurado acompanhar a evolução na adaptação à sustentabilidade. Um dos principais passos nesse sentido foi a promulgação da Lei nº 10.295, de 17 de outubro de 2001, que dispõe sobre a Política Nacional de Conservação e Uso Racional de Energia. Essa lei foi regulamentada pelo Decreto nº 4.059, de 19 de dezembro de 2001, estabelecendo, entre outros assuntos, os níveis máximos de consumo de energia, ou mínimos de eficiência energética, de máquinas e aparelhos consumidores de energia fabricados ou comercializados no país, e a adoção de procedimentos para avaliação, criação de indicadores e certificação da eficiência energética das edificações.

Com a implantação do programa, o governo estima reduzir de 30% a 50% da energia consumida. Estudos realizados demonstram que o consumo atual das edificações residenciais, comerciais e públicas chega a 44,7% da matriz elétrica brasileira. Faz parte das ações do Programa de Conservação de Energia a etiquetagem (Ence),[*] que consiste em indicar, por meio de uma etiqueta específica, os produtos já analisados. Essas etiquetas devem informar e alertar o consumidor quanto à eficiência energética dos produtos. Entre os produtos[**] certificados com essa etiqueta estão: eletrodomésticos, banheiras de hidromassagem, bombas de calor, controladores de carga, lâmpadas, reatores eletromagnéticos e veículos leves de passageiros, produtos que foram avaliados e dimensionados logo no início do programa.

Outro importante passo dado no controle do consumo de energia foi a aprovação, em 22 de junho de 2009, da Portaria nº 185, do Instituto Nacional de Metrologia, Normalização e Qualidade Industrial (Inmetro), que estabeleceu o Regulamento Técnico da Qualidade do Nível de Eficiência Energética de Edifícios Comerciais, de Serviços e Públicos (RTQ-C), o qual foi alterado pela Portaria nº 50, de 1º de fevereiro de 2013. Esse regulamento estabelece, entre outros, o formato e o conteúdo da Ence.[***] Existem dois tipos de etiqueta, uma para cada etapa de avaliação: projeto do edifício e edifício construído. A Ence é dividida em quatro partes:

1. Etiqueta geral – Para o edifício, pavimento ou conjunto de salas. Essa parte da etiqueta conterá os dados permanentes da edificação, tais como: nome, endereço e ano de emissão da etiqueta, os níveis globais de eficiência energética, que envolvem os três sistemas (envoltória, iluminação e condicionamento do ar), pontos adquiridos com as bonificações e níveis alcançados pelo pré-requisito de aquecimento de água (quando aplicável).

2. Etiqueta parcial para Envoltória – Para avaliar esse item, serão analisadas, entre outras informações: zona bioclimática em que o edifício está localizado, com indicação do norte geográfico; área total do edifício; planta baixa de todos os pavimentos; proteções solares e dimensão dos vãos; planta de cobertura, identificando tipo de material, espessura, cor e área coberta; para as fachadas, cálculo das áreas opacas e materiais transparentes e translúcidos utilizados, área envidraçada, tipo de esquadrias e capacidade térmica das paredes.

3. Etiqueta parcial para Sistema de Iluminação – Este item considera o projeto luminotécnico, que inclui a memória de cálculo, potência instalada,

---

* Ence (Etiqueta Nacional de Conservação de Energia).

** A lista de todos os produtos que possuem etiquetas pode ser encontrada no *site*: <www.inmetro. gov.br/consumidor/tabelas.asp>.

*** No capítulo 19 há um modelo de uma das possíveis etiquetas para edifícios comerciais.

especificação do número de luminárias, lâmpadas por luminária e reatores, com a divisão de circuitos, comandos, sensores e dispositivos de controle do sistema.

4. Etiqueta parcial para Sistema de Condicionamento de Ar – Para determinar o grau de eficiência deste item, deverão ser analisados o memorial e as especificações do projeto para sistema central de condicionamento de ar, devendo ser apresentado laudo técnico que comprove os níveis de eficiência do sistema, comparando-os aos parâmetros estabelecidos no RTQ-C. Quando for utilizado sistema de condicionadores de ar tipo individual (janela e *split*), deverão ser apresentados detalhes do fabricante, marca, versão, modelo, tensão, potência elétrica e capacidade de refrigeração e nível de eficiência para cada aparelho instalado no edifício.

Os edifícios residenciais tiveram sua etiqueta lançada no dia 25 de novembro de 2010, com a assinatura da Portaria nº 449, do Inmetro, que estabeleceu os Regulamentos Técnicos da Qualidade para o Nível de Eficiência Energética de Edificações Residenciais (RTQ-R). Essa norma foi alterada pela Portaria nº 18, de 16 de janeiro de 2012. A etiqueta será fundamental para que o consumidor final tenha ideia da eficiência energética do edifício, o que inclui elevadores, bombas, iluminação da área comum e das unidades privativas, sistema de aquecimento de água (sendo mais valorizados os sistemas baseados em energia solar, gás ou bomba de calor) e iluminação. A etiqueta seguirá o modelo de classificação de A a E e poderá ser solicitada voluntariamente pela incorporadora, construtora ou pelo proprietário das unidades.

O objetivo principal do programa é informar construtoras, incorporadores, compradores, vendedores e corretores, que passam a incluir a eficiência energética como item de valorização do patrimônio, diferenciação dos imóveis e certeza de redução do valor da taxa condominial.

A Caixa Econômica Federal, por exemplo, desde janeiro de 2009 adotou um programa, denominado Madeira Legal, direcionado a incentivar as construtoras a alcançarem metas sustentáveis. Desde sua implantação, todos os empreendimentos financiados pela instituição têm de apresentar o DOF (Documento de Origem Florestal) das madeiras usadas na construção, além de uma declaração que informe o volume consumido e sua destinação final. Outra ação importante para auxiliar as empresas na individualização de água nos edifícios foi a criação da norma ABNT – NBR 15.806, 23 de fevereiro de 2010 – Sistema de medição predial remota e centralizada de consumo de água e gás.

Hoje, para que um empreendimento tenha garantia de sucesso, seus idealizadores devem preocupar-se não só com a beleza, a qualidade do acabamento e a versatilidade da arquitetura, mas também com a inclusão de itens ecologicamente corretos que resultem em maior sustentabilidade para o condomínio (mesmo sem atingir o grau de certificação), sendo consequências diretas para o comprador a redução da taxa condominial e o aumento da qualidade de vida. A soma dessas ações proporcionará redução no impacto sobre os recursos naturais do planeta.

Segundo o Instituto para o Desenvolvimento da Habitação Ecológica (Idhea), para que uma construção seja considerada sustentável deverá atender aos seguintes requisitos:

- **Planejamento sustentável da obra** – É a etapa mais importante, em que serão definidas todas as intervenções que poderão integrar a obra ao meio ambiente ou resultar em danos em curto, médio e longo prazos.
- **Aproveitamento passivo dos recursos naturais** – Utilização dos recursos naturais, tais como sol, vento, vegetação, para obter iluminação, conforto termoacústico e climatização.
- **Eficiência energética** – Conservação e economia de energia; geração da própria energia consumida por meio de fontes renováveis.
- **Gestão e economia da água** – Redução e controle do consumo de água, não contaminação da água, aproveitamento das fontes disponíveis, tratamento da água cinza e negra e reaproveitamento delas na edificação, redução da necessidade de tratamento de efluentes pelo Poder Público e aproveitamento de parte da água pluvial disponível.
- **Gestão dos resíduos na edificação** – Criação de área para disposição dos resíduos e incentivo à reciclagem de resíduos secos ou úmidos e redução da emissão de resíduos orgânicos para processamento pelo Poder Público.
- **Qualidade do ar e do ambiente interior** – Criação de um ambiente interior saudável aos seres vivos e identificação de poluentes internos na edificação.
- **Conforto termoacústico** – Promoção da sensação de bem-estar físico e psíquico quanto à temperatura e sonoridade por meio de recursos naturais, elementos de projeto, elementos de vedação, paisagismo, climatização e dispositivos eletrônicos e artificiais de baixo impacto ambiental.
- **Uso racional de materiais** – Racionalização do uso de materiais de construção tradicionais e prevenção da utilização de produtos cuja fabricação e uso acarretam problemas ao meio ambiente ou que são suspeitos de afetar a saúde humana.
- **Uso de produtos e tecnologias ambientalmente amigáveis** – Utilização de produtos que não causem impacto ambiental ou que causem o menor impacto sobre o meio ambiente e a saúde humana; não deverão proliferar fungos, bactérias e micro-organismos; deverão contribuir para o conforto termoacústico da edificação e para a sensação de bem-estar do morador/usuário; redução de despesas, racionalização de processos construtivos com menos desperdícios na obra. Exemplo: madeira certi-

ficada proveniente de replantio, produtos fabricados por indústrias próximas à obra, tintas não tóxicas, vasos sanitários com controle de fluxo e controladores de vazão de água.

Os condomínios ainda não possuem incentivos governamentais para que os edifícios antigos e mesmo os implantados recentemente se tornem "verdes" ou recebam certificações. Porém, os benefícios obtidos na busca da sustentabilidade são concretos e precisam ser analisados com atenção pelos gestores para tornar possível a implantação e a adaptação do maior número de itens possíveis.

Muitas construtoras afinadas com a preocupação ecológica já entregam os novos empreendimentos com vários itens que contribuíram para a redução do valor do condomínio e para o aumento do valor patrimonial; entre eles, estão:

- energia solar para aquecimento da piscina e iluminação das áreas comuns;
- preaquecimento de água do chuveiro utilizando a energia solar;
- aquecimento de água com gás;
- área com pomar e horta com plantas fototerápicas, como hortelã, poejo, erva-doce, manjericão etc.;
- área para coleta seletiva, inclusive óleo de cozinha;
- sensor de presença;
- telhado ecológico, coberto de grama para evitar o aquecimento e preservar a impermeabilização, tornando mais agradável o visual;
- lâmpadas econômicas e motores de alta *performance*;
- medidores individuais de água e gás;
- captação de água de chuva em reservatório próprio, onde passará por algum tratamento, não se tornando potável, mas podendo servir para regar o jardim e para a lavagem da área comum;
- captação de água dos chuveiros e áreas de serviço em reservatório próprio, onde passará por tratamento básico, não se tornando potável, mas sendo adicionado um corante azul ou verde, para que possa ser utilizada nos banheiros;
- instalação de arejadores nas pias e chuveiros para economia de água;
- churrasqueira ecológica, com o uso de pedra vulcânica em lugar de carvão;
- elevadores com alta *performance*.

Ações sustentáveis que podem ser adotadas pelos condomínios antigos

Os condomínios antigos poderão encontrar algumas dificuldades em tornar-se totalmente sustentáveis em função de sua estrutura física não ter sido idealizada para atender de pronto as novas exigências. Porém, muitas ações poderão ser adotadas com pouco investimento, trazendo impacto positivo para o planeta e para a vida dos moradores, com redução no valor do condomínio e valorização do patrimônio. A direção que está sendo adotada pelas construtoras não terá volta; pelo contrário: cada vez mais novidades serão incorporadas aos edifícios. Ficar totalmente fora dessa realidade significará, em um futuro próximo, ter dificuldades em alugar ou vender o apartamento ou a sala comercial.

Este capítulo não pretende esgotar o assunto, mas trazer algumas alternativas que poderão ser adotadas num curto prazo; outras necessitarão de planejamento a médio e longo prazos, em função dos custos ou alterações estruturais da área comum ou privativa.

Coleta seletiva de lixo

Hoje, a realidade ambiental nos obriga a tomar atitudes para minimizar os efeitos devastadores impostos pelo ser humano ao planeta. O síndico poderá lembrar aos moradores que está ao alcance de todos realizar pequenas ações que poderão contribuir para reduzir esses efeitos; entre elas, está a coleta seletiva dos resíduos produzidos pelos moradores.

Embora os ganhos financeiros provenientes da venda das matérias sejam pequenos ou nulos, dependendo do caso são muitas as vantagens de adotar a coleta seletiva de lixo no condomínio. Algumas dessas vantagens são: melhorar a qualidade de vida de todos, diminuir a quantidade de lixo destinada aos lixões e aterros sanitários, reduzir a matéria-prima extraída da natureza, possibilitar a melhoria de vida e o reconhecimento profissional dos catadores e criar novas empresas que utilizam como matéria-prima o produto extraído da coleta seletiva, muitas vezes provenientes de cooperativas de catadores.

Para que a implantação da coleta seletiva de lixo no condomínio seja bem-sucedida, é necessário que o síndico adote algumas medidas, tais como:

- Levar o assunto para ser debatido e aprovado em assembleia. Não será necessário quórum qualificado, em função da pequena quantidade de recursos necessários e do fato de as ações causarem pouco impacto ao cotidiano dos moradores. Caso o condomínio pretenda vender o material reciclado, deverá ser aprovado o destino a ser dado ao dinheiro. Para manter motivados e comprometidos os funcionários diretamente ligados ao projeto, parte dos recursos obtidos pela venda dos materiais poderá ser mensalmente depositada em uma conta de poupança e, no final do ano, ser dividida entre eles. Mesmo que os materiais sejam retirados pela Prefeitura, poder-se-á aprovar em assembleia o pagamento de bônus no final do ano aos funcionários envolvidos.
- Após a aprovação, poderá ser eleita uma comissão que auxiliará na elaboração e implantação do projeto. É fundamental que o projeto tenha total apoio do síndico e dos conselheiros. Entre as atividades da comissão estão:

- o pesquisar informações* sobre coleta seletiva;
- o estabelecer formas de divulgação,** envolvimento e acompanhamento dos resultados pelos moradores. A comunicação periódica dos resultados, que pode ser por meio de circulares, *site* do condomínio ou ainda jornal interno, manterá os moradores motivados a participarem do projeto;
- o escolher quem ou quais empresas farão a retirada dos materiais. Obter informações sobre a pontualidade do serviço, dia da semana e horário para retirada, visando evitar sobrecarregar a área destinada ao armazenamento. Os materiais deverão ser todos negociados com o mesmo catador ou cooperativa, pois poderá haver perda de interesse se, por exemplo, o item latinhas de alumínio, que possui maior valor, for vendido para algum sucateiro que possua melhor preço, mas que não tenha interesse nas garrafas PET;
- o possuir o contato de outros catadores, caso o escolhido não atenda às expectativas do condomínio;
- o treinar os funcionários com orientações para o uso dos EPIs (Equipamentos de Proteção Individual), tais como: luvas de raspa, botas e máscaras. Deverão também se conscientizar de que o local precisará de especial atenção com relação à limpeza e desinfecção, para evitar o odor desagradável e a infestação de insetos e roedores.

- Elaboração e execução do projeto:
  - o verificar a quantidade de lixo gerada pelo condomínio, levando em consideração o espaço ocupado e a quantidade de sacos de cem litros utilizados por dia;
  - o escolher o local adequado e a área necessária para o armazenamento. O local escolhido deverá ser preparado com prateleiras e suportes para que os materiais não fiquem direto no chão, facilitando a limpeza e a higiene do local;
  - o estipular quantos dias de material estocado a área comporta. Em alguns condomínios, a falta de espaço e desse planejamento inviabiliza o projeto;
  - o levantar os valores necessários para a implantação e manutenção do projeto, entre eles: compra de baldes e sacos de lixo de cor diferente dos destinados ao lixo comum, contêineres próprios para essa finalidade e pelo menos um aparelho de amassar latinhas, para reduzir-lhes o volume;

---

* Informações sobre reciclagem: <www.capital.sp.gov.br>; <www.cempre.org.br>; <www.planetamelhor.com.br>.

** Há, no final do capítulo 19, um modelo de circular sobre a coleta seletiva que poderá ser distribuída aos moradores.

o definir que materiais serão coletados: latinhas, garrafas PET, jornais, revistas, vidros, plásticos em geral, e os que acumulam maior quantidade. A separação por tipo de material aumentará o valor de venda. Para evitar acidentes com os funcionários e catadores, deve-se dar atenção especial aos vidros, mantendo-os separados dos outros materiais;

o estabelecer quando terá início a coleta, como os moradores terão informações e como poderão participar, se haverá coleta na porta dos apartamentos ou de andar em andar, ou, ainda, se os moradores deverão levar seus materiais para o local definido. Esclarecer aos moradores que os materiais deverão estar lavados, visando evitar odor desagradável, o acúmulo de insetos e roedores, e que os baldes não poderão permanecer nas escadas, em função de determinação do Corpo de Bombeiros. Para reduzir o volume das garrafas PET, elas poderão ser amassadas pelos próprios moradores, reduzindo o trabalho dos funcionários;

o vender para o mesmo catador.

• Cálculo do volume necessário para o armazenamento dos materiais:[*]
Veja na tabela a seguir como fazer o cálculo.

Descrição	Cálculo	Valor	Un.
Número de prédios	Prédio	1	
Número de apartamentos por prédio	Apto./Prédio	12	
Pessoas por apartamento	Pessoas/Apto.	4	
Total de pessoas no prédio	Total de pessoas = Apto./Prédio × Pessoas/Apto.	48	
Peso lixo diário por pessoa	PtPessoa(Dia)	0,6	kg
Peso lixo diário reciclável por pessoa	PrPessoa(Dia) = PtPessoa(Dia) × 40%	0,24	kg
Peso lixo diário total por prédio	PtPrédio(Dia) = PtPessoa(Dia) × Pessoas	28,8	kg
Peso lixo diário reciclado por prédio	PrPrédio(Dia) = PtPrédio(Dia) × 40%	11,52	kg
Peso lixo semanal reciclado por prédio	PrPrédio(Semana) = PtPrédio(Dia) × 40%	80,64	kg
Volume lixo semanal reciclado por prédio	VrPrédio(Semana) m³ = PrPrédio(Semana)/57	1,415	m³
Volume lixo semanal reciclado por prédio	VrPrédio(Semana) litros = = VrPrédio(Semana) m³ × 1.000	1.415	litros

* Este cálculo foi idealizado pela engenheira Flávia Guimarães Orofino, mestre em Engenharia de Produção e Engenheira Sanitária.

Coleta do óleo de cozinha

Na busca pela sustentabilidade, o síndico, sem custo nenhum para o condomínio ou necessidade de aprovação em assembleia, poderá implantar a coleta do óleo de cozinha. É importante lembrar aos moradores, por meio de circulares, que um litro de óleo jogado na água contamina milhões de litros de água, prejudica a natureza e encarece o tratamento de água e esgoto realizado pelas concessionárias. São várias as vantagens diretas e indiretas dessa adoção; entre elas estão:

- evitar que ocorra entupimento e refluxo de água nas pias das cozinhas das unidades, causados pelo endurecimento da gordura nas laterais dos encanamentos. A administração deverá lembrar aos moradores que o óleo também não poderá ser jogado nos vasos sanitários, pois o efeito será o mesmo;
- possibilitar a redução de elevadas despesas pagas às empresas desentupidoras que atendem às emergências e também as manutenções programadas, que em muitos casos chegam a duas vezes ao ano;
- reduzir o acúmulo de óleo ou gordura nos canos, o refluxo de esgoto e até o rompimento das redes de coleta públicas;
- minimizar a impermeabilização do solo causada pelo óleo, o que dificulta a absorção de água, podendo, segundo a Sabesp, causar enchentes; além disso, quando despejado diretamente nos rios e represas, o óleo permanece na superfície, dificultando a entrada da luz e a oxigenação da água, prejudicando e até matando a vida aquática;
- permitir que o óleo coletado se transforme em matéria-prima para a fabricação de sabão ecológico e biocombustível, gerando negócios, emprego e renda para muitas pessoas.

A implantação do programa é bastante simples. Entre as ações estão:

- A empresa* contratada para recolher o óleo deixará no condomínio um recipiente grande de plástico, no qual os moradores ou funcionários jogarão o óleo. Quando estiver quase cheio, o síndico ou o zelador poderá informar a empresa para providenciar a troca do galão.
- A administração deverá distribuir circulares informando sobre a coleta, o local para ser deixado o óleo, que recipientes deverão ser utilizados (vidros ou garrafas plásticas) e, periodicamente, informar aos moradores sobre os resultados.
- Procurando reduzir o entupimento, principalmente das pias de cozinha e banheiro, o síndico poderá comprar em grande quantidade ralinhos do tipo peneirinha, para serem colocados em todas as pias.

---

* São vários os locais e as ONGs que fazem a coleta de óleo.

Coleta das pilhas e baterias

Ao adotar ações sustentáveis, o condomínio não poderá deixar de recolher as pilhas e baterias e dar destino correto a elas. O local necessário é pequeno, como uma caixa de papelão, que poderá ser colocada em um suporte próximo do *hall* dos elevadores, localizado na garagem e sem custo para os moradores.

Por meio de circulares, a administração poderá conscientizar os moradores sobre os perigos que o descarte incorreto desses objetos pode acarretar à saúde e ao meio ambiente. Está comprovado que algumas substâncias da composição química das baterias são potencialmente perigosas e podem afetar a saúde; dentre elas estão o chumbo, o cádmio e o mercúrio. Os efeitos nocivos para a saúde são: a) *chumbo*: pode provocar doenças neurológicas; b) *cádmio e mercúrio*: afetam a condição motora.

As empresas legalmente estabelecidas no Brasil, que compõem o Grupo Técnico de Pilhas da Associação Brasileira da Indústria Elétrica e Eletrônica (Abinee), têm investido muito para reduzir ou eliminar o uso desses materiais, o que não acontece com as pilhas de segunda linha, adquiridas, por exemplo, em camelôs.

O síndico poderá alertar também sobre os cuidados que se deve ter com as pilhas ou baterias, tais como: a) *pilhas novas*: não misturar pilhas velhas com novas ou pilhas de sistemas eletroquímicos diferentes e não remover o invólucro das pilhas; b) *pilhas usadas*: não guardá-las em qualquer local, procurando descartá-las o mais rápido possível; caso ocorra vazamento, lave as mãos com água abundante; se ocorrer irritação, procure um médico; não jogue pilhas no fogo, pois poderão explodir; não se deve tentar recarregar pilhas que não sejam recarregáveis.

Segundo o Conselho Nacional de Meio Ambiente (Conama), desde novembro de 2010 postos de recebimento de pilhas estão disponíveis em varejos, como supermercados, os quais dão a esses materiais um fim sustentável, evitando que pilhas e baterias acabem em aterros sanitários.

Coleta das lâmpadas fluorescentes

Após o "apagão" de 2001, foi grande o apelo para que lâmpadas incandescentes fossem substituídas por lâmpadas fluorescentes tubulares ou compactas, em cujo interior há vapor de mercúrio e sódio. Porém, deixou-se de alertar a população sobre os cuidados necessários ao descarte correto desses produtos em função de conterem substâncias tóxicas nocivas ao ser humano e ao meio ambiente, como o mercúrio metálico. Enquanto a lâmpada está intacta, não oferece risco; contudo, quando quebrada, libera vapor de mercúrio que será aspirado diretamente por quem a manuseia e permanecerá no ar por várias semanas, causando efeitos desastrosos ao sistema nervoso humano. Caso sejam lançadas diretamente em aterros, as lâmpadas contaminam o solo, podendo atingir os rios e chegar à cadeia alimentar.

Por meio de circulares, o síndico poderá informar aos moradores que a Associação Brasileira dos Importadores de Iluminação (Abilumi) recomenda os seguintes cuidados em caso de quebra de lâmpadas fluorescentes:

- não usar equipamento de aspiração para a limpeza;
- logo após o acidente, abrir todas as portas e janelas do ambiente, aumentando a ventilação;
- ausentar-se do local por, no mínimo, quinze minutos;
- após quinze minutos, coletar os cacos de vidro e colocá-los em saco plástico. Procurar utilizar luvas e avental para evitar contato entre a pele e o material recolhido;
- com a ajuda de um papel umedecido, coletar os pequenos resíduos que ainda restarem;
- colocar o papel dentro de um saco plástico e fechá-lo;
- colocar todo o material dentro de um segundo saco plástico. Assim que possível, lacrá-lo, evitando a contínua evaporação do mercúrio liberado.

Ainda são poucas as empresas que oferecem o serviço de reciclagem de lâmpadas, estando a maior parte localizada em São Paulo. As empresas cobram para fazer a retirada das lâmpadas e a descontaminação do local onde estavam armazenadas, sendo necessárias aproximadamente quinhentas lâmpadas para que o serviço seja feito. Em função dessa quantidade, o condomínio requer um local para armazenar as lâmpadas, não só as utilizadas na área comum, mas também as utilizadas nas unidades. O tempo de armazenagem poderá ser reduzido se o síndico se unir a condomínios vizinhos, possibilitando assim ratear o valor cobrado pela empresa de reciclagem.

A utilização do equipamento denominado Papa-Lâmpadas* possibilita que a empresa realize no próprio condomínio a descontaminação das lâmpadas fluorescentes, consideradas um produto perigoso de classe I. Após esse processo, os resíduos serão classificados como não perigosos, de classe II.

Destino correto para os materiais que contenham amianto

Quando for realizada reforma que envolva materiais que contenham amianto (telha, caixa-d'água, tubulação, divisórias, painéis resistentes ao fogo, piso e forro), o síndico precisará adotar alguns cuidados e atender à Resolução nº 348/2004, aprovada pelo Conselho Nacional de Meio Ambiente (Conama), que classificou esses materiais como entulhos perigosos, obrigando ao encaminhamento final em aterros industriais para lixo perigoso ou classe I. Por causar asbestose (doença que provoca o endurecimento do pulmão e insuficiência respiratória, podendo

---

* Mais informações sobre o sistema: <www.naturalisbrasil.com.br>.

evoluir para câncer de pulmão ou derrame), o amianto já foi banido de alguns estados brasileiros.* Na cidade de São Paulo, a Lei Municipal nº 13.113/2001, regulamentada pelo Decreto nº 41.788, de março de 2002, proibiu seu uso na construção civil. Os aterros credenciados são particulares e seus endereços devem ser obtidos nas Subprefeituras.

Para descartar corretamente materiais com amianto, é necessário proceder da seguinte forma:

- entrar em contato com uma empresa que gerencie um aterro para produtos industriais – classe I;
- essa empresa elaborará um documento para que o condomínio dê entrada na Companhia Ambiental do Estado de São Paulo (Cetesb), a qual emitirá uma autorização chamada Certificado de Movimentação de Resíduos de Interesse Ambiental (Cadri), ou seja, uma certificação para movimentação de material poluidor;
- após a análise e liberação do Cadri, será cobrada uma taxa, que não é pequena;
- o condomínio deverá embalar as pilhas de telhas em sacos plásticos e os pedaços em *bags* com alças, conforme instrução da empresa contratada;
- contratar uma transportadora, que cobrará para fazer o serviço. Para o transporte de 1.500 m² de telhas, por exemplo, estima-se a necessidade de três viagens;
- será necessário contratar mão de obra especializada para fazer a retirada;
- após o recebimento do material, a empresa contratada elaborará um laudo contendo todo o procedimento utilizado.

Para os condomínios localizados em outros municípios, recomenda-se que o síndico verifique a legislação e as empresas habilitadas para realizar a coleta e descarte adequado do amianto.

Economia de energia

Em 2001, em virtude do "apagão", muitas foram as preocupações dos condomínios, que tiveram de se esforçar bastante para reduzir o consumo de energia em 20%. Esse objetivo foi alcançado, tendo sido necessária, em alguns casos, a contratação de profissionais habilitados para modificar algumas redes e indicar as lâmpadas mais econômicas e com vida útil mais longa a serem utilizadas. Hoje, não há mais essa pressão. Em função disso, entretanto, alguns condomínios voltaram a desperdiçar energia.

---

* Para mais informações, consulte a Abrea – Associação Brasileira dos Expostos ao Amianto: <www.abrea.org.br>.

A seguir, serão mencionadas algumas recomendações para a economia de energia visando à sustentabilidade.

Elevadores

Considerado um equipamento de transporte, os elevadores são indispensáveis em qualquer condomínio, independentemente do nível social.

Estudos recentes demonstram que as despesas com a manutenção dos elevadores consomem de 7% a 8% dos recursos financeiros do condomínio. Além disso, das despesas de energia elétrica (em torno de 10%), 6% são gastas com a movimentação dos elevadores. Nos edifícios comerciais, essas despesas são ainda maiores, em função da grande movimentação de pessoas. Esses valores poderão ser ainda mais elevados dependendo da idade do elevador, pois há dificuldade de encontrar peças de reposição. Além da elevação das despesas, a aparência decadente e o funcionamento precário contribuem tanto para a insegurança dos usuários quanto para a perda do valor patrimonial das unidades, dificultando sua venda e/ou locação.

A modernização dos elevadores poderá ser realizada em etapas, pois o valor do investimento é alto. As etapas são três:

1. transformação do sistema de acionamento eletromecânico em elevadores com comandos eletrônicos, permitindo grande economia de energia elétrica; a diferença economizada contribuirá para que o investimento seja pago em alguns meses, pois estudos demonstram que a economia de energia elétrica pode chegar a 50%; portanto, não pode ser encarada como despesa, mas, sim, como investimento com retorno garantido;

2. incorporação, ao sistema, de controle inteligente das chamadas, o que evita viagens desnecessárias, uma vez que somente o elevador mais próximo se movimenta;

3. embelezamento da cabine, o que encerra o processo de modernização.

Além das vantagens já descritas, haverá maior segurança para os usuários, as viagens ficarão muito mais suaves, sem vibração ou paradas bruscas, e o nivelamento do elevador com os pisos dos andares será preciso. Outro ganho será o rápido atendimento devido à utilização de *software* e controles microprocessados, os quais apresentam número menor de defeitos, resultando na redução das chamadas.

Os edifícios comerciais de alto padrão buscam sempre alternativas para a redução de custos de energia elétrica. Uma delas é o gerenciamento do tráfego de pessoas, que permite reduzir o tempo de viagem, proporcionando um perfeito equilíbrio na utilização dos elevadores e evitando que algumas cabines fiquem lotadas e outras vazias. Outra grande vantagem do gerenciador é sua distribuição inteligente de passageiros no *hall* do edifício, criando grupos de usuários que farão viagens para os mesmos andares ou regiões próximas.

Com o objetivo de melhorar o desempenho dos elevadores, o síndico poderá planejar a arrecadação de verba com bastante antecedência para minimizar o valor das parcelas que serão pagas pelos condôminos. Para esse tipo de iniciativa, é indispensável a aprovação de uma assembleia, cuja pauta deverá ser clara sobre o assunto a ser tratado.

Bombas de recalque

As bombas de recalque representam um percentual considerável nos gastos com energia elétrica dos condomínios, em função do número de vezes que são acionadas. Quando ocorre vazamento ou desperdício de água, tanto na área comum como nas unidades, as bombas são acionadas com mais frequência, aumentando ainda mais o consumo de energia. Para evitar essa situação, o síndico poderá adotar as seguintes ações:

1. Anotar diariamente o consumo de água do condomínio e, quando identificar aumento em relação à média diária, providenciar vistoria na área comum e nas unidades. Quando identificado qualquer tipo de problema, como vazamento do vaso sanitário ou torneira pingando, deve-se trocar imediatamente as peças que estão com problema. O valor delas será lançado no próximo boleto da unidade.
2. Impedir que os faxineiros utilizem as máquinas de lavar piso como vassoura.
3. Estudar a viabilidade de trocar as torneiras das unidades que tenham fechamento automático.
4. Instalar redutores de vazão nos chuveiros, nas torneiras dos banheiros e das cozinhas.
5. Analisar a possibilidade de instalação de vasos sanitários com descargas que tenham comando duplo.

A realização dos itens 3, 4 e 5 implica planejamento a médio e longo prazos. Essas alternativas deverão ser analisadas em assembleia, por causa do elevado investimento necessário. Para executá-las, a administração talvez tenha de recorrer a um rateio extra ou à utilização do Fundo de Obras.

Iluminação

Segundo o Instituto Nacional de Metrologia, Normalização e Qualidade Industrial (Inmetro), todos os produtos de iluminação são obrigados a exibir um selo ou Etiqueta Nacional de Conservação de Energia (Ence) que ateste o cumprimento das exigências do órgão quanto a seu desempenho.

Para ter uma ideia da eficiência das lâmpadas LED (*Light Emitting Diodes*) em relação às lâmpadas fluorescentes compactas e as incandescentes, que tiveram a sua venda proibida de forma gradual, iniciando o processo com as lâmpadas de 150 W, em 2012, veja o quadro da página seguinte.

Cuidados na escolha da lâmpada de LED

As lâmpadas de LED, somente a partir da aprovação da Portaria nº 144, de 13 de março de 2015, do Inmetro, tiveram os Requisitos de Avaliação da Conformidade estabelecidos, com a determinação, entre outros, do uso nos produtos da Etiqueta Nacional de Conservação de Energia* (Ence), que comprova a aderência às normas. A etiqueta do Inmetro deverá trazer as seguintes informações: potência, eficiência luminosa, fluxo luminoso, segurança e símbolo do Centro Brasileiro de Informação de Eficiência Energética (Procel). Os prazos para adequação, contados da data da publicação dessa Portaria, foram: a) 11 meses para os fabricantes e importadores. Essa data passou a ser contada a partir da publicação no *Diário Oficial da União*, do dia 26 de fevereiro de 2016, da Portaria Inmetro nº 76; b) 19 meses para a comercialização no mercado nacional, por fabricantes e importadores, sendo a data da publicação, 17/5/2016, Portaria Inmetro nº 221; c) 28 meses para a comercialização no mercado nacional, por atacadistas e varejistas. O prazo é o mesmo do item anterior; d) 34 meses para a comercialização no mercado nacional, por atacadistas e varejistas cadastrados como Micro e Pequenas Empresas. O prazo segue o determinado no item c.

Na hora de comprar as lâmpadas LED, o gestor deverá estar atento aos seguintes pontos:

- comprar sempre produtos de marca conhecida no mercado, buscando a melhor qualidade e respaldo da garantia do fabricante;
- solicitar sempre a emissão de nota fiscal, em nome do condomínio, visando ao amparo da garantia, caso o produto apresente problemas;
- identificar a tonalidade de cor adequada para o ambiente, conforme informações do Inmetro: tom amarelo-alaranjado, considerado "quente ou morno", próximo da cor emitida pela lâmpada incandescente, sendo mais apropriado para ambientes de descanso como quartos e salas de TV; tom branco, "intermediário ou neutro", mais comum em ambientes de trabalho; e tom branco-azulado, classificado como "frio", mais utilizado em cozinhas, áreas de serviço e outros lugares que precisem de plena iluminação;
- verificar a tensão ou voltagem: 12 volts (para luminárias), 127 volts, 220 volts ou bivolt;

---

* O modelo da Etiqueta Nacional de Conservação de Energia para as lâmpadas LED poderá visto no capítulo 19.

- ficar atento para os prazos em que os produtos deverão apresentar a Etiqueta Nacional de Conservação de Energia, sendo então possível conhecer as diferenças entre os produtos, como já ocorre com os refrigeradores, aparelhos de ar-condicionado, TVs e outros;
- analisar, em função do investimento inicial, os locais prioritários, como: área de circulação, portaria, academia, *halls* de entrada;
- seguir ainda as dicas recomendadas pelo Inmetro:
  - o evitar deixar as lâmpadas expostas à ação da umidade e maresia, pois pode haver corrosão de componentes metálicos;
  - o desaconselhar o uso em luminárias fechadas, que dificultem a circulação de ar, impedindo que o calor emitido pela LED se dissipe. Isso tende a diminuir a vida útil da lâmpada. Exemplo: balizadores instalados no jardim.

Lâmpadas	Incandescente (LI)	Flourescente Compacta	LED
Preço	Em média R$ 2	4 a 6 vezes mais cara	Em média, 35 vezes mais cara; com o ganho de escala, o preço tende a cair cada vez mais
Durabilidade	Baixa, 1.000 horas	Em média, dura 8 a 10 vezes mais que a LI	Em média, dura 50 vezes mais
Equivalência	60 W	15 W	9 W
Eficiência	Baixa, gasta mais energia com calor do que com luz (desperdício de energia)	Em média, 4 vezes mais econômica	Em média, 8 vezes mais eficiente
Impacto ambiental	Nenhum, se forem dados o tratamento adequado aos componentes. Vidro e alumínio podem ser reciclados	Contém mercúrio e, ainda que o nível desse metal seja pequeno, representa um risco ambiental no descarte	Nenhum

Fonte: www.inmetro.com.br.

Entre as recomendações sugeridas pela Companhia Energética de Brasília (CEB) para reduzir o consumo e utilizar racionalmente a energia, estão:
- usar a iluminação natural, abrindo janelas, cortinas e persianas;
- desligar as lâmpadas de ambientes vazios, salvo por motivo de segurança;

- limpar regularmente luminárias, lâmpadas e demais aparelhos de iluminação;
- substituir os difusores das luminárias que se tornarem amarelados;
- substituir as luminárias quebradas ou antiquadas por outras mais eficientes, de fácil limpeza e com lâmpadas expostas;
- retirar o acrílico e o globo das luminárias quando a decoração do local não for importante;
- não usar lâmpadas de bulbo (vidro) fosco dentro dos globos; usar lâmpadas de bulbo transparente, pois o globo e a lâmpada fosca diminuem o ofuscamento, mas absorvem uma parte da luz emitida pelo filamento;
- colocar a lâmpada mais para baixo e reduzir a sua potência (por exemplo: trocar as lâmpadas compactas de 20 W por lâmpadas LED de 12 W);
- verificar a possibilidade de desligamento alternado em locais onde houver muitas lâmpadas acesas;
- instalar interruptores individuais para o desligamento das lâmpadas se uma garagem subterrânea possuir luminárias com lâmpadas fluorescentes comandadas em grupo;
- iluminar na garagem as áreas de circulação dos veículos, não as dos boxes;
- rebaixar as luminárias instaladas entre as vigas do teto da garagem;
- desligar também o reator quando desativar uma ou mais lâmpadas fluorescentes;
- usar uma única lâmpada de maior potência em vez de várias de potência menor, quando possível;
- pintar as paredes dos corredores, escadas e *halls* dos elevadores com cores claras, onde for possível;
- instalar fotocélulas ou temporizadores para o controle da iluminação em áreas externas (jardins, estacionamentos etc.);
- utilizar somente lâmpadas de voltagem compatível com a da rede.

Sensores de presença

A utilização desses equipamentos tornou-se popular e indispensável nos condomínios que visam à redução de energia. Os sensores de presença são ativados pela aproximação de pessoas ou por movimento. Os tipos mais procurados são os que utilizam infravermelho e o ultrassônico. O sistema permite controlar o tempo que o sensor deverá permanecer ligado. Deve-se ter atenção, pois, quando o sensor é programado para o limite máximo de sensibilidade, até a passagem do elevador poderá acionar a iluminação. Outro cuidado que se deve ter é na escolha da lâmpada mais adequada para o sistema, porque, dependendo do número de acionamentos de cada andar, as lâmpadas fluorescentes tubulares e as compactas terão sua vida útil reduzida.

Caso o condomínio ainda não tenha instalado os sensores, o síndico poderá contratar um especialista para tornar mais racional a utilização das redes de iluminação, principalmente as da garagem, possibilitando o acionamento de parte da iluminação, principalmente no período da noite. O investimento na instalação dos sensores poderá ser realizado aos poucos, para não prejudicar o orçamento mensal.

Aquecimento solar

Com o avanço da tecnologia voltada para a energia solar, os custos, que eram proibitivos, apresentam queda. O uso da energia solar poderá preaquecer a água dos chuveiros e fornecer energia para a iluminação das áreas comuns e aquecimento de piscina. Hoje estão disponíveis no mercado várias opções, com diferentes tecnologias e preços.

Com a entrada em vigor da Resolução Normativa Aneel nº 482, de 17 de abril de 2012, revisada pela Resolução Normativa nº 687/2015, já é possível o consumidor brasileiro gerar sua própria energia a partir de fontes renováveis ou cogeração, e fornecer o excedente para a rede de distribuição de sua região, obtendo crédito em sua próxima conta. Outra norma importante para o assunto é a Resolução Normativa nº 414/2010, também da Aneel, que trata das Condições Gerais de Fornecimento de Energia. Essa norma passou por várias atualizações. Com a implantação dessa alternativa, o investimento inicial será com certeza pago; porém, não se consegue precisar o tempo em que isso acontecerá, em função de serem muitas as variáveis, como: consumo de energia da casa ou edifício, número de painéis necessários e o volume de luz solar.

No Brasil, com certeza, os investidores também serão beneficiados com essa tecnologia para o uso de energia sustentável. Os governos estão atentos e incentivam essa iniciativa.

Principais etapas para viabilizar o projeto

1. Essa alternativa de redução de energia deverá ser debatida em assembleia, cuja pauta deverá ser bastante clara, específica, pois sua aprovação poderá ser considerada uma obra útil (CC, art. 1.341, II) e, portanto, necessitar do voto da maioria dos condôminos, ou seja, 50% da totalidade, e não apenas dos presentes. É recomendado que se tenha no mínimo o quórum de 50% da totalidade dos condôminos em função de o condomínio necessitar fazer um rateio extra e, se houver inadimplência e o condômino inadimplente for cobrado na Justiça, não tenha argumentos de negar o pagamento pela falta de aprovação correta da obra.

2. A empresa especializada contratada deverá atender a NBR nº 15.569/2008, da ABNT, que trata do Sistema de aquecimento solar

de água em circuito direto – Projeto e instalação. Cabe-lhe ainda responsabilidade pelo projeto e instalação com o recolhimento de Anotação de Responsabilidade Técnica (ART).

3. Será necessário também solicitar à distribuidora o parecer de acesso realizado pelo consumidor ou acessante. A solicitação de acesso deve incluir o Formulário de Solicitação de Acesso para micro e minigeração distribuída.

4. Após a análise, a distribuidora emitirá um relatório sobre as condições do acesso e as exigências técnicas que permitirão a conexão das instalações do acessante, inclusive com a previsão de prazos, mencionado ainda, caso haja a necessidade, o custo da adequação.

5. A aquisição e instalação do aparelho que fará a medição bidirecional será feita pela distribuidora, sem custo para o acessante no caso de microgeração distribuída, assim como a operação e manutenção, inclusive os custos de eventuais substituições. Essas e outras informações poderão ser obtidas no Caderno Temático Aneel – Micro e Minigeração Distribuída, disponível no *site*: <www.aneel.gov.br>.

Tomadas para veículos elétricos no condomínio

Alguns condomínios novos, atendendo uma tendência mundial, já são entregues com tomadas e espaços nas garagens para que os carros elétricos possam ser carregados, ou seja, já possuem estações com espaço e tomadas adequadas para recarga de carros elétricos. A fim de impulsionar ainda mais essas ações, algumas prefeituras estão incluindo em Lei a obrigação para que as construtoras prevejam em seus novos projetos a solução para carregamento de veículos elétricos em edifícios (condomínios), tanto residenciais como comerciais, sendo obrigatória a medição individualizada, bem como a cobrança da energia consumida deve atender aos procedimentos vigentes nas concessionárias. São excluídos dessa iniciativa os empreendimentos resultantes de programas habitacionais públicos ou subsidiados com recursos públicos e os que comprovarem a impossibilidade técnica ou econômica.

Para os condomínios já prontos ou antigos, essa questão passa ser mais uma preocupação para os síndicos, que precisam colocar no planejamento do condomínio a instalação de tomadas para os veículos 100% elétricos, denominados pela sigla VE, e os veículos híbridos com tomada (plug-in), que possuem ao mesmo tempo motores elétricos e a combustão, cuja procura já é uma realidade. Para essa instalação, o condomínio necessitará de um projeto que analise a capacidade elétrica já instalada e quais adequações estruturais serão possíveis e necessárias para atender as normas técnicas desde a entrada de energia até as estações com tomadas para recarga de veículos elétricos. O condomínio também deve ter o sistema de aterramento da rede elétrica, sendo fundamental para a segurança, conforme determina a NBR 5410 da ABNT. Esse projeto* deve ser realizado por profissional especializado e habilitado, com inscrição no Crea e recolhimento de ART, além de ser aprovado em assembleia com quórum qualificado.

Outra preocupação que os síndicos devem ter é que o pagamento da energia consumida seja realizado apenas pelos moradores que utilizaram a energia. Essa questão já pode ser resolvida por meio da adoção de sistema informatizado que possibilita que o custo da energia utilizada pelos que possuem veículo elétrico seja distribuído em conta somente entre eles, de acordo com o consumo de cada um, sendo o relatório enviado à administradora, que fará o registro no boleto do condômino. Alguns projetos poderão prever que o carregador do carro elétrico seja ligado diretamente no relógio do proprietário, sendo assim realizada a medição do consumo pela concessionária, que emitirá a conta para o condômino.

Economia de água

Todos os meios de comunicação têm alertado com frequência sobre os cuidados que precisamos adotar para poupar água. Para o condomínio, é fundamental adotar ações que visem reduzir seu consumo, não só por consciência ambiental, mas principalmente pelo valor gasto com a água, que corresponde ao segundo item mais importante das despesas de um condomínio, consumindo 17%** do total dos gastos mensais. Portanto, a administração deverá estudar ações que resultem em redução de consumo. A seguir, listo algumas das ações que o síndico poderá adotar de imediato e outras que deverão ser aprovadas em assembleia devido ao custo.

Uso racional da água

Devem-se adotar as seguintes ações buscando a redução do consumo de água no condomínio:

- anotar diariamente o consumo de água do condomínio e, quando identificado aumento em relação à média diária, providenciar vistoria na área comum e nas unidades. Segundo análise realizada em Salvador, Bahia, do desperdício de água tratada por meio de vazamento nas instalações hidráulico-sanitárias em edifícios residenciais, por Antonio Mendes Dantas e Luiz Roberto Santos Moraes, o percentual de vazamentos nos apartamentos está em torno de 58%, ao passo que esse percentual na área

---

* ABNT NBR IEC 62.196-1 2021 – Plugues, tomadas, tomadas móveis para veículos elétricos e plugues fixos para veículos elétricos – Recargas condutivas para veículos elétricos – Parte 1: Requisitos gerais.

** Essa afirmação é baseada no gráfico demonstrado no capítulo 1 deste livro.

comum e na área comum e apartamentos ao mesmo tempo está em 21% cada, conforme demonstra o gráfico abaixo:

Distribuição dos vazamentos por área do edifício

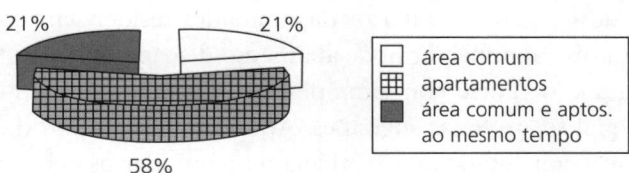

21%   21%

☐ área comum
⊞ apartamentos
■ área comum e aptos. ao mesmo tempo

58%

O mesmo estudo verificou que o maior vazamento encontrava-se distribuído conforme o quadro:

Localização dos vazamentos	%
Depois do registro e antes do reservatório	29,03
Reservatório inferior	54,84
Reservatório superior	12,9
Vasos sanitários do salão de festas	3,23
	100

Essas informações auxiliam os gestores a focar a atenção na manutenção constante dessas áreas, reduzindo tempo e recursos.

- Quando identificado qualquer tipo de problema nas unidades, como vazamento de água no vaso sanitário ou torneira pingando, devem-se trocar imediatamente as peças que estão com problema. O valor delas será lançado no próximo boleto da unidade.
- Impedir que os faxineiros utilizem as máquinas de lavar piso como vassoura.
- Encaminhar aos moradores, periodicamente, circulares solicitando que colaborem utilizando a água de forma racional, sem desperdício. Essas informações também deverão ser disponibilizadas para as secretárias do lar, em função do grande período que passam no condomínio.

Substituição de torneiras e vasos sanitários na área comum e nas unidades

A substituição das torneiras da área comum por torneiras com fechamento automático e a instalação de vasos sanitários com comando duplo poderão ser feitas gradualmente, sendo o assunto levado para assembleia, sem necessidade de quórum qualificado para a aprovação, pois a ação trará redução de despesas e o custo não será elevado se realizado de forma gradual. Mesmo assim, é importante o assunto ser debatido em assembleia, pois serão documentadas em ata todas as ações a serem realizadas pelo síndico, quanto será investido e que modelos serão adquiridos. O valor aplicado nessa iniciativa também será pago, certamente, pela futura redução obtida no consumo de água.

Já a troca desses itens no interior das unidades residenciais demanda muito mais cuidado, pois vai impactar no acabamento de cada unidade. O assunto poderá ser levantado de início com uma pesquisa formalizada para os moradores, por meio da qual sejam feitas sugestões. Após a tabulação dos dados, o síndico deverá mostrar a conclusão em assembleia para ampliar os debates e tentar sensibilizar os moradores sobre os resultados positivos dessa ação, que poderá ser realizada também gradualmente; por exemplo, todas as futuras reformas deverão incorporar as novas tecnologias.

Redutores ou restritores de vazão

Já existem no mercado produtos que trazem redução no consumo de água, como o redutor de vazão para torneiras e chuveiros.

Trata-se de uma pequena peça de plástico colocada na torneira antes da instalação. Ela faz com que o limite de vazão nunca seja ultrapassado, evitando que pessoas distraídas ou sem consciência ambiental desperdicem água. O potencial econômico dos restritores depende da vazão atual das torneiras e chuveiros utilizados, podendo chegar até a 80%.

Na área comum, o síndico poderá fazer as alterações sem a necessidade de consultar uma assembleia, pois o custo é muito pequeno; porém, é importante que o assunto faça parte de uma assembleia no sentido de documentar as ações sustentáveis que a gestão está adotando, bem como mostrar os resultados positivos já obtidos. Esses resultados servirão de incentivo para que os moradores também adotem a ideia e permitam que seja feita a instalação no interior das unidades.

Reúso de água

O reúso de água foi incluído como mais uma alternativa para a redução do consumo de água potável, que, se usada de forma irresponsável, pode comprometer a disponibilidade para as gerações futuras.

No Brasil*, há um descompasso entre a legislação e as normas existentes que visam dar suporte às ações sustentáveis e às necessidades reais, em função de estas evoluírem rapidamente. Exemplo disso é o fato de ainda não haver normas para implantação de sistemas de coleta e reúso de águas cinza (águas que foram utiliza-

---

* O leitor deverá buscar as normas municipais e estaduais da sua localidade.

das em lavatórios, chuveiros, máquinas de lavar roupa) e negras (esgoto). Os engenheiros têm utilizado como referência o Manual de Conservação e Reúso de Água em Edificações do Sinduscon-SP (Sindicato da Indústria da Construção Civil do Estado de São Paulo), a NBR nº 13.969/1997 da ABNT – Tanques Sépticos: Unidades de Tratamento Complementares e Disposição Final dos Efluentes Líquidos e a Resolução CNRH (Conselho Nacional de Recursos Hídricos) nº 54/2005. Por outro lado, a Lei Municipal nº 14.018, de 28 de junho de 2005, regulamentada pelo Decreto nº 47.731, de 28 de setembro de 2006, alterado pela Lei nº 14.403, de 21 de maio de 2007, que institui o Programa Municipal de Conservação e Uso Racional da Água em Edificações, ainda não esclarece todas as dúvidas sobre o assunto. Para o contexto, é importante destacar os seguintes artigos:

> **Art. 1º** Fica instituído o Programa Municipal de Conservação e Uso Racional da Água e Reúso em Edificações, que tem por objetivo instituir medidas que induzam à conservação, uso racional e utilização de fontes alternativas para a captação de água e reúso nas novas edificações, bem como a conscientização dos usuários sobre a importância da conservação da água.
>
> § 1º O Programa abrangerá também os projetos de construção de novas edificações de interesse social.
>
> § 2º Os bens imóveis do Município de São Paulo, bem como os locados, deverão ser adaptados no prazo de 10 (dez) anos.
>
> § 3º O Programa abrangerá, dentre outras, as edificações de uso residencial, comercial, institucional (de propriedade pública ou particular), de prestação de serviços e industrial na forma e nas condições estabelecidas em legislação municipal específica a ser editada.

Os condomínios novos que tenham em sua concepção ideias sustentáveis incluem a possibilidade de aproveitar as águas de chuva e as águas cinza. Porém, alguns cuidados precisam ser adotados:

Reúso da água de chuva – A água da chuva pode ser utilizada na lavagem de carros, de pisos na área comum e na irrigação do jardim. Além da economia de água, essa atitude também colaborará para reduzir as enchentes nos grandes centros urbanos. Para implantar esse sistema, é necessário um projeto detalhado elaborado por engenheiro hidráulico, que atenda à NBR nº 15.527/2019 da ABNT (Água de Chuva – Aproveitamento de Coberturas em Áreas Urbanas para Fins não Potáveis).

• Resumo do funcionamento:
  o A água da chuva, coletada pelas calhas no telhado do edifício, será armazenada em uma caixa no térreo ou subsolo.

- Os primeiros litros ou os primeiros quinze minutos de chuva servirão para lavar o telhado.
- Essa água passará por um filtro para reter parte da sujeira, como folhas e outros detritos que estejam no telhado; em seguida, recomenda-se que seja feita a remoção de matéria orgânica.
- Para evitar a proliferação de fungos, também deverá ser feita a desinfecção, utilizando-se, por exemplo, cloro, aplicação de raios ultravioleta e ozônio.
- Faz parte do sistema a instalação de bomba de recalque, que enviará água da cisterna para ser usada nas áreas destinadas, geralmente torneiras instaladas no térreo e subsolo.

• Pontos relevantes do projeto:
- Devem-se evitar conexões cruzadas, de modo a não haver qualquer contato entre as tubulações de água potável e as de água tratada para reúso.
- O sistema deverá ser totalmente independente para evitar a possibilidade de contaminação.
- A manutenção deverá ser feita periodicamente, dando especial atenção à limpeza.

Para a implantação desse sistema nos condomínios já existentes, o síndico deverá levar o assunto para ser debatido em assembleia, cuja pauta deverá ser específica. Por tratar-se de obra útil, pois trará benefícios e melhora no uso da água, a recomendação é ser aprovada por um quórum mínimo de 50% da totalidade do condomínio, e não dos presentes em assembleia.

Reúso de águas cinza – Como já foi supramencionado, ainda não existe uma norma própria para esse sistema, que poderá contribuir para a redução no consumo de água, sendo outro investimento com retorno garantido, o que possibilitará, após o seu pagamento, a redução do valor do condomínio.

• Resumo do funcionamento e cuidados:
- A água coletada das torneiras das pias, chuveiros e máquinas de lavar roupa será levada para uma cisterna exclusiva, localizada no subsolo, e, depois de tratada, bombeada para uma caixa superior, também exclusiva, localizada na cobertura, sendo distribuída unicamente para a limpeza dos vasos sanitários.
- As tubulações deverão ter cor diferenciada; por exemplo, lilás.
- A água que será distribuída deverá ter pigmentação na cor roxa.
- Os ambientes abastecidos por esse reservatório deverão ser sinalizados.
- Para evitar a proliferação de fungos, deverá ser feita a desinfecção, utilizando-se, por exemplo, cloro, aplicação de raios ultravioleta e ozônio.

o Deve-se ter redobrada atenção para evitar conexões cruzadas, de modo a não haver qualquer contato entre as tubulações de água potável e as de água tratada para reúso.

Essa opção exige um projeto hidráulico complexo e, em muitos casos, impossível de ser implantado nos condomínios antigos, não só pelo seu custo, mas também pela inadequação da estrutura predial.

Medição individual do consumo de água[*]

Segundo a Lei nº 14.026/2020, "As novas edificações condominiais adotarão padrões de sustentabilidade ambiental que incluam, entre outros procedimentos, a medição individualizada do consumo hídrico por unidade imobiliária, nos termos da Lei nº 13.312, de 12 de julho de 2016". Determina ainda que: "Os prédios, edifícios e condomínios que foram construídos sem a individualização da medição até a entrada em vigor da Lei nº 13.312, de 12 de julho de 2016, ou em que a individualização for inviável, pela onerosidade ou por razão técnica, poderão instrumentalizar contratos especiais com os prestadores de serviços, nos quais serão estabelecidos as responsabilidades, os critérios de rateio e a forma de cobrança".

A leitura individualizada consiste na instalação de um medidor de consumo de água por apartamento, possibilitando que cada apartamento pague pelo seu consumo real. Há várias vantagens na implantação do sistema; entre eles estão: tornar a divisão mais justa; minimizar os desperdícios, devido ao fato de grande parte do controle passar para as unidades, ficando para o condomínio controlar a parte comum; e facilitar a localização de vazamentos internos, pois o próprio morador poderá acompanhar mensalmente o consumo da sua unidade e incentivar a economia de água no edifício.

Além dessas vantagens, muitas empresas têm confirmado a possibilidade de corte no consumo para os inadimplentes. Essa posição ainda é muito discutida, havendo diferentes opiniões, inclusive entre os juízes. A posição predominante defende que o corte somente poderá ser feito pela concessionária, em função do Decreto Estadual de São Paulo nº 41.446, de dezembro de 1996, que determina:

Art. 19. A falta de pagamento de uma fatura/conta até a data do vencimento facultará à Sabesp suspender o fornecimento de água, sem prejuízo da cobrança dos débitos pendentes.

---

[*] Foram realizadas entrevistas com as seguintes empresas: <www.sabesp.com.br>; <www.blockardobrasil.com.br> e <www.adts.com.br>.

Mesmo existindo essa possibilidade legal do corte pela concessionária, alguns juízes consideram a medida ilegal, impedindo o corte do consumo de água do inadimplente.

Para os edifícios já existentes, cujo projeto não foi concebido com a possibilidade da individualização, é necessário que o síndico ou uma comissão analisem o projeto com muita cautela. Caso o edifício esteja localizado em São Paulo, o síndico poderá inicialmente recorrer às empresas credenciadas pela Sabesp para realizar um estudo sobre a viabilidade de implantar um sistema que atenda às exigências da concessionária, podendo, assim, haver emissão de conta individual pela própria Sabesp, corte do fornecimento quando a unidade não fizer o pagamento, e análise e aprovação do projeto feito pela empresa credenciada, antes da execução, visando à melhor qualidade do serviço.

Dentre as solicitações da Sabesp, as mais relevantes são: os medidores deverão estar em área comum; não poderão estar instalados no forro; o local onde os medidores serão instalados deverá ficar trancado e com acesso restrito, visando evitar vandalismo e garantir a integridade do sistema. O projeto terá como embasamento a NBR nº 15.806, de 23 de fevereiro de 2010, da ABNT – Sistemas de Medição Predial Remota e Centralizada de Consumo de Água e Gás, que passou por revisão em 2016. Mesmo não sendo possível realizar a individualização atendendo às normas da Sabesp, a empresa contratada deverá atender à NBR nº 15.806/2010.

Uma das possibilidades para realizar a obra em edifícios antigos é a instalação dos medidores individuais no barrilete ou *hall* de serviço e a unificação das prumadas internas. Outra alternativa é instalar os medidores em cada prumada dentro das unidades, por exemplo: banheiro das suítes, social e de empregada, cozinha e área de serviço. A assembleia deverá analisar o custo-benefício em função de a obra ser longa e causar muitos transtornos aos moradores.

Realizar a individualização é um projeto que exige muita responsabilidade da empresa contratada, que deverá ter um engenheiro com especialização em hidráulica. Este deverá emitir e recolher uma ART (Anotação de Responsabilidade Técnica). Esses cuidados são necessários, pois o sistema hidráulico do prédio será alterado e, se o profissional não for competente, a obra poderá gerar muitos problemas para o condomínio.

Algumas informações e documentos não podem faltar no projeto. Segundo a NBR nº 15.806, entre eles estão:

- memorial descritivo, com vazão e cálculo da perda de carga;
- descrição detalhada de todos os instrumentos, equipamentos e materiais utilizados (*hardware* e *software*);
- dimensionamento das tubulações e medidores;
- manual de operação e manutenção do sistema de medição remota (SMR);

- declaração de inspeção de componentes de SMR adquiridos de terceiros;
- certificados dos ensaios, simulações e inspeções feitas no SMR instalado no local;
- cópia das anotações de responsabilidade técnica (ART) de projeto, equipamentos e sistemas, e execução da instalação do SMR;
- projeto final (desenho esquemático) das instalações do SMR, para o edifício em questão, detalhando a localização dos componentes situados em área comum, assim como o tipo de material utilizado.

Cuidados na contratação da empresa:
- as empresas participantes da licitação deverão ter um engenheiro certificado pelo Programa de Certificação Profissional (Proacqua);
- é preciso verificar a situação da empresa, principalmente no Procon, na Justiça do Trabalho, na Receita Federal, assim como na Prefeitura, no Estado, no INSS, em cartórios de protesto, e *sites* de denúncia, visando encontrar uma empresa qualificada e responsável, dado que o valor da obra é elevado;
- o contrato de prestação de serviços deverá referir-se a todos os itens do projeto e estabelecer um cronograma da obra, além do prazo de garantia do serviço, e especificar também o prazo de garantia dos medidores e quando deverão ser obrigatoriamente trocados,* visando assegurar a veracidade da medição. Também é preciso esclarecer se essa substituição será feita sem custo, em virtude do contrato de manutenção e acompanhamento que será mantido com a empresa;
- os pagamentos deverão ser feitos de acordo com a entrega prevista no cronograma e mediante nota fiscal;
- caso não seja possível adotar o sistema da Sabesp, verificar se o *software* utilizado pela empresa contratada, que fará a emissão do relatório com a lista dos apartamentos e seus respectivos consumos, pode ser integrado ao *software* da administradora, via internet. Se isso não for possível, é necessária muita atenção na hora de transportar os dados, pois há a possibilidade de erro;
- deverá também ser esclarecido em contrato como será feita a migração para outra empresa que tenha o sistema compatível caso a empresa contratada saia do mercado ou o condomínio não esteja satisfeito com seus serviços;
- verificar quais serviços estão inclusos no preço cobrado e quais não estão.

---

* A Sabesp recomenda a troca a cada cinco anos.

O sistema de individualização geralmente oferece:

- coleta automatizada;
- transmissão remota;
- armazenamento e entrega de dados on-line, por meio da internet;
- medição e acompanhamento de consumo diário;
- antecipação do valor da fatura mensal;
- geração de contas individuais;
- possibilidade de faturamento a distância;
- detecção de vazamento e fraudes;
- identificação de anomalias de consumo e medidor parado;
- monitoramento dos perfis de consumo;
- corte e religamento remotos;
- hospedagem segura das medições;
- proteção do sistema contra surtos e descargas atmosféricas;
- medidores que atendam a Portaria nº 246 do Inmetro, de 17 de outubro de 2000, a qual foi atualizada pela Portaria nº 436, de 16 de novembro de 2011, devendo ser instalados na posição horizontal se forem de classe BH e na posição vertical se forem CV, para não alterar a veracidade da medição. O medidor nunca deve ser instalado com o visor voltado para o chão ou inclinado, posições que afetam a medição. Deverá possuir dispositivo que permita a lacração de maneira a assegurar sua inviolabilidade;
- o concentrador (parte da central de operações e coleta de dados do Sistema de Medição Remota) instalado permanentemente em área comum de livre acesso, protegida de intempéries, de forma a permitir sua conexão com o sistema de coleta de dados e auditagem;
- relatórios de gestão.

Após o síndico ter a informação positiva da viabilidade do projeto, deverá convocar uma assembleia para que haja análise e deliberação entre os condôminos. Quanto ao quórum necessário para essa aprovação, há ainda muitas controvérsias, mas têm sido a maioria os que recomendam o quórum da maioria dos condôminos, ou seja, 50% da totalidade, e não apenas dos presentes em assembleia, considerando a classificação como obra útil, conforme art. 1.341, II, do Código Civil.

Churrasqueira ecológica

Para muitos moradores, a área da churrasqueira é a melhor área do condomínio. Por ser utilizada com frequência, faz-se necessária a manutenção de uma agenda para organizar o número de solicitações. Hoje, o agendamento poderá ser feito via sistema de reserva de espaço, disponibilizado por algumas administradoras ou instalado no *site* do condomínio, como um aplicativo.

Esse passatempo consome muitos quilos de carvão quando a churrasqueira for tradicional, o que demanda, indiretamente, a derrubada de muitas árvores que em diversos casos utiliza mão de obra infantil em parte do processamento.

A alternativa de tornar ecológico o sistema de aquecimento da churrasqueira – que substituiria o carvão pela pedra vulcânica associada ao gás – possibilita muitas vantagens, tais como:

- maior comodidade e facilidade;
- redução da emissão de fumaça, além da não produção de cinzas;
- absorção de grande parte da gordura; as mesmas pedras podem ser utilizadas por dez a quinze vezes, com a mesma eficiência (dependendo do tipo da carne);
- descarte ecologicamente correto das pedras quando não puderem mais ser utilizadas: as pedras saturadas de gordura devem ser moídas, e o pó resultante desse processo pode ser utilizado para enriquecer o solo.

Devem-se adotar alguns cuidados na compra das pedras vulcânicas:

- as pedras devem ser isentas de enxofre, porque, além de tal substância ser tóxica ao meio ambiente, contamina a carne, tornando-a tóxica e produzindo odor desagradável;
- a embalagem das pedras deve ser adequada e, nela, precisam constar as instruções de uso;
- o fornecedor deverá se responsabilizar pela origem das pedras. Para tanto, é fundamental que a empresa esteja devidamente estabelecida e seja confiável.

Essa iniciativa deverá ser levada para assembleia específica, a fim de que os condôminos analisem o projeto e deliberem sobre ele. A instalação do sistema de gás é que poderá ser o mais complicado e custoso, pois dependerá da distância até a central de gás para que seja feita a conexão da tubulação. Também é recomendada a aprovação em assembleia com maioria dos condôminos, que envolva a totalidade e não apenas os presentes, pois essa adaptação modificará o sistema da churrasqueira atual.

15

Saiba se seu condomínio é bem administrado

Contexto

Depois de mais de vinte anos de pesquisa, de trabalho em sala de aula, de atendimento às consultas de internautas e de palestras em todo o país, percebo claramente que muitos síndicos, e, principalmente, moradores ainda não sabem avaliar se a administração do condomínio está sendo eficiente, se atende às normas e se aplica boas práticas administrativas. Essa percepção foi reforçada com a pesquisa que realizei para a monografia do MBA – Gestão de Facilidades, na USP, cujo tema foi "Avaliação de desempenho da administração de condomínios residenciais".

Muitos síndicos externam sua frustração por se dedicarem ao máximo, buscando com a empresa administradora realizar um bom trabalho, mas não conseguindo fazer isso transparecer aos moradores, que criticam coisas sem muita importância, não valorizando as demais ações fundamentais que são adotadas para preservar o patrimônio e a segurança. Por outro lado, os moradores desconhecem totalmente as responsabilidades que envolvem a gestão de condomínio, os riscos inerentes, a complexidade e as várias áreas envolvidas. Cobram, muitas vezes de forma contundente, quando não há transparência ou quando são gritantes as irregularidades ou arbitrariedades, como: não prestar contas e realizar obras sem aprovação de assembleia.

O volume de conteúdo colocado neste livro demonstra que o síndico, para fazer uma gestão eficiente, precisa ter conhecimento, em função da diversidade de assuntos. Além disso, ele precisa contratar uma empresa que tenha o comprometimento formal de cumprir todas as normas mencionadas, que faça sugestões para a redução de custos e reformas, visando à valorização do patrimônio, bem como elabore uma previsão orçamentária possível de ser cumprida. Deve também preocupar-se com a transparência e atender as expectativas dos moradores, que variam de condomínio para condomínio.

Objetivos

Diante desse quadro, uma das propostas deste capítulo é trazer informações embasadas na minha monografia, no trabalho que realizo como consultora e professora, que permitam aos síndicos, moradores e administradoras avaliarem a qualidade do trabalho, segundo o critério de prioridades estabelecidas nessa pesquisa realizada no MBA. Por meio dela será possível identificar, por exemplo, se a administração tem atendido as principais exigências legais, se os gestores são éticos, se há clareza na prestação de contas, se o ambiente do condomínio é harmonioso e assim por adiante.

Os resultados apontados em cada item de interesse permitirão aos gestores estabelecerem metas, monitorá-las, bem como as ações corretivas pontuais, o que contribuirá para maior eficiência e a adoção de boas práticas na gestão. Por outro lado, os moradores terão condições reais de analisar com mais informações o desempenho dos administradores (síndico e administradora), pois a avaliação será uma importante ferramenta de decisão, que tornará possível comparar as diferentes gestões ao longo do tempo. Tal recurso oferece, entre outros, argumentos para a substituição do administrador quando os resultados obtidos apresentarem discrepâncias com o desejado pela maioria. As consequências serão muito positivas, dado que contribuirão para que haja um ambiente mais tranquilo, harmonioso e seguro, no qual os administradores terão maior respeito e reconhecimento. Além disso, haverá maior valorização do imóvel, em função de ter sido percebido pelos moradores e funcionários, por exemplo, que as manutenções foram adequadas, comprovando de forma prática e visível os cuidados e o cumprimento de todas as exigências operacionais e legais.

Metodologia

Para chegar aos itens mais relevantes, que demonstrem a eficiência da gestão, foram levantados importantes conceitos existentes no mercado sobre avaliação de desempenho e gestão da qualidade, frequentemente utilizados nas empresas industriais e comerciais, sendo recentemente também aplicados às prestadoras de serviços.

Em seguida, a pesquisa utilizou técnica de questionário para identificar, na visão dos moradores, as principais expectativas relativas a uma gestão eficiente. Alguns itens foram predefinidos no questionário, havendo ainda a possibilidade de incluir outros que os moradores julgassem relevantes. Além dessas informações, os respondentes deveriam classificar as expectativas conforme o grau de importância. Os itens propostos, em ordem alfabética, foram quinze:

1. Ambiente harmonioso.
2. Ações embasadas na Convenção e Regulamento Interno.

3. Bom atendimento da administradora.
4. Bom atendimento dos funcionários.
5. Baixa inadimplência.
6. Imparcialidade do síndico.
7. Honestidade e ética na gestão.
8. Limpeza geral.
9. Manutenção bem realizada.
10. Organização das assembleias.
11. Segurança contra entrada de intrusos.
12. Segurança contra incêndio.
13. Transparência.
14. Valor adequado de condomínio.
15. Valorização patrimonial.
16. Outros (especificar).

Resultados da pesquisa

Para facilitar a identificação do grau de importância das ações administrativas mais eficazes, os resultados percentuais foram colocados de forma decrescente, conforme demonstrado na tabela a seguir:

Grau de importância em ordem decrescente

Itens	%
1º Honestidade e ética na gestão	7,059
2º Segurança contra a entrada de intrusos	7,031
3º Segurança contra incêndio	7,012
4º Ações embasadas na Convenção e no RI	6,812
5º Transparência	6,802
6º Baixa inadimplência	6,755
7º Imparcialidade do síndico	6,745
8º Manutenção bem realizada	6,717
9º Bom atendimento dos funcionários	6,622
10º Valorização patrimonial	6,593
11º Valor adequado de condomínio	6,546
12º Limpeza geral	6,498
13º Bom atendimento da administração	6,498
14º Organização das assembleias	6,222
15º Ambiente harmonioso	6,089
	100,00

Essa classificação evidencia que, na visão dos respondentes, os cinco itens fundamentais para que a administração seja considerada eficaz foram, respectivamente: "Honestidade e ética na gestão", "Segurança contra a entrada de intrusos", "Segurança contra incêndio", "Ações embasadas na Convenção e no Regulamento Interno" e "Transparência".

O primeiro item considerado o mais importante, "Honestidade e ética na gestão", demonstra que há, portanto, preocupação dos moradores para que os administradores sejam éticos, íntegros, que adquiram produtos e realizem obras com preços adequados, com ótima qualidade, sem que haja benefícios individuais. De forma direta, pode-se concluir que não deverá haver "corrupção" na gestão. O segundo e o terceiro lugares, ocupados pelos itens "Segurança contra a entrada de intrusos" e "Segurança contra incêndio", evidenciam a consciência e a preocupação com relação à segurança que precisa existir no condomínio. O quarto lugar, "Ações embasadas na Convenção e Regulamento Interno", por sua vez, demonstra a clara preocupação dos moradores relacionados às ações da administração, que não devem ser aleatórias, mas seguir o que foi pré-acordado com os condôminos desde a implantação. O quinto lugar, "Transparência", indica que os moradores esperam o recebimento mensal dos demonstrativos financeiros, e que estes sejam claros, de fácil compreensão, bem como a facilidade de acesso às pastas de prestação de contas.

Detalhamento dos itens para a avaliação

Segue abaixo o detalhamento dos quinze itens que foram elencados como prioritários para uma gestão eficaz, os quais os leitores poderão utilizar como guia para uma autoavaliação, sendo possível baixar toda a avaliação no *link*: www.ocondominio.com.br/modelos.

1. Honestidade e ética na gestão	SIM	NÃO
1.1. As decisões não rotineiras são adotadas junto com o conselho ou assembleias, dependendo do grau de importância e os custos envolvidos.		
1.2. As compras são realizadas com notas fiscais em nome do condomínio. Em caso raros, o uso de cupons fiscais possuem o nº do CNPJ do condomínio e nunca são apresentados como comprovantes de despesas recibos de máquinas de cartão de crédito.		
1.3. Os serviços são realizados mediante contrato e emissão de nota fiscal ou recibo detalhado, no caso de autônomos não inscritos na Prefeitura.		
1.4. As compras ou serviços são precedidos de escopo claro e por licitações com no mínimo três orçamentos, sendo permitida a participação de empresas indicadas pelos moradores.		

1.5. O síndico, subsíndico e conselheiros não aceitam presentes ou benefícios vindos de fornecedores.		
1.6. Não há a contratação de funcionários ou empresas com algum vínculo pessoal com o síndico, subsíndico ou conselheiros.		
1.7. O síndico não utiliza procurações para se reeleger ou aprovar suas contas.		

2. Segurança contra a entrada de intrusos	SIM	NÃO
2.1. CFTV com gravação.		
2.2. Monitoramento a distância, 24 horas, por empresa especializada em segurança, complementando o trabalho do porteiro.		
2.3. Cerca perimetral monitorada a distância, 24 horas, por empresa especializada.		
2.4. Botão de pânico na portaria, monitorado por empresa especializada.		
2.5. Guarita blindada.		
2.6. Portões duplos (clausura) na entrada social com intertravamento.		
2.7. Portões duplos (clausura) na entrada da garagem com intertravamento.		
2.8. Normas de segurança aprovadas em assembleia para funcionários e moradores.		
2.9. Funcionários treinados sobre segurança.		
2.10. Sistema de interfones.		
2.11. Sistema eletrônico de monitoramento do vigia (acorda vigia).		
2.12. A portaria permanece fechada, o tempo todo, sem que haja contato físico com os visitantes ou moradores.		
2.13. As encomendas e correspondência são entregues sem que o porteiro tenha que sair da portaria.		
2.14. Os carros dos moradores possuem identificação, sem mencionar o nome do condomínio.		
2.15. Os visitantes entram no condomínio após autorização dos moradores e a anotação do documento de identificação.		
2.16. Todos os prestadores de serviço são identificados e o número do documento anotado.		
2.17. Os entregadores não têm acesso ao interior do condomínio.		

3. Segurança geral e contra incêndio	SIM	NÃO
3.1. Extintores – inspeção anual com atestado.		
3.2. Extintores – cilindros – inspeção a cada cinco anos com atestado.		
3.3. Mangueira – inspeção semestral – realizada pelo funcionário do condomínio, para verificação da metragem, sendo rejeitadas as que apresentarem diferenças de 2%.		
3.4. Mangueira – teste hidrostático anual com atestado.		
3.5. Iluminação de emergência – teste quinzenal feito pelo zelador.		

3.6. Iluminação de emergência – baterias – teste trimestral, verificação da carga total feita pelo zelador.		
3.7. Iluminação de emergência – inspeção anual com avaliação das baterias ou gerador com atestado e ART, realizada por profissional habilitado.		
3.8. Instalações elétricas – inspeção realizada de acordo com o vencimento do AVCB (1, 2, 3 ou 5 anos) com atestado e ART, realizada por profissional habilitado.		
3.9. Para-raios – teste de continuidade, semestral, com atestado e ART, realizado por profissional habilitado.		
3.10. Para-raios – inspeção completa a cada ano, em áreas litorâneas e estrutura que contenha munição ou explosivos; com atestado e ART; três anos – para as demais estruturas, com atestado e ART; imediata – após a suspeita de ter ocorrido uma queda de raio, com atestado e ART.		
3.11. Área de circulação – inspeção diária e as áreas devem estar sempre livre de objetos.		
3.12. Gás – inspeção diária da central – para identificação de possíveis vazamentos nos medidores.		
3.13. Gás – inspeção da central anual com atestado e ART.		
3.14. Gás – rede de distribuição – inspeção realizada de acordo com o vencimento do AVCB (1, 2, 3 ou 5 anos) com atestado e ART, realizada por profissional habilitado.		
3.15. Brigada de Incêndio – curso anual com atestado.		
3.16. Bombas de incêndio – teste de acionamento – quinzenal feito pelo zelador.		
3.17. Seguro – renovação anual.		
3.18. AVCB* – Atestado de Vistoria do Corpo de Bombeiros do Estado de São Paulo – renovação a cada ano – edifícios desocupados ou que não possa ser fornecido Atestado de Brigada de Incêndio; dois anos para locais de reunião de público; três anos para edifícios com mais de 60 m de altura ou quando não houver especificação na Instrução Técnica do Bombeiro; e cinco anos para edificações residenciais até 60 m de altura.		
3.19. Portas corta-fogo – inspeção anual para adequar o fechamento e regulagem das molas, com atestado fornecido por empresa qualificada.		
3.20. Portas corta-fogo – inspeção mensal para verificar o fechamento adequado, feita pelo zelador.		
3.21. Portas corta-fogo – inspeção semestral – lubrificação.		
3.22. Alarme de incêndio** – teste de funcionamento, em horário adequado – mensal, feito pelo zelador.		
3.23. Alarme de incêndio – inspeção anual com atestado e ART, realizado por empresa qualificada, com o teste de circuitos, conexões elétricas, terminais, fiação, fusíveis etc.		
3.24. Sistema de ventilação das escadas – inspeção trimestral feita pelo zelador.		

*   A Instrução Técnica nº 1, Tabela I, relaciona todas as ocupações/uso e os respectivos prazos para renovação.
**   Alarme de incêndio – Para os edifícios residenciais antigos que não possuem esse tipo de alarme poderá ser aceito pelos bombeiros a instalação de interfone e portaria 24 horas.

3.25. Termográfica dos disjuntores – inspeção anual com atestado e ART, empresa habilitada.		
3.26. Elevadores – avaliação mensal, principalmente do sistema de emergência, empresa habilitada.		
3.27. Gerador – inspeção anual de estanqueidade do tanque de combustível com atestado e ART.		
3.28. Gerador – teste semanal de funcionamento pelo zelador.		
3.29. Lista de moradores com dificuldade de locomoção temporária ou definitiva – manter na portaria lista atualizada, para informação dos bombeiros em caso de incêndio.		
3.30. Elaboração de procedimentos contra incêndio e emergência para serem fixados na portaria e área comum.		
3.31. Informativo sobre a utilização de produtos inflamáveis.		
3.32. Manutenção em arquivo de todos os planos de obra e ART referentes às reformas nos apartamentos e áreas comuns – NBR 16.280/2014.		
3.33. Inspeção estrutural – recomendada a cada cinco anos.		

4. Ações embasadas na Convenção, Regulamento Interno, Legislação e Normas em geral	SIM	NÃO
4.1. Todas as obras e benfeitorias de valor elevado que não estão previstas no orçamento anual das despesas ordinárias são realizadas após aprovação em assembleia.		
4.2. As assembleias são convocadas e realizadas de acordo com a Convenção.		
4.3. As multas e advertências são aplicadas de acordo com a Convenção e o Regulamento Interno.		
4.4. Os rateios são realizados após aprovação de assembleia.		
4.5. Os quóruns para aprovação das obras são respeitados.		
4.6. Todas as retenções (11% de INSS e 5% de ISS) e contribuição patronal (20% de INSS) referente aos serviços de autônomos são recolhidas, conforme a lei.		
4.7. Todas as retenções (11% de INSS e 5% de ISS) e contribuição patronal (20%) referente à isenção e à remuneração do síndico são recolhidas, conforme a lei.		
4.8. É feita verificação sobre a emissão das notas fiscais de serviço, principalmente no enquadramento e valores retidos, conferindo os recolhimentos respectivos.		

5. Transparência	SIM	NÃO
5.1. Distribuição mensal dos demonstrativos financeiros (balancetes).		
5.2. Possibilitar acesso às pastas de prestação de contas e outros documentos do condomínio.		
5.3. As pastas de prestação de contas mensal são digitalizadas e disponibilizadas no *site* do condomínio ou da administradora.		

5.4. Distribuir relatório de prestação de contas junto com a convocação da assembleia de prestação de contas.		
5.5. Entregar periodicamente circulares com informações sobre a administração, principalmente referentes à área financeira.		
5.6. Os principais direitos e deveres dos moradores são periodicamente divulgados.		
5.7. Realizar pelo menos uma vez por mês reunião com o subsíndico e conselheiros.		
5.8. Possibilitar que os moradores participem ocasionalmente da reunião do conselho.		
5.9. Elaborar ata das reuniões do conselho.		
5.10. Os rateios são realizados após aprovação de assembleia.		
5.11. Estabelecer comissões de moradores com conhecimento técnico para acompanhar assuntos específicos (RH, manutenção, obras etc.).		
5.12. Contratação periódica de serviço de auditoria independente.		
5.13. Há um jornal interno com distribuição regular.		
5.14. O síndico, subsíndico e conselheiros não utilizam procurações para se elegerem, aprovar as suas contas e orçamentos para a contratação de produtos e serviços.		
5.15. Ter procedimentos preestabelecidos para todas as atividades do condomínio.		
5.16. No caso de conflito entre os moradores que o síndico não consiga neutralizar é recomendada a mediação por um profissional externo, antes de entrarem com ação judicial.		

6. Baixa inadimplência	SIM	NÃO
6.1. Logo após o vencimento, a administração já entra em contato com o devedor.		
6.2. O valor da inadimplência mensal está em torno de 10% (total da inadimplência/valor da arrecadação).		
6.3. Todos os acordos são formalizados por escrito.		
6.4. A lista com os apartamentos devedores e seus respectivos valores é distribuída mensalmente junto com o demonstrativo financeiro (correspondência fechada para cada morador).		
6.5. O condomínio possui o CPF de todos os condôminos e endereço de todos que não residem no edifício.		

7. Imparcialidade do síndico	SIM	NÃO
7.1. Todos os moradores recebem a mesma atenção do síndico.		
7.2. As advertências e multas são aplicadas com igualdade.		

8. Manutenção bem realizada	SIM	NÃO
8.1. Antes da contratação de uma obra é feita uma especificação (escopo) detalhada por especialista.		

8.2. É feito levantamento sobre a situação legal e financeira da empresa a ser contratada.		
8.3. São solicitadas referências de clientes da empresa que participa da concorrência.		
8.4. São feitas visitas a alguns clientes da empresa que participa da concorrência, visando certificar a veracidade das informações.		
8.5. Todas as empresas selecionadas atendem em seus orçamentos as especificações (escopo) da obra.		
8.6. O contrato fechado com a empresa inclui todas as especificações da obra, bem como o atendimento às normas legais.		
8.7. Todos os pagamentos referentes aos serviços prestados são feitos mediante nota fiscal ou recibos com todos os dados do prestador (RPCI – Recibo de Pagamento ao Contribuinte Individual).		
8.8. Todos os pagamentos são feitos após atender a um cronograma da obra que foi definido em contrato.		
8.9. Emissão anual do Relatório de Inspeção Anual (RIA) para os elevadores, contendo o atestado e a ART.		
8.10. Elaboração e aprovação em assembleia de procedimentos referentes às reformas nos apartamentos e áreas comuns – NBR 16.280/2014.		
8.11. Registro dos hidrantes – lubrificação semestral.		
8.12. Limpeza das caixas d'água – semestral.		
8.13. Análise da água – semestral – realizada após a limpeza das caixas.		
8.14. *Playground* – inspeção visual diária, com anotação em agenda própria para esse fim, realizada pelo zelador.		
8.15. *Playground* – inspeção funcional a cada três meses – realizada por empresa especializada ou fornecedora.		
8.16. *Playground* – inspeção anual certificada, realizada por empresa especializada ou fornecedor.		
8.17. Interfone – verificação diária do sistema – pelo zelador.		
8.18. Aquecimento central – inspeção anual – por empresa qualificada.		
8.19. Aquecimento de passagem – interno nos apartamentos – inspeção anual – por empresa capacitada.		
8.20. Piscina – diária – limpeza e PH da água, por funcionário treinado.		
8.21. Piscina – análise da água – semestral, por empresa habilitada.		
8.22. Válvula redutora de pressão – anual – por empresa especializada.		
8.23. Obras realizadas no interior dos apartamentos e nas áreas comuns devem atender ao plano de obras, apresentado por profissional habilitado e recolhimento de ART, sendo arquivado pelo síndico, conforme NBR 16.280/2014.		

9. Bom atendimento dos funcionários	SIM	NÃO
9.1. Os funcionários são treinados periodicamente com ênfase no bom atendimento e na adoção das normas de segurança.		

	SIM	NÃO
9.2. São realizadas reuniões frequentes com a administração para ajustar as ações e objetivos.		
9.3. As atividades de cada um são distribuídas de acordo com uma programação e procedimentos predefinidos por escrito.		
9.4. É realizada periodicamente pesquisa com os moradores para avaliar o desempenho dos funcionários.		
9.5. O atendimento é feito de acordo com os procedimentos predefinidos por escrito.		
9.6. O atendimento é cordial e imparcial.		
9.7. Os funcionários são discretos e evitam comentários sobre os moradores.		

10. Valorização patrimonial	SIM	NÃO
10.1. É realizada a cada cinco anos pintura ou lavagem das fachadas.		
10.2. A manutenção da área comum é uma das prioridades da administração.		
10.3. A administração procura manter os equipamentos atualizados em relação às novas tecnologias.		
10.4. As obras de benfeitoria são planejadas com antecedência, permitindo a criação de um fundo.		

11. Valor adequado do condomínio	SIM	NÃO
11.1. O orçamento anual é elaborado com muita atenção, pelo síndico e administradora, visando evitar diferenças relevantes ao longo do ano que culminem com a alteração do valor do condomínio.		
11.2. As despesas são realizadas de acordo com orçamento aprovado em assembleia.		
11.3. O controle das despesas é feito mensalmente, sendo identificadas e justificadas as variações.		
11.4. Os funcionários somente realizam horas extras pré-programadas com o síndico.		
11.5. As férias dos funcionários são pagas de acordo com a legislação, não sendo permitido abono (trabalho em dobro) superior a 1/3 do tempo, conforme CLT.		
11.6. Todos os produtos e serviços adquiridos são precedidos de cotações de preço.		
11.7. É realizado controle diário do consumo de água, visando evitar vazamentos e desperdícios.		
11.8. É realizado controle diário do consumo de energia, com substituição das lâmpadas para as mais econômicas, como de LED.		

12. Limpeza geral	SIM	NÃO
12.1. Os funcionários seguem rigorosamente um mapa com a distribuição das atividades.		

12.2. Treinamento para os funcionários internos e externos.		
12.3. Limpeza dos ralos e grelhas das águas pluviais e calhas (mensal ou diariamente) em época de chuvas.		
12.4. Desinsetização e desratização a cada seis meses com atestado.		
12.5. Treinamento especial para o tratamento da piscina.		
12.6. Os produtos para limpeza são utilizados de acordo com a instrução do modo de usar.		
12.7. Não são utilizados para limpeza produtos que possam prejudicar a saúde dos funcionários, como ácido muriático.		
12.8. Os funcionários são instruídos e adotam as normas de segurança no trabalho e o uso dos Equipamentos de Proteção Individual (EPI), como: luvas, botas, máscaras etc.		
12.9. Equipamentos adequados para limpeza (carrinhos funcionais, lavadoras de piso, hidrojateadora, enceradeiras etc.), os quais são entregues mediante protocolo.		
12.10. Conhecimento do tipo adequado de produto para cada área a ser limpa.		

13. Bom atendimento da administração	SIM	NÃO
13.1. O síndico estabelece um horário de atendimento pessoal para os moradores e funcionários.		
13.2. O síndico possibilita o agendamento de um horário para o atendimento dos moradores.		
13.3. Existe uma caixa de sugestões e críticas.		
13.4. As ocorrências registradas no livro são prontamente respondidas.		
13.5. Há imparcialidade no atendimento do síndico e da administradora.		
13.6. A administradora, quando acionada, procura esclarecer os moradores com rapidez.		
13.7. A administradora é cortês no atendimento.		
13.8. Os administradores se posicionam como conciliadores das opiniões dos moradores, desde que não confrontem a legislação.		
13.9. É divulgado um endereço de *e-mail* do síndico para atendimento dos moradores.		

14. Organização das assembleias	SIM	NÃO
14.1. É realizada pesquisa de opinião para identificar o horário e o tempo de duração mais adequado para as assembleias.		
14.2. Os assuntos que serão debatidos são resumidos e enviados com antecedência junto com a convocação da assembleia, principalmente as assembleias de prestação de contas, quando é enviado um relatório com o movimento do período.		
14.3. Prática do voto secreto, principalmente para as questões polêmicas e eleição do síndico e conselheiros.		
14.4. Os administradores preparam-se e buscam conhecimento sobre os assuntos que serão abordados.		

	SIM	NÃO
14.5. A sala de reunião é arrumada de forma que haja conforto para os participantes (ventilação, luminosidade, cadeiras etc.).		
14.6. Os administradores evitam tumulto nas reuniões.		
14.7. A convocação é distribuída dentro do prazo estipulado pela Convenção.		
14.8. A ata da assembleia é distribuída dentro do prazo estipulado pela Convenção.		

15. Ambiente harmonioso	SIM	NÃO
15.1. Os administradores preocupam-se em neutralizar os conflitos entre os moradores, e quando não conseguem indicam profissionais externos para que haja a mediação antes que seja estabelecido um procedimento judicial.		
15.2. É incentivada a realização de festas de confraternização.		
15.3. Há o incentivo para a utilização da área de lazer, como a realização de competições esportivas e cursos de idiomas.		
15.4. As advertências escritas e multas são emitidas após advertência verbal, sendo possibilitada a defesa em assembleia.		
15.5. Os funcionários são respeitados e respeitam os moradores.		

16

Dúvidas frequentes na administração de condomínios

1) No condomínio é permitida a manutenção de animais, mesmo que o Regulamento proíba?

Hoje existem muitas decisões judiciais a favor da manutenção dos animais, *desde que não incomodem os vizinhos* no que diz respeito a sossego, segurança, higiene e saúde. Os juízes embasam essas decisões nas seguintes legislações:

> **Constituição Federal, art. 5º, XXII**: "É garantido o direito de propriedade".
> **Lei nº 4.591/1964, art. 19**: "Cada condômino tem o direito de usar e fruir, com exclusividade, de sua unidade autônoma, segundo suas conveniências e interesses, condicionados, umas e outros, às normas de boa vizinhança, e poderá usar as partes e coisas comuns de maneira a não causar dano ou incômodo aos demais condôminos ou moradores, nem obstáculo ou embaraço ao bom uso das mesmas partes por todos".

Jurisprudência

> Proibição de animais em condomínio deve ser relativizada
> Os termos das convenções condominiais proibindo a presença de animais devem ser relativizados. A decisão, unânime, é da 18ª Câmara Cível do Tribunal de Justiça, ao prover apelo de moradores de um prédio em Novo Hamburgo, que postularam o direito de ter no apartamento um cão da raça chow-chow, de porte médio, apesar de as normas condominiais permitirem somente a permanência de animais de pequeno porte.
> O relator do recurso no TJ, Desembargador José Francisco Pellegrini, manifestou-se contrário à aplicação literal da convenção, uma vez que o porte do animal, por si, não define sua periculosidade ou a perturbação que possa trazer ao condomínio. "Relativizando-se a norma condominial, que não pode retirar o direito do condômino de ter consigo a companhia de animal que escolha, resta dar-lhe a interpretação razoável que garanta, em todo caso, o direito dos demais condôminos à higiene, segurança e sossego".

O voto foi integralmente acompanhado pelos Desembargadores Cláudio Augusto Rosa Lopes Nunes e André Luiz Planella Villarinho. Proc. 70003306156. Decisão de 7 de março de 2002.
Fonte: Tribunal de Justiça do Estado do Rio Grande do Sul (www.tj.rs.gov.br).

Somente poderá haver vedações da permanência em caso de animais que causem transtornos ao condomínio e aos moradores, como barulho, agressividade e ameaça à saúde pública. Neste caso, o legislador vai apoiar sua decisão nos seguintes itens da legislação:

> **Lei nº 4.591/64, art. 10**: "É defeso a qualquer condômino: [...] III – destinar a unidade à utilização diversa da finalidade do prédio, ou usá-la de forma nociva ou perigosa ao sossego, à salubridade e à segurança dos demais condôminos; [...]".
> **Lei nº 10.406/2002 (Código Civil), art. 1.277**: "O proprietário ou o possuidor de um prédio tem o direito de fazer cessar as interferências prejudiciais à segurança, ao sossego e à saúde dos que o habitam, provocadas pela utilização de propriedade vizinha".

A forma de manter e transportar os animais no condomínio deverá ser definida em uma assembleia especialmente convocada para esse fim. Poderão os moradores decidir, por exemplo, que os animais deverão ser transportados, na área comum, no colo ou em recipientes apropriados para esse fim e que deverão utilizar o elevador de serviço, sendo, em muitos casos, proibida a permanência na área comum.

Quando houver espaço no condomínio, os moradores poderão deliberar pela criação de uma área apropriada aonde possam levar os cães para um passeio ("cachorródromo"), sem que tenham a necessidade de ir para a rua. Deverão também estabelecer regras para o uso desse espaço, e, é claro, os dejetos deverão ser recolhidos pelos próprios donos dos animais.

2) A administradora pode auxiliar o síndico a reduzir as despesas condominiais?

Não só pode, como deve. Uma empresa de qualidade e que tenha a responsabilidade e comprometimento na gestão do prédio deverá se preocupar com a situação financeira mensal e propor sugestões para a redução de custos antes de aumentar o valor da taxa condominial. Acompanhar o número de horas extras e informar ao síndico quando o número for excessivo e contínuo. O aumento das despesas poderá acarretar aumento na taxa condominial e, consequentemente, crescimento da inadimplência. Esse fato poderá desencadear um novo aumento no valor do condomínio e acréscimo ao número de devedores, dificultando ainda mais a administração dos recursos.

3) Poderá o(a) secretário(a) alterar o conteúdo da ata da assembleia?

A ata deverá refletir o que realmente ocorreu, não o que o(a) secretário(a) quer colocar. O presidente da mesa deverá interferir e exigir a redação correta. Nesse caso, qualquer condômino poderá, ainda, após a ata já ter sido distribuída, solicitar ao síndico que proponha em uma próxima assembleia uma pauta para a leitura da ata anterior, e que sejam feitas as necessárias alterações referentes às partes da assembleia que não tenham correspondido à realidade. Esse pedido deverá ser feito no menor prazo possível para evitar que ações sejam adotadas de forma equivocada. Caso o pedido não seja atendido, o condômino poderá recorrer à Justiça.

Para que não pairem dúvidas sobre o teor das atas, as assembleias poderão ser gravadas e os CDs ou *pen drives* arquivados para futuras consultas. Esse critério deverá ser aprovado em assembleia, a fim de documentar o procedimento que será adotado, evitando-se, assim, surpresas.

4) A reeleição do síndico é permitida pela legislação?

Tanto o Código Civil de 2002, art. 1.347, como a antiga Lei do Condomínio, Lei nº 4.591/1964, art. 22, possibilitam a reeleição. O mandato máximo é de dois anos; entretanto, a Convenção poderá prever prazo menor e que não seja permitida a reeleição sucessiva, sendo necessário, por exemplo, um intervalo mínimo de um mandato, visando ao descanso do síndico e também à possibilidade de outras pessoas conhecerem e exercitarem a forma de administrar um condomínio.

5) Quem será o substituto do síndico na ausência dele?

Deverá estar definido em Convenção o substituto para o síndico no caso de viagens ou outros motivos. A maioria das convenções prevê que o subsíndico assuma. Porém, se o síndico renunciar ou abandonar o cargo, caberá a quem for estabelecido em Convenção a convocação de assembleia para uma nova eleição. Não é possível, por exemplo, o subsíndico ficar no lugar do síndico, pois somente uma eleição lhe dará esse poder. Por meio da eleição será emitida uma ata que documentará o ocorrido, sendo essa usada para comprovar quem é o representante legal do condomínio.

Caso o substituto legal do síndico não realize a convocação, 1/4 dos condôminos poderá fazê-lo, de acordo com o art. 1.355 do Código Civil.

6) Poderá o síndico proibir o morador inadimplente de usar a área de lazer ou de participar do sorteio da garagem?

Essa ação não é a recomendada, pois fere o direito de propriedade (Constituição Federal, art. 5º, XXII). Caso o síndico adote essa atitude, poderá o morador prejudicado entrar na Justiça e solicitar indenização por danos morais.

Os estudiosos sobre o assunto compreendem que o inadimplente não poderá ser punido duas vezes, uma vez que, quando pagar o valor do condomínio, deverá pagar multas, juros, correção monetária e honorários de advogado.

7) Qual é o prazo de prescrição para a cobrança da taxa condominial?

Após o atual Código Civil, que entrou em vigor em 11 de janeiro de 2003, o prazo de prescrição era considerado dez anos, conforme o art. 205: "A prescrição ocorre em dez anos, quando a lei não lhe haja fixado prazo menor". Porém, em março de 2016, a partir do julgamento de recurso do Superior Tribunal de Justiça (STJ), referente ao rito dos repetitivos, o prazo prescricional para a cobrança de condomínio, taxas ordinárias e extraordinárias passou a ser de cinco anos, a contar do dia seguinte ao vencimento da prestação. Segundo o relator, ministro Luis Felipe Salomão, a falta de pagamento da taxa condominial deve ser considerada como dívida líquida e certa, sendo, portanto, aplicado o art. 206, § 5º, I, do Código Civil. Para o ministro, a quota condominial é previamente aprovada em assembleia, e, portanto, facilmente comprovada, como uma dívida líquida, do conhecimento de todos os condôminos.

Portanto, passado esse período, o condomínio poderá encontrar dificuldades para cobrar a dívida referente à taxa condominial.

8) Síndico e conselheiros devem ser remunerados?

Caberá à Convenção definir se o síndico e o conselho receberão algum tipo de remuneração. Algumas preveem apenas a isenção para o síndico, ou seja, ele deixará de pagar o valor da taxa condominial, referente a despesas ordinárias. Outras preveem possibilidade de remuneração, sendo o seu valor aprovado na mesma assembleia que elegeu o síndico.

Caso a Convenção seja omissa, poderá a mesma assembleia que elegeu o síndico aprovar uma remuneração, desde que esse assunto conste da pauta da assembleia. Caso não conste, deverá ser convocada uma outra assembleia com essa pauta específica.

9) O que fazer no caso de barulho de vizinho?

Os sons que causam perturbação aos vizinhos podem ter diversas origens, como: reforma nos apartamentos, latido de cachorro, uso de furadeira, TV e aparelhos de som com volume elevado, instrumentos musicais, algazarras, festas etc.

Segundo J. Nascimento Franco, em seu livro intitulado *Condomínio* (2. ed., São Paulo: Revista dos Tribunais, 1999), "a poluição sonora constitui grave infração dos deveres de vizinhança porque prejudica o sossego e a própria saúde das pessoas. Todos têm direito de fazer, ou de não fazer, em sua casa o que bem entender, desde que não causem nenhuma intranquilidade ou dano a seu vizinho. Muitos supõem que o barulho deve ser coibido apenas depois das 22 horas. Trata-se de engano, porque o incômodo aos vizinhos tem de ser evitado em qualquer hora do dia ou da noite e o barulho excessivo impede o trabalho nas horas úteis e o repouso no final do dia. Na medida em que lesa a paz e o sossego alheio, o barulho tem de ser coibido independentemente do horário em que é produzido".

No caso de reformas ou mudanças, é necessário que o barulho seja tolerado dentro do horário estabelecido no Regulamento Interno. Geralmente, as reformas ficam restritas de segunda a sexta-feira, das 8 às 18 horas. Já as mudanças poderão seguir o mesmo horário das reformas durante a semana e aos sábados das 8 às 13 horas, sendo proibidas aos domingos e feriados. Para o uso do salão de festas, o síndico deverá exigir que seja cumprido o horário definido no Regulamento Interno e que os aparelhos sonoros sejam usados com moderação, sendo vedada, em alguns condomínios, a apresentação de conjuntos musicais.

Exemplo de horário de salão de festas:

Dias da semana	Horários
De segunda a quinta-feira	Das 18 às 22 horas
Sextas-feiras	Das 18 às 24 horas
Sábados	Das 10 às 24 horas
Domingos e feriados	Das 10 às 23 horas

Sendo constatado que o barulho está tirando o sossego dos moradores, deverá ser reprimido. O síndico precisa seguir o que estiver estabelecido no Regulamento Interno ou na Convenção de Condomínio. Essa ação poderá ser, em primeiro lugar, aplicar uma advertência. Se não for acatada e houver reincidência do fato, deverá ser aplicada multa. O síndico, em seu comunicado, poderá mencionar o artigo do Regulamento Interno ou Convenção referente ao caso e o art. 1.277 do Código Civil, que estabelece que "O proprietário ou o possuidor de um prédio tem o direito de fazer cessar as interferências prejudiciais à segurança, ao sossego e à saúde dos que o habitam, provocadas pela utilização de propriedade vizinha". Estará, assim, alertando o morador sobre o direito ao sossego, que, se não for restabelecido, dará margem para que o prejudicado mova uma ação na Justiça.

Para provar que o barulho causado tanto interna como externamente de fato extrapola o razoável e que não se trata de implicância, o síndico poderá se embasar no que está estabelecido na Resolução nº 1, de 8 de março de 1990, do Conselho

Nacional do Meio Ambiente (Conama), e nas normas da ABNT: NBR 10.152 – Avaliação de Ruído em Áreas Habitadas e NBR 10.151, referente à Acústica – Avaliação de Ruído em Áreas Habitadas Visando o Conforto da Comunidade.

A NBR 10.151 estabelece para o condomínio os seguintes parâmetros:

Tipo de recinto	Nível de ruído ambiente Lra em dB(A)
......	
Quartos em apartamentos residenciais e em hotéis (sem ocupação)	30-40
....	
Sala de estar em residências (sem ocupação)	35-45
....	

Lra: nível de ruído ambiente
dB: decibéis

O aparelho indicado para fazer a medição é o decibelímetro.

10) Após a vigência do Código Civil de 2002, é necessário fazer a atualização da Convenção?

A mudança do Código não exige nem determina um prazo para que a Convenção seja modificada após 11/1/2003. Seus artigos continuam em vigor quando o assunto não confrontar ou contrariar o atual Código; portanto, quando isso ocorrer, passa a valer o que estiver definido no Código Civil.

11) É necessário registrar as atas das assembleias?

Não há obrigação legal de registrar as atas normais das assembleias em Cartório de Títulos e Documentos, salvo se a Convenção assim determinar, embora seja bastante recomendado, uma vez que torna as decisões públicas. Além disso, caso haja extravio do livro de atas, é possível realizar uma reconstituição por meio dos registros. O livro de atas registra todos os acontecimentos importantes do condomínio, formando, ao longo do tempo, sua história.

Em algumas situações, poderá ser exigido o registro da ata referente à assembleia que elegeu o síndico, por exemplo, para abertura de conta-corrente ou poupança, e na venda de apartamento pelo condômino, o qual deverá apresentar, além da ata, carta de quitação com a autenticação da assinatura.

12) É possível envidraçar ou colocar telas nas varandas sem que isso seja considerado alteração de fachada?

O assunto é bastante polêmico, havendo várias opiniões. Segundo J. Nascimento Franco, há divergência "sobre o fechamento dos terraços. Enquanto algumas decisões judiciais determinam a remoção de grades e vidraças de fechamento de terraços externos do edifício, considerando-as como alterações da unidade estética da fachada [...], outras têm permitido o envidraçamento que não afeta propriamente a harmonia da fachada".

A 4ª Câm. do TACivSP, em acórdão confirmatório de sentença de primeira instância, decidiu que o simples fechamento de terraço externo não constitui alteração da coisa, tal como definido no parágrafo único do art.1.314 do CC, razão pela qual pode ser autorizado pela maioria simples dos condôminos.

> **Art. 1.314.** Cada condômino pode usar da coisa conforme sua destinação, sobre ela exercer todos os direitos compatíveis com a indivisão, reivindicá-la de terceiros, defender a sua posse e alhear a respectiva parte ideal, ou gravá-la.

Na opinião do Dr. Walter Trebitz, assessor jurídico da Associação das Administradoras de Bens Imóveis e Condomínios de São Paulo (Aabic), emitida em 22/2/2006: "A legislação exige que dada a intenção do condômino de aproveitar o espaço delineado pela sacada, diminuindo a incidência de vento e chuvas, é necessário que 100% votem a favor da obra, ou que seja aprovada pela maioria dos condôminos (art. 1.341, inciso II do N. Código Civil) um modelo padrão para atender ao fim a que se propõe".

Além de todos esses pontos que devem ser considerados com atenção, é importante que o síndico, antes de levar o assunto para a assembleia, verifique com profissional especializado se as áreas das sacadas foram consideradas como área construída, para que não gere irregularidades junto à Prefeitura. Geralmente, os projetos utilizam 100% do limite permitido para a construção e o fechamento das sacadas aumenta a área construída, tornando, portanto, o projeto irregular. Para que seja legal, principalmente para os condomínios antigos, onde as sacadas não eram consideradas, diferente dos condomínios novos, com sacadas *gourmets*, deverá ser verificado na Prefeitura se é possível o fechamento das sacadas, quais as ações corretivas, avaliação da segurança estrutural com engenheiro e o levantamento dos custos. O engenheiro consultado deverá apresentar laudo e recolhimento de Anotação de Responsabilidade Técnica (ART).

Após a consulta à Prefeitura, se esta concluir que haverá necessidade de alterar as frações de cada unidade, deverá ser alterada também a Convenção e registrá-la no Cartório de Registro de Imóveis. Não podemos nos esquecer que o quórum para alterar a Convenção é de 2/3 dos votos dos condôminos (art. 1.351, do Código Civil).

É prudente que o síndico conscientize todos os condôminos dessas dificuldades, por exemplo, por meio de informativo, lembrando que não depende de sua boa vontade a iniciativa de fechamento das sacadas e, sim, do rigoroso cumprimento de todas as exigências legais.

13) É permitido que o condômino amplie seu apartamento, abrindo, por exemplo, parede de outro apartamento, sendo os dois de sua propriedade?

É necessário que o condômino entregue ao síndico o plano de reforma, elaborado por engenheiro ou arquiteto, com recolhimento de ART ou RRT, de acordo com a NBR 16.280/2014. O plano deverá deixar claro que não haverá nenhum risco ao edifício. Essa reforma também deverá estar de acordo com o Manual do Proprietário, entregue pela construtora a partir de 2011 e NBR 5.674/2012, Manutenção de Edificações – Requisitos para o Sistema de Gestão de Manutenção.

14) É legal o desconto para o pagamento antecipado do condomínio?

Quando da implantação do atual Código Civil, muitos síndicos consideraram a ideia milagrosa, podendo resultar na diminuição da inadimplência. Ocorre que a Lei estipula o valor para multa de até 2%. Isso significa que é o valor máximo que poderá ser cobrado, e que, portanto, o não pagamento até a data acarretará, no caso de concessão de desconto, não só a perda do desconto como também a aplicação da multa de até 2%, resultando em um valor maior que o permitido.

15) Poderá o proprietário da unidade situada no último andar tornar a cobertura de uso exclusivo?

Não. Para poder usá-la tornando-a exclusiva, terá de pedir permissão para uma assembleia especialmente convocada para esse fim, a qual deverá contar com a aprovação da unanimidade dos condôminos, ou seja, de 100%.

16) Para realizar obra em parte comum, poderá o síndico entrar nos apartamentos?

Segundo Nascimento Franco e Nisske Gondo, é permitido ao síndico entrar nas unidades privativas para realizar reparos, como conserto de infiltração de água causada pelo apartamento superior no inferior. Havendo a comprovação de que o problema pertence ao condomínio (rede central), é dever do síndico, em nome do condomínio, providenciar o reparo. Caso o síndico não providencie o conserto, poderá a parte afetada entrar na Justiça e exigir seus direitos.

Quando for comprovado que o problema não está na rede central, mas sim nos ramais horizontais, e for identificado o apartamento responsável, deverá esse proprietário arcar com as despesas de recuperação do apartamento. O proprietário do apartamento causador do problema também não poderá impedir a entrada do encanador para o conserto.

O Código Civil aborda essa questão no art. 1.313:

> O proprietário ou ocupante do imóvel é obrigado a tolerar que o vizinho entre no prédio, mediante prévio aviso, para:
> I – dele temporariamente usar, quando indispensável à reparação, construção, reconstrução ou limpeza de sua casa ou do muro divisório;
> II – [...]
> § 1º O disposto neste artigo aplica-se aos casos de limpeza ou reparação de esgotos, goteiras, aparelhos higiênicos, poços e nascentes e ao aparo de cerca viva.
> § 2º [...]
> § 3º Se do exercício do direito assegurado neste artigo provier dano, terá o prejudicado direito a ressarcimento.

17) A falta de acompanhamento da administração condominial pode gerar interpretações distorcidas sobre os acontecimentos?

Isso é bastante comum, pois o morador que não acompanha o dia a dia do condomínio e também muitas vezes desconhece a Convenção e o Regulamento Interno, por consequência não consegue compreender as razões para a adoção de muitas ações. Para minimizar esse problema, é importante que os administradores mantenham os moradores informados sobre todos os atos e que haja um canal aberto para o questionamento, como uma caixa de sugestões e críticas, colocada em local discreto, ou *e-mail*. O síndico também poderá criar um horário de atendimento pessoal, em que o morador poderá agendar uma reunião.

Além das circulares esporádicas, que poderão ser utilizadas também no caso da divulgação de informações urgentes, é possível à administração criar um jornal interno mensal, que poderá ser atualizado no *site* do condomínio, no qual o síndico, além de divulgar as notícias do condomínio, poderá disponibilizar várias colunas de interesse dos moradores, como: "Fala, morador", na qual seriam divulgadas as críticas e sugestões recebidas dos moradores: "Dicas para um bom convívio"; "Humor"; "Tire sua dúvida" etc.

18) De quem é a responsabilidade por furto ou dano ocorrido na garagem de condomínio residencial?

O próprio Regulamento Interno ou a Convenção do condomínio geralmente determina que o condomínio não possui nenhum tipo de responsabilidade sobre os veículos estacionados em seu interior, cabendo ao próprio condômino assumir essa responsabilidade. Não há como cobrar pela omissão, inclusive judicialmente, se, no caso, o condomínio não tinha o dever de vigiar os veículos. Porém, se o condomínio mantiver algum tipo de serviço na garagem, como manobrista e garagista, e as chaves ficarem sob a guarda desses funcionários, o condomínio deverá arcar com os prejuízos que ocorrerem no interior de sua garagem.

19) É permitido o uso de procurações? Em caso afirmativo, elas deverão ter a firma das assinaturas reconhecida?

A procuração é um documento reconhecido legalmente e, portanto, é permitido seu uso nas deliberações das assembleias de condomínio. Contudo, a Convenção poderá limitar a utilização das procurações pelo síndico, subsíndico e conselheiros nas assembleias destinadas a aprovar contas e nas relativas a eleição. Essa determinação é bastante importante para assegurar transparência à gestão do condomínio.

Para que não haja a imposição da gestão de um síndico em função da utilização de muitas procurações por uma só pessoa é que muitas convenções limitam, por exemplo, a duas procurações por pessoa.

Quanto ao reconhecimento de firma da assinatura, será exigido se a Convenção assim determinar. Já o Código Civil estabelece, em seu art. 654, § 2º: "O terceiro com quem o mandatário tratar poderá exigir que a procuração traga a firma reconhecida".

20) O que fazer quando objetos são lançados do alto do edifício?

Como dificilmente se consegue identificar o autor de um ato desses para que ele possa responder por suas ações, e se não houve ninguém acidentado ou não tenha ocorrido alguma perda material, o síndico deverá emitir imediatamente uma circular alertando sobre o fato ocorrido. Poderá, nesse informativo, alertar os moradores sobre as responsabilidades existentes e citar o seguinte artigo do Código Civil:

TÍTULO IX
Da Responsabilidade Civil

Capítulo I
Da obrigação de indenizar

Art. 938. Aquele que habitar prédio, ou parte dele, responde pelo dano proveniente das coisas que dele caírem ou forem lançadas em lugar indevido.

O síndico deve agir com rapidez para que não seja responsabilizado por omissão, conforme artigos 186, 187, 667 e 927, Código Civil e artigos 13 e 132, Código Penal citados na página 44 deste livro.

Caso tenha ocorrido algum tipo de perda ou dano, o síndico deverá comparecer a uma delegacia e fazer um boletim de ocorrência, o qual também será divulgado a todos. Já o morador prejudicado por esse tipo de ação poderá se valer do art. 1.277 do Código Civil para requerer indenização. O síndico poderá acionar o seguro do prédio. Caso haja alguma discórdia sobre o valor da indenização, o proprietário poderá entrar na Justiça e requerer indenização por perdas e danos.

Jurisprudência sobre o assunto

> Acórdão da 3ª Câm. Civ. na ApCiv 163.839 (RT 391/154): RJ 67/197. Nenhuma responsabilidade tem o condomínio por dano causado a veículos ou outros bens em razão de arremesso de objeto do alto do edifício. Responsável é o dono do apartamento de onde foi lançado o objeto causador do dano (RT 528/63, 584/83). Se, contudo, não for identificado o apartamento, responde o condomínio donde procedeu o arremesso (RT 714/152; mesmo sentido, acórdão da 8ª Câm. do TJRJ, ApCiv 403/94, Ementa 3/9895, in Repertório IOB de Jurisprudência, 13/94), art. 1.529 do Código Civil: José de Aguiar Dias, "Da Responsabilidade civil", vol. II, p. 466.
> *Fonte:* NASCIMENTO FRANCO. *Condomínio.* 2. ed. São Paulo: Revista dos Tribunais, 1999. p. 59.

21) Como destituir o síndico?

Compete à assembleia de condôminos a destituição do síndico. Ela deverá ser convocada especialmente por 1/4 de condôminos, que deverão assinar a carta de convocação, conforme o art. 1.350, § 1º, do Código Civil: "Se o síndico não convocar a assembleia, 1/4 dos condôminos poderá fazê-lo".

No momento da assembleia, para que haja a destituição, é necessário o voto da maioria absoluta, ou seja, de 50% + 1 dos presentes, além de pelo menos uma justificativa, tal como: o fato de o síndico praticar irregularidades, não prestar contas ou não administrar convenientemente o condomínio (art. 1.349 do Código Civil). Mesmo que a Convenção do condomínio tenha um outro tipo de previsão quanto ao quórum, prevalecerá o que está disposto no Código Civil. Nessa assembleia deverá ser dado direito de defesa ao síndico.

22) Poderá ser alterado o critério de distribuição das vagas de garagem?

Para que ocorra alteração no critério de distribuição, sorteio, das vagas de garagem estabelecido na Convenção, deverá haver uma assembleia com a deliberação de 2/3 dos votos dos condôminos. Esse quórum é exigido por envolver direito de propriedade.

23) O síndico do condomínio poderá aumentar a taxa condominial em função do aumento da inadimplência?

A arrecadação da taxa condominial existe para cobrir as despesas de operação e gerenciamento do condomínio. As contas (água, energia elétrica, folha de pagamento) precisam ser pagas independentemente do valor apurado no recebimento dos condôminos.

Quando não há arrecadação suficiente para cobrir as despesas e já foram utilizadas todas as possibilidades de redução, será necessário fazer um rateio extra ou sacar um valor aplicado, por exemplo, no Fundo de Reserva.

Para esclarecer os fatos e minimizar os efeitos negativos do aumento da taxa condominial ou do saque do Fundo de Reserva, o síndico deverá convocar com urgência uma assembleia. Os resultados nela apurados serão documentados em ata e distribuídos a todos os condôminos e inquilinos dentro do prazo estipulado em Convenção, evitando-se, assim, um possível questionamento na Justiça.

24) Como dar mais eficiência à atuação do Conselho Consultivo no assessoramento do síndico?

O síndico, quando possível, deverá dividir as atividades de acordo com as aptidões de seus conselheiros. Assim, poderá direcionar a um conselheiro que seja, por exemplo, engenheiro civil, a fiscalização de uma obra de impermeabilização; a um conselheiro que seja contador ou administrador a verificação contábil mais profunda, e assim por diante.

Geralmente, quando faz a opção de viver em condomínio, o morador esquece-se de que fará parte de um grupo e que este, para existir com eficácia, necessita organizar-se, criar objetivos a serem atingidos, para o que sua participação é fundamental. Cada membro do grupo possui suas próprias habilidades e traz consigo seus traços individuais, que acabam influenciando os outros membros do grupo. Entre tantos pontos já observados, há a necessidade de respeitar as diferenças individuais e valorizar de forma igual todos os membros desse grupo.

25) Pode o inquilino participar das assembleias?

Após a aprovação da Lei nº 12.112, de 9 de dezembro de 2009, os inquilinos podem participar e votar nas decisões das assembleias que envolvam despesas ordinárias do condomínio, caso o condômino-locador a elas não compareça (Lei nº 4.591/1964, art. 24, § 4º).

Segundo os estudiosos, mesmo depois da alteração do Código Civil, o artigo da Lei nº 4.591 continua válido, uma vez que essa lei foi revogada parcialmente pelo Código. Recomenda-se que esse item do Código seja acompanhado regularmente, pois a qualquer momento pode ser alterado.

26) Há alguma exigência legal para a realização do seguro do condomínio?

A realização do seguro do prédio faz parte das atividades legais do síndico apontadas no art. 1.348 do Código Civil, mais especificamente no inciso IX. Caso deixe de fazer o seguro, o síndico poderá ser responsabilizado por omissão, conforme o art. 186 do Código Civil: "Aquele que, por ação ou omissão voluntária, negligência ou imprudência, violar direito e causar dano a outrem, ainda que exclusivamente moral, comete ato ilícito".

27) A violação de correspondência é considerada crime?

Segundo a Constituição Federal, em seu art. 5º, XII, "é inviolável o sigilo da correspondência e das comunicações telegráficas, de dados e das comunicações telefônicas, salvo, no último caso, por ordem judicial, nas hipóteses e na forma que a lei estabelecer para fins de investigação criminal ou instrução processual penal".

Se houver provas de que a violação está ocorrendo no condomínio, o funcionário envolvido poderá ser demitido por justa causa.

28) É permitido colocar o nome do inadimplente em lista de devedores?

Poderão ser colocados os números dos apartamentos e os valores devidos, mas a lista não pode ser afixada em área comum do condomínio, como quadro de aviso e elevadores. As informações sobre os inadimplentes deverão restringir-se a correspondência interna, entregue fechada a cada morador, ou, se for utilizado *site* da administradora, só poderão ter acesso às informações os moradores cadastrados que tenham senhas individuais. Portanto, não poderão estar abertas ao público em geral.

Segundo o Instituto de Defesa do Consumidor (Idec), que participa dessa opinião, em seu *Guia do condomínio* (3ª edição atualizada de acordo com o Código Civil, 2003, p. 23),

> O Código de Defesa do Consumidor garante, em seu artigo 42, o direito de o consumidor não ser exposto ao ridículo nem submetido a qualquer tipo de constrangimento ou ameaça na cobrança de débitos. Por exemplo, não poderá ter seu

nome divulgado como inadimplente publicamente. Embora o CDC não se aplique às relações entre condôminos e condomínio, à luz do princípio constitucional de proteção à dignidade da pessoa é absolutamente razoável que o condomínio se abstenha da prática de afixar, em elevadores, áreas comuns ou de circulação, o nome de eventuais condôminos inadimplentes. Isso não quer dizer, entretanto, que as prestações de contas devam omitir a existência de unidades inadimplentes.

29) Poderá ser enviado o nome do inadimplente para o SPC (Serviço de Proteção ao Crédito)?

Quando o condomínio entra na Justiça para fazer a cobrança da taxa condominial, não é necessário que o síndico ou a administradora solicite a inclusão do nome do devedor no SPC, isso ocorre automaticamente. É importante considerar que negativar simplesmente para prejudicar o condômino inadimplente poderá em algumas vezes afetar o próprio condomínio, que estará dificultando que o devedor venda o apartamento e assim possa pagar sua dívida.

30) Qual é o quórum necessário para a aprovação das contas do síndico?

As contas do síndico serão aprovadas pelo voto representativo da maioria dos presentes em assembleia.

Uma vez aprovadas as contas, nenhum condômino tem o direito de, posteriormente, pedir nova assembleia para prestação de contas. Porém, caso um condômino tenha provas de que houve alguma irregularidade nas contas apresentadas e aprovadas pela maioria por desconhecer o problema existente, ele poderá requerer essa apuração na Justiça.

31) Como proceder para protestar o boleto de condomínio?

A matéria é bastante polêmica e exige muita cautela por parte do síndico, visando evitar ações contra o condomínio.

Em vários estados já é possível protestar o boleto de condomínio. Segundo o juiz Ricardo Alberto Pereira, titular do 2º Juizado Civil de Niterói, essa prática tem como base a Lei nº 9.492, de 10 de setembro de 1997, que regulamenta os serviços concernentes ao protesto de títulos e outros documentos de dívidas. Porém, no Estado de São Paulo, somente após a entrada em vigor da Lei nº 13.160, de 21 de julho de 2008, art. 1º, que alterou a redação dos itens 7 e 8 da Lei Estadual nº 11.331/2002, é que os tabelionatos de protesto passaram a recepcionar créditos de condomínio, oriundos das quotas de rateio de despesas e da aplicação de multas, na forma da lei ou Convenção de condomínio, devidas pelo condômino ou possuidor da unidade.

7 – Havendo interesse da administração pública federal, estadual ou municipal, os tabelionatos de protesto de títulos e de outros documentos de dívida ficam obrigados a recepcionar para protesto comum ou falimentar, as certidões de dívida ativa, devidamente inscrita, independentemente de prévio depósito dos emolumentos, custas, contribuições e de qualquer outra despesa, cujos valores serão pagos na forma prevista no item 6, bem como o crédito decorrente de aluguel e de seus encargos, desde que provado por contrato escrito, e *ainda o crédito do condomínio, decorrente das quotas de rateio de despesas e da aplicação de multas, na forma da lei ou convenção de condomínio, devidas pelo condômino ou possuidor da unidade.* O protesto poderá ser tirado, além do devedor principal, contra qualquer dos codevedores, constantes do documento, inclusive fiadores, desde que solicitado pelo apresentante.

Segundo o Dr. Cristiano de Souza Oliveira,* "a questão 'protesto' tem um cunho muito mais psicológico e moral do que financeiro, pois quem deve repetidamente poderá continuar na mesma situação, caso o condomínio apenas proteste e caso não receba, não leve imediatamente o caso ao Poder Judiciário". Afirma ainda que o síndico deverá ser bastante cauteloso e antes de qualquer ação deverá convocar uma assembleia para deliberar sobre o assunto e estabelecer regras claras para o protesto, evitando assim que haja qualquer conotação pessoal.

Orienta também que essa forma de cobrança seja incluída na Convenção do condomínio, evitando um futuro questionamento judicial, em função de a Lei nº 13.160 mencionar "na forma da lei ou Convenção de condomínio". Para o consultor, outro cuidado que se deve ter é manter o cadastro de moradores atualizado, visando, entre outras coisas, identificar o real devedor. As vendas realizadas sem a apresentação do contrato ao condomínio, seja o contrato registrado ou não, dificultarão muito o trabalho e poderão acarretar o protesto equivocado, culminando com uma ação de danos morais. Além do nome correto do devedor, o síndico deverá ter especial atenção aos depósitos não identificados, "erros bancários ou mesmo depósitos judiciais feitos pelos pseudodevedores, pois nestes casos, bem como em outros que podem surgir no dia a dia, o condomínio seria levado à condição de réu e não de autor em uma demanda judicial".

Para dar entrada em um pedido de protesto, o síndico, além da aprovação em assembleia da inclusão do protesto como critério de cobrança e alteração da Convenção, deverá adotar as seguintes medidas e possuir os seguintes documentos:

---

* O Dr. Cristiano de Souza Oliveira é advogado, consultor jurídico condominial e sócio consultor da DS&S Consultoria Condominial.

- preencher formulário* de solicitação de protesto de encargos condominiais fornecido pelo cartório, onde serão identificados o nome do condomínio, endereço, nome do responsável, síndico ou administradora, número de quotas, mês de referência, unidade, data da emissão, data de vencimento, praça de pagamento, valor original da quota, multa moratória, juros moratórios, correção monetária, outros encargos previstos na Convenção e informações sobre o condômino-devedor;
- apresentar a Ata de eleição do síndico ou a Ata que transferiu para a administradora os poderes de representação e administração do condomínio (art. 1.348, § 2º, do Código Civil);
- o condomínio edilício deverá estar regularmente constituído, nos termos da Lei Federal nº 4.591/1964 e art. 1.332 do Código Civil;
- o valor da quota de rateio das despesas condominiais deverá ter sido aprovado em Assembleia Geral;
- os administradores deverão estar de posse da Ata da Assembleia Geral que aprovou o valor da quota de rateio;
- a pessoa indicada como condômino-devedor deverá ser realmente a responsável pelas obrigações condominiais inadimplidas, sendo certo que, na hipótese de a unidade condominial estar alugada ou dada em comodato a outrem, o proprietário ou possuidor foi cientificado de que o débito seria encaminhado a protesto. Para essa comprovação, será necessária certidão de registro imobiliário ou cópia do compromisso de venda e compra, ou, ainda, cessão de direitos.

Como o assunto traz muitas novidades e ainda há muitas dúvidas sobre sua aplicação, é conveniente que tanto o síndico como a administradora acompanhem as decisões e estudem a melhor maneira de realizar a cobrança dos inadimplentes.

32) Como deve ser tributada a quantia recebida pela locação de espaço físico em condomínios edilícios?

A Receita Federal, por meio do Ato Declaratório Interpretativo nº 2, de 27 de março de 2007, veio dispor sobre o tratamento tributário dos rendimentos decorrentes de locação de partes comuns de condomínio edilício.

> **Artigo único.** Na hipótese de locação de partes comuns de condomínio edilício, será observado o seguinte:
> I – os rendimentos decorrentes serão considerados auferidos pelos condôminos, na proporção da parcela que for atribuída a cada um, ainda que tais rendimentos

---

* Modelo do formulário poderá ser encontrado em: <www.protesto.com.br> – seção Títulos Protestáveis.

sejam utilizados na composição do fundo de receitas do condomínio, na redução da contribuição condominial ou para qualquer outro fim;

II – O condômino estará sujeito ao cumprimento de todas as exigências tributárias cabíveis, relativamente aos tributos administrados pela Secretaria da Receita Federal (SRF), especialmente no que tange às normas contidas na legislação do imposto sobre a renda referente à tributação de rendimentos auferidos com a locação de imóveis.

Portanto, as receitas mensais provenientes da locação de área comum deverão ser divididas de acordo com a fração ideal ou a forma estipulada na Convenção, e os recibos encaminhados para cada condômino.

A Receita Federal responde, em seu *site* <www.receita.fazenda.gov.br/Pessoa-Fisica/IRPF/2008/Perguntas/RendimentosTributaveisAlugueis.htm>, conforme transcrito abaixo:

> As quantias recebidas por pessoa física pela locação de espaço físico sujeitam-se ao recolhimento mensal obrigatório (carnê-leão) se recebidas de pessoa física ou de fonte no exterior, ou à retenção na fonte se pagas por pessoa jurídica, e ao ajuste na Declaração de Ajuste Anual.
>
> Ressalta-se que, diante da inexistência de personalidade jurídica do condomínio edilício, as receitas de locação por este auferidas, na realidade, constituem-se em rendimentos dos próprios condôminos, devendo ser tributados por cada condômino, na proporção do quinhão que lhe for atribuído, na forma explicada no primeiro parágrafo. Ainda que os condôminos não tenham recebido os pagamentos em espécie, são eles os beneficiários dessa quantia, observando-se isso, por exemplo, quando o valor recebido se incorpora ao fundo para o qual contribuem, ou quando diminui o montante do condomínio cobrado, ou ainda, quando utilizado para qualquer outro fim.
>
> No caso de condomínio edilício, o pagamento pela ocupação ou uso de partes comuns (salão de festas, piscinas, churrasqueiras etc.) pelos próprios condôminos não é considerado rendimento de aluguel.

Segundo a Lei nº 12.973, de 14 de maio de 2014, art.3º,

> Ficam isentos do Imposto sobre a Renda das Pessoas Físicas os rendimentos recebidos pelos condomínios residenciais constituídos nos termos da Lei nº 4.591, de 16 de dezembro de 1964, limitado a R$ 24.000,00 (vinte e quatro mil reais) por ano--calendário, e desde que sejam revertidos em benefício do condomínio para cobertura de despesas de custeio e de despesas extraordinárias, estejam previstos e autorizados na convenção condominial, não sejam distribuídos aos condôminos e decorram:

I – de uso, aluguel ou locação de partes comuns do condomínio;

II – de multas e penalidades aplicadas em decorrência de inobservância das regras previstas na convenção condominial; ou

III – de alienação de ativos detidos pelo condomínio.

33) Qual é o quórum necessário para aprovação da instalação de hidrômetros individuais?

O tema individualização tem ocupado parte da atenção dos síndicos e condôminos, em função de a água ser o segundo item que mais consome recursos do condomínio, em média 17% das despesas. Outro ponto que é discutido refere-se à incoerência na cobrança, pois uma família que tem cinco pessoas no apartamento não deveria pagar a mesma taxa de quem mora sozinho. A instalação de hidrômetros individuais, quando tecnicamente viável, além de mais lógica, propicia redução real no consumo de água, colaborando para a economia de um recurso valioso para o planeta.

Para realizar a alteração na forma de rateio e aprovar o valor da obra, será necessária a realização de uma assembleia especialmente convocada para esse fim. Quanto ao quórum, ainda não há consenso; há advogados que afirmam que esse tipo de obra é considerada útil (art. 1.341, II, do Código Civil), sendo, portanto, necessária para sua aprovação a maioria dos condôminos, ou seja, 50% da totalidade do condomínio, e não apenas os presentes em assembleia. Os mais conservadores acreditam serem necessários 2/3 dos votos dos condôminos, também se referindo à totalidade, em função de alterar um item que é estabelecido em Convenção, referente à forma de rateio, sendo esse quórum suficiente para alterar a própria Convenção. Essa cautela evitará futuro questionamento judicial sobre a legalidade da individualização da cobrança da taxa de água e o elevado valor para a obra de adequação.

34) Quais as normas que disciplinam a acessibilidade nos condomínios?

Entre as normas que tratam do assunto, o Decreto Federal nº 5.296, de 2 de dezembro de 2004, que regulamentou as Leis nº 10.048, de 8 de novembro de 2000, e 10.098, de 19 de dezembro de 2000, que estabelecem normas gerais e critérios básicos para a promoção da acessibilidade para pessoas portadoras de deficiência – física, auditiva, visual, mental – e pessoas com mobilidade reduzida. Há maior tolerância com relação aos condomínios residenciais antigos, porém, na medida do possível, os administradores deverão incluir todas as alterações para tornar o edifício acessível a qualquer pessoa portadora de deficiência ou mobilidade reduzida.

O Decreto nº 5.296/2004 define de forma geral, em seu art. 11, que: "A construção, reforma ou ampliação de edificações de uso público ou coletivo, ou a mudança de destinação para estes tipos de edificação, deverão ser executadas de modo que sejam ou se tornem acessíveis à pessoa portadora de deficiência ou com mobilidade reduzida". Segundo o art. 18: "As construções de edificações de uso privativo multifamiliar e a construção, ampliação ou reforma de edificações de uso coletivo devem atender aos públicos, conforme os padrões das normas técnicas de acessibilidade da ABNT (NBR 9050)".

Além desse Decreto Federal, os municípios também estabelecem regras. Em São Paulo, o Decreto Municipal n.º 45.122, de 12 de agosto de 2004, em seu art. 2.º, estabelece que deverão atender as normas as edificações, novas ou existentes, destinadas aos seguintes usos: cinemas; teatros; salas de concertos; casas de espetáculos e estabelecimentos bancários, com qualquer capacidade de lotação; e locais de reunião com capacidade para mais de cem pessoas. Estão incluídos também auditórios; templos religiosos; salões de festa ou danças; ginásios ou estádios; recintos para exposições ou leilões; museus; restaurantes, lanchonetes e congêneres; clubes esportivos e recreativos e qualquer outro uso, com capacidade para mais de seiscentas pessoas. Já o art. 3.º define que, para aprovação das edificações residenciais (R2-02, R3-01 e R3-02) e as mencionadas no art. 2.º, será obrigatória a execução de rampa para vencer desnível entre o logradouro público ou área externa e o piso correspondente à soleira de ingresso às edificações, com largura mínima de 1,20 m e inclinação até a máxima admissível na NBR 9050. Segundo o art. 6.º: "Para as edificações existentes cujos usos se enquadrem nos casos previstos no artigo 2.º deste decreto, deverá ser requerido às Subprefeituras ou à Sehab, no âmbito de suas competências, o Certificado de Acessibilidade".

No capítulo 18 pode ser encontrado um resumo da NBR 9050/2004 da ABNT.

35) São tributáveis os rendimentos recebidos por síndico de condomínio?

Sim. Segundo o Decreto n.º 9.580, de 22 de novembro de 2018 – Regulamento do Imposto de Renda (RIR), arts. 118 e 120, "esses rendimentos são considerados prestação de serviço e devem compor a base de cálculo para apuração do recolhimento mensal obrigatório (carnê-leão) e do ajuste anual, ainda que havidos como dispensa do pagamento do condomínio".

A informação poderá ser encontrada no *site* <www.receita.fazenda.gov.br>. Consultar: Perguntas Frequentes – Imposto de Renda Pessoa Física – questão 175.

36) Quais as principais novidades para a cobrança condominial após a entrada em vigor do novo Código de Processo Civil?

O novo Código entrou em vigor no dia 18 de março de 2016 e trouxe mudanças importantes para a cobrança da taxa condominial; entre elas estão:

1. Os débitos passaram a ter caráter de títulos executivos extrajudiciais (art. 784, X), sendo a obrigação certa, líquida e exigível. A fase de conhecimento foi suprimida, o que dará maior rapidez para a ação.

> **Art. 784, X** – O crédito referente às contribuições ordinárias ou extraordinárias de condomínio edilício, previstas na respectiva convenção ou aprovadas em assembleia geral, desde que documentalmente comprovadas.

2. A citação ao devedor poderá ser feita por correio, utilizando a carta registrada, podendo o porteiro assinar o aviso de recebimento, desde que o destinatário não esteja ausente. Os síndicos deverão orientar os porteiros a ter atenção e atender o art. 248, § 4º – "Nos condomínios edilícios ou nos loteamentos com controle de acesso, será válida a entrega do mandado a funcionário da portaria responsável pelo recebimento de correspondência, que, entretanto, poderá recusar o recebimento, se declarar, por escrito, sob as penas da lei, que o destinatário da correspondência está ausente". Quando for frustrada a citação pelo correio, esta será feita por meio de oficial de justiça, conforme art. 249.

3. O tempo para citação do condômino executado está determinado no art. 829; será de três dias e, no caso de não haver contentação, o juiz poderá determinar a penhora do imóvel ou de outro bem (art. 835).

> **Art. 829.** O executado será citado para pagar a dívida no prazo de 3 (três) dias, contado da citação.
> § 1º Do mandado de citação constarão, também, a ordem de penhora e a avaliação a serem cumpridas pelo oficial de justiça tão logo verificado o não pagamento no prazo assinalado, de tudo lavrando-se auto, com intimação do executado.
> § 2º A penhora recairá sobre os bens indicados pelo exequente, salvo se outros forem indicados pelo executado e aceitos pelo juiz, mediante demonstração de que a constrição proposta lhe será menos onerosa e não trará prejuízo ao exequente.

4. Não basta apenas o boleto de cobrança; para ser considerado título extrajudicial é preciso que haja o atendimento ao art. 784, X. Portanto há necessidade de aprovação do orçamento anual, devendo na ata constar o valor que será cobrado de cada unidade.

5. As multas por infração à Convenção ou Regimento Interno não poderão fazer parte da ação de execução, conforme mencionado no item anterior, nem o boleto protestado.

6. Na ação de execução constarão apenas os créditos vencidos até a data da propositura. Há no momento divergência de opinião entre os juristas sobre a

possibilidade da inclusão na mesma ação das cotas vencidas durante o andamento do processo. Aqueles que acreditam na possibilidade da inclusão embasam suas opiniões no art. 323.

> Na ação que tiver por objeto cumprimento de obrigação em prestações sucessivas, essas serão consideradas incluídas no pedido, independentemente de declaração expressa do autor, e serão incluídas na condenação, enquanto durar a obrigação, se o devedor, no curso do processo, deixar de pagá-las ou de consigná-las.

7. O síndico deverá estar atento ao prazo de prescrição, que é a perda da possibilidade de obter resultado favorável em uma ação, por ter deixado de acionar a justiça no tempo adequado.

> **Art. 802.** Na execução, o despacho que ordena a citação, desde que realizada em observância ao disposto no § 2º do art. 240, interrompe a prescrição, ainda que proferido por juízo incompetente.
>
> **Parágrafo único**. A interrupção da prescrição retroagirá à data de propositura da ação.

8. Em qualquer fase do processo poderá existir o acordo judicial.

9. O advogado deverá ter cautela e estudar cada proposta de ação de cobrança, sendo ainda possível optar pelo processo de conhecimento, conforme art. 785.

37) Quais são as vantagens e riscos da instalação de portaria virtual?

Para realizar a alteração do sistema de portaria, o síndico deverá convocar uma assembleia com pauta específica. Recomenda-se que o quórum seja no mínimo 50% + 1, da totalidade da massa condominial. Alguns especialistas recomendam 2/3 da totalidade, em função da grande alteração que trará à vida de todos e os riscos envolvidos.

É importante destacar o papel fundamental que o zelador ou o gerente predial terá no dia a dia do condomínio, dado que será ele que receberá as correspondências registradas, oficiais de justiça e as encomendas enviadas pelo correio.

A principal vantagem divulgada é a redução de custo, em função de ser possível suprimir os postos de pelo menos quatro porteiros (manhã, tarde, noite e o folguista), o que leva à diminuição da folha de pagamento e ações trabalhistas. Alguns condomínios têm eliminado apenas o porteiro da noite, dada a pouca atividade e o elevado salário, em função dos adicionais noturnos.

Segundo especialistas, esse tipo de opção tem funcionado para condomínios com poucas unidades, uma entrada de portaria, com pouco movimento e com completa colaboração de todos com as regras implantadas. Caso não haja o envolvimento de todos os moradores, poderá haver comprometimento da segurança.

Deverá fazer parte do contrato a responsabilidade que a empresa deverá ter no caso de ocorrer falha no sistema. Outro item que precisa ser avaliado com muita cautela diz respeito aos investimentos que o condomínio deverá fazer para dar maior confiabilidade ao sistema, como: gerador, câmeras de segurança com resolução suficiente para a devida identificação das pessoas e a adequada transmissão via internet, com armazenamento das imagens. Os portões automáticos deverão ser robustos, com suporte técnico 24 horas e programados para abertura e fechamento remoto. Alguns condomínios ainda investem na identificação biométrica ou sistema de cartão. O sistema de internet e telefonia deverá ser confiável e com alternativa caso ocorra falha de conexão ou o sistema venha ficar fora do ar e *nobreak*. A segurança perimetral também deverá ser reforçada.

O síndico e conselheiros deverão pesquisar para identificar as melhores empresas e agendar visita aos condomínios que já tenham implantado o sistema para avaliar o sistema na prática.

38) Como os síndicos de condomínios residenciais devem proceder diante do aumento da locação temporária realizada por meio de aplicativos, tipo Airbnb?

Esse tipo de locação é usado em vários países e tem levantado grandes debates. As prefeituras e proprietários de hotéis de diversas capitais, como Amsterdã, Londres e Nova York, acordaram limites para o número de dias que os moradores podem disponibilizar suas residências, por meio de aplicativos. Muitos afirmam que essa prática tem prejudicado o mercado de locação não temporária, havendo uma elevação de preço, em função da queda de oferta, preferindo muitos proprietários a locação por diária.

Chegou ao Brasil em 2012 e tem causado grande preocupação aos síndicos de condomínios residenciais. O debate sobre o assunto tem sido intenso, e os dois pensamentos predominantes são: 1º) acreditam que esse tipo de locação não se enquadraria na locação temporária definida na Lei nº 8.245/1991, que poderá ser de noventa dias. Sustentam que essa locação se assemelha à hospedagem, que é regulamentada pela Lei nº 11.771/2008, e que não deve ser realizada em condomínios residenciais, dado que consideram desvio de finalidade, definida na própria Convenção do condomínio, embasada no Código Civil – art. 1.336, IV – "São deveres do condomínio: dar às suas partes a mesma destinação que tem a edificação..."; e 2º) defendem que a proibição da locação atinge direito de propriedade resguardado pela Constituição, art. 5º, XXII e a Lei nº 4.591/1964, art. 19:

Cada condômino tem o direito de usar e fruir, com exclusividade, de sua unidade autônoma, segundo suas conveniências e interesse, condicionados, umas e outras às normas de boa vizinhança, e poderá usar as partes e coisas comuns de maneira a não causar dano ou incômodo aos demais condôminos ou moradores, nem obstáculos ou embaraço ao bom uso das mesmas partes por todos.

Foi proposto à Câmara Municipal de São Paulo o PL nº 0232/2017, para que haja a regulamentação desse tipo de locação ou hospedagem.

Enquanto não há a regulamentação, recomenda-se que o síndico convoque uma assembleia para tratar do assunto e os condôminos deliberem as regras que farão parte do Regimento Interno.

Alguns condomínios estão exigindo que o futuro hóspede traga preenchida uma ficha completa com a assinatura do proprietário autorizando a entrada, a qual deve ter sido enviada ao síndico com antecedência, com os seguintes dados: nome de todos que vão entrar no condomínio, cópia dos documentos, placa do carro, dia e horário da entrada e saída. Em assembleia, é definido o número de pessoas que poderão alugar o apartamento, visando evitar superlotação, quais as áreas poderão frequentar e exigência do cumprimento do Regulamento Interno como todos os moradores.

No dia 20/04/2021, o Superior Tribunal de Justiça (STJ) decidiu pela proibição de um proprietário de um apartamento de fazer locação do imóvel por meio de aplicativos, em função do imóvel estar sendo utilizado como hospedagem, caracterizando atividade comercial similar à de um albergue, conduta proibida pela convenção interna do edifício. No julgamento, os ministros reconheceram que a locação via aplicativo é legal e não configura atividade comercial de hotelaria e pode ser realizada pelos condomínios.

39) As assembleias virtuais são uma alternativa legal?

A regulamentação do voto a distância pelas empresas, sociedades anônimas, poderá ser uma referência importante para auxiliar os condomínios no encaminhamento dessas questões. A participação a distância em assembleias de acionistas já é admitida nas empresas, que deverão atender a Instrução CVM (Comissão de Valores Mobiliários) nº 561, de 7 de abril de 2015.

Com a pandemia, as sessões por videoconferência também estão ocorrendo nos Tribunais de Justiça, inclusive no Supremo Tribunal de Justiça (STF), como se fossem sessões tradicionais, em que os juízes, membros do Ministério Público e os advogados acessam o sistema informatizado de suas residências ou do próprio escritório.

A pandemia contribuiu para a rápida adoção, pelos condomínios, de assembleias no formato virtual. Esse formato veio para ficar, pois se mostrou eficiente e muitos sistemas informatizados evoluíram para que as assembleias ocorressem com segurança e pudessem garantir a integridade do voto e comprovassem os participantes. Talvez o formato que prevalecerá seja o sistema híbrido, havendo a possibilidade de alguns condôminos ou moradores, dependendo da assembleia, participarem virtualmente e outros participares de forma presencial, comparecendo ao local onde será realizada a assembleia.

É importante que não haja nenhuma restrição específica na convenção e que exista a participação da administradora na organização e convocação das assembleias virtuais ou híbridas, para que todas as determinações mencionadas na convenção do condomínio sejam adotadas, e que sejam esclarecidos os seguintes itens:

- sistema informatizado que será utilizado para a transmissão;
- garantir o acesso a todos os condôminos com senha;
- critério claro para a votação;
- apuração da lista de participantes;
- prazo de convocação previsto em convenção;
- todos precisam ser convocados.

As atas que foram produzidas e comprovam que as assembleias atenderam todas as normas legais são registradas de forma eletrônica nos Cartório de Títulos e Documentos.

Já foi aprovado no Senado e agora aguarda aprovação na Câmara dos Deputados o Projeto de Lei nº 548/2019, que acrescenta o art. 1.353-A ao Código Civil, para permitir a assembleia de condôminos com votação por meio eletrônico ou por outra forma de coleta individualizada do voto dos condôminos ausentes da reunião presencial, quando a lei exigir quórum especial para a deliberação da matéria. É importante que os síndicos e as administradoras estejam atentos para a avaliação final desse Projeto Lei, que facilitará a participação dos condôminos e moradores nas assembleias condominiais.

40) As administradoras de condomínio podem cobrar o 13º salário e outras despesas além da taxa mensal combinadas em contrato?

A cobrança do 13º salário é bastante comum, e as empresas até mencionam isso no próprio contrato de prestação de serviço. Segundo o Código Civil, art. 601, "Não sendo o prestador de serviço contratado para certo e determinado trabalho, entender-se-á que se obrigou a todo e qualquer serviço compatível com as suas forças e condições".

Afirma o Dr. Irineu Pedrotti – Juiz do 2º Tribunal de Alçada de Civil de São Paulo:

Como não há vínculo empregatício entre os condomínios e os administradores de condomínios, a cobrança do décimo terceiro salário, legalmente destinado aos empregados, sob qualquer título, além de se tratar de cobrança indevida, fruto de conduta imoral, pode configurar crime de estelionato ou outras fraudes e, ainda, dar ensejo para que as vítimas promovam contra esse responsável ação de restituição de indébito, cumulada ou não com prestação de contas, ou, em alguns casos, até de ação de reparação de danos materiais e morais.

Portanto, o síndico deverá solicitar a exclusão do contrato a menção do pagamento do 13º salário, ou 13ª taxa, sendo que esse valor deverá estar incluído no valor mensal cobrado pelos serviços.

O contrato da empresa deverá deixar claro se haverá a cobrança de outras despesas e quanto será esse valor, como: cópias, gestão fiscal, acompanhamento de assembleias e ações trabalhistas, emissão de boletos etc.

Outro detalhe importante é a emissão da nota fiscal da empresa, que deverá mencionar de forma detalhada todos os valores que deverão ser pagos pelo condomínio e não lançá-los apenas em recibos, o que caracteriza sonegação fiscal.

17

Comentários – Código Civil atual

Foram muitas as inovações advindas do Código Civil atual, de 10 de janeiro de 2002, em vigor desde 11 de janeiro de 2003. O legislador procurou diferenciar as várias formas de condomínio, e, para tanto, traz, no Título III, o Capítulo VI – Do Condomínio Geral (que foi subdividido em Seção I – "Do Condomínio Voluntário" e em Seção II – "Do Condomínio Necessário") e o Capítulo VII, que se refere apenas ao "Condomínio Edilício". Traz para o uso cotidiano uma palavra desconhecida do público em geral: "edilício". Resumidamente, refere-se às edificações, imóveis, casas e prédios, havendo uma mistura de propriedades individuais (área interna de uso privativo) e propriedade coletiva (área comum).

Em vários artigos, percebemos a preocupação dos idealizadores do Código de exigir para algumas deliberações quórum qualificado, como maioria dos condôminos (50% + 1 da totalidade da massa condominial) e 3/4 dos condôminos. Quando o Código utiliza o termo "condôminos" ou "2/3 da fração ideal", está se referindo à totalidade da massa condominial (100%) e não apenas aos condôminos que estiverem presentes na assembleia.

O capítulo referente ao Condomínio Edilício, da maneira como foi publicado, trouxe muita polêmica. Em alguns artigos permite interpretações distintas, abrindo margem para que os profissionais não consigam chegar a um consenso. Neste capítulo, abordaremos de forma prática as principais alterações que afetaram a vida condominial, inclusive as ocorridas em 2004 e 2012, trazendo as interpretações mais aceitas e as dúvidas mais comuns, resultado de pesquisa e participação em debates. Havendo necessidade de aprofundamento, o leitor poderá consultar os vários livros listados na bibliografia.

Não fará parte deste livro a inclusão ocorrida pela Lei nº 13.465/2017, que acrescentou ao Capítulo VII do Condomínio Edilício a Seção IV – do Condomínio de Lotes. Esta obra também não abordará o Capítulo VII-A incluído pela Lei nº 13.77/2018, Do Condomínio em Multipropriedade.

Lei nº 4.591/1964

Os artigos 1º a 27, pertencentes ao Título I, os quais se referem à administração de condomínio, ficaram quase todos sem efeito em função de terem sido mencionados no Código atual, mesmo que com algumas alterações. Essa conclusão tem sido deduzida uma vez que não foi expressa no Código de 2002 a disposição de não continuarem em vigor as normas estabelecidas na Lei de 1964. Muitos especialistas referem-se ao assunto afirmando que o atual Código revogou parcial e tacitamente a Lei nº 4.591/1964.

O Título II da Lei nº 4.591/1964 estabelece regras para as incorporações imobiliárias, e, como o Código atual não abordou o assunto, continuam válidos os artigos 28 a 70.

Convenções anteriores ao Código de 2002

Não há necessidade de modificar de imediato a Convenção do condomínio, em função de ser um projeto demorado, oneroso e que exige a conscientização dos condôminos em reconhecerem a necessidade da modernização. A maioria dos artigos da Convenção continua válida, somente aqueles que confrontarem diretamente o Código atual deverão ser aplicados de acordo com os novos preceitos (art. 2.035). Exemplo: a Convenção determina multa de até 20% para o pagamento em atraso. O Código determina expressamente até 2%, sendo esse o percentual que deverá ser adotado para os atrasos vencidos após 11 de janeiro de 2003. Já o percentual da multa relativa aos vencimentos anteriores a essa data deverá ser cobrado em até 20%.

> **Art. 2.035**. A validade dos negócios e demais atos jurídicos, constituídos antes da entrada em vigor deste Código, obedece ao disposto nas leis anteriores, referidas no art. 2.045, mas os seus efeitos, produzidos após a vigência deste Código, aos preceitos dele se subordinam, salvo se houver sido prevista pelas partes determinada forma de execução.
>
> **Art. 2.045**. Revogam-se a Lei nº 3.071, de 1º de janeiro de 1916 – Código Civil e a Parte Primeira do Código Comercial – Lei nº 556, de 25 de junho de 1850.

Fração ideal

O Código inovou ao trazer uma nova definição de fração ideal, segundo o art. 1.331, § 3º: "A fração ideal no solo e nas outras partes comuns é proporcional ao valor da unidade imobiliária, o qual se calcula em relação ao conjunto da edificação".

Essa definição não era clara, mencionava "valor da unidade imobiliária", o qual deveria ser estabelecido no momento da instituição do condomínio ou quando de sua especificação pela construtora. Esse valor poderia ser estabelecido pela municipalidade, pelo valor de mercado ou pelo consenso dos condôminos. Qualquer que fosse o critério adotado, seria muito subjetivo, pois é muito difícil a incorporação da sua prática.

A redação desse parágrafo foi alterada pela Lei n° 10.931, de 2 de agosto de 2004. Predominou o bom senso dos legisladores ao perceberem a dificuldade que haveria para aplicar o artigo. Optou-se pela redação que identifica a fração de forma decimal ou ordinária atribuída pelo incorporador no instrumento de instituição do condomínio.

No que concerne à realização do rateio das despesas, o Código de 2002 manteve a proporcionalidade das frações ideais, salvo disposição contrária na Convenção (art. 1.336, I).

Terraço de cobertura

Havia muitas dúvidas sobre a responsabilidade do pagamento das despesas de conservação da cobertura. A Nova Lei esclarece que a cobertura é área comum, ou seja, as despesas para sua conservação e manutenção pertencem ao condomínio, salvo disposição contrária em Convenção (art. 1.331, § 5°). Porém, se a Convenção apontar essa área como privativa ou apenas de uso de alguns condôminos, estes serão os responsáveis por sua manutenção e conservação (art. 1.344).

Multas e juros
Atraso no pagamento

Foram muitas as inovações advindas da entrada em vigor do Código Civil de 2002, mas nenhuma teve tanta repercussão quanto a redução da multa para até 2% sobre os débitos vencidos a partir de 11/1/2003 (art. 1.336, § 1°). A Lei n° 4.591/1964 permite a cobrança de multa de até 20% sobre a taxa condominial pelo atraso no pagamento. Além da multa, serão cobrados os juros previstos na Convenção; caso não tenham sido previstos, serão de 1% ao mês. Em 2010, a 3ª turma do STJ, tendo como relatora a Ministra Nancy Andrighi, no processo n° 1.002.525-DF (2007/0257646-5), reafirmou o entendimento sobre a possibilidade de a cobrança de juros ser superior a 1%, pelo atraso, desde que previstos em Convenção.

Mediante tão importante alteração, em que o legislador não levou em conta a provável elevação da inadimplência decorrente da diminuição do valor da multa, é necessária maior agilidade do departamento de cobrança, em que se recomenda enviar, após quinze dias do vencimento, uma carta ao morador comunicando o não recebimento de seu crédito. Completando um mês, deverá encaminhar uma nova carta concedendo um prazo para o retorno e informando que, se não houver resposta, a cobrança será enviada para o departamento jurídico. Essa carta também deverá alertar o morador inadimplente sobre as consequências resultantes do encaminhamento da carta ao departamento jurídico, informando que, além dos encargos convencionados, haverá um acréscimo de pelo menos 10% referente aos honorários advocatícios.

Segundo especialistas, embora não estejam expressos nesse artigo do Código, a correção monetária e os honorários advocatícios poderão ser incluídos no cálculo dos atrasados, uma vez que foram claramente apontados no art. 395 do atual Código Civil.

> **Art. 395**. Responde o devedor pelos prejuízos a que sua mora der causa, mais juros, atualização dos valores monetários segundo índices oficiais regularmente estabelecidos, e honorários de advogado.

Não cumprimento dos deveres

Segundo o art. 1.336, § 2º, o condômino que realizar obras que comprometam a segurança, a forma, a cor da fachada, a destinação ou prejudicar o sossego ou os bons costumes poderá ser multado em até cinco vezes o valor das contribuições. Caso essa disposição não esteja expressa em Convenção, caberá à assembleia geral, por 2/3, no mínimo, dos condôminos restantes, deliberar sobre o assunto. Será grande a dificuldade do síndico em aplicar esse tipo de punição se a Convenção não tiver sido atualizada, pois conseguir o quórum necessário é praticamente impossível. Poucos moradores terão interesse em participar da assembleia, pois vai se criar uma situação de confronto, de constrangimento para as partes.

Não cumprimento reiterado dos deveres

Ficou determinado no art. 1.337 que o condômino ou possuidor que não cumprir reiteradamente seus deveres estará passível de aplicação de multa de até cinco vezes o valor do condomínio, após deliberação de assembleia que reúna 3/4 dos condôminos restantes. Alguns estudiosos acreditam que essa multa poderá ser cobrada também do condômino que possuir várias parcelas em atraso, tendo apenas de ser aprovada em assembleia por 3/4 dos condôminos. Argumentam que faz parte dos deveres do condômino pagar o condomínio em dia (art. 1.336, I), portanto, por sua falta reiterada caberia a aplicação da multa de cinco vezes o valor do condomínio. Essa iniciativa poderá ser questionada na Justiça, uma vez que o Código traz as normas para o pagamento em atraso. Caberá ao Judiciário solucionar esse impasse.

Para aplicar essa multa, o síndico terá de convocar uma assembleia e contar com a participação de 3/4 dos condôminos, não podendo ser definido previamente na Convenção. Essa reunião dificilmente ocorrerá em função do grande constrangimento que será criado para os condôminos.

Para facilitar a sua aplicação e evitar a subjetividade, o assunto poderá ser particularizado na Convenção, na qual será definido o número de vezes que o não cumprimento de seus deveres pelo condômino caracterizará a reiteração. Poderão ser criados diferentes percentuais, desde que não ultrapassem o estipulado na lei.

Comportamento antissocial

Ocupou lugar de destaque na imprensa o assunto relativo ao reiterado comportamento antissocial, previsto no art. 1.337 – Parágrafo único. As informações foram as mais diversas, havendo até a opinião de que o condômino ou possuidor considerado antissocial poderia ser expulso do prédio. Segundo o artigo, haverá a possibilidade de aplicação de multa correspondente a dez vezes o valor do condomínio, a qual deverá ser posteriormente aprovada em assembleia. Dessa forma, o legislador trouxe um problema para o síndico, referente à aplicação prática, dado que, se não obtiver a aprovação em assembleia, sua ação será inócua, prejudicando a sua autoridade.

Há outros pontos que dificultam a aplicação do artigo, entre eles a subjetividade em classificar o morador como antissocial, ter de definir o número de vezes que praticou a ação considerada inadequada e quantas vezes a multa poderá ser aplicada. Essa definição vai variar de condomínio para condomínio, uma vez que cada um tem diferentes exigências sociais. Para evitar dúvidas e arbitrariedades, recomenda-se que a Convenção defina expressamente o que o condomínio considera comportamento antissocial, a partir de quando a reincidência não será mais tolerada pelos condôminos e o número de vezes que a multa poderá ser aplicada. Essas deliberações serão muito difíceis de serem adotadas, em função da complexidade na interpretação, gerando insegurança jurídica.

O parágrafo ainda não deixa claro o quórum que a assembleia deverá ter para aprovar a multa. Muitos estudiosos e algumas decisões judiciais referem-se ao quórum de 3/4 mencionado no art. 1.337. No entanto, outros defendem que a Convenção poderá prever outro quórum para o assunto, em função da falta de especificação.

Devido à dificuldade de aplicação e em muitos casos os riscos que a coletividade poderá enfrentar, o Dr. Américo Izidoro Angélico argumenta que o juiz, mediante a apresentação de fatos graves, provas inequívocas e baseado nos arts. 12 e 21 do Código Civil, poderá determinar a perda do direito do convívio no condomínio, sem que haja a perda do patrimônio, podendo este ser locado, emprestado ou vendido.

Art. 12. Pode-se exigir que cesse a ameaça, ou a lesão, a direito da personalidade, e reclamar perdas e danos, sem prejuízo de outras sanções previstas em lei.
[...]
Art. 21. A vida privada da pessoa natural é inviolável, e o juiz, a requerimento do interessado, adotará as providências necessárias para impedir ou fazer cessar ato contrário a esta norma.
[...]

Nota: O síndico deverá proporcionar em assembleia a possibilidade de ampla defesa do condômino apontado como não cumpridor dos seus deveres ou como antissocial, visto que esse direito é apontado na Constituição Federal, art. 5º, LV: "aos litigantes, em processo judicial ou administrativo, e aos acusados em geral são assegurados o contraditório e ampla defesa, com os meios e recursos a ela inerentes".

Possuidor
O Código atual mencionou em alguns artigos as palavras "posse" e "possuidor" (arts. 1.333, 1.334, 1.337 e 1.338), ao passo que a Lei nº 4.591/1964 não as utilizou em nenhum de seus artigos.

A palavra "possuidor" tem sua origem na palavra "posse", que significa "poder" sobre alguma coisa ou tudo aquilo que está assentado sobre alguma coisa. Ter a posse equivale a ter o poder físico, material sobre a coisa. O possuidor é a pessoa que detém a coisa em seu poder, proprietário ou não dela. Portanto, o inquilino ou qualquer outra pessoa que esteja morando no imóvel será denominado "possuidor". O art. 1.196 define de forma clara o possuidor:

> **Art. 1.196**. Considera-se possuidor todo aquele que tem de fato o exercício, pleno ou não, de algum dos poderes inerentes à propriedade.

Locação da garagem
Após a entrada em vigor da Lei nº 12.607/2012, que alterou a redação do art. 1.331, § 1º, a locação da vaga de garagem para terceiros, pessoas que não possuem nenhum vínculo com o condomínio, só poderá ser feita se estiver expressa na Convenção. A maior justificativa para essa alteração foi a preservação da segurança.

Segundo os especialistas, a vaga de garagem poderá ou não ser alugada conforme especificado no quadro a seguir:

Especificação da vaga	Locação	Regulamentação da locação
Rotativa, pertence à área comum	Não é permitida	A Convenção deverá proibir
Possui especificação de área e está vinculada a unidade autônoma	É permitida segundo o atual Código Civil	Cabe à Convenção determinar a forma, o critério da preferência e se permitirá a locação para terceiros
Possui fração ideal, especificação na escritura e matrícula própria	É permitida	Cabe à Convenção determinar a forma, o critério da preferência e se permitirá a locação para terceiros

Define a Lei que apenas o condômino, nunca o possuidor, poderá alugar a vaga de garagem, mas deverá ser dada preferência, em condições iguais, aos condôminos (coproprietários) em detrimento de estranhos. Adverte ainda que, dentre todos os interessados, deverá ser dada primazia aos possuidores, ou seja, àqueles que moram no condomínio (art. 1.338). O possuidor poderá ser até mesmo inquilino.

A Lei foi omissa sobre a definição do procedimento que o condômino deverá adotar quando tiver interesse em locar sua vaga, bem como sobre o prazo para que o interessado se pronuncie. Essas condições poderão ser estabelecidas no Regimento Interno. Quando este for omisso, o condômino poderá, por exemplo, utilizar carta protocolada entregue a todos os moradores informando a disponibilidade da vaga, afixar também uma cópia em quadro de aviso ou avisar o síndico, que pode ficar incumbido de providenciar as ações necessárias para que todos tenham conhecimento da locação da vaga.

Alienação de parte acessória

Encontram-se dentre as partes acessórias o espaço destinado às despensas e adegas, localizadas geralmente na garagem. Essas áreas, mesmo que tenham frações ideais definidas na Convenção, estão vinculadas a uma unidade autônoma e não possuem registro imobiliário próprio.

Segundo o art. 1.331, § 1º, após a aprovação da Lei nº 12.607/2012, o abrigo para veículo poderá ser alienado se houver aprovação expressa na Convenção. Entretanto, o art. 1.339, § 2º, que também trata do assunto, permite ao condômino alienar parte acessória a outro condômino; porém, só poderá fazê-lo a terceiro se isso estiver previsto na Convenção e, mesmo assim, deverá haver uma assembleia para deliberar sobre o assunto. Essa exigência poderá ser questionada em função de haver a especificação clara na Convenção. Após a realização da venda, no caso de a vaga não possuir fração e escritura própria, deverão ser adotados os seguintes procedimentos: modificação da Convenção e registro no Cartório de Imóveis, a fim de alterar as áreas e solicitar à Prefeitura o ajuste do imposto predial.

Para os estudiosos, caso a vaga de garagem seja autônoma, com matrícula própria, poderá ser alienada independentemente da aprovação da assembleia. Para manter coerência ao art. 1.338, deverá ser respeitado o direito de preferência também na alienação.

Despesas relativas a partes de uso exclusivo

Foi reconhecido pelo legislador que as despesas relativas à conservação de áreas comuns de uso exclusivo, como *hall* de elevador privativo e cobertura, deverão ser pagas pelos moradores que delas realmente se utilizarem (art. 1.340). Tendo como base este artigo, os apartamentos localizados no térreo e que não utilizam o elevador, por exemplo, poderão ser dispensados do pagamento das despesas relativas à conservação do equipamento, caso a Convenção traga essa exclusão.

Realização de obras

Grande parte das ações que acabam na Justiça refere-se a obras realizadas no condomínio sem a autorização dos condôminos e a outras sem o quórum necessário para sua aprovação. Buscando diminuir o número de ações, o legislador inovou ao vincular um quórum específico para cada tipo de obra (art. 1.341). A classificação adotada – voluptuárias, úteis e necessárias – é bastante subjetiva e, consequentemente, trará muita polêmica, pois, para alguns moradores, a compra de aparelhos para a sala de ginástica, por exemplo, poderá ser considerada útil, ao passo que, para outros, poderá ser interpretada como voluptuária.

É importante que os condôminos estejam atentos à realização de obras necessárias, pois elas não precisam de autorização. Como medida de cautela, a Convenção poderá estabelecer um limite para esses gastos, devendo o síndico seguir a previsão orçamentária já aprovada. Caso o síndico tenha de realizar uma obra necessária de gasto elevado e para isso utilize o Fundo de Reserva, deverá convocar uma assembleia para justificar o gasto e verificar se os condôminos desejam repor o Fundo com um rateio extra ou com a arrecadação normal mensal. Essa ação evitará que mais tarde os condôminos fiquem sem controle dos gastos e do saldo do Fundo de Reserva.

Podemos encontrar no Código Civil, art. 96, a classificação das benfeitorias:
- **necessárias**: são as que têm por fim conservar o bem ou evitar que ele se deteriore;
- **úteis**: são aquelas que aumentam ou facilitam o uso do bem;
- **voluptuárias**: são "as de mero deleite ou recreio, que não aumentam o uso habitual do bem, ainda que o tornem mais agradável ou sejam de elevado valor".

Art. 1.341. A realização de obras no condomínio depende:

I – se voluptuárias, de voto de dois terços dos condôminos;

II – se úteis, de voto da maioria dos condôminos.

§ 1º As obras ou reparações necessárias podem ser realizadas, independentemente de autorização, pelo síndico, ou, em caso de omissão ou impedimento deste, por qualquer condômino.

§ 2º Se as obras ou reparos necessários forem urgentes e importarem em despesas excessivas, determinada sua realização, o síndico ou o condômino que tomou a iniciativa delas dará ciência à assembleia, que deverá ser convocada imediatamente.

§ 3º Não sendo urgentes, as obras ou reparos necessários, que importarem em despesas excessivas, somente poderão ser efetuadas após autorização da assembleia, especialmente convocada pelo síndico, ou, em caso de omissão ou impedimento deste, por qualquer dos condôminos.

§ 4º O condômino que realizar obras ou reparos necessários será reembolsado das despesas que efetuar, não tendo direito à restituição das que fizer com obras ou reparos de outra natureza, embora de interesse comum.

Obras que aumentem a área comum

A realização de obras, em área comum, que resultem em acréscimo às já existentes e que facilite ou aumente a utilização dependerá da aprovação de 2/3 dos votos dos condôminos (art. 1.342). O quórum especial é necessário, pois o valor envolvido costuma ser elevado, e as obras trarão alterações significativas à área comum, como a construção de uma sala de ginástica ou a ampliação da área do salão de festa.

A Lei estabelece como ressalva para a realização desse tipo de obra que nenhum condômino poderá ser prejudicado.

Poderá gerar polêmica o quórum estabelecido nesse artigo, que é de 2/3 dos votos dos condôminos para a realização de obras em área comum, bem como o estabelecido no art. 1.341, II, referente à realização de obras úteis, definidas como as que aumentam ou facilitam o uso do bem, o qual determina voto da maioria dos condôminos. Segundo os especialistas, convém diferenciar as obras da seguinte forma: quando se referirem a uso e utilização, aplicar o critério estabelecido no art. 1.341, II; já às que resultarem em acréscimo de construção deverá ser aplicado o art. 1.342. Exemplos:

- art. 1.341, II – obra útil: reforma do salão de jogos, com a troca das luminárias, pintura, substituição das janelas e compra de mesas e cadeiras novas;
- art. 1.342 – obra de acréscimo à construção já existente: construção de salão de jogos para os adultos.

Construção de novas unidades autônomas

A finalidade dessa construção não é ampliar a utilização da área comum, mas aumentar o número de unidades autônomas e, consequentemente, o número de condôminos. Exige-se a aprovação da unanimidade, ou seja, de 100% dos condôminos (art. 1.343).

Débitos do alienante

A Lei atual procurou esclarecer uma tendência que já estava sendo adotada por muitos juízes, que determinavam o pagamento das despesas condominiais pelo adquirente da unidade, mesmo que este não tivesse ainda a propriedade registrada no Cartório de Imóveis. O condomínio poderá cobrar o adquirente (comprador) quando tiver sido informado da venda (art. 1.345).

Síndico

Escolha

A Lei nº 4.591/1964, art. 22, estabelece que a Convenção de condomínio deve prever a forma como o síndico é eleito. Essa exigência criava problema para os antigos condomínios que não possuíam Convenção. A Lei atual, que revogou tacitamente esse artigo, transferiu esses poderes para que a assembleia escolha o síndico (art. 1.347). A Convenção deverá definir a forma de escolha, se ele será remunerado, o valor da remuneração, se deverá ser condômino (coproprietário) ou não, morador ou não do condomínio e, ainda, o tempo de renovação do mandato.

Atribuições

Além das atribuições existentes na Lei nº 4.591/1964, foram incluídas as seguintes novidades:

- o síndico deverá "dar imediato conhecimento à assembleia da existência de procedimento judicial ou administrativo, de interesse do condomínio" (art. 1.348, III). Na maioria das vezes, o assunto era mantido em segredo, principalmente quando se tratava de ações trabalhistas provenientes de fiscalização;
- elaborar orçamento da receita e da despesa, relativo a cada ano. Essa obrigação, após a aprovação do novo Código de Processo Civil/2016, ganhou maior importância, em função da necessidade de se comprovar, em uma ação de cobrança pelo atraso no pagamento da taxa condominial, a aprovação dos valores aprovados, inclusive deve-se mencionar na ata o valor de rateio determinado para cada tipo de fração;

- deverá "prestar contas à assembleia, anualmente e quando exigidas" (art. 1.348, VIII). A inovação é no sentido de que poderá ocorrer a prestação de contas em assembleia quando os moradores julgarem conveniente e não mais uma vez ao ano;
- "poderá a assembleia investir outra pessoa, em lugar do síndico, em poderes de representação" (art. 1.348, § 1º). Esse artigo será aplicado, por exemplo, quando os condôminos decidirem que o trabalho administrativo – elaboração de circulares e de boletos, admissão e demissão de funcionários – deverá ser realizado por um síndico profissional ou uma administradora, reservando ao síndico condômino os poderes de representar o condomínio em juízo, assinar contratos, movimentar as contas-correntes e de poupança;
- "o síndico pode transferir a outrem, total ou parcialmente, os poderes de representação ou as funções administrativas, mediante aprovação da assembleia, salvo disposição em contrário da Convenção" (art. 1.348, § 2º). O texto desse artigo se assemelha ao do art. 22, § 2º, da Lei nº 4.591/1964, havendo apenas a diferença de que a Convenção atualizada poderá, por exemplo, liberar o síndico da necessidade de realizar assembleia para aprovar a mudança da empresa administradora.

Destituição

O art. 22, § 5º, da Lei nº 4.591/1964 determina que a destituição do síndico deve ocorrer em assembleia, especialmente convocada, pelo voto de 2/3 das frações ideais dos condôminos. Permite que a Convenção estabeleça outra condição.

No entanto, a redação do artigo 1.349 do CC, que aborda o assunto da destituição, por não ser objetiva, favorece o surgimento de interpretações desencontradas: "A assembleia [...] poderá, pelo voto da maioria absoluta de seus membros, destituir o síndico que praticar irregularidades, não prestar contas, ou não administrar convenientemente o condomínio". A interpretação dessa matéria não é unânime. Alguns estudiosos acreditam que, em função de ter sido mencionado o termo "maioria absoluta",* serão necessários 50% + 1 de *todos os condôminos* para destituir o síndico. Exemplo: caso o condomínio tenha cem unidades e o voto definido em Convenção seja de que cada unidade representa um voto, serão necessários, segundo essa linha de pensamento, 51 votos. Outros estudiosos, os quais são a maioria, tiveram em 2015 suas opiniões reforçadas pelo acórdão da

---

* Recorrendo a um dicionário jurídico, temos as seguintes definições: a) maioria absoluta: nas votações, a metade mais um dos votos de todos os componentes do órgão colegiado ou totalidade dos membros de um corpo eleitoral, e não apenas dos presentes votantes; b) maioria simples: nas votações, é tomada em função da presença no ato, ou seja, metade mais um dos votos.

3ª turma do STJ, com a decisão do Ministro Paulo de Tarso Sanseverino. Esses interpretam que, para destituir o síndico, são necessários 50% + 1 dos condôminos *presentes em assembleia*. Exemplo: supondo que o prédio seja composto das mesmas cem unidades e que compareçam à assembleia somente vinte, poderá haver a destituição com o voto favorável de apenas onze unidades.

Ocorreu, portanto, uma redução no quórum para destituição do síndico, devendo ainda ser comprovado o motivo que levou os condôminos a pedirem a exoneração do síndico. É bastante subjetiva a justificativa "não administrar convenientemente" o condomínio, a qual poderá ser utilizada de forma errônea, até politicamente, para afastar o síndico. Os moradores deverão ficar atentos para não cometerem injustiças.

> **Art. 1.349.** A assembleia, especialmente convocada para o fim estabelecido no § 2º do artigo antecedente, poderá, pelo voto da maioria absoluta de seus membros, destituir o síndico que praticar irregularidades, não prestar contas, ou não administrar convenientemente o condomínio.

Convocação

A Lei atual determina que "a assembleia não poderá deliberar se todos os condôminos não forem convocados para a reunião" (art. 1.354). Deve-se convocar inclusive o inadimplente, uma vez que a Lei exige que *todos* sejam convocados, mesmo os que não podem exercer o direito de participar e votar enquanto forem considerados devedores (art. 1.335, III). O Código foi omisso quanto à forma de convocação e em relação ao tempo entre a convocação e a realização; portanto, caberá à Convenção estabelecer essas definições.

Conselho Fiscal

A Lei nº 4.591/1964 prevê a figura do subsíndico (art. 22, § 6º) e do Conselho Consultivo, o qual deveria ser composto de três condôminos (art. 23). Havia a exigência de que os conselheiros fossem condôminos, ou seja, deveriam ser coproprietários, e não inquilinos ou possuidores.

O atual Código menciona que poderá haver no condomínio um Conselho Fiscal, composto de três membros (art. 1.356), porém, não os define. Os condôminos poderão optar por não ter um conselho, o que não é recomendável, visto que tal atitude concentra as decisões nas mãos do síndico. A Lei atual também não enfatiza a necessidade de os componentes do Conselho Fiscal serem condôminos, abrindo a possibilidade para que inquilinos façam parte do Conselho. Não foi mencionada a figura do subsíndico.

18

Normas, regulamentação e legislação do condomínio

Programa de Gerenciamento de Risco (PGR) – NR1

Os cuidados com a Segurança e Saúde no Trabalho fazem parte do texto da Consolidação das Leis do Trabalho (CLT), Capítulo V. Esses direitos são tão importantes que estão, inclusive, garantidos na Constituição Federal, art. 7º, XXII, que estabelece: "redução dos riscos inerentes ao trabalho, por meio de normas de saúde, higiene e segurança".

O conjunto de regras, Normas Regulamentadoras (NR), foi estabelecido por meio da Portaria nº 3.214, de 8 de junho de 1978. "Considerando a necessidade de atualizar as medidas preventivas de medicina do trabalho, adequando-as aos novos conhecimentos técnico-científicos", foi aprovada a Portaria nº 6.730, de 9 de março de 2020, que trouxe uma nova redação para a Norma Regulamentadora nº 1 – Disposições Gerais e Gerenciamento de Riscos Ocupacionais. Tem como objetivos, a segurança e a saúde no trabalho bem como as diretrizes e os requisitos para o gerenciamento de riscos ocupacionais e as medidas de prevenção em Segurança e Saúde no Trabalho – SST.

Quem deve elaborar o PGR

Será fundamental que o síndico contrate um profissional habilitado, que poderá ser um engenheiro em segurança do trabalho ou técnico em segurança do trabalho, para realizar o inventário de risco ocupacional, ou seja, elencar todas as áreas que possam trazer riscos de acidente aos empregados. Após esse levantamento, será realizado o planejamento de ações para o gerenciamento de medidas de prevenção para se evitar que ocorram os riscos apontados no PGR.

Principais itens abordados na Norma

- **Obrigatoriedade** – Todas as organizações que possuam empregados registrados pela CLT.
- **Fiscalização** – Será realizada pela Secretaria de Trabalho – STRAB, por meio da Subsecretaria de Inspeção do Trabalho – SIT.

- **Cabe ao empregador:**
  Seguem abaixo alguns itens que são mencionados na norma:
  - cumprir e fazer cumprir as disposições legais e regulamentares sobre segurança e saúde no trabalho;
  - informar aos trabalhadores:
    - os riscos ocupacionais existentes nos locais de trabalho;
    - as medidas de prevenção adotadas pela empresa para eliminar ou reduzir tais riscos;
    - os resultados dos exames médicos e de exames complementares aos quais os próprios trabalhadores forem submetidos; e
    - os resultados das avaliações ambientais realizadas nos locais de trabalho.
  - elaborar ordens de serviço sobre segurança e saúde no trabalho, dando ciência aos trabalhadores;
  - implementar medidas de prevenção, com a eliminação dos fatores de risco e adoção de medidas de proteção individual (EPIs*).
- Cabe ao trabalhador:
  Seguem abaixo alguns itens que são mencionados na norma:
  - cumprir as disposições legais e regulamentares sobre segurança e saúde no trabalho;
  - submeter-se aos exames médicos previstos nas NRs;
  - usar os equipamentos de proteção individual (EPIs) fornecidos pelo empregador.

Prazo para revisão do PGR

Deve constituir um processo contínuo e ser revisto a cada dois anos ou quando da ocorrência das seguintes situações:
- após implementação das medidas de prevenção, para avaliação de riscos residuais;
- após inovações e modificações nas tecnologias, ambientes, processos, condições, procedimentos e organização do trabalho que impliquem novos riscos ou modifiquem os riscos existentes;
- quando identificadas inadequações, insuficiências ou ineficácias das medidas de prevenção;
- na ocorrência de acidentes ou doenças relacionadas ao trabalho;

---

* EPIs – devem ter certificado de conformidade emitido no âmbito do Sistema Nacional de Metrologia, Normalização e Qualidade Industrial – **Sinmetro** ou de laudos do **Inmetro** (art. 167 da CLT).

- quando houver mudança nos requisitos legais aplicáveis;
- no caso de possuir certificação em sistema de gestão de SST, o prazo poderá ser de até 3 anos.

Itens que compõem o PGR
- Controle dos riscos – devem incluir:
  - medidas de prevenção;
  - planos de ação;
  - implementação e acompanhamento das medidas de prevenção;
  - acompanhamento da saúde ocupacional dos trabalhadores.
- Preparação para emergências
- Documentação mínima:
  - inventário de risco; e
  - plano de ação.
- Prazo para o arquivamento
  - Período mínimo de 20 anos ou pelo período estabelecido em normatização específica.

Obrigação do contratante e contratada
- O condomínio poderá incluir as medidas de prevenção para as empresas contratadas para prestação de serviços que atuem em suas dependências.
- O condomínio deve fornecer às contratadas informações sobre os riscos ocupacionais sob sua gestão e que possam impactar nas atividades das contratadas.
- As contratadas devem fornecer ao contratante o inventário de Riscos Ocupacionais específicos de suas atividades que são realizadas nas dependências da contratante.

Forma de envio e armazenamento
- Os condomínios devem prestar informações de segurança e saúde no trabalho em formato digital, conforme modelo aprovado pela STRAB (Secretaria do Trabalho), ouvida a SIT (Subsecretaria de Inspeção do Trabalho).
- Os documentos previstos nas NRs podem ser emitidos e armazenados em meio digital com certificado digital.

Capacitação e treinamento em Segurança e Saúde no Trabalho
A capacitação deve incluir: treinamento inicial; treinamento periódico; treinamento eventual e ser fornecido certificado.

Os treinamentos previstos em NR podem ser ministrados em conjunto com outros treinamentos da organização, observados os conteúdos e a carga horária previstos na respectiva norma regulamentadora, podendo ser ministrados na modalidade de ensino a distância ou semipresencial, desde que atendidos os requisitos operacionais, administrativos, tecnológicos e de estruturação pedagógica previstos na NR.

Programa de Controle Médico de Saúde Ocupacional (PCMSO) – NR7

Segundo a Portaria nº 24, de 29 de dezembro de 1994, todas as empresas, inclusive os condomínios, independentemente do número de empregados, estarão obrigadas a cuidar da saúde, prevenir as doenças ocupacionais (doenças adquiridas no ambiente de trabalho) e os acidentes no trabalho, implantando o Programa de Controle Médico de Saúde Ocupacional (PCMSO).

Essa Norma Regulamentadora teve sua redação alterada por meio da Portaria nº 6.734, de 9 de março de 2020, cujo PCMSO deverá seguir a avaliação de riscos do Programa de Gerenciamento de Risco – PGR do condomínio.

As despesas com o Programa de Controle Médico de Saúde Ocupacional (PCMSO) deverão ser pagas pelo condomínio e os respectivos comprovantes arquivados, pois poderão ser solicitados em uma inspeção do trabalho e será transmitido para o eSocial.

Principais itens abordados nessa Norma

- Nos condomínios de graus de risco 1 e 2 com até 25 empregados, o médico responsável pelo PCMSO deve elaborar o relatório analítico do Programa **anualmente**, considerando a data do último relatório contendo as seguintes informações:
  o   o número de exames clínicos realizados;
  o   o número e tipos de exames complementares realizados.
- Os exames clínicos exigidos pela legislação:
  o   **Admissional** – Realizado antes que o empregado assuma suas funções.
  o   **Periódico** – deverá ser realizado: a) a cada ano ou a intervalos menores, para os trabalhadores expostos a riscos ocupacionais identificados e classificados no PGR e para portadores de doenças crônicas que aumentem a susceptibilidade a tais riscos; b) a cada dois anos para os demais empregados.
  o   **Mudança de risco ocupacional** – Será realizado obrigatoriamente antes que o empregado seja exposto aos riscos da nova função.

- Retorno ao trabalho – Deverá ser realizado antes que o empregado reassuma suas funções, quando ausente por período igual ou superior a 30 dias por motivo de doença ou acidente, de natureza ocupacional ou não. A avaliação médica deve definir a necessidade de retorno gradativo ao trabalho.
- Demissional – O exame clínico deve ser realizado em até 10 dias contados do término do contrato, podendo ser dispensado caso o exame clínico ocupacional mais recente tenha sido realizado há menos de 135 dias.
- Exames complementares para os condomínios não estão previstos, no entanto serão solicitados se o médico responsável julgar necessário para algum empregado específico.

- Após cada exame realizado, o médico deverá emitir, em duas vias, Atestado de Saúde Ocupacional (ASO), sendo uma via para o empregador, outra para o empregado.
- O ASO deverá conter no mínimo:
  - razão social e CNPJ do condomínio;
  - nome completo do trabalhador, o número de CPF e sua função;
  - a descrição dos perigos ou fatores de riscos identificados e classificados no PGR que necessitem de controle médico previsto no PCMSO;
  - indicação dos procedimentos médicos a que foi submetido o trabalhador, incluindo os exames complementares e a data em que foram realizados;
  - o nome e número de registro profissional do médico responsável, CRM, pelo PCMSO.
  - definição de apto ou inapto para a função específica que o trabalhador vai exercer, exerce ou exerceu;
  - data e assinatura do médico responsável pelo exame e carimbo contendo seu número de inscrição no Conselho Regional de Medicina.
- Os dados obtidos nos exames médicos, incluindo avaliação clínica e exames complementares, as conclusões e as medidas aplicadas, deverão ser registrados em prontuário clínico individual. Uma cópia, em meio físico, deverá ser entregue ao empregado, mediante recibo, e o prontuário deverá ser mantido pelo empregador por período mínimo de vinte anos após o desligamento do trabalhador.
- Os dados dos exames clínicos e complementares deverão ser registrados em prontuário médico individual sob a responsabilidade do médico responsável pelo PCMSO, ou do médico responsável pelo exame, quando a organização estiver dispensada de PCMSO.
- Podem ser utilizados prontuários médicos em meio eletrônico desde que as exigências do Conselho Federal de Medicina sejam atendidas.

O condomínio deverá manter um estojo de Primeiros Socorros, com medicamentos como algodão, atadura, gaze, água boricada e oxigenada, soro fisiológico, tampão oftalmológico, álcool etc. Esse estojo deverá ficar sob a responsabilidade de uma pessoa treinada para prestar os Primeiros Socorros.

Exames complementares básicos que poderão ser solicitados:

- **Hemograma** – Exame de sangue que possibilita diagnosticar muitos problemas de saúde, como: anemia, leucemia e infecções.
- **Parasitológicos** – Exame de fezes que permitirá verificar a existência de parasitos.
- **Urina** – Esse exame permite diagnosticar, principalmente, o diabetes, através da taxa de glicose (açúcar), e as infecções urinárias.
- **VDRL** – Por meio desse exame é possível conhecer o Tipo Sanguíneo (RH), apontar a existência de doenças sexualmente transmissíveis (sífilis) e da doença de Chagas.

Observação: outros exames complementares poderão ser solicitados pelo médico.

Avaliação e Controle das Exposições Ocupacionais a Agentes Físicos, Químicos e Biológicos – NR9

Com a finalidade de trazer maior dinamismo para as Normas Regulamentadoras, foi aprovada a Portaria nº 6.735, de 10 de março de 2020, que estabeleceu uma nova redação para a Norma Regulamentadora nº 9. Esta deixou de ser chamada PPRA e passou a ser denominada Avaliação e Controle das Exposições Ocupacionais a Agentes Físicos, Químicos e Biológicos. Essa Norma estabelece os requisitos quando identificados os agentes de risco no Programa de Gerenciamento de Riscos – PGR – NR-1.

Principais itens abordados

- Abrangência e profundidade das medidas de prevenção dependem das características das exposições e das necessidades de controle.
- Identificação das exposições ocupacionais aos agentes físicos, químicos e biológicos deverá considerar:
  o descrição das atividades;
  o identificação do agente e formas de exposição;
  o possíveis lesões ou agravos à saúde relacionados às exposições identificadas;
  o fatores determinantes da exposição;

o   medidas de prevenção já existentes; e

o   identificação dos grupos de trabalhadores expostos.

• Os resultados das avaliações das exposições ocupacionais aos agentes físicos, químicos e biológicos devem ser incorporados ao inventário de risco do PGR.

• As medidas de prevenção e controle das exposições ocupacionais integram os controles dos riscos do PGR e devem ser incorporados ao Plano de Ação.

Classificação dos principais riscos ambientais segundo a NR9

Grupo 1 Verde	Grupo 2 Vermelho	Grupo 3 Marrom	Grupo 4 Amarelo	Grupo 5 Azul
RISCOS FÍSICOS	RISCOS QUÍMICOS	RISCOS BIOLÓGICOS	RISCOS ERGONÔMICOS	RISCOS DE ACIDENTES
Ruídos	Poeiras	Vírus	Esforço físico intenso	Arranjo físico inadequado
Vibrações	Fumos	Bactérias	Levantamento e transporte manual de peso	Máquinas e equipamentos sem proteção
Radiação ionizante ou não ionizante	Névoa	Protozoários	Exigência de postura inadequada	Ferramentas inadequadas ou defeituosas
Frio	Neblinas	Fungos	Controle rígido de produtividade	Iluminação inadequada
Calor	Gases	Parasitas	Imposição de ritmo excessivo	Eletricidade
Pressões anormais	Vapores	Bacilos	Trabalho em turnos e noturnos	Probabilidade de incêndio e explosão
Umidade	Substâncias compostas ou produtos químicos em geral		Jornada de trabalho prolongada	Armazenamento inadequado
			Monotonia e repetitividade	Outras situações de risco que poderão contribuir para a ocorrência de acidentes
			Outras situações causadoras de estresse físico e/ou psíquico	

Principais riscos ambientais para os funcionários de condomínio

O quadro a seguir procura exemplificar de forma superficial a aplicação da classificação dos riscos ambientais para funcionários de condomínio. Por exemplo: os faxineiros e o zelador, ao retirarem o lixo do prédio, estarão expostos aos agentes biológicos, ficando em contato com bactérias, vírus, fungos etc., presentes no lixo. A ação corretiva para evitar que o funcionário adoeça será a obrigatoriedade do uso de luvas e botas.

Agentes de risco	Motivo	Função	Medidas corretivas
Biológicos – Bactérias, vírus, fungos	Manipulação do lixo	Faxineiros e zelador	Uso de luvas de raspa, botas e máscara
Químicos – Produtos químicos em geral e poeira	Manipulação de produtos de limpeza	Faxineiros e zelador	Uso de luvas de raspa, botas e máscara
Gases	Respiração de monóxido de carbono	Garagista	Adequar a ventilação da garagem
Ergonômicos – Esforço físico intenso	Carregamento do lixo	Faxineiros e zelador	Carrinho adequado para o transporte do lixo
Postura	Permanecer sentado o dia todo	Porteiros	Cadeira com suporte para os pés e encosto adequado para a proteção da região lombar

Lei nº 4.591/1964, de 16 de dezembro de 1964

Essa Lei dispõe sobre o condomínio em edificações e as incorporações. Neste texto abordarei apenas o Título I referente aos condomínios.

Título I
DO CONDOMÍNIO
Capítulo I
DO CONDOMÍNIO

Art. 1º As edificações ou conjuntos de edificações, de um ou mais pavimentos, construídos sob a forma de unidades isoladas entre si, destinadas a fins residenciais ou não residenciais, poderão ser alienados, no todo ou em parte, objetivamente considerados, e constituirá, cada unidade, propriedade autônoma sujeita às limitações desta Lei.

§ 1º Cada unidade será assinalada por designação especial, numérica ou alfabética, para efeitos de identificação e discriminação.

§ 2º *A cada unidade caberá, como parte inseparável, uma fração ideal do terreno e coisas comuns, expressa sob forma decimal ou ordinária.**

Art. 2º Cada unidade com saída para a via pública, diretamente ou por processo de passagem comum, será sempre tratada como objeto de propriedade exclusiva, qualquer que seja o número de suas peças e sua destinação, inclusive (*Vetado*) edifício-garagem, com ressalva das restrições que se lhe imponham.

§ 1º O direito à guarda de veículo nas garagens ou locais a isso destinados nas edificações ou conjuntos de edificações será tratado como objeto de propriedade exclusiva, com ressalva das restrições que ao mesmo sejam impostas por instrumentos contratuais adequados, e será vinculada à unidade habitacional a que corresponder, no caso de não lhe ser atribuída fração ideal específica de terreno.

§ 2º O direito de que trata o § 1º deste artigo poderá ser transferido a outro condômino independentemente da alienação da unidade a que corresponder, vedada sua transferência a pessoas estranhas ao condomínio.

§ 3º Nos edifícios-garagem, às vagas serão atribuídas frações ideais de terreno específicas.

Art. 3º O terreno em que se levantam a edificação ou o conjunto de edificações e suas instalações, bem como as fundações, paredes externas, o teto, as áreas internas de ventilação, e tudo o mais que sirva a qualquer dependência de uso comum dos proprietários ou titulares de direito à aquisição de unidades ou ocupantes, constituirão condomínio de todos, e serão insuscetíveis de divisão, ou de alienação destacada da respectiva unidade. Serão, também, insuscetíveis de utilização exclusiva por qualquer condômino (*Vetado*).

Art. 4º A alienação de cada unidade, a transferência de direitos pertinentes à sua aquisição e a constituição de direitos reais sobre ela independerão do consentimento dos condôminos (*Vetado*).

Parágrafo único. A alienação ou transferência de direitos de que trata este artigo dependerá de prova de quitação das obrigações do alienante para com o respectivo condomínio. (O § 2º, do art. 2º, da Lei nº 7.433, de 18/12/85, permite que seja substituída a quitação do síndico pela declaração do alienante, sob as penas da Lei, de que inexiste débito para com o condomínio.)

Art. 5º O condomínio por meação de parede, soalhos e tetos das unidades isoladas regular-se-á pelo disposto no Código Civil, no que lhe for aplicável.

Art. 6º Sem prejuízo do disposto nesta Lei, regular-se-á pelas disposições de direito comum o condomínio por quota ideal de mais de uma pessoa sobre a mesma unidade autônoma.

---

*   Os grifos na lei são meus.

Art. 7º O condomínio por unidades autônomas instituir-se-á por ato entre vivos ou por testamento, com inscrição obrigatória, no Registro de Imóveis, dele constando: a individualização de cada unidade, sua identificação e discriminação, bem como a fração ideal sobre o terreno e partes comuns, atribuída a cada unidade, dispensando-se a descrição interna da unidade.

Art. 8º Quando, em terreno onde não houver edificação, o proprietário, o promitente comprador, o cessionário deste ou o promitente cessionário sobre ele desejar erigir mais de uma edificação, observar-se-á também o seguinte:

a) em relação às unidades autônomas que se constituírem em casas térreas ou assobradadas, será discriminada a parte do terreno ocupada pela edificação e também aquela eventualmente reservada como de utilização exclusiva dessas casas, como jardim e quintal, bem assim a fração ideal do todo do terreno e de partes comuns, que corresponderá às unidades;

b) em relação às unidades autônomas que constituírem edifícios de dois ou mais pavimentos, será discriminada a parte do terreno ocupada pela edificação, aquela que eventualmente for reservada como de utilização exclusiva, correspondente às unidades do edifício, e ainda a fração ideal do todo do terreno e de partes comuns, que corresponderá a cada uma das unidades;

c) serão discriminadas as partes do total do terreno que poderão ser utilizadas em comum pelos titulares de direito sobre os vários tipos de unidades autônomas;

d) serão discriminadas as áreas que se constituírem em passagem comum para as vias públicas ou para as unidades entre si.

Capítulo II
DA CONVENÇÃO DE CONDOMÍNIO

Art. 9º Os proprietários, promitentes compradores, cessionários ou promitentes cessionários dos direitos pertinentes à aquisição de unidades autônomas, em edificações a serem construídas, em construção ou já construídas, elaborarão, por escrito, a Convenção de Condomínio, e deverão, também, por contrato ou por deliberação, em assembleia, aprovar o Regime Interno da edificação ou conjunto de edificações.

§ 1º Far-se-á o registro da Convenção no Registro de Imóveis bem como a averbação das suas eventuais alterações.

§ 2º *Considera-se aprovada, e obrigatória para os proprietários de unidades, promitentes compradores, cessionários e promitentes cessionários, atuais e futuros, como para qualquer ocupante, a Convenção que reúna as assinaturas de titulares de direitos que representem, no mínimo, dois terços das frações ideais que compõem o condomínio.*

§ 3º Além de outras normas aprovadas pelos interessados, a Convenção deverá conter:

a) a discriminação das partes de propriedade exclusiva, e as de condomínio, com especificações das diferentes áreas;

b) o destino das diferentes partes;

c) o modo de usar as coisas e serviços comuns;

d) encargos, forma e proporção das contribuições dos condôminos para as despesas de custeio e para as extraordinárias;

e) o modo de escolher o síndico e o Conselho Consultivo;

f) as atribuições do síndico, além das legais;

g) a definição da natureza gratuita ou remunerada de suas funções;

h) o modo e o prazo de convocação das assembleias gerais dos condôminos;

i) o quórum para os diversos tipos de votações;

j) a forma de contribuição para constituição de fundo de reserva;

l) a forma e o quórum para as alterações de Convenção;

m) a forma e o quórum para a aprovação do Regimento Interno quando não incluídos na própria Convenção.

§ 4º No caso de conjunto de edificações, a que se refere o art. 8º, a Convenção de Condomínio fixará os direitos e as relações de propriedade entre os condôminos das várias edificações, podendo estipular formas pelas quais se possam desmembrar e alienar porções do terreno, inclusive as edificadas.

Art. 10. É defeso a qualquer condômino:

I – alterar a forma externa da fachada;

II – decorar as partes e esquadrias externas com tonalidades ou cores diversas das empregadas no conjunto da edificação;

III – destinar a unidade a utilização diversa da finalidade do prédio, ou usá-la de forma nociva ou perigosa ao sossego, à salubridade e à segurança dos demais condôminos;

IV – embaraçar o uso das partes comuns.

§ 1º O transgressor ficará sujeito ao pagamento de multa prevista na Convenção ou no Regulamento do Condomínio, além de ser compelido a desfazer a obra ou abster-se da prática do ato, cabendo ao síndico, com autorização judicial, mandar desmanchá-la, à custa do transgressor, se este não a desfizer no prazo que lhe for estipulado.

§ 2º O proprietário ou titular de direito à aquisição de unidade poderá fazer obra que (*Vetado*) ou modifique sua fachada, se obtiver a aquiescência da unanimidade dos condôminos.

Art. 11. Para efeitos tributários, cada unidade autônoma será tratada como prédio isolado, contribuindo o respectivo condômino, diretamente, com as importâncias relativas aos impostos e taxas federais, estaduais e municipais, na forma dos respectivos lançamentos.

Capítulo III
DAS DESPESAS DO CONDOMÍNIO

Art. 12. *Cada condômino concorrerá nas despesas do condomínio, recolhendo, nos prazos previstos na Convenção, a quota-parte que lhe couber em rateio.*

§ 1º Salvo disposição em contrário na Convenção, a fixação da quota no rateio corresponderá à fração ideal de terreno de cada unidade.

§ 2º Cabe ao síndico arrecadar as contribuições, competindo-lhe promover, por via executiva, a cobrança judicial das quotas atrasadas.

§ 3º O condômino que não pagar a sua contribuição no prazo fixado na Convenção fica sujeito ao juro moratório de 1% (um por cento) ao mês, e multa de até 20% (vinte por cento) sobre o débito, que será atualizado, se o estipular a Convenção, com a aplicação dos índices de correção monetária levantados pelo Conselho Nacional de Economia, no caso da mora por período igual ou superior a 6 (seis) meses.

§ 4º *As obras que interessarem à estrutura integral da edificação ou conjunto de edificações, ou ao serviço comum, serão feitas com o concurso pecuniário de todos os proprietários ou titulares de direito à aquisição de unidades, mediante orçamento prévio aprovado em assembleia geral, podendo incumbir-se de sua execução o síndico, ou outra pessoa, com aprovação da assembleia.*

§ 5º A renúncia de qualquer condômino aos seus direitos, em caso algum valerá como escusa para exonerá-lo de seus encargos.

Capítulo IV
DO SEGURO, DO INCÊNDIO, DA DEMOLIÇÃO E DA RECONSTRUÇÃO OBRIGATÓRIA

Art. 13. Proceder-se-á ao seguro da edificação ou do conjunto de edificações, neste caso, discriminadamente, abrangendo todas as unidades autônomas e partes comuns, contra incêndio ou outro sinistro que cause destruição no todo ou em parte, computando-se o prêmio nas despesas ordinárias do condomínio.

Parágrafo único. *O seguro de que trata este artigo será obrigatoriamente feito dentro de 120 (cento e vinte) dias, contados da data da concessão do "habite-se", sob pena de ficar o condomínio sujeito à multa mensal equivalente a um doze avos do imposto predial, cobrável executivamente pela Municipalidade.*

Art. 14. Na ocorrência de sinistro total, ou que destrua mais de dois terços de uma edificação, seus condôminos reunir-se-ão em assembleia especial, e deliberarão sobre a sua reconstrução ou venda do terreno e materiais, por quórum mínimo de votos que representem metade mais uma das frações ideais do respectivo terreno.

§ 1º Rejeitada a proposta de reconstrução, a mesma assembleia, ou outra para este fim convocada, decidirá, pelo mesmo quórum, do destino a ser dado ao terreno, e aprovará a partilha do valor do seguro entre os condôminos, sem prejuízo do que receber cada um pelo seguro facultativo de sua unidade.

§ 2º Aprovada, a reconstrução será feita, guardados, obrigatoriamente, o mesmo destino, a mesma forma externa e a mesma disposição interna.

§ 3º Na hipótese do parágrafo anterior, a minoria não poderá ser obrigada a contribuir para a reedificação, caso em que a maioria poderá adquirir as partes dos dissidentes, mediante avaliação judicial, feita em vistoria.

Art. 15. Na hipótese de que trata o § 3º do artigo antecedente, à maioria poderão ser adjudicadas, por sentença, as frações ideais da minoria.

§ 1º Como condição para o exercício da ação prevista neste artigo, com a inicial, a maioria oferecerá e depositará, à disposição do juízo, as importâncias arbitradas na vistoria para avaliação, prevalecendo as de eventual desempatador.

§ 2º Feito o depósito de que trata o parágrafo anterior, o juiz, liminarmente, poderá autorizar a adjudicação à maioria, e a minoria poderá levantar as importâncias depositadas; o oficial de registro de imóveis, nestes casos, fará constar do registro que a adjudicação foi resultante de medida liminar.

§ 3º Feito o depósito, será expedido o mandado de citação, com o prazo de 10 (dez) dias para a contestação (*Vetado*).

§ 4º Se não contestado, o juiz, imediatamente, julgará o pedido.

§ 5º Se contestado o pedido, seguirá o processo o rito ordinário.

§ 6º Se a sentença fixar valor superior ao da avaliação feita na vistoria, o condomínio, em execução, restituirá à minoria a respectiva diferença, acrescida de juros de mora à razão de 1% (um por cento) ao mês, desde a data da concessão de eventual liminar, ou pagará o total devido, com os juros da mora a contar da citação.

§ 7º Transitada em julgado a sentença, servirá ela de título definitivo para a maioria, que deverá registrá-la no Registro de Imóveis.

§ 8º A maioria poderá pagar e cobrar da minoria, em execução de sentença, encargos fiscais necessários à adjudicação definitiva a cujo pagamento se recusar a minoria.

Art. 16. Em caso de sinistro que destrua menos de dois terços da edificação, o síndico promoverá o recebimento do seguro e a reconstrução ou os reparos nas partes danificadas.

Art. 17. Os condôminos que representem, pelo menos, 2/3 (dois terços) do total de unidades isoladas e frações ideais correspondentes a 80% (oitenta por cento) do terreno e coisas comuns poderão decidir sobre a demolição e reconstrução do prédio, ou sua alienação, por motivos urbanísticos ou arquitetônicos, ou, ainda, no caso de condenação do edifício pela autoridade pública, em razão de sua insegurança ou insalubridade.

§ 1º A minoria não fica obrigada a contribuir para as obras, mas assegura-se à maioria o direito de adquirir as partes dos dissidentes, mediante avaliação judicial, aplicando-se o processo previsto no art. 15.

§ 2º Ocorrendo desgaste, pela ação do tempo, das unidades habitacionais de uma edificação, que deprecie seu valor unitário em relação ao valor global do terreno onde se acha construída, os condôminos, pelo quórum mínimo de votos que representem dois terços das unidades isoladas e frações ideais correspondentes a 80% (oitenta por cento) do terreno e coisas comuns, poderão decidir por sua alienação total, procedendo-se em relação à minoria na forma estabelecida no art. 15, e seus parágrafos, desta Lei.

§ 3º Decidida por maioria a alienação do prédio, o valor atribuído à quota dos condôminos vencidos será correspondente ao preço efetivo e, no mínimo, à avaliação prevista no § 2º ou, a critério desses, a imóvel localizado em área próxima ou adjacente com a mesma área útil de construção. (Redação dada pela Lei nº 6.709, de 31/10/1979.)

Art. 18. A aquisição parcial de uma edificação, ou de um conjunto de edificações, ainda que por força de desapropriação, importará no ingresso do adquirente no condomínio, ficando sujeito às disposições desta Lei, bem assim às da Convenção do Condomínio e do Regulamento Interno. (Redação dada pelo Decreto-lei nº 981, de 21/10/1969.)

Capítulo V
UTILIZAÇÃO DA EDIFICAÇÃO
OU DO CONJUNTO DE EDIFICAÇÕES

Art. 19. *Cada condômino tem o direito de usar e fruir, com exclusividade, de sua unidade autônoma, segundo suas conveniências e interesses, condicionados, umas e outros, às normas de boa vizinhança, e poderá usar as partes e coisas comuns, de maneira a não causar dano ou incômodo aos demais condôminos ou moradores, nem obstáculo ou embaraço ao bom uso das mesmas partes por todos.*

Art. 20. Aplicam-se ao ocupante do imóvel, a qualquer título, todas as obrigações referentes ao uso, fruição e destino da unidade.

Art. 21. *A violação de qualquer dos deveres estipulados na Convenção sujeitará o infrator à multa fixada na própria Convenção ou no Regimento Interno, sem prejuízo da responsabilidade civil ou criminal que, no caso, couber.*

Parágrafo único. Compete ao síndico a iniciativa do processo e a cobrança da multa, por via executiva, em benefício do condomínio, e, em caso de omitir-se ele, a qualquer condômino.

Capítulo VI
DA ADMINISTRAÇÃO DO CONDOMÍNIO

Art. 22. *Será eleito, na forma prevista pela Convenção, um síndico do condomínio, cujo mandato não poderá exceder a 2 (dois) anos, permitida a reeleição.*

§ 1º Compete ao síndico:

a) *representar, ativa e passivamente, o condomínio, em juízo ou fora dele, e praticar os atos de defesa dos interesses comuns, nos limites das atribuições conferidas por esta Lei ou pela Convenção;*

b) exercer a administração interna da edificação ou do conjunto de edificações, no que respeita à sua vigilância, moralidade e segurança, bem como aos serviços que interessam a todos os moradores;

c) praticar os atos que lhe atribuírem as leis, a Convenção e o Regimento Interno;

d) impor as multas estabelecidas na Lei, na Convenção ou no Regimento Interno;

e) *cumprir e fazer cumprir a Convenção e o Regimento Interno, bem como executar e fazer executar as deliberações da assembleia;*

f) *prestar contas à assembleia dos condôminos;*

g) manter guardada durante o prazo de 5 (cinco) anos, para eventuais necessidades de verificação contábil, toda a documentação relativa ao condomínio.

§ 2º As funções administrativas podem ser delegadas a pessoas de confiança do síndico, e sob a sua inteira responsabilidade, mediante aprovação da assembleia geral dos condôminos.

§ 3º A Convenção poderá estipular que dos atos do síndico caiba recurso para a assembleia, convocada pelo interessado.

§ 4º Ao síndico, que poderá ser condômino ou pessoa física ou jurídica estranha ao condomínio, será fixada a remuneração pela mesma assembleia que o eleger, salvo se a Convenção dispuser diferentemente.

§ 5º *O síndico poderá ser destituído, pela forma e sob as condições previstas na Convenção, ou, no silêncio desta, pelo voto de dois terços dos condôminos, presentes, em assembleia geral especialmente convocada.*

§ 6º A Convenção poderá prever a eleição de subsíndicos, definindo-lhes atribuições e fixando-lhes o mandato, que não poderá exceder de 2 (dois) anos, permitida a reeleição.

Art. 23. Será eleito, na forma prevista na Convenção, um Conselho Consultivo, constituído de três condôminos, com mandatos que não poderão exceder de 2 (dois) anos, permitida a reeleição.

Parágrafo único. Funcionará o Conselho como órgão consultivo do síndico, para assessorá-lo na solução dos problemas que digam respeito ao condomínio, podendo a Convenção definir suas atribuições específicas.

Capítulo VII
DA ASSEMBLEIA GERAL

Art. 24. *Haverá, anualmente, uma assembleia geral ordinária dos condôminos, convocada pelo síndico na forma prevista na Convenção, à qual compete, além das demais matérias inscritas na ordem do dia, aprovar, por maioria dos presentes, as verbas para as despesas de condomínio, compreendendo as de conservação da edificação ou conjunto de edificações, manutenção de seus serviços e correlatas.*

§ 1º As decisões da assembleia, tomadas, em cada caso, pelo quórum que a Convenção fixar, obrigam todos os condôminos.

§ 2º *O síndico, nos 8 (oito) dias subsequentes à assembleia, comunicará aos condôminos o que tiver sido deliberado, inclusive no tocante à previsão orçamentária, ao rateio das despesas, e promoverá a arrecadação, tudo na forma que a Convenção previr.*

§ 3º Nas assembleias gerais, os votos serão proporcionais às frações ideais do terreno e partes comuns, pertencentes a cada condômino, salvo disposição diversa da Convenção.

§ 4º *Nas decisões da assembleia que envolvam despesas ordinárias do condomínio, o locatário poderá votar, caso o condômino locador a ela não compareça.* (Redação alterada pela Lei nº 12.112, de 9 de dezembro de 2009.)

Art. 25. Ressalvado o disposto no § 3º do art. 22, poderá haver assembleias gerais extraordinárias, convocadas pelo síndico ou por condôminos que representem um quarto, no mínimo, do condomínio, sempre que o exigirem os interesses gerais.

Parágrafo único. Salvo estipulação diversa da Convenção, esta só poderá ser modificada em assembleia geral extraordinária, pelo voto mínimo de condôminos que representem dois terços do total das frações ideais.

Art. 26. (*Vetado*).

Art. 27. Se a assembleia não se reunir para exercer qualquer dos poderes que lhe competem, 15 (quinze) dias após o pedido de convocação, o juiz decidirá a respeito, mediante requerimento dos interessados.

Código Civil – Lei nº 10.406, de 10 de janeiro de 2002

Capítulo I
DA PRESCRIÇÃO
Seção IV
DOS PRAZOS DA PRESCRIÇÃO

....

Art. 206. Prescreve:

....

§ 5º Em cinco anos:

I – a pretensão de cobrança de dívidas líquidas constantes de instrumento público ou particular;

II – a pretensão dos profissionais liberais em geral, procuradores judiciais, curadores e professores pelos seus honorários, contado o prazo da conclusão dos serviços, da cessação dos respectivos contratos ou mandato;

III – a pretensão do vencedor para haver do vencido o que despendeu em juízo.

Capítulo II
DA MORA

Art. 394. Considera-se em mora o devedor que não efetuar o pagamento e o credor que não quiser recebê-lo no tempo, lugar e forma que a lei ou a Convenção estabelecer.

Art. 395. Responde o devedor pelos prejuízos a que sua mora der causa, mais juros, atualização dos valores monetários segundo índices oficiais regularmente estabelecidos, e honorários de advogado.

Parágrafo único. Se a prestação, devido à mora, se tornar inútil ao credor, este poderá enjeitá-la, e exigir a satisfação das perdas e danos.

Capítulo V
DOS DIREITOS DE VIZINHANÇA
Seção I
DO USO ANORMAL DA PROPRIEDADE

Art. 1.277. O proprietário ou o possuidor de um prédio tem o direito de fazer cessar as interferências prejudiciais à segurança, ao sossego e à saúde dos que o habitam, provocadas pela utilização de propriedade vizinha.

Parágrafo único. Proíbem-se as interferências considerando-se a natureza da utilização, a localização do prédio, atendidas as normas que distribuem as edificações em zonas, e os limites ordinários de tolerância dos moradores da vizinhança.

Art. 1.278. O direito a que se refere o artigo antecedente não prevalece quando as interferências forem justificadas por interesse público, caso em que o proprietário ou o possuidor, causador delas, pagará ao vizinho indenização cabal.

Art. 1.279. Ainda que por decisão judicial devam ser toleradas as interferências, poderá o vizinho exigir a sua redução, ou eliminação, quando estas se tornarem possíveis.

Art. 1.280. O proprietário ou o possuidor tem direito a exigir do dono do prédio vizinho a demolição, ou a reparação deste, quando ameace ruína, bem como que lhe preste caução pelo dano iminente.

Art. 1.281. O proprietário ou o possuidor de um prédio, em que alguém tenha direito de fazer obras, pode, no caso de dano iminente, exigir do autor delas as necessárias garantias contra o prejuízo eventual.

....

Capítulo VII
DO CONDOMÍNIO EDILÍCIO
Seção I
DISPOSIÇÕES GERAIS

Art. 1.331. Pode haver, em edificações, partes que são propriedade exclusiva, e partes que são propriedade comum dos condôminos.

§ 1º As partes suscetíveis de utilização independente, tais como apartamentos, escritórios, salas, lojas e sobrelojas, com as respectivas frações ideais no solo e nas outras partes comuns, sujeitam-se a propriedade exclusiva, podendo ser alienadas e gravadas livremente por seus proprietários, exceto os abrigos para veículos, que não poderão ser alienados ou alugados a pessoas estranhas ao condomínio, salvo autorização expressa na convenção de condomínio. (Redação dada pela Lei nº 12.607, de 2012).

§ 2º O solo, a estrutura do prédio, o telhado, a rede geral de distribuição de água, esgoto, gás e eletricidade, a calefação e refrigeração centrais, e as demais partes comuns, inclusive o acesso ao logradouro público, são utilizados em comum pelos condôminos, não podendo ser alienados separadamente, ou divididos.

§ 3º A cada unidade imobiliária caberá, como parte inseparável, uma fração ideal no solo e nas outras partes comuns, que será identificada em forma decimal ou ordinária no instrumento de instituição do condomínio. (Redação dada pela Lei nº 10.931, de 2004.)

§ 4º Nenhuma unidade imobiliária pode ser privada do acesso ao logradouro público.

§ 5º O terraço de cobertura é parte comum, salvo disposição contrária da escritura de constituição do condomínio.

Art. 1.332. Institui-se o condomínio edilício por ato entre vivos ou testamento, registrado no Cartório de Registro de Imóveis, devendo constar daquele ato, além do disposto em lei especial:

I – a discriminação e individualização das unidades de propriedade exclusiva, estremadas uma das outras e das partes comuns;

II – a determinação da fração ideal atribuída a cada unidade, relativamente ao terreno e partes comuns;

III – o fim a que as unidades se destinam.

Art. 1.333. A convenção que constitui o condomínio edilício deve ser subscrita pelos titulares de, no mínimo, dois terços das frações ideais e torna-se, desde logo, obrigatória para os titulares de direito sobre as unidades, ou para quantos sobre elas tenham posse ou detenção.

Parágrafo único. Para ser oponível contra terceiros, a convenção do condomínio deverá ser registrada no Cartório de Registro de Imóveis.

Art. 1.334. Além das cláusulas referidas no art. 1.332 e das que os interessados houverem por bem estipular, a convenção determinará:

I – a quota proporcional e o modo de pagamento das contribuições dos condôminos para atender às despesas ordinárias e extraordinárias do condomínio;

II – sua forma de administração;

III – a competência das assembleias, forma de sua convocação e quórum exigido para as deliberações;

IV – as sanções a que estão sujeitos os condôminos, ou possuidores;

V – o regimento interno.

§ 1º A convenção poderá ser feita por escritura pública ou por instrumento particular.

§ 2º São equiparados aos proprietários, para os fins deste artigo, salvo disposição em contrário, os promitentes compradores e os cessionários de direitos relativos às unidades autônomas.

Art. 1.335. São direitos do condômino:

I – usar, fruir e livremente dispor das suas unidades;

II – usar das partes comuns, conforme a sua destinação, e contanto que não exclua a utilização dos demais compossuidores;

III – votar nas deliberações da assembleia e delas participar, estando quite.

Art. 1.336. São deveres do condômino:

I – contribuir para as despesas do condomínio na proporção das suas frações ideais, salvo disposição em contrário na convenção; (Redação dada pela Lei nº 10.931, de 2004.)

II – não realizar obras que comprometam a segurança da edificação;

III – não alterar a forma e a cor da fachada, das partes e esquadrias externas;

IV – dar às suas partes a mesma destinação que tem a edificação, e não as utilizar de maneira prejudicial ao sossego, salubridade e segurança dos possuidores, ou aos bons costumes.

§ 1º O condômino que não pagar a sua contribuição ficará sujeito aos juros moratórios convencionados ou, não sendo previstos, os de um por cento ao mês e multa de até dois por cento sobre o débito.

§ 2º O condômino, que não cumprir qualquer dos deveres estabelecidos nos incisos II a IV, pagará a multa prevista no ato constitutivo ou na convenção, não podendo ela ser superior a cinco vezes o valor de suas contribuições mensais, independentemente das perdas e danos que se apurarem; não havendo disposição expressa, caberá à assembleia geral, por dois terços no mínimo dos condôminos restantes, deliberar sobre a cobrança da multa.

Art. 1.337. O condômino, ou possuidor, que não cumpre reiteradamente com os seus deveres perante o condomínio poderá, por deliberação de três quartos dos condôminos restantes, ser constrangido a pagar multa correspondente até o quíntuplo do valor atribuído à contribuição para as despesas condominiais, conforme a gravidade das faltas e a reiteração, independentemente das perdas e danos que se apurem.

Parágrafo único. O condômino ou possuidor que, por seu reiterado comportamento antissocial, gerar incompatibilidade de convivência com os demais condôminos ou possuidores, poderá ser constrangido a pagar multa correspondente ao décuplo do valor atribuído à contribuição para as despesas condominiais, até ulterior deliberação da assembleia.

Art. 1.338. Resolvendo o condômino alugar área no abrigo para veículos, preferir-se-á, em condições iguais, qualquer dos condôminos a estranhos, e, entre todos, os possuidores.

Art. 1.339. Os direitos de cada condômino às partes comuns são inseparáveis de sua propriedade exclusiva; são também inseparáveis das frações ideais correspondentes às unidades imobiliárias, com as suas partes acessórias.

§ 1º Nos casos deste artigo é proibido alienar ou gravar os bens em separado.

§ 2.º É permitido ao condômino alienar parte acessória de sua unidade imobiliária a outro condômino, só podendo fazê-lo a terceiro se essa faculdade constar do ato constitutivo do condomínio, e se a ela não se opuser a respectiva assembleia geral.

Art. 1.340. As despesas relativas a partes comuns de uso exclusivo de um condômino, ou de alguns deles, incumbem a quem delas se serve.

Art. 1.341. A realização de obras no condomínio depende:

I – se voluptuárias, de voto de dois terços dos condôminos;

II – se úteis, de voto da maioria dos condôminos.

§ 1º As obras ou reparações necessárias podem ser realizadas, independentemente de autorização, pelo síndico, ou, em caso de omissão ou impedimento deste, por qualquer condômino.

§ 2º Se as obras ou reparos necessários forem urgentes e importarem em despesas excessivas, determinada sua realização, o síndico ou o condômino que tomou a iniciativa delas dará ciência à assembleia, que deverá ser convocada imediatamente.

§ 3º Não sendo urgentes, as obras ou reparos necessários, que importarem em despesas excessivas, somente poderão ser efetuados após autorização da assembleia, especialmente convocada pelo síndico, ou, em caso de omissão ou impedimento deste, por qualquer dos condôminos.

§ 4º O condômino que realizar obras ou reparos necessários será reembolsado das despesas que efetuar, não tendo direito à restituição das que fizer com obras ou reparos de outra natureza, embora de interesse comum.

Art. 1.342. A realização de obras, em partes comuns, em acréscimo às já existentes, a fim de lhes facilitar ou aumentar a utilização, depende da aprovação de dois terços dos votos dos condôminos, não sendo permitidas construções, nas partes comuns, suscetíveis de prejudicar a utilização, por qualquer dos condôminos, das partes próprias, ou comuns.

Art. 1.343. A construção de outro pavimento, ou, no solo comum, de outro edifício, destinado a conter novas unidades imobiliárias, depende da aprovação da unanimidade dos condôminos.

Art. 1.344. Ao proprietário do terraço de cobertura incumbem as despesas da sua conservação, de modo que não haja danos às unidades imobiliárias inferiores.

Art. 1.345. O adquirente de unidade responde pelos débitos do alienante, em relação ao condomínio, inclusive multas e juros moratórios.

Art. 1.346. É obrigatório o seguro de toda a edificação contra o risco de incêndio ou destruição, total ou parcial.

Seção II
DA ADMINISTRAÇÃO DO CONDOMÍNIO

Art. 1.347. A assembleia escolherá um síndico, que poderá não ser condômino, para administrar o condomínio, por prazo não superior a dois anos, o qual poderá renovar-se.

Art. 1.348. Compete ao síndico:

I – convocar a assembleia dos condôminos;

II – representar, ativa e passivamente, o condomínio, praticando, em juízo ou fora dele, os atos necessários à defesa dos interesses comuns;

III – dar imediato conhecimento à assembleia da existência de procedimento judicial ou administrativo, de interesse do condomínio;

IV – cumprir e fazer cumprir a convenção, o regimento interno e as determinações da assembleia;

V – diligenciar a conservação e a guarda das partes comuns e zelar pela prestação dos serviços que interessem aos possuidores;

VI – elaborar o orçamento da receita e da despesa relativa a cada ano;

VII – cobrar dos condôminos as suas contribuições, bem como impor e cobrar as multas devidas;

VIII – prestar contas à assembleia, anualmente e quando exigidas;

IX – realizar o seguro da edificação.

§ 1º Poderá a assembleia investir outra pessoa, em lugar do síndico, em poderes de representação.

§ 2º O síndico pode transferir a outrem, total ou parcialmente, os poderes de representação ou as funções administrativas, mediante aprovação da assembleia, salvo disposição em contrário da convenção.

Art. 1.349. A assembleia, especialmente convocada para o fim estabelecido no § 2º do artigo antecedente, poderá, pelo voto da maioria absoluta de seus membros, destituir o síndico que praticar irregularidades, não prestar contas, ou não administrar convenientemente o condomínio.

Art. 1.350. Convocará o síndico, anualmente, reunião da assembleia dos condôminos, na forma prevista na convenção, a fim de aprovar o orçamento das despesas, as contribuições dos condôminos e a prestação de contas, e eventualmente eleger-lhe o substituto e alterar o regimento interno.

§ 1º Se o síndico não convocar a assembleia, um quarto dos condôminos poderá fazê-lo.

§ 2º Se a assembleia não se reunir, o juiz decidirá, a requerimento de qualquer condômino.

Art. 1.351. Depende da aprovação de dois terços dos votos dos condôminos a alteração da convenção; a mudança da destinação do edifício, ou da unidade imobiliária, depende de aprovação pela unanimidade dos condôminos. (Redação após a Lei nº 10.931, de 2004.)

Art. 1.352. Salvo quando exigido quórum especial, as deliberações da assembleia serão tomadas, em primeira convocação, por maioria de votos dos condôminos presentes que representem pelo menos metade das frações ideais.

Parágrafo único. Os votos serão proporcionais às frações ideais no solo e nas outras partes comuns pertencentes a cada condômino, salvo disposição diversa da convenção de constituição do condomínio.

Art. 1.353. Em segunda convocação, a assembleia poderá deliberar por maioria dos votos dos presentes, salvo quando exigido quórum especial.

Art. 1.354. A assembleia não poderá deliberar se todos os condôminos não forem convocados para a reunião.

Art. 1.355. Assembleias extraordinárias poderão ser convocadas pelo síndico ou por um quarto dos condôminos.

Art. 1.356. Poderá haver no condomínio um conselho fiscal, composto de três membros, eleitos pela assembleia, por prazo não superior a dois anos, ao qual compete dar parecer sobre as contas do síndico.

Seção III
DA EXTINÇÃO DO CONDOMÍNIO

Art. 1.357. Se a edificação for total ou consideravelmente destruída, ou ameace ruína, os condôminos deliberarão em assembleia sobre a reconstrução, ou venda, por votos que representem metade mais uma das frações ideais.

§ 1º Deliberada a reconstrução, poderá o condômino eximir-se do pagamento das despesas respectivas, alienando os seus direitos a outros condôminos, mediante avaliação judicial.

§ 2º Realizada a venda, em que se preferirá, em condições iguais de oferta, o condômino ao estranho, será repartido o apurado entre os condôminos, proporcionalmente ao valor das suas unidades imobiliárias.

Art. 1.358. Se ocorrer desapropriação, a indenização será repartida na proporção a que se refere o § 2º do artigo antecedente.

Seção IV
Do Condomínio de Lotes
(Incluído pela Lei nº 13.465, de 2017)

Art. 1.358-A. Pode haver, em terrenos, partes designadas de lotes que são propriedade exclusiva e partes que são propriedade comum dos condôminos.

§ 1º A fração ideal de cada condômino poderá ser proporcional à área do solo de cada unidade autônoma, ao respectivo potencial construtivo ou a outros critérios indicados no ato de instituição.

§ 2º Aplica-se, no que couber, ao condomínio de lotes o disposto sobre condomínio edilício neste Capítulo, respeitada a legislação urbanística.

§ 3º Para fins de incorporação imobiliária, a implantação de toda a infraestrutura ficará a cargo do empreendedor.

CAPÍTULO VII-A
(Incluído pela Lei nº 13.777, de 2018)
DO CONDOMÍNIO EM MULTIPROPRIEDADE
Seção I
(Incluído pela Lei nº 13.777, de 2018)*
Disposições Gerais

Art. 1.358-B. A multipropriedade reger-se-á pelo disposto neste Capítulo e, de forma supletiva e subsidiária, pelas demais disposições deste Código e pelas disposições das Leis nº 4.591, de 16 de dezembro de 1964, e nº 8.078, de 11 de setembro de 1990 (Código de Defesa do Consumidor).

Art. 1.358-C. Multipropriedade é o regime de condomínio em que cada um dos proprietários de um mesmo imóvel é titular de uma fração de tempo, à qual corresponde a faculdade de uso e gozo, com exclusividade, da totalidade do imóvel, a ser exercida pelos proprietários de forma alternada.

[...]

---

* Disponível em: <http://www.planalto.gov.br/ccivil_03/_Ato2015-2018/2018/Lei/L13777. htm–art3>.

Art. 1.358-R. O condomínio edilício em que tenha sido instituído o regime de multipropriedade em parte ou na totalidade de suas unidades autônomas terá necessariamente um administrador profissional.

Nota da autora:

1) O Capítulo VII-A é composto do artigo 1.358-B ao artigo 1358-U.

2) A presente obra não traz o texto completo, sendo que leitor poderá obtê-lo na internet.

3) A administração de condomínios em multipropriedade exigirá mais capacitação e profissionalismo, em função da complexidade, comprovada pelo art. 1.358-R.

Constituição da República Federativa do Brasil, de 5 de outubro de 1988

Capítulo I
DOS DIREITOS E DEVERES INDIVIDUAIS E COLETIVOS

....

Art. 5º Todos são iguais perante a lei, sem distinção de qualquer natureza, garantindo-se aos brasileiros e aos estrangeiros residentes no País a inviolabilidade do direito à vida, à liberdade, à igualdade, à segurança e à propriedade, nos termos seguintes:

I – homens e mulheres são iguais em direitos e obrigações, nos termos desta Constituição;

II – ninguém será obrigado a fazer ou deixar de fazer alguma coisa senão em virtude de lei;

III – ninguém será submetido a tortura nem a tratamento desumano ou degradante;

IV – é livre a manifestação do pensamento, sendo vedado o anonimato;

V – é assegurado o direito de resposta, proporcional ao agravo, além da indenização por dano material, moral ou à imagem;

VI – é inviolável a liberdade de consciência e de crença, sendo assegurado o livre exercício dos cultos religiosos e garantida, na forma da lei, a proteção aos locais de culto e a suas liturgias;

....

IX – é livre a expressão da atividade intelectual, artística, científica e de comunicação, independentemente de censura ou licença;

X – são invioláveis a intimidade, a vida privada, a honra e a imagem das pessoas, assegurado o direito a indenização pelo dano material ou moral decorrente de sua violação;

XII – é inviolável o sigilo da correspondência e das comunicações telegráficas, de dados e das comunicações telefônicas, salvo, no último caso, por ordem judicial, nas hipóteses e na forma que a lei estabelecer para fins de investigação criminal ou instrução processual penal;

XXII – é garantido o direito de propriedade;

LX – a lei só poderá restringir a publicidade dos atos processuais quando a defesa da intimidade ou o interesse social o exigirem.

Discriminação no acesso aos elevadores – Lei nº 11.995, de 16 de janeiro de 1996

Art. 1º Fica vedada qualquer forma de discriminação em virtude de raça, sexo, cor, origem, condição social, idade, porte ou presença de deficiência e doença não contagiosa por contato social no acesso aos elevadores de todos os edifícios públicos municipais ou particulares, comerciais, industriais e residenciais multifamiliares existentes no Município de São Paulo.

Parágrafo único. Os responsáveis legais pela administração dos edifícios citados no *caput* deste artigo ficam autorizados a regulamentar o acesso a esses imóveis, assim como a circulação dentro deles e o uso de suas áreas de uso comum e abertas ao uso público, através de regras gerais e impessoais não discriminatórias.

Art. 2º Fica estabelecido que, para maior conforto, segurança e igualdade entre os usuários, o elevador social é o meio normal de transporte de pessoas que utilizam as dependências dos edifícios, independente do estatuto pelo qual fazem e desde que não estejam deslocando cargas, para as quais podem ser utilizados os elevadores especiais.

Art. 3º Para garantir o disposto no art. 1º, fica determinada a obrigatoriedade da colocação de avisos no interior dos edifícios, a fim de se assegurar o conhecimento da presente lei.

§ 1º Os avisos de que trata o *caput* deste artigo devem configurar-se em forma de cartaz, placa ou plaqueta com os seguintes dizeres: "É vedada, sob pena de multa, qualquer forma de discriminação em virtude de raça, sexo, cor, origem, condição social, idade, porte ou presença de deficiência e doença não contagiosa por contato social no acesso aos elevadores deste edifício".

§ 2º Fica o responsável pelo edifício, administrador ou síndico, conforme for o caso, obrigado no prazo de 60 (sessenta) dias a partir da publicação desta lei, a colocar na entrada do edifício e de forma bem visível o aviso de que trata o *caput* deste artigo.

Art. 4º Recomenda-se ao Poder Municipal desenvolver ações de cunho educativo e de combate à discriminação racial, de cor, sexo, origem, idade, condição social, doença não contagiosa por contato social, de porte ou presença de deficiência ou qualquer outro tipo de preconceito nos serviços públicos e demais atividades exercidas na cidade, conforme o disposto no art. 204, I, da Constituição Federal e art. 4º, II, III, e IV, da Lei Federal nº 8.742/1993.

Art. 5º O descumprimento de qualquer dispositivo desta lei implicará em multa no valor de 30 (trinta) UFM, aumentada em 100% no caso de reincidência.

Art. 6º O Poder Executivo regulamentará a presente lei no prazo máximo de 30 (trinta) dias a contar de sua publicação.

Art. 7º As eventuais despesas municipais decorrentes da aplicação desta lei correrão por conta das dotações orçamentárias próprias, suplementadas se necessário.

Art. 8º Esta lei entrará em vigor na data de sua publicação, revogadas as disposições em contrário.

Prefeitura do Município de São Paulo, 16/1/1996.
Prefeito – Paulo Maluf

Principais itens abordados na NBR 9050 – Acessibilidade a edificações, mobiliário, espaço e equipamentos urbanos – ABNT

Este tópico traz os principais itens da NBR 9050 de forma resumida. O conteúdo completo poderá ser encontrado no *site* <http://pfdc.pgr.mpf.mp.br/atuacao-e-conteudos-de-apoio/legislacao/pessoa-deficiencia/norma-abnt-NBR-9050/view>.

O Decreto Federal nº 5.296, de 2 de dezembro de 2004, em seu art. 18, exige que os condomínios novos (residenciais ou comerciais) e os comerciais antigos realizem as adaptações necessárias para torná-los acessíveis. Há maior tolerância com relação aos condomínios residenciais antigos, porém os administradores deverão incluir na medida do possível todas as alterações para tornar o edifício acessível a qualquer tipo de deficiência ou mobilidade reduzida.

Art. 18. A construção de edificações de uso privado multifamiliar e a construção, ampliação ou reforma de edificações de uso coletivo devem atender aos preceitos da acessibilidade na interligação de todas as partes de uso comum ou abertas ao público, conforme os padrões das normas técnicas de acessibilidade da ABNT.

§ 1º Também estão sujeitos ao disposto no *caput* os acessos, as piscinas, os andares de recreação, os salão de festas e de reuniões, as saunas e os banheiros, as quadras esportivas, as portarias, os estacionamentos e as garagens, entre outras partes das áreas internas ou externas de uso comum das edificações de uso privado multifamiliar e das de uso coletivo. (Incluído pelo Decreto nº 10.014, de 2019.)

Pisos

- Superfície do piso: devem ter superfície regular, firme, estável e antiderrapante, sob qualquer condição e livre de obstáculo.
- Largura mínima: 1,20 m.
- Inclinação transversal: 2% para pisos internos e 3% para pisos externos.
- Inclinação longitudinal máxima: 5%.
- Piso tátil de alerta: deve ser utilizado para sinalizar situação que envolva risco de segurança.
- Piso tátil direcional: deve ser usado quando da ausência ou descontinuidade de linha-guia identificável, como guia de caminhamento em ambiente interno e externo, ou quando houver caminhos preferenciais de circulação.
- Desníveis: devem ser evitados em rotas acessíveis. Eventuais desníveis no piso de até 5 mm não demandam tratamento especial. Desníveis superiores a 5 mm até 15 mm devem ser tratados em forma de rampa, com inclinação de 1:2 (50%).
- Será considerado degrau quando o desnível de plano for superior a 15 mm, devendo ser instalada rampa de largura mínima de 1,20 m.
- Grelhas e juntas de dilatação: devem estar preferencialmente fora do fluxo principal de circulação. Quando instaladas transversalmente em rotas acessíveis ou vãos resultantes, devem ter, no sentido transversal ao movimento, dimensão máxima de 15 mm.

Capachos, forrações, carpetes e tapetes

Os capachos devem ser embutidos no piso e nivelados de maneira que o eventual desnível não exceda 5 mm.

Os carpetes e forrações devem ter as bordas firmemente fixadas ao piso e devem ser aplicados de maneira a evitar enrugamento da superfície.

A altura da felpa do carpete em rota acessível não deve ser superior a 6 mm. Deve-se optar por carpetes com maior resistência a compressão e desgaste, que devem ser confeccionados em felpa laçada com fios bem torcidos, com, no mínimo, 10 tufos por cm^2.

Tapetes devem ser evitados em rotas acessíveis.

Manobra de uma cadeira de rodas

Considerando o módulo de referência, a largura mínima desejada para a passagem de uma cadeira de rodas em pequenos espaços é 0,90 m. Para que tenham passagem uma cadeira e uma pessoa em pé, é necessário de 1,20 m a 1,50 m (corredores ou rampas). Para a passagem de duas cadeiras de rodas, é necessário o espaço 1,50 m a 1,80 m.

As medidas necessárias para manobra de uma cadeira de rodas sem deslocamento são:

- para rotação de 90° = 1,20 m × 1,20 m;
- para rotação de 180° = 1,50 m × 1,20 m;
- para rotação de 360° = diâmetro de 1,50 m.

Manobra da cadeira de rodas com deslocamento

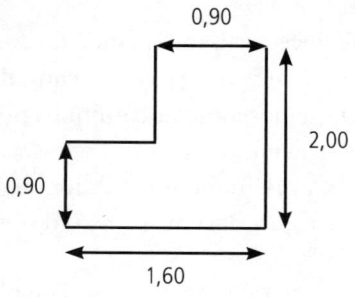

Deslocamento de 90°

Superfície de trabalho

As superfícies de trabalho necessitam de altura livre de no mínimo 0,73 m entre o piso e a sua parte inferior e de altura de 0,75 m a 0,85 m entre o piso e a sua superfície superior.

Sinalização

- Sinalização de portas dos banheiros: deve haver informação visual ocupando área entre 1,40 m e 1,60 m do piso, localizada no centro da porta ou na parede adjacente, ocupando área a uma distância do batente de 15 cm e 45 cm. A sinalização tátil (em braile ou texto em relevo) deve ser instalada nos batentes ou vedo adjacente (parede, divisória ou painel), no lado onde estiver a maçaneta, a uma altura de 0,90 m a 1,10 m.
- Sinalização tátil de alerta (relevo tronco-cônico) junto à porta de elevador: deverá ser colocada uma faixa numa distância máxima da parede de 0,32 m e possuir a largura de 0,25 m a 0,60 m.
- Sinalização tátil de alerta (relevo tronco-cônico) nas escadas: deverá ser colocada uma faixa distante 0,32 m no início das escadas e no seu final e possuir largura de 0,25 m a 0,60 m.

- Sinalização tátil direcional (relevos lineares): a sinalização tátil direcional deve ser utilizada em áreas de circulação na ausência ou interrupção da guia de balizamento, indicando o caminho a ser percorrido e em espaços amplos.
- Composição da sinalização tátil de alerta e direcional: quando houver mudança de direção formando ângulo superior a 90°, a linha-guia deve ser sinalizada com piso tátil direcional.

  Nas portas de elevadores, quando houver sinalização tátil direcional, esta deve encontrar a sinalização tátil de alerta, na direção das botoeiras.
- Sinalização de emergência: as rotas de fuga e as saídas de emergência devem ser sinalizadas com informações visuais e sonoras.

  Nas escadas que interligam os diversos pavimentos, inclusive nas de emergência, junto à porta corta-fogo, deve haver sinalização tátil e visual informando o número do pavimento. A mesma sinalização pode ser instalada nos corrimãos.

  Os alarmes sonoros, bem como os alarmes vibratórios, devem estar associados e sincronizados aos alarmes visuais intermitentes, para alerta às pessoas portadoras de deficiência visual e às pessoas com deficiência auditiva.

Corrimãos

Os corrimãos devem ser instalados em ambos os lados dos degraus isolados, das escadas fixas e das rampas.

Os corrimãos devem ter largura entre 3 cm e 4,5 cm, sem arestas vivas. Deve ser deixado um espaço livre de no mínimo 4 cm entre a parede e o corrimão. Devem permitir boa empunhadura e deslizamento, sendo preferencialmente de seção circular.

Para degraus isolados e escadas, a altura dos corrimãos deve ser de 0,92 m do piso, medidos de sua geratriz superior.

Elevadores

Deverá haver sinalização tátil e visual informando:
- instrução de uso fixada próxima à botoeira;
- indicação da posição para embarque;
- indicação dos pavimentos atendidos.

Os elevadores devem possuir dispositivo de comunicação para solicitação de auxílio nos pavimentos e no equipamento.

Corredores

As larguras mínimas para corredores em edificações são:

- 0,90 m para corredores de uso comum com extensão até 4 m;
- 1,20 m para corredores de uso comum com extensão até 10 m; e 1,50 m para corredores com extensão superior a 10 m;
- 1,50 m para corredores de uso público.

Portas

As portas, inclusive dos elevadores, devem ter um vão livre mínimo de 0,80 m e altura mínima de 2,10 m. Em portas de duas ou mais folhas, pelo menos uma delas deve ter vão livre de 0,80 m.

As portas devem poder ser abertas com um único movimento e suas maçanetas devem ser do tipo alavanca, instaladas a uma altura entre 0,90 m e 1,10 m. Quando localizadas em rotas acessíveis, recomenda-se que as portas tenham na sua parte inferior, inclusive no batente, revestimento resistente a impactos provocados por bengalas, muletas e cadeiras de rodas, até a altura de 0,40 m a partir do piso.

Sanitários

Os sanitários devem localizar-se em rotas acessíveis, próximos à circulação principal, preferencialmente próximos ou integrados às demais instalações sanitárias, e ser devidamente sinalizados.

- Barra de apoio: todas as barras de apoio utilizadas em sanitários e vestiários devem suportar a resistência a um esforço mínimo de 150 Kg em qualquer sentido, ter diâmetro entre 3 cm e 4,5 cm e estar firmemente fixadas em paredes ou divisórias a uma distância mínima destas de 4 cm da face interna da barra. Suas extremidades devem estar fixadas ou justapostas nas paredes, ou ter desenvolvimento contínuo até o ponto de fixação com formato recurvado.

Dimensões das barras de apoio

a) Vista superior

b) Vista frontal

Fonte: Adaptado da Norma ABNT 2015/NBR 9050.

Quando executadas em material metálico, as barras de apoio e seus elementos de fixação e instalação devem ser de material resistente à corrosão.

A localização das barras de apoio deve atender às seguintes condições: junto à bacia sanitária, na lateral e no fundo, devem ser colocadas barras horizontais para apoio e transferência, com comprimento mínimo de 0,80 m a 0,75 m de altura do piso acabado (medidos pelos eixos de fixação). A distância entre o eixo da bacia e a face da barra lateral ao vaso deve ser de 0,40 m, estando esta posicionada a uma distância mínima de 0,50 m da borda frontal da bacia. A barra da parede do fundo deve estar a uma distância máxima de 0,11 m da sua face externa à parede e estender-se no mínimo 0,30 m além do eixo da bacia, em direção à parede lateral.

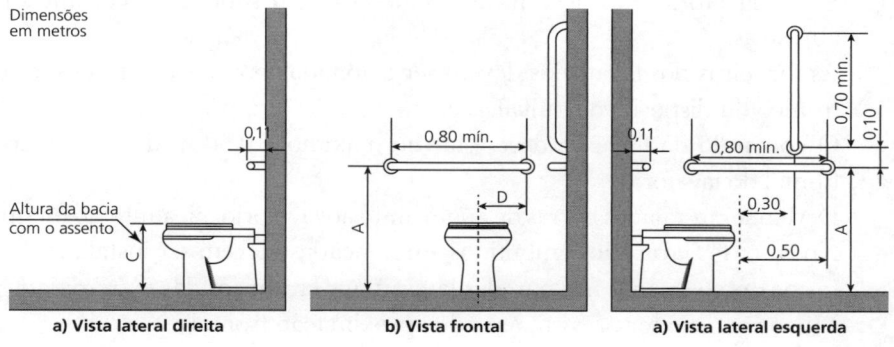

Fonte: Adaptado da Norma ABNT 2015/NBR 9050.

- Bacias sanitárias: para instalação de bacias sanitárias devem ser previstas áreas de transferência lateral, perpendicular e diagonal.
  - o Altura de instalação: as bacias sanitárias devem estar a uma altura entre 0,43 m e 0,45 m do piso acabado, medidas a partir da borda superior, sem o assento. Com o assento, essa altura deve ser de no mínimo 0,46 m.
  - o Acionamento da descarga: o acionamento da descarga deve estar a uma altura de 1 m, do seu eixo ao piso acabado, e ser preferencialmente do tipo alavanca ou com mecanismos automáticos.

  Recomenda-se que a força de acionamento humano seja inferior a 23 N.

- Boxe para bacia sanitária acessível: os boxes para bacia sanitária devem garantir as áreas para transferência diagonal, lateral e perpendicular, bem como área de manobra para rotação de 180°.

A área necessária para o boxe é de 1,70 m no mínimo por 1,50 m no mínimo.

A porta deverá abrir para fora.

A área de transferência deve ficar na direção da porta.

Deve possuir um lavatório no local no canto oposto ao vaso sanitário.

- Lavatório: deve ser prevista área de aproximação frontal para pessoas com mobilidade reduzida e para pessoas com cadeira de rodas, devendo estender-se até o mínimo de 0,25 m sob o lavatório.

Os lavatórios devem ser suspensos, sendo que sua borda superior deve estar a uma altura de 0,78 m a 0,80 m do piso acabado e respeitando uma altura livre mínima de 0,73 m na sua parte inferior frontal. Não é permitida a utilização de colunas até o piso ou gabinetes.

Sob o lavatório não deve haver elementos com superfícies cortantes ou abrasivas.

As torneiras dos lavatórios devem ser acionadas por alavanca, sensor eletrônico ou dispositivo equivalente.

O comando da torneira deve estar no máximo a 0,50 m da face externa frontal do lavatório.

Devem ser instaladas barras de apoio junto ao lavatório, na altura do mesmo. No caso dos lavatórios embutidos em bancadas, devem ser instaladas barras de apoio fixadas nas paredes laterais aos lavatórios das extremidades.

- Mictório: deve ser prevista área de aproximação frontal.

Os mictórios suspensos devem estar localizados a uma altura de 0,60 m a 0,65 m da borda frontal do piso acabado. O acionamento da descarga, quando houver, deve estar a uma altura de 1,00 m do seu eixo ao piso acabado, requerer leve pressão e ser preferencialmente do tipo alavanca ou com mecanismos automáticos.

O mictório deve ser provido de barras verticais de apoio, fixadas com afastamento de 0,60 m, centralizado pelo eixo da peça, a uma altura de 0,75 m do piso acabado e comprimento mínimo de 0,70 m.

- Acessórios para sanitários (cabides, saboneteiras, toalheiros): devem ter sua área de utilização dentro da faixa de alcance confortável.

- Espelhos: a altura de instalação dos espelhos deve atender às seguintes condições:
  o Quando o espelho for instalado na posição vertical, a distância do piso acabado para a borda inferior deve ser de no máximo 0,90 m e para a borda superior de no mínimo 1,80 m.
  o Papeleiras: as embutidas ou que avancem até 0,10 m em relação à parede devem estar localizadas a uma altura de 0,50 m a 0,60 m.

Cozinhas

Deve ser garantida a condição de circulação, aproximação e alcance dos utensílios. As pias devem possuir altura de no máximo 0,85 m com altura livre inferior de no mínimo 0,73 m.

Vagas para veículos

Devem ter sinalização conforme estabelecido pela Norma e contar com um espaço adicional de circulação de no mínimo 1,20 m de largura. Esse espaço poderá ser compartilhado por duas vagas, no caso de estacionamento paralelo ou perpendicular. Também devem estar localizadas de forma a evitar a circulação entre veículos.

Previsão de número de vagas de estacionamento

Nº total de vagas	Vagas reservadas
Até 10	0
De 11 a 100	1
Acima de 100	1%

Piscinas

O piso no entorno das piscinas não deve ter superfície escorregadia ou excessivamente abrasiva. As bordas de degraus de acesso à água devem ter acabamento arredondado.

O acesso à água deve ser garantido através de degraus, rampas submersas, bancos para transferência ou equipamentos de transferência.

A escada ou rampa submersa deve possuir corrimãos em três alturas, de ambos os lados, nas seguintes alturas: 0,45 m, 0,70 m e 0,92 m. A distância livre entre os corrimãos deve ser de no mínimo 0,80 m e no máximo 1 m.

Área de lazer

Todas as portas existentes na rota devem ser acessíveis e devem possuir vão livre de no mínimo 1 m, incluindo as portas dos sanitários e vestiários.

As áreas para prática de esporte devem ser acessíveis, exceto os campos gramados, arenosos ou similares.

Aviso aos passageiros de elevadores – Lei nº 9.502, de 11 de março de 1997

Essa Lei determina que em todas as partes dos elevadores exista a placa com as seguintes inscrições:

AVISO AOS PASSAGEIROS:

ANTES DE ENTRAR NO ELEVADOR, VERIFIQUE SE O MESMO ENCONTRA-SE PARADO NESTE ANDAR.

Lei nº 9.502, de 11 de março de 1997

Modelos

Neste capítulo, são fornecidos vários modelos, os quais podem ser baixados no *link*: <www.ocondominio.com.br/modelos>.

Convenção

Embora os enunciados principais sejam quase sempre os mesmos, poderá haver modificações quanto a redação, valor das multas, quotas para o fundo de reserva e outras. O modelo a seguir apresenta alguns dados hipotéticos.

INSTRUMENTO PARTICULAR DE INSTITUIÇÃO, DISCRIMINAÇÃO, ESPECIFICAÇÃO E CONVENÇÃO DE CONDOMÍNIO – "EDIFÍCIO CANADÁ"

Pelo presente instrumento particular e melhor forma de direito, CONSTRU-TORA .... LTDA., com sede nesta Capital, à rua Dr. Rocha nº 118, inscrita no CGC sob nº ...., representada por seu sócio-gerente, José ...., brasileiro, casado, engenheiro civil, portador da cédula de identidade RG nº ...., residente e domiciliado nesta Capital, na qualidade de outorgante e reciprocamente outorgada, no presente instrumento chamada simplesmente "outorgante", vem estabelecer para o "EDIFÍCIO CANADÁ" o regime de condomínio, segundo as normas da Lei nº 10.406, de 10/1/2002, e da Lei nº 4.591, de 16/12/1964, referente aos artigos 28 a 70, e demais disposições aplicáveis, declarando:

I – DO IMÓVEL

O imóvel objeto do presente consiste em um terreno situado à rua Marco Polo, onde existiram os prédios sob nºs 4.122, 4.130, 4.146, no 8º Subdistrito – Vl. Zadquiel – 3ª Circunscrição Imobiliária desta Capital, assim descrito: começando em um ponto situado na divisa com o imóvel nº 4.118 da mesma rua, localizado à direita de quem olha; daí segue .... Imóvel esse cadastrado pela Prefeitura do

Município de São Paulo, através dos CONTRIBUINTES NÚMERO........../......, devidamente MATRICULADOS SOB NÚMEROS ...., aos 17/6/1995, no 3º Cartório de Registro de Imóveis desta Capital, e de propriedade de:

1 – RICARDO ...., proprietário, portador da cédula de identidade RG nº ....

2 – CAIO ...., proprietário, portador da cédula de identidade RG nº ....

II – DO REGIME DE INCORPORAÇÃO

Desejando os titulares do domínio promover sobre a totalidade do terreno retrodescrito e caracterizado no item "I" a construção de um moderno edifício de apartamentos de uso exclusivamente residencial, pelo regime de Incorporação, outorgaram à CONSTRUTORA .... LTDA., nos termos do art. 31, alínea "b" e § 1º, combinado com o § 4º do art. 35, ambos da Lei Federal nº 4.591, de 16/12/1964, o competente mandato lavrado em 7/5/2003, no 5º Cartório de Notas desta Capital em 10/5/2003.

A "outorgante", investida dos poderes que lhe foram conferidos, aprovou junto aos Poderes Públicos competentes o respectivo projeto de construção, através do Alvará nº ...., expedido em 4/6/2003, pela Prefeitura do Município de São Paulo, para um prédio de apartamentos, categoria de uso R2-02, em zona de uso Z.3-022, sendo com 18 (dezoito) pavimentos, com garagem e equipamento social de uso exclusivo, para o total de 68 (sessenta e oito) apartamentos e 1 (um) apartamento para o zelador, à rua Marco Polo, nº 4.130, cujo empreendimento foi denominado "EDIFÍCIO CANADÁ".

A "outorgante", em cumprimento às determinações da Lei nº 4.591, de 16/12/1964, e demais disposições aplicáveis, promoveu o respectivo registro da mencionada Incorporação, que tomou o nº 1, em 17/6/2003, na MATRÍCULA NÚMERO ...., do 3º Cartório de Registro de Imóveis desta Capital.

III – DA CONSTRUÇÃO

Tendo finalmente concluído as obras de construção já referidas, foi expedido pela Prefeitura do Município de São Paulo o competente Auto de Conclusão nº ...., que designou ao citado empreendimento o nº 4.130 da rua Marco Polo, o qual teve um custo final de construção de R$ ...., correspondendo a cada apartamento do "EDIFÍCIO CANADÁ" um custo de R$ ....

IV – DO CONDOMÍNIO

A "outorgante", tendo em vista a destinação específica da Incorporação Imobiliária mencionada no item "II", a que se procedeu sobre o terreno e do que resultou a construção do aludido empreendimento, vem, pelo presente instrumento particular e melhor forma de direito, destinar, como de fato destinado tem, à citada construção o seu terreno, ao regime de condomínio, segundo as normas da Lei nº 4.591, de 16/12/1964, arts. 28 a 70, regulamentada pelo Decreto Federal nº 55.815, de 8/3/1965, declarando que o citado CONDOMÍNIO, que recebeu a denominação "EDIFÍCIO CANADÁ", se constitui de duas partes, a saber:

a) Uma parte consubstanciada de coisas e áreas de uso e propriedade comum de todos os condôminos, inalienáveis e indivisíveis, acessórias e indissoluvelmente ligadas às unidades autônomas.

b) Uma outra parte compreendendo coisas e áreas de uso privativo e de propriedade exclusiva dos condôminos, e constituídas pelas chamadas "unidades autônomas", representadas pelos apartamentos destinados a fins exclusivamente residenciais.

V – DAS COISAS COMUNS

Constituem coisas de uso comum do condomínio aquelas assim definidas no art. 1.331 da Lei nº 10.406, de 10/1/2002, e constantes da inclusa "Convenção de Condomínio" e muito especialmente a garagem localizada nos 1º e 2º subsolos, onde os condôminos terão sempre e indistintamente o direito a guarda e estacionamento de único automóvel de passeio, por apartamento, em vagas individuais e indeterminadas, sendo a movimentação dos veículos sujeita a cargo de manobrista.

VI – DAS UNIDADES AUTÔNOMAS

São "unidades autônomas" ou partes de propriedade exclusiva aquelas que assim se enunciam, discriminam e especificam:

"EDIFÍCIO CANADÁ"

OS APARTAMENTOS NÚMEROS 11, 21, 31, 41, 51, 61, 71, 81, 91, 101, 111, 121, 131, 141, 151, 161 e 171, do 1º ao 17º andar, possuem área útil de 67,26 m², área comum de 50,86 m² e área total de 118,12 m², correspondendo-lhes a fração ideal de terreno de 0,8835% e o direito ao uso de uma vaga para estacionamento de um automóvel em lugar indeterminado, com uso de manobrista, na garagem localizada nos 1º e 2º subsolos; esses apartamentos confrontam, pela frente de quem de dentro olha, com o recuo fronteiriço do edifício, o qual por sua vez faz divisa com o alinhamento da rua Marco Polo, à direita com o recuo lateral direito do edifício, o qual por sua vez confronta com o prédio nº 4.166 da rua Marco Polo, à esquerda parte com os apartamentos-tipo de final "2" e parte com o *hall*, tudo do andar, e, nos fundos, parte com o *hall*, parte com as escadarias e parte com os apartamentos-tipo de final "3", tudo do andar, e parte com o terreno do próprio condomínio.

OS APARTAMENTOS NÚMEROS 12, 22, 32, 42, 52, 62, 72, ...
OS APARTAMENTOS NÚMEROS 13, 23, 33, 43, 53, 63, 73, ...
OS APARTAMENTOS NÚMEROS 14, 24, 34, 44, 54, 64, 74, ...

CONVENÇÃO DE CONDOMÍNIO DO OBJETO

Art. 1º. O Condomínio – Edifício Canadá é composto de:

1º SUBSOLO: Destinado à garagem para os condôminos, com capacidade para 30 (trinta) automóveis, em vagas individuais, sem local determinado, com uso de manobrista.

2º SUBSOLO: Destinado à garagem para os condôminos, com capacidade para 38 (trinta e oito) automóveis, em vagas individuais, sem local determinado, com uso de manobrista.

PAVIMENTO TÉRREO: Com *hall* de entrada para o edifício, salão de festas, copa, 2 (dois) banheiros, vestiários, local para medidores, depósito, apartamento para o zelador, local para recreação infantil, 2 (dois) poços de elevadores, corredores e galerias de circulação, escadas de acesso aos subsolos e aos pavimentos superiores, entrada de serviço e jardins.

PAVIMENTO-TIPO: Contendo 17 (dezessete) pavimentos, com 4 (quatro) apartamentos-tipo por pavimento, designados pelos nos 11-12-13-14, no 1º pavimento; 21-22-23-24, no 2º pavimento e, assim, sucessivamente, até o 17º pavimento, onde são numerados 171-172-173-174.

PAVIMENTO DE COBERTURA: Contendo barrilete, caixa-d'água e casa de máquinas.

Capítulo I
DAS PARTES DE PROPRIEDADE E USO COMUM

Art. 2º. Constituem coisa de uso e propriedade comum do citado condomínio aquelas relacionadas no art. 1.331 da Lei nº 10.406, de 10/1/2002, e, em especial, o terreno onde se assenta a edificação e suas dependências, fundações e estruturas de concreto armado, pisos, montantes, vigas, rampas, escadas, paredes externas e divisórias, os dois subsolos, a entrada principal, *halls*, portaria, salão de festas, copa, banheiros, vestiários, apartamento do zelador, local para recreação infantil, depósito, corredores e galerias de circulação, elevadores e seus poços, dutos de exaustão e coletores, bombas, máquinas, medidores, rede primária das instalações de água, luz, força, gás e esgoto, compreendendo os ramais para as dependências de uso comum, condutores de águas pluviais, casa de máquinas, caixas-d'água e, enfim, tudo o que for de uso comum pela própria natureza.

Parágrafo único. As partes comuns de propriedade e uso de todos os condôminos não poderão ser suscetíveis de divisão, alienação destacada de cada unidade autônoma ou de utilização exclusiva por qualquer condômino e são, assim, discriminadas:

SUBSOLOS: 2 (dois) poços de elevadores, rampa de acesso ao pavimento térreo, escadas de acesso ao pavimento térreo, dutos de ventilação, depósitos, caixas-d'água inferiores, áreas de circulação e os locais destinados às vagas para guarda de automóveis.

PAVIMENTO TÉRREO: Com *hall* de entrada para o edifício, salão de festas, copa, 2 (dois) banheiros, vestiários, local para medidores, depósito, apartamento para o zelador, local para recreação infantil, 2 (dois) poços de elevadores, corredores e galerias de circulação, escadas de acesso aos subsolos e aos pavimentos superiores, entrada de serviço e jardins.

PAVIMENTO-TIPO: Os *halls* de elevadores, escadas de acesso aos pavimentos superiores e inferiores, dutos, 2 (dois) poços de elevadores.

PAVIMENTO DE COBERTURA: Contendo barrilete, caixa-d'água e casa de máquinas.

Capítulo II
DAS PARTES DE PROPRIEDADE EXCLUSIVA

Art. 3º. São consideradas partes de propriedade e uso exclusivo de cada condômino aquelas denominadas autônomas, pertencentes individualmente e de pleno direito a cada condômino, a saber:

a) A cada apartamento-tipo de final "1", "2", "3" e "4", do 1º ao 17º pavimento, a área útil de 67,26 m², a área comum de 50,86 m², a área total de 118,12 m² e a fração ideal de 0,88350%.

§ 1º Cada apartamento-tipo tem direito ao uso de uma vaga para estacionamento de um automóvel, cada uma em lugar indeterminado, com uso de manobrista.

§ 2º Ditas vagas, em número total de 68 (sessenta e oito), situar-se-ão nos dois subsolos, comuns aos dois edifícios, sendo 30 (trinta) vagas no 1º subsolo e 38 (trinta e oito) no 2º, todas com uso de manobrista, sendo que, tão somente para fins de discriminação, indicação e disponibilidade, tais vagas serão numeradas de 1 a 30 no 1º subsolo e de 31 a 68 no 2º subsolo.

§ 3º As vagas correspondentes a cada apartamento não poderão ser alienadas, uma vez que aos mesmos pertencem como parte integrante e acessória.

§ 4º A indicação nos subsolos, destinados à garagem, dos locais das vagas constantes da respectiva planta é meramente enunciativa e poderá sofrer alteração, visando outra distribuição, desde que isso não signifique nem acarrete o aumento do número das mesmas vagas.

§ 5º Só será permitida a guarda, nas dependências do edifício, de automóveis de pessoas nele residentes.

Capítulo III
DO SEGURO, DO INCÊNDIO, DA DEMOLIÇÃO, DA RECONSTRUÇÃO, DOS DANOS E DAS OBRAS

Art. 4º. O Condomínio é obrigado a proceder ao seguro do prédio no prazo de Lei e assim mantê-lo, sob as penas da Lei, contra os riscos de incêndio e outro sinistro que cause destruição no todo ou em parte, computando-se o prêmio nas despesas ordinárias do condomínio, discriminando-se, uma a uma, as unidades autônomas e total das partes comuns, com os respectivos valores. Poderá cada condômino aumentar, por conta exclusiva, o valor do seguro de sua unidade para cobrir o valor das benfeitorias, úteis ou voluptuárias, que, porventura, realize na sua unidade e, neste caso, pagará diretamente à companhia seguradora o prêmio correspondente ao aumento feito.

Art. 5º. Ficam fazendo parte integrante do presente contrato, como se cláusulas deste fossem, os artigos 14 e 18, do Capítulo IV, do Título I, da Lei nº 4.591, de 16/12/1964, cujos termos os condôminos se obrigam a respeitar quando da ocorrência das hipóteses neles previstas.

Art. 6º. É vedado aos condôminos, ocupantes, suas famílias e empregados causar danos às partes comuns do edifício, e aqueles porventura causados deverão ser indenizados por quem os causar, ficando também ao encargo de cada condômino a reparação, por sua conta, de todos os danos que às partes comuns ou qualquer das demais unidades do prédio forem causados por defeitos de má conservação e utilização das instalações na sua propriedade, cabendo aos demais condôminos o direito de exigir daquele que se descuidar do conserto de seu apartamento o ressarcimento do custeio da reparação geral dos danos daí derivados.

Art. 7º. Os condôminos são responsáveis pelos danos e estragos praticados nas partes comuns do edifício, ou nas unidades de outros condôminos pelos locatários, ou ocupantes de seu apartamento.

Art. 8º. As modificações a serem feitas nas coisas de propriedade exclusiva de cada condômino deverão ser previamente comunicadas aos demais condôminos, por intermédio do síndico, sendo por este autorizadas, desde que não afetem a solidez do prédio, nem contrariem as disposições legais e as da presente Convenção, caso em que qualquer dos condôminos poderá se opor à sua realização.

Art. 9º. No caso de serem alteradas as posturas municipais vigentes, em relação à área de ocupação das unidades de cobertura, fica expressamente assegurado aos seus proprietários, desde que inexistam impedimentos de ordem legal, o direito de, a qualquer tempo e por sua conta, inteiro risco e exclusiva responsabilidade, proceder às obras de ampliação das referidas unidades, exclusivamente no sentido horizontal e que não poderão, a título algum, importar em criação de nova unidade autônoma, as quais só poderão estender pelas áreas descobertas da sua propriedade, não se aplicando a esta hipótese quaisquer disposições desta Convenção que impliquem, direta ou indiretamente, restrição ou limitação do exercício pleno daquele direito.

Art. 10. O condômino em cujo apartamento forem realizadas obras será responsável pela perfeita limpeza dos elevadores, áreas, corredores e outros locais por onde transitarem materiais de construção ou entulhos, os quais não poderão ser depositados sem anuência do síndico, em qualquer espaço de uso comum, correndo por sua exclusiva conta e risco de ônus e prejuízos que resultarem nas partes comuns em razão do transporte dos mencionados materiais de construção e entulhos ou das obras propriamente ditas.

Art. 11. As obras de acréscimo do número de pavimentos, construção de novas dependências de uso comum e transformação ou modificação das partes comuns ou que interessem à harmonia das fachadas externas, ou laterais, bem como quaisquer outras não previstas nesta Convenção, necessitarão de consenso unânime dos condôminos a ser manifestado em assembleia.

Capítulo IV
DA ADMINISTRAÇÃO DO CONDOMÍNIO, DO SÍNDICO, DO CONSELHO CONSULTIVO, DAS ASSEMBLEIAS, DO FUNDO DE RESERVA E DAS DESPESAS

Art. 12. O Condomínio será administrado e representado por um síndico, pessoa física ou jurídica, morador ou não do condomínio, eleito em assembleia geral ordinária, com mandato de 2 (dois) anos, imediatamente empossado, o qual poderá renovar-se por um único período consecutivo, podendo ser reeleito, sendo assistido por um Conselho Fiscal constituído de 3 (três) condôminos residentes no prédio, com mandatos iguais ao seu e eleitos pela mesma assembleia que o eleger.

Art. 13. Serão eleitos juntamente, pela mesma forma, e com igual prazo de mandato do síndico, 1 (um) subsíndico, que exercerá, dentro do âmbito do edifício e sempre subordinado ao síndico, as atribuições administrativas que lhe fixar.

Art. 14. Por ocasião da instalação do condomínio, a assembleia nomeará um síndico, um subsíndico e um Conselho Fiscal, com mandato até a data da primeira assembleia geral ordinária, que, com a companhia administradora escolhida de acordo com o art. 53, deverá orientar e organizar o condomínio, obedecendo ao disposto nesta Convenção, competindo ao síndico:

a) Representar, ativa e passivamente, o condomínio, em juízo ou fora dele, e praticar todos os atos em defesa dos interesses comuns para o que lhe são outorgados os mais amplos, gerais e ilimitados poderes em direito permitidos, inclusive *ad judicia*, além das atribuições conferidas pela Lei nº 10.406, de 10/1/2002.

b) Fixar as atribuições do subsíndico, exercer a administração interna do edifício no que respeita a sua vigência, funcionamento, moralidade e segurança, bem como nos serviços que interessem a todos os moradores, podendo admitir e despedir empregados, baixando as instruções e detalhes de seus serviços, inclusive quando solicitado, por escrito, pela maioria absoluta dos condôminos, fixando-lhes ordenados dentro da verba estabelecida no orçamento do ano.

c) Indicar garagistas, ou outros empregados, para a manobra de veículos de propriedade dos condôminos, não sendo permitido que para tal serviço sejam contratadas outras pessoas que não aquelas que para tanto forem indicadas pelo síndico.

d) Cobrar, inclusive judicialmente, se necessário for, quotas de despesas de todos os condôminos e multas estabelecidas na Convenção, na Lei e no Regulamento Interno.

e) Cumprir e fazer cumprir a Convenção e o Regimento Interno e as deliberações das assembleias gerais.

f) Prestar contas à assembleia, anualmente e quando solicitado pelos condôminos, com exibição de documentos comprobatórios.

g) Apresentar o orçamento do exercício, que poderá se iniciar no segundo trimestre de cada ano, findando no primeiro trimestre do ano seguinte.

h) Fazer demonstração mensal das despesas efetuadas, apresentando aos condôminos, quando solicitado, a documentação existente em arquivo das despesas feitas nos meses anteriores, as quais poderão ser digitalizadas e colocadas no *site* do condomínio ou da administradora.

i) Fazer concorrência ou tomada de preços para compra de produtos e serviços do condomínio, podendo ordenar qualquer reparo ou adquirir o que for necessário ao prédio, submetendo previamente à aprovação do Conselho Fiscal as despesas que não estiverem previstas no orçamento anual, podendo, também, mandar executar quaisquer consertos ou reparos de vulto, de caráter urgente, nas instalações, eventual e acidentalmente danificadas, devendo convocar imediatamente assembleia extraordinária para informar as medidas adotadas, justificando os custos incorridos.

j) Entender-se com as repartições públicas e empresas concessionárias de serviços públicos sobre assuntos que disserem respeito ao prédio em suas partes comuns.

k) Advertir, verbalmente ou por escrito, o condômino infrator de qualquer disposição da presente Convenção e do Regimento Interno.

l) Receber e dar quitação em nome do condomínio, movimentar contas bancárias deste, emitindo e endossando cheques, depositando as importâncias recebidas em pagamento etc.

m) Efetuar o seguro do prédio, previsto nesta Convenção, devendo fazer constar da respectiva apólice a previsão de reconstrução do edifício, no caso de destruição total ou parcial.

n) Convocar as assembleias e resolver os casos que, porventura, não tiverem solução prevista expressamente na Lei ou nesta Convenção.

o) Dispor dos seguintes elementos para a administração, que deverão ser obrigatoriamente transferidos a seus sucessores, tudo devendo constar de uma relação na ata da eleição de cada novo síndico. Livros de moradores do prédio, livro de queixas, ocorrências e sugestões, livro de atas, livro de presença nas assembleias, fichário de empregados, livro de protocolo, livro de documentação de despesas, registro de moradores e outros que a prática aconselhar, além do arquivo de documentos e propriedade do condomínio, como escritura, plantas do prédio etc., sendo que os livros acima deverão ser numerados, abertos, rubricados e encerrados por quem a assembleia geral designar.

p) Manter guardada durante o prazo de 5 (cinco) anos, para eventuais necessidades de verificação contábil, toda a documentação relativa ao condomínio. Os documentos referentes aos funcionários deverão ser guardados por 30 (trinta) anos e os referentes à instituição, conjunto de plantas, "Habite-se" e planos de obra deverão ser mantidos por prazo indeterminado.

q) Dar imediato conhecimento à assembleia da existência de procedimento judicial ou administrativo, de interesse do condomínio.

Art. 15. As funções administrativas poderão ser delegadas pelo síndico a pessoa física ou jurídica de sua confiança, mediante aprovação da assembleia geral de condôminos, cuja decisão será tomada na forma prevista no art. 25, sendo que, no impedimento ocasional do síndico, as suas funções serão exercidas pelo presidente do Conselho Consultivo sob a inteira responsabilidade deste.

Art. 16. Das decisões do síndico caberá recurso para a assembleia geral convocada pelo interessado.

Art. 17. O síndico poderá ser destituído por maioria de votos dos condôminos, presentes em assembleia geral extraordinária para esse fim especialmente convocada.

Art. 18. Pelos trabalhos prestados em suas funções, o síndico e o subsíndico receberão do condomínio, cada um, por mês, quantia igual a uma taxa de condomínio, referente a despesas ordinárias. Quando o síndico for contratado, não residente no condomínio, poderá a assembleia que o elegeu arbitrar uma remuneração.

Art. 19. No caso de morte, renúncia ou destituição do síndico, assumirá a sindicância o presidente do Conselho Fiscal, o qual, até vinte dias após assumir as funções do síndico, convocará assembleia geral extraordinária, para proceder à eleição do novo síndico, que exercerá o mandato até a realização da próxima assembleia geral ordinária.

Art. 20. O Conselho Fiscal será presidido pelo mais idoso de seus membros eleitos e terá as seguintes atribuições:

a) Assessorar o síndico e fiscalizar a sua ação nas soluções dos problemas que dizem respeito ao condomínio.

b) Autorizá-lo a efetuar despesas extraordinárias não previstas no orçamento, mas que não ultrapassem a previsão mensal do orçamento anual e não haja necessidade de aumentar o valor determinado para a taxa condominial, nem seja necessário utilizar o Fundo de Reserva ou qualquer outro fundo. Caso ultrapassem esse valor, o síndico deverá convocar assembleia para sua aprovação.

c) Emitir parecer, em assembleia, sobre as contas do síndico, após sua conferência, para aprovação ou rejeição dos condôminos.

d) Elaborar Regulamento Interno e as alterações que forem necessárias para o uso das partes recreativas do condomínio, sem disposições contrárias aos preceitos desta Convenção, o qual deverá ser aprovado em assembleia.

Art. 21. Será realizada anualmente uma assembleia geral ordinária, no primeiro trimestre, convocada pelo síndico, sendo ela soberana para resolver todo e qualquer assunto que interesse ao edifício, suas dependências e instalações, e que será dirigida por um presidente, eleito no início dos trabalhos, à qual caberá principalmente:

a) apresentar para aprovação o orçamento do ano em início;

b) exibir para aprovação a prestação de contas do período em análise;

c) eleger o síndico, o subsíndico e o Conselho Fiscal;

d) aprovar as alterações do Regimento Interno;

e) debater assuntos de interesse geral, além das matérias inscritas na ordem do dia.

Art. 22. As reuniões ordinárias e extraordinárias dos coproprietários serão realizadas mediante convocação por circular assinada pelo síndico e colocada em local visível por todos, e enviada por carta registrada (AR) ou sob protocolo, a cada condômino, e com antecedência mínima de 8 (oito) dias da data fixada para a sua realização e só tratará de assuntos mencionados no edital de convocação, o qual, também, indicará o dia, hora e local da reunião.

Art. 23. As assembleias extraordinárias reunir-se-ão sempre que forem convocadas pelo síndico ou coproprietários, representando pelo menos 1/4 dos votos.

Art. 24. As reuniões serão dirigidas por uma mesa presidida pelo coproprietário que for escolhido pela maioria dos presentes e secretariada por um coproprietário de livre escolha do presidente eleito.

Art. 25. As decisões, em primeira convocação, ressalvados os casos de quórum especial, serão tomadas por maioria de votos dos condôminos presentes que representem pelo menos metade das frações ideais quites em relação às despesas e multas do condomínio, e em segunda convocação, com maioria dos votos dos presentes, salvo quando exigido quórum especial, realizando-se esta 30 (trinta) minutos após o horário da primeira convocação.

Art. 26. Ficarão obrigados também a respeitar as deliberações os que não comparecerem à reunião, ainda que ausentes do domicílio.

Art. 27. As decisões referentes às modificações da presente escritura de Convenção só poderão ser tomadas pelo quórum que represente, pelo menos, 2/3 dos votos totais, inclusive os não quites com o condomínio.

Art. 28. As decisões das reuniões dos coproprietários serão registradas em atas, no livro próprio, lavradas pelo secretário que auxilia a reunião respectiva, cujas folhas serão rubricadas pelo síndico, devendo as atas ser assinadas por todos os componentes da mesa (presidente e secretário), delas remetendo o síndico, nos 8 (oito) dias subsequentes, cópias a todos os coproprietários, por carta registrada ou sob protocolo.

Art. 29. Os coproprietários poderão fazer-se representar, nas reuniões, por procuradores com poderes gerais e bastantes para legalmente praticar os atos necessários e contrair obrigações, devendo o instrumento de procuração ser depositado em mãos do síndico, antes de iniciada a reunião. Cada condômino poderá representar apenas três coproprietários, sendo vedado ao síndico, subsíndico e conselheiros o uso de procuração nos assuntos que se refiram a eleição de síndico e aprovação de contas, orçamento e obras. As procurações deverão ter as assinaturas reconhecidas em cartório.

Art. 30. A cada unidade corresponderá um voto, sendo que os coproprietários em atraso no pagamento das quotas que lhes couberem nas despesas de condomínio e das multas que lhes tenham sido impostas não poderão tomar parte nas deliberações e se, não obstante a proibição deste item, votarem nas assembleias, os seus votos serão nulos, salvo a hipótese prevista no art. 27.

Art. 31. Se a unidade pertencer a mais de uma pessoa, deverá ser designada, dentre elas, uma, mediante mandato especial, para representá-la perante o condomínio, sob pena de suspensão temporária do exercício dos direitos e vantagens assegurados pela presente Convenção.

Art. 32. Se a assembleia não se reunir para exercer qualquer dos poderes que lhe competem, 15 (quinze) dias após o pedido de convocação, o Juízo competente decidirá a respeito, mediante requerimento dos interessados.

Art. 33. Cada condômino concorrerá para as despesas de condomínio, de acordo com o orçamento fixado para o exercício, recolhendo as respectivas quotas nos primeiros 10 (dez) dias do mês a que correspondam, concorrendo, também, às quotas que lhe couberem no rateio das despesas extraordinárias, recolhendo-se até 10 (dez) dias após o recebimento do aviso do síndico, expedido por carta registrada ou sob protocolo, salvo se o vulto das despesas aconselhar que seja feito o recolhimento em prestações, com a autorização de assembleia, caso em que deverão ser fixados pelo síndico os seus respectivos vencimentos. Uma vez implantado o Condomínio de Utilização do edifício, o que se caracterizará pela realização da respectiva assembleia geral de instalação, as quotas aprovadas serão devidas, ainda que o condômino não esteja utilizando as respectivas unidades.

Art. 34. São consideradas despesas de responsabilidade de todos os condôminos: tributos, prêmios de seguro, consertos de qualquer natureza, conservação, desinfecção, dedetização e asseio das partes comuns, taxas de esgoto, consumo de água, energia, força, gás e telefone, funcionamento, manutenção, renovação ou substituição de elevadores, bombas de elevação de água, e demais equipamentos e tudo o mais de interesse ou que tenha relação com as partes comuns ou que os condôminos deliberem fazer como de interesse coletivo.

Art. 35. O custeio da manutenção e do consumo corrente dos equipamentos, máquinas e motores de propriedade do condomínio, ainda que temporária ou permanentemente a serviço apenas de alguns condôminos, utilizados em casos de emergência, por terem sido prejudicados de alguma maneira, e em cujas causas não tiverem tido participação, será levado a débito das despesas normais do condomínio. Quando o uso desses equipamentos for apenas uma solicitação, sem que haja prejuízo e que beneficie alguns moradores, seu uso será permitido, após deliberação de assembleia, sendo os custos pagos pelos usuários.

Art. 36. As despesas extraordinárias deverão ser submetidas à aprovação do Conselho Fiscal, salvo o disposto na letra "i" do art. 14, marcando o síndico o prazo para resposta e avocando a decisão, caso o Conselho não se manifeste no prazo concedido.

Art. 37. O limite para os gastos extraordinários fica desde já fixado em 5 (cinco) quotas de condomínio, referentes ao rateio das despesas ordinárias.

Art. 38. As obras que interessarem à estrutura integral do prédio serão feitas com o concurso pecuniário de todos os coproprietários, mediante orçamento prévio obtido em concorrência ou tomada de preços em assembleia geral, mediante escopo pré-aprovado, elaborado por profissional habilitado.

Deverá ser adotado o seguinte critério para a realização de obras no condomínio:

a) voluptuárias – mero deleite ou recreio, que não aumentam o uso habitual do bem, ainda que o tornem mais agradável. Sua realização depende do voto de dois terços dos condôminos;
b) úteis – que aumentam ou facilitam o uso do bem. Sua realização depende do voto da maioria dos condôminos;
c) necessárias – têm por finalidade a conservação do bem ou evitar que ele se deteriore. As obras ou reparações necessárias, que não ultrapassem o orçamento aprovado em assembleia, poderão ser realizadas, independentemente de autorização, pelo síndico, ou, em caso de omissão ou impedimento deste, por qualquer condômino;
d) necessárias, urgentes e com valores elevados – se as obras ou reparos necessários forem urgentes e se seu valor ultrapassar o orçamento aprovado em assembleia, sendo necessário um rateio extra ou saque do Fundo de Reserva, ou de qualquer outro fundo, determinada sua realização, o síndico ou condômino que tomou a iniciativa deverá convocar imediatamente uma assembleia a fim de que os moradores tenham ciência do ocorrido e do valor da obra. Caso tenha se optado pelo saque do Fundo, os moradores deliberarão se o valor será reposto com um rateio extra ou mensalmente com o próprio valor arrecadado no boleto do condomínio;
e) necessárias, não urgentes e com valores elevados – não sendo urgentes, as obras ou reparos necessários que importarem despesas excessivas somente poderão ser efetuadas após autorização da assembleia, especialmente convocada pelo síndico, ou, em caso de omissão ou impedimento deste, por qualquer dos condôminos.

Art. 39. A renúncia de qualquer condômino de seus direitos em hipótese alguma valerá como escusa para exonerá-lo do cumprimento de seus deveres e, principalmente, do pagamento dos encargos a que ficar obrigado.

Art. 40. As despesas com a remoção de coisas e de objetos depositados em partes comuns serão cobradas do proprietário da unidade que estiver em causa, podendo, ainda, o síndico cobrar armazenamento e impor multa estabelecida no art. 52.

Art. 41. Quando se verificar estrago nas partes comuns e este não for causado por nenhum coproprietário, inquilino, ocupante, visitante ou empregado, ou não sendo possível determinar o seu causador, o síndico mandará executar os reparos, obedecido o disposto no art. 36, e as despesas necessárias correrão por conta de todos os condôminos.

Art. 42. Fica criado pela presente Convenção o Fundo de Reserva do Condomínio, cobrável juntamente com as contribuições para as despesas comuns, o qual será constituído das seguintes parcelas:
a) Os juros moratórios e as multas previstas nesta Convenção, e que venham a ser cobrados dos condôminos.

b) 20% do saldo verificado no orçamento de cada exercício.

c) 10% da contribuição mensal de cada coproprietário.

Parágrafo único. O Fundo de Reserva fica limitado a uma arrecadação e meia prevista para as quotas de condomínio ordinárias.

Art. 43. Todas as contribuições, juros, multas etc. serão depositados em estabelecimento bancário, em nome do condomínio, escolhido pela assembleia dos condôminos e serão movimentados pelo síndico e pelo presidente do Conselho Fiscal nas hipóteses dos arts. 15 e 19.

Art. 44. As parcelas referentes ao Fundo de Reserva serão aplicadas mensalmente em caderneta de poupança, ou outro fundo de investimento, que não traga risco de prejuízo aos condôminos, cuja alternativa deverá ser aprovada em assembleia, sendo mantida em custódia no mesmo estabelecimento bancário em que foram depositadas as contribuições condominiais, em nome do condomínio.

Capítulo V
DO REGIMENTO INTERNO

Art. 45. Todas as pessoas, condôminos e ocupantes, a qualquer título, que residam no edifício, suas famílias e empregados são obrigados a cumprir, respeitar e fiscalizar a observância das disposições do Regulamento Interno, que só poderá ser alterado, no todo ou em parte, desde que assim fique resolvido, a qualquer tempo, por decisão da assembleia dos condôminos, tomada pelo número de votos que represente 50% + 1 de todos os condôminos, devendo as modificações constarem de escritura pública ou instrumento particular devidamente registrado.

Art. 46. Em caso de venda, doação, legado, usufruto, cessão de direito, locação ou qualquer forma legal de transação, que importe na transferência da propriedade ou da posse, de seus respectivos apartamentos, os adquirentes, quer da propriedade, quer da posse, ficam automaticamente obrigados à observância de todos os dispositivos desta Convenção e deste Regulamento, ainda que nenhuma referência a esta cláusula seja feita no contrato público ou particular, pelo qual se efetive a transferência e aquisição da propriedade ou da posse.

Art. 47. Os ocupantes, a qualquer título, que não sejam proprietários das ou da unidade que ocupem, não terão, perante o condomínio, nenhuma representação, ficando o proprietário responsável pelas infrações por aqueles cometidas.

Art. 48. É DIREITO DE CADA CONDÔMINO:

a) Usar e dispor da parte de sua propriedade exclusiva, como melhor lhe aprouver, desde que fiquem respeitadas as disposições desta Convenção e deste Regulamento, de forma, também, a não prejudicar igual direito dos demais condôminos e a não comprometer a segurança, higiene e o bom nome do edifício.

b) Usar da coisa comum, conforme o seu destino e sobre ela exercer todos os direitos que lhe confere a presente Convenção e este Regulamento.

c) Reivindicar sua unidade de terceiros que a ocupem, vendê-la, alugá-la, gravá-la, transferindo a sua propriedade e posse, independentemente da anuência dos demais condôminos.

Art. 49. É DEVER DE CADA CONDÔMINO, OCUPANTES, SUAS FAMÍLIAS E EMPREGADOS:

a) Cumprir, fazer respeitar e fiscalizar a observância do disposto nesta Convenção e neste Regulamento.

b) Concorrer, na proporção fixada para sua unidade, para as despesas necessárias à conservação, ao funcionamento, à limpeza e segurança do prédio, inclusive para o seguro deste, qualquer que seja a sua natureza, aprovadas em assembleia, na forma prevista no art. 25.

c) Suportar, na mesma proporção, os ônus a que estiver ou ficar sujeito no prédio, em seu conjunto.

d) Exigir do síndico, subsíndico, ou administrador as providências que forem necessárias ao cumprimento fiel da presente Convenção.

e) Comunicar ao síndico qualquer caso de moléstia epidêmica para fins de providências junto à saúde pública.

f) Facilitar ao síndico e seus prepostos o acesso às unidades de sua propriedade.

Art. 50. É VEDADO AOS CONDÔMINOS, OCUPANTES, SUAS FAMÍLIAS E EMPREGADOS:

a) Alterar a forma externa da fachada, salvo as modificações permitidas nesta Convenção e desde que sejam autorizadas pela assembleia geral dos condôminos, convocada para esse fim, na qual a decisão será tomada na forma estipulada no art. 27.

b) Decorar as paredes e esquadrias externas com tonalidades ou cores diversas das empregadas no conjunto da edificação.

c) Destinar à unidade de sua propriedade ou que ocupe utilização diversa da finalidade estabelecida neste instrumento ou usá-la de forma nociva ou perigosa ao sossego, à salubridade, à higiene e segurança dos demais condôminos; instalar em qualquer dependência do edifício ou seus apartamentos hospedarias, oficinas de qualquer natureza, clubes carnavalescos, agremiações ou partidos políticos, cursos ou escolas, entidades ou agremiações estudantis, laboratórios de análises químicas, enfermarias, ateliês de corte, costura e chapéus, salões de beleza, cabeleireiros, manicures, instituições destinadas à prática de cultos religiosos, bem como para quaisquer destinações não residenciais, isto é, comerciais, culturais ou recreativas etc.; usar, ceder ou alugar os apartamentos para fins incompatíveis com a decência e o sossego do edifício ou permitir a sua utilização por pessoas de vida ou de maus costumes, passíveis de repreensão penal ou policial, ou que, de qualquer forma ou modo, possam prejudicar a boa ordem ou afetar a reputação do prédio.

d) Remover pó de tapetes e cortinas e outros pertences nas janelas, promovendo a limpeza de sua unidade de forma a não prejudicar o asseio das partes comuns.

e) Estender ou secar roupas, tapetes, toalhas e outros pertences em locais visíveis do prédio.

f) Colocar em peitoris, janelas, terraços, áreas de serviço, varandas e amuradas vasos, enfeites e plantas e quaisquer outros objetos que possam a qualquer momento cair nas áreas externas e internas, tornando perigosa a passagem por elas.

g) Violar de qualquer forma a lei do silêncio, usar aparelhos radiofônicos, alto-falantes, televisão, eletrolas, hi-fi e similares, buzinas, instrumentos de sopro, corda, percussão e quaisquer outros em elevado som, de modo que perturbe o sossego dos condôminos vizinhos.

h) Promover festas, reuniões e ensaios, em suas unidades ou partes comuns, com orquestras e conjuntos musicais, quaisquer que sejam os gêneros de música.

i) Usar rádios transmissores e receptores que causem interferência nos demais aparelhos elétricos existentes no prédio e de propriedade dos demais condôminos.

j) Possuir e manter no edifício animais domésticos ou não, quaisquer que sejam a sua espécie e raça, que comprometam o asseio da área comum, a segurança, o sossego e a saúde dos demais condôminos. Além de transportá-los em desacordo ao estabelecido, que deverá ser no colo ou em local próprio, como carrinho, caso seja de maior porte.

k) Usar aparelhos, como fogões, aquecedores e similares, do tipo que não seja a gás encanado e a eletricidade.

l) Construir novas dependências de uso particular que afetem ou prejudiquem a solidez do prédio e as disposições legais pertinentes às construções.

m) Cuspir, lançar papéis, cinzas, pontas de cigarros, líquidos, lixo e quaisquer outros objetos e detritos pelas janelas.

n) Usar toldos externos nas janelas, varandas, terraços, áreas de serviço ou amuradas.

o) Usar nos WCs outro tipo de papel que não seja o higiênico.

p) Gritar, conversar, discutir em voz elevada e ainda pronunciar palavras de baixo calão nas dependências do edifício, áreas de serviço etc., que comprometam o bom nome do prédio, com violação das normas elementares da boa educação.

q) Utilizar-se dos empregados do condomínio para seus serviços particulares, no horário de trabalho deles.

r) Guardar explosivos e inflamáveis nos apartamentos e dependências, queimar fogos de artifício de qualquer natureza nas janelas, varandas, terraços, áreas de serviço e amuradas, ter ou usar instalações ou materiais suscetíveis que, de qualquer forma, possam afetar a saúde e a segurança dos demais moradores do edifício, ou de que possa resultar o aumento do prêmio de seguro.

s) Instalar, nas paredes do edifício, fios ou condutores de qualquer espécie, colocar placas, avisos, letreiros, cartazes, anúncios ou reclames na parte externa do edifício, nas janelas, terraços, varandas e amuradas, área e corredores do prédio, prejudicando a sua estética, e, ainda, usar máquinas e aparelhos ou instalações que provoquem trepidação e ruídos excessivos.

t) Obstruir o passeio, entradas, áreas comuns, vestíbulos, corredores, *hall*, escadas, terraços, elevadores, ainda que em caráter provisório, ou utilizar alguma dessas dependências para qualquer fim que não o de trânsito, sendo proibido nelas o estacionamento de criados ou visitantes, quer isoladamente, quer em grupos.

u) Transportar cargas e bagagem nos elevadores sociais, salvo por motivo de força maior, a juízo do síndico ou de seus prepostos.

v) Abandonar torneiras de água e bicos de gás abertos ou deixar de consertá-los quando estejam dando, respectivamente, escoamento de água das caixas do prédio e escapamento de gás, com perigo à segurança do condômino ou do ocupante infrator e a de seus vizinhos.

w) Praticar jogos esportivos com bolas, petecas e outras modalidades nos *halls* de entrada, corredores, terraços e demais dependências comuns do prédio, bem como no interior dos apartamentos, neste caso perturbando o sossego dos demais moradores, sendo essa prática permitida somente nos locais para tanto previamente designados pelo síndico.

Art. 51. As disposições deste Regulamento deverão ser afixadas nos corredores e elevadores de serviço do edifício e locais a critério do síndico.

Capítulo VI
PENALIDADES

Art. 52. A falta de cumprimento ou inobservância de qualquer das estipulações desta Convenção e do Regimento Interno tornará o condômino infrator passível de advertência escrita pelo síndico que, se não atendida no prazo de 3 (três) dias, será convertida em multa equivalente a 20% sobre a quota de condomínio-ordinário do mês da inobservância, a qual será homologada pela assembleia geral, cuja decisão será tomada na forma do art. 25.

Art. 53. Fica, desde já, eleito pelos condôminos o rito sumário ou qualquer outro procedimento, inclusive a mediação, que possibilite agilidade para a cobrança de quaisquer contribuições, multas e juros, além das importâncias relativas aos honorários de advogado e custas do processo que forem despendidas, na hipótese da necessidade de qualquer procedimento judicial.

Art. 54. O condômino que não pagar a sua contribuição até a data marcada para o seu vencimento fica sujeito a multa de até 2% sobre o total do débito, acrescida de juros de 2% ao mês, correção monetária e honorários advocatícios.

Art. 55. O condômino ou possuidor que realizar obras que comprometam a segurança da edificação, alterar a forma e a cor da fachada, das partes e esquadrias externas, utilizá-las de maneira prejudicial ao sossego, salubridade e segurança dos possuidores, ou aos bons costumes ou alterar a destinação do edifício pagará a multa de até cinco vezes o valor do condomínio.

Art. 56. O condômino ou possuidor que não cumprir reiteradamente (três vezes advertido por escrito e já multado) com os seus deveres perante o condomínio poderá, por deliberação de três quartos dos condôminos restantes, ser constrangido a pagar multa correspondente a até cinco vezes o valor do condomínio, independentemente das perdas e danos que se apurem.

Parágrafo único. O condômino ou possuidor que, por seu reiterado comportamento antissocial, gerar incompatibilidade de convivência com os demais condôminos ou possuidores, poderá ser constrangido a pagar multa correspondente a até dez vezes o valor do condomínio, por deliberação de três quartos dos condôminos restantes.

Capítulo VII
DISPOSIÇÕES GERAIS

Art. 57. A tolerância quanto a alguma demora, atraso ou omissão no cumprimento de qualquer das obrigações ajustadas neste instrumento, ou a não aplicação, na ocasião oportuna, das comunicações dele constantes não importarão em novação ou cancelamento das penalidades, podendo estas serem aplicadas a qualquer tempo, caso permaneçam as suas causas. Fica, outrossim, entendido que a ocorrência de tolerância não implica precedente, novação ou modificação de qualquer das condições ou artigos desta Convenção, os quais permanecerão nas condições e em pleno vigor, como se nenhum favor houvesse intercorrido.

Art. 58. Durante os dois primeiros anos de atividade do condomínio, a sua administração será entregue a uma empresa que for indicada pela Incorporadora.

Art. 59. Fica estabelecido que a empresa administradora terá uma remuneração mensal fixada em contrato e acordado em assembleia.

Art. 60. Será concedido à Construtora .... Ltda. o direito de manter placas de venda na frente do edifício, após a instalação do condomínio de utilização, bem como a permanência de corretores de plantão até a venda da última unidade do condomínio.

Art. 61. O síndico e o Conselho Consultivo, durante os primeiros seis meses, serão indicados pela Incorporadora.

Art. 62. A eventual concessão de algum direito especial a determinado condômino será sempre a título precário, podendo ser renovada a qualquer tempo.

Art. 63. As portas principais do prédio serão abertas às 7h e fechadas às 22h, a esse horário se limitando o acesso normal ao prédio.

Art. 64. As chaves da casa de máquinas e demais dependências comuns do edifício ficarão sempre em poder do empregado designado pelo síndico, que as passará a seus sucessores, quando deixar suas funções; é vedada a permanência dessas chaves em apartamentos que não o do síndico ou de seus representantes no prédio, devendo existir sempre na portaria duplicata delas para uso de urgência.

Art. 65. Caso haja mais de um empregado do condomínio, o síndico indicará qual ou quais os empregados que poderão residir nos apartamentos do condomínio, se houver, a isso destinados, os quais deverão ser conservados em perfeitas condições de higiene e asseio e inspecionados mensalmente, não podendo ser habitados por pessoas estranhas à família do empregado.

Art. 66. A correspondência para os apartamentos, jornais, cartas, telegramas, embrulhos etc. deverão ser imediatamente entregues.

Art. 67. Só com a anuência expressa do síndico e mediante solicitação escrita do respectivo condômino os empregados do condomínio aceitarão chaves dos apartamentos, em caso de ausência, locação, mudança de inquilino etc. e, em qualquer hipótese, sob exclusiva e total responsabilidade do condômino interessado.

Art. 68. É vedada a entrada nas dependências do prédio, sem licença dos empregados do condomínio, de corretores, agenciadores, cobradores de coisas ou serviços, vendedores ambulantes, pedintes, de qualquer natureza, de pessoas com o fim de angariar donativos, compradores de coisas usadas, jornais, garrafas etc.

Art. 69. O ingresso de empregados, caixeiros e fornecedores em geral portando volumes grandes ou cargas só poderá ser feito pelas entradas e elevadores de serviço, salvo motivo de força maior.

Art. 70. Os empregados do condomínio só poderão permanecer nas áreas comuns, mesmo nas horas de folga, quando uniformizados com o tipo de uniforme fornecido pelo condomínio.

Art. 71. Incumbe ao zelador, porteiros, vigias e serventes, na qualidade de prepostos do síndico, fiscalizar o fiel cumprimento do Regulamento Interno, considerando-se motivo de demissão por justa causa a desídia (preguiça) no desempenho das respectivas funções, omissão ou o desconhecimento de suas estipulações.

Art. 72. A signatária se obriga por si, seus herdeiros e sucessores, pelo fiel cumprimento desta Convenção, em todos os seus termos.

Art. 73. Fica eleito o foro desta Capital ou a escolha de uma Câmara para Mediação escolhida pelas partes, para dirimir ação ou dúvidas que direta ou indiretamente decorrerem da presente Convenção.

DA ANUÊNCIA

Durante o regime de Incorporação, os titulares do domínio, através de sua procuradora, Construtora .... Ltda., ora outorgante, promoveram a venda de frações ideais do descrito empreendimento, com as unidades autônomas a serem construídas, cujos compradores, através de instrumentos públicos de 30/6/.... (Lº 857, fls. ....) e de 30/9/.... (Lº 758, fls. ....), ambos do 402º Cartório de Notas desta Capital, outorgaram poderes à XXX Participações S/C Ltda., com sede nesta Capital, à rua ...., 234, inscrita no CGC/MF sob nº ...., esta por seu representante no final identificado, para representá-los na instituição, especificação e convenção de condomínio.

A procuradora XXX Participações S/C Ltda., investida dos poderes que lhe foram outorgados pelos mandatos acima mencionados, concorda com todos os termos do presente instrumento, cujos titulares de unidades autônomas, especificadas em condomínio, são os seguintes:

APARTAMENTO NÚMERO 11, no 1º andar .... Matrícula nº ...., RICARDO ...., comerciante, e s/m ROSA ...., do lar, brasileiros, casados no regime de comunhão universal de bens, antes da Lei nº 6.515/1977, portadores das cédulas de identidade RG nºs .... e ...., inscritos no CPF sob nºs .... e ...., residentes e domiciliados nesta Capital, na rua São Miguel, nº 91.

APARTAMENTO NÚMERO 12, ...

APARTAMENTO NÚMERO 13, ...

São Paulo, 25 de outubro de 2009.

_____

Construtora .... Ltda.

_____

XXX Participações S/C Ltda.

Regimento Interno

Capítulo I
DO HORÁRIO

Art. 1º. No período das 22h às 8h cumpre aos moradores guardarem silêncio, evitando a produção de ruídos ou sons que possam perturbar o sossego e o bem-estar dos demais moradores do Edifício.

Art. 2º. Em qualquer horário, o uso de aparelhos que produzam som, ou instrumentos musicais, deve ser feito de modo a não perturbar os vizinhos, observadas as disposições das posturas municipais vigentes.

Art. 3º. Atividades sociais na unidade (tais como festas, reuniões e aniversários) não poderão ultrapassar as 22h, de segunda-feira a sexta-feira e domingos, e 24h no sábado.

Art. 4º. Os jogos e as brincadeiras infantis poderão ser praticados nos locais para tal destinados das 8h às 22h.

Capítulo II
DO USO DAS COISAS COMUNS

Art. 5º. Os moradores poderão usar e gozar das partes comuns do Edifício até onde não impeçam idêntico uso ou gozo por parte dos demais moradores.

1 – ENTRADA SOCIAL E ELEVADORES

Art. 6º. Todas as pessoas que circularem nas dependências do Edifício poderão utilizar o elevador social, desde que não estejam deslocando carga, para a qual deverão utilizar os elevadores de serviço.

Art. 7º. Os moradores do Edifício, quando trajados com roupas de banho, ou portando grandes volumes (tais como feira, compras, entre outros), deverão utilizar-se do elevador de serviço.

Art. 8º. Todas as restrições ao uso do elevador social cessarão desde que o elevador de serviço esteja em manutenção, parado por defeito técnico ou quando se tratar de empregados executando serviços que impliquem a sua utilização.

Art. 9º. É de responsabilidade dos pais o uso de elevadores por menores de 10 (dez) anos de idade, quando desacompanhados.

Art. 10. O interfone tem como finalidade principal a rápida comunicação entre a portaria e os apartamentos e vice-versa. Poderá ser excepcionalmente usado para comunicação curta entre apartamentos.

Art. 11. É expressamente proibida aos condôminos, moradores, dependentes e visitantes qualquer manifestação de uso indevido e incomodativo nos elevadores, entrada social e de serviço, e nas suas próprias dependências autônomas.

Art. 12. É expressamente proibido manter a porta do elevador aberta além do tempo necessário para entrada e saída de pessoas, salvo nos casos de manutenção e limpeza por parte de elementos credenciados.

Art. 13. Não será permitida a entrada no Edifício de pedintes, propagandistas, vendedores ambulantes etc., salvo quando vierem a chamado de algum morador, sendo que, nesse caso, a permanência dessas pessoas ficará limitada ao apartamento do morador interessado, sendo a sua saída também de responsabilidade do morador.

Art. 14. Não é permitida a permanência de volumes de qualquer espécie nos *halls*, áreas de acesso ou demais partes comuns, exceto quando em trânsito dos apartamentos ou nos horários preestabelecidos para a retirada, pelos faxineiros, do lixo, conforme art. 75.

Art. 15. Fica vedado o uso de bicicletas, skates, patins e similares nas dependências comuns do Edifício, exceto nas áreas especificamente delimitadas para tal finalidade.

Art. 16. A entrada social é local de circulação, não devendo ser usada para reuniões, conversas, encontros demorados ou permanências constantes. O porteiro permanecerá no interior da portaria, para atendimento ao público e para comunicação com os condôminos, através do interfone, além da vigilância que deverá manter.

Art. 17. Por medidas de segurança, não será permitida a entrada de pessoas estranhas no Edifício, sem prévio consentimento do condômino ou morador. Os visitantes devem aguardar na eclusa até que o porteiro tenha obtido, pelo interfone, a necessária autorização.

Art. 18. Todos os empregados que trabalhem para os condôminos deverão apresentar-se convenientemente vestidos.

Art. 19. Em caso de mudança, o condômino deverá avisar o zelador, com 24 horas de antecedência, para que seja colocada a forração protetora do elevador de serviço.

Art. 20. As mudanças serão feitas usando-se unicamente o elevador de serviço, sendo proibido o início de carga ou descarga de caminhões fora do horário das 7h às 16h.

Art. 21. O morador ou condômino que esteja mudando para ou do Condomínio assume inteira responsabilidade sobre eventuais danos causados nos elevadores, fachadas, paredes, vidros das áreas comuns etc. por pessoas físicas ou empresas transportadoras ou de mudança subcontratadas para fazer a mudança.

2 – GARAGEM

Art. 22. As garagens do Edifício destinam-se exclusivamente à guarda dos veículos dos moradores e dependentes moradores.

Art. 23. Cada condômino deverá observar as faixas demarcadas e estacionar seus veículos dentro dos seus respectivos limites, de modo a não prejudicar seus vizinhos e as zonas de circulação.

Art. 24. Não é permitida a guarda, dentro da garagem, de carros de altura superior a 2 m, ou que, pelo seu tamanho ou dimensões, prejudiquem a circulação no interior da garagem.

Art. 25. A velocidade máxima permitida dentro da garagem e nas rampas é de 10 km/h, e os veículos devem obrigatoriamente transitar nesses locais com os faróis acesos.

Art. 26. Qualquer dano causado por um veículo a outro será de inteira responsabilidade do proprietário do veículo causador do dano, devendo o mesmo ressarcir o prejuízo causado na melhor forma acordada entre os interessados.

Art. 27. É proibido o uso da garagem para execução de qualquer serviço (montagem de móveis, pintura etc.), mesmo que este seja feito dentro dos limites da vaga do condômino.

Art. 28. É expressamente proibida a permanência de crianças e empregados do condômino na área da garagem.

Art. 29. Os veículos, quando estacionados em suas respectivas vagas, devem ser mantidos fechados a chave, uma vez que o Condomínio não se responsabilizará por eventuais furtos ou roubos.

Art. 30. É proibido circular de bicicletas, motocicletas, skates etc., como também praticar jogos de qualquer espécie nas dependências da garagem.

Art. 31. Não é permitido o uso das unidades autônomas destinadas à garagem para a guarda de móveis, utensílios, motores, pneus ou quaisquer outros objetos, exceto em armário-padrão.

Art. 32. O Condomínio não se responsabilizará por estragos de qualquer natureza: roubo, incêndio etc., ocorridos na garagem, mas adotará medidas necessárias à apuração das responsabilidades.

Art. 33. As garagens estão divididas em boxes não demarcados, identificados por tamanho do carro (pequeno, médio ou grande), e atribuídos, como unidades autônomas, para cada um dos apartamentos, como consta da Escritura e da Especificação e Convenção de Condomínio. Cada condômino deverá estacionar seu carro nos lugares a ele destinados, de acordo com o tamanho do carro (pequeno, médio ou grande).

Art. 34. Não é permitido o ingresso na garagem de automóveis que apresentem anormalidades, tais como: queima de óleo, freios com defeito, descarga aberta e outras que venham a se revelar prejudiciais ao Condomínio.

Art. 35. É proibido parar ou estacionar em frente às áreas de acesso do Edifício, bem como sobre as calçadas, rampas e demais áreas de circulação.

Art. 36. É expressamente proibido usar a garagem para fazer reparos, a não ser em casos de emergência, unicamente para que o carro possa deslocar-se. Da mesma forma é proibida a experimentação de buzinas, rádios e motores.

Art. 37. Não é permitido o estacionamento de veículos de visitantes, parentes ou amigos de moradores nas vagas correspondentes ao apartamento do morador.

Art. 38. Sob hipótese alguma a vaga poderá ser alugada ou emprestada a não residentes, a não ser para moradores do próprio prédio.

Art. 39. Não é permitida a lavagem de veículos dentro da garagem.

Art. 40. A porta da garagem deverá ser mantida fechada a qualquer hora do dia, ou da noite, abrindo-se somente para a entrada e saída dos usuários.

Art. 41. Os empregados do Condomínio, durante o horário de serviço, deverão exercer a máxima vigilância no sentido de impedir o roubo de carros e seus equipamentos, bem como o surgimento de avarias neles, devendo de imediato participar ao síndico quaisquer ocorrências havidas na garagem, citando sempre que possível o nome do(s) causador(es) delas, para ressarcimento dos prejuízos correspondentes.

Art. 42. Os moradores deverão relacionar seus respectivos veículos mencionando a marca e a placa deles, a fim de ficarem cadastrados com o zelador, e para que sejam identificados quando de seu ingresso na garagem.

3 – USO DA ÁREA DE LAZER

Art. 43. Os jogos infantis da área de lazer serão de uso exclusivo das crianças.

Art. 44. As crianças e os adultos poderão brincar nas áreas de lazer, sendo, todavia, vedados os jogos que possam pôr em risco a segurança das demais crianças e moradores.

Art. 45. A área de lazer ficará aberta ininterruptamente durante a semana no horário das 8h às 22h.

Art. 46. Não será permitida a presença de crianças com idade inferior a 4 (quatro) anos na área de lazer sem que esteja acompanhada por seu responsável.

Art. 47. É vedado o uso da área de lazer por terceiros não moradores no Condomínio.

Art. 48. É proibida a utilização de qualquer brinquedo perigoso ou perturbador da boa ordem e sossego dos demais moradores.

Art. 49. Os brinquedos existentes nos recintos de propriedade do Condomínio deverão ser conservados em bom estado, ficando os responsáveis legais das crianças obrigados a ressarcir os prejuízos por elas ocasionados nos brinquedos ou aparelhos existentes.

4 – SALÃO DE FESTAS

Art. 50. A requisição do Salão de Festas é exclusiva dos moradores do Edifício, que só poderão fazê-la para promoção de atividades sociais, festas, recepções e aniversários, sendo vedada a cessão do Salão para atividades político-partidárias, religiosas, profissionais, mercantis e jogos considerados "de azar" pela legislação pertinente.

Art. 51. A requisição do Salão de Festas deverá ser feita por escrito ao síndico, com antecedência mínima de cinco dias. Havendo mais de uma solicitação de reserva para o mesmo dia, a preferência será para a festa do primeiro solicitante.

Art. 52. É vedada a cessão do Salão de Festas para comemorações particulares dos moradores do Edifício nas seguintes datas tradicionais: a) véspera e dia de Natal; b) véspera e dia do Ano-Novo; c) dias de Carnaval.

Art. 53. A cessão do Salão de Festas está condicionada à prévia assinatura, por parte do requisitante, de um termo de responsabilidade, no qual ficará expressamente consignado haver recebido as referidas dependências em perfeitas condições, assumindo integralmente o ônus de quaisquer danos que se venham a registrar desde a entrega do Salão de Festas, inclusive os causados por familiares, convidados, prepostos, pessoal contratado e serviçais.

Art. 54. Ao término da festa, o morador, em conjunto com o zelador, efetuará uma conferência das peças decorativas e vistoria das áreas utilizadas.

Art. 55. A avaliação dos prejuízos causados ao Condomínio, para efeito de ressarcimento por parte do requisitante, será feita através de coleta de preços entre firmas habilitadas à execução dos serviços de reparo ou reposição das instalações danificadas, cabendo recurso à assembleia geral do Condomínio.

Art. 56. A recusa ao pagamento, ou sua demora por mais de quinze dias, a partir da data da notificação relativa ao ressarcimento das despesas havidas com reparação dos danos causados, acarretará o acréscimo de 20% no montante dos danos apurados e a cobrança judicial do débito, com o pagamento de custas e honorários advocatícios, bem como a perda do direito de requisição do Salão de Festas até o cumprimento das obrigações.

Art. 57. A título de pagamento das despesas com limpeza e conservação das dependências requisitadas, bem como o consumo de luz e gás, será cobrada a taxa de 10% do condomínio na data da utilização do Salão, cujo pagamento antecipado é condição para efetiva cessão do Salão de Festas.

Art. 58. O condômino usuário do Salão de Festas deverá orientar seus convidados no sentido de que não utilizem outras áreas comuns do Condomínio, que evidentemente não fazem parte do Salão. O condômino usuário deverá também cuidar para que não haja aglomeração de pessoas na frente do Edifício durante o período em que se utilizar do Salão.

Parágrafo único:

a) Ao condômino fica facultada a utilização da área de lazer para recepção dos convidados, sendo proibida a instalação de componentes da festa (churrasqueira, chope, mesas, cadeiras e outros).

b) Fica explícito o direito de, durante a festa, os condôminos moradores utilizarem-se da referida área para seu lazer até o horário estabelecido no art. 45.

c) O condômino usuário ficará responsável pela limpeza e possíveis prejuízos causados na área, sendo que esta deverá ser entregue em condições de uso logo após encerrada a festa.

Art. 59. O requisitante assumirá, para todos os efeitos legais, a responsabilidade pela manutenção do respeito e das boas normas de conduta e convivência social no decorrer das atividades, comprometendo-se, na medida do possível, a reprimir abusos e excessos e a afastar pessoas cuja presença seja considerada inconveniente.

Art. 60. O horário de cessão do Salão de Festas é limitado até as 22h durante a semana e domingos; aos sábados e vésperas de feriados até as 24h. Aparelhos sonoros deverão ser usados com moderação, sendo vedado o uso de conjuntos musicais.

5 – PISCINA

Art. 61. O uso da piscina é privativo dos moradores, sendo vedado aos empregados.

Art. 62. Os moradores terão direito de trazer convidados, sendo apenas tolerada a presença de crianças convidadas, quando acompanhadas por morador do Edifício e previamente autorizadas pela administração do Condomínio.

Art. 63. É terminantemente proibido o uso da piscina por moradores que estejam sofrendo de afecção da pele, que sejam portadores de moléstias contagiosas ou que estejam com processos inflamatórios nos aparelhos visual, auditivo ou respiratório.

Art. 64. Fica vedado o uso de trajes de banho confeccionados em tecidos que, quando molhados, fiquem transparentes, bem como os excessivamente atentatórios à moral e aos bons costumes.

Art. 65. Fica terminantemente proibido banhar-se fazendo uso de óleo para bronzear ou qualquer produto similar que possa prejudicar o funcionamento das bombas e filtros da piscina.

Art. 66. O uso de aparelhos sonoros na área da piscina deverá ser feito de modo a não prejudicar o sossego e o bem-estar dos demais usuários da piscina.

Art. 67. Na área da piscina é vedado almoçar e jantar ou trazer quaisquer tipos de sanduíche ou salgadinhos. É expressamente proibido o uso de garrafas, jarras ou copos de vidro.

Art. 68. É expressamente proibido o uso da piscina para promover festas de qualquer natureza.

Art. 69. É terminantemente proibida a prática de jogos esportivos, tais como: peteca, frescobol, bola ou qualquer outro que possa interferir com o direito alheio de desfrutar a piscina em paz e segurança; são também proibidas pranchas e boias que apresentem perigo aos demais usuários da piscina.

Art. 70. É proibido o uso da piscina por menores de 12 (doze) anos de idade quando desacompanhados por um responsável.

Art. 71. A piscina funcionará de segunda a domingo e feriados, no horário das 8h às 22h. Às segundas-feiras, no horário das 8h às 11h, não sendo feriado, a piscina permanecerá fechada para fins de limpeza, manutenção e tratamento de água.

Art. 72. Ao zelador compete manter em boa ordem e em perfeitas condições de uso e higiene o local da piscina, exercendo a necessária fiscalização no local, nos aparelhos, maquinarias e demais instalações.

Art. 73. O síndico, ouvindo o Conselho Consultivo, poderá aplicar pena de suspensão de frequência à piscina ao usuário que desrespeitar qualquer um dos preceitos regimentais. A pena será de um a seis meses.

6 – COLETORES DE LIXO

Art. 74. O lixo e os detritos deverão ser colocados nos *halls*, entre as portas de ferro (Edifício América), ou nos *halls* dos elevadores (Edifício África), de cada andar, devidamente embrulhados em sacos plásticos. As empregadas domésticas devem ser instruídas no sentido do fiel cumprimento dessas recomendações, bem como para que evitem sujar paredes e pisos dos corredores ao transportarem o lixo.

Art. 75. O lixo será recolhido pelos empregados do Condomínio às 14h, usando método de trabalho que minimize o comprometimento de uso do elevador de serviço.

7 – SEGURANÇA

Art. 76. Não é permitido usar, guardar ou depositar, em nenhuma parte do Edifício, objetos, aparelhos, instalação, material ou substância tóxica, explosiva, inflamável, odorífera etc., que possam afetar a segurança, saúde e tranquilidade dos condôminos e ocupantes, ou que possam redundar em aumento do prêmio de seguro.

Art. 77. O síndico, pessoalmente ou por intermédio dos seus prepostos ou empregados do Edifício, poderá, quando necessário, entender-se com os condôminos ou moradores, a fim de dirimir dúvidas ou tomar providências que digam respeito à segurança do prédio e/ou dos moradores.

Art. 78. São proibidos jogos ou quaisquer práticas que possam causar danos ao prédio, notadamente nas partes comuns e áreas livres, a não ser nos locais especialmente determinados.

Art. 79. É expressamente proibido a qualquer proprietário ou morador entrar ou se esconder em dependências reservadas aos equipamentos e instalações que guarnecem o Edifício, tais como: casa de máquinas dos elevadores, bombas de água, medidores de luz e gás, hidrômetros etc.

Art. 80. Visando à segurança geral, e também à ordem, higiene e limpeza das partes comuns, fica terminantemente proibido atirar fósforos, pontas de cigarro, cascas de frutas, detritos ou qualquer outro objeto pelas portas, janelas e áreas de serviço, ou nos elevadores, corredores, escadas e demais áreas comuns.

Art. 81. A permanência de motocicletas, bicicletas, velocípedes e patinetes nas áreas comuns só será permitida em lugar previamente determinado pelo síndico para esse fim, não sendo da responsabilidade do Condomínio qualquer dano eventualmente causado a eles.

Art. 82. Todo e qualquer dano ou estrago provocado por um morador, seus dependentes ou empregados particulares, em qualquer área comum do Edifício, deverá ser inteiramente indenizado pelo condômino implicado na ocorrência. A bem da manutenção do bom ambiente de convivência, espera-se que o próprio condômino implicado dê, imediatamente, conta da irregularidade ao síndico para que este tome as devidas providências.

Capítulo III
DOS EMPREGADOS

Art. 83. Compete ao síndico fiscalizar e chefiar os empregados do Condomínio, fazendo com que os serviços a eles afeitos sejam executados de maneira satisfatória.

Art. 84. Os moradores não poderão utilizar, para seu uso particular, os serviços dos empregados do Edifício, ficando o empregado infrator sujeito a advertência e, em caso de sucessivas reincidências, a demissão por justa causa.

Art. 85. Ao zelador do edifício compete:

I – Manter em perfeito estado de conservação e asseio todas as dependências de uso comum.

II – Adotar, na ausência do condômino ou morador, todas as medidas necessárias para garantir a unidade autônoma, quando de sinistro e vazamentos, inclusive mediante arrombamento, feito na presença de pelo menos um outro condômino.

III – Manter sob controle os reservatórios de água, providenciando a sua limpeza periódica; os extintores, verificando prazo de validade da respectiva carga; cuidar do bom estado e conservação das mangueiras, dos sistemas elétricos e hidráulicos e do material de limpeza.

IV – Cuidar da manutenção, do bom estado e da conservação das máquinas, bombas, elevadores, sistemas elétricos do Edifício, materiais de limpeza e todos os demais serviços indispensáveis à conservação do Edifício.

V – Exercer severa vigilância, constantemente, de todo o Edifício de modo a manter a ordem, a tranquilidade e os bons costumes, comunicando ao síndico ou subsíndico qualquer irregularidade observada.

VI – Executar as ordens do síndico, comunicando imediatamente a este qualquer descumprimento por parte de seus subordinados.

VII – Receber e distribuir a correspondência e encomendas destinadas aos condôminos e moradores.

VIII – Zelar pela perfeita disciplina do Edifício e do pessoal sob sua responsabilidade, através de permanente fiscalização.

IX – Manter-se em seu posto, devidamente uniformizado, exigindo o mesmo dos demais empregados.

X – Presenciar a troca de porteiros ou vigias, promovendo inspeções periódicas em todo o Edifício, comunicando qualquer irregularidade que verificar.

XI – Comunicar à portaria o local onde poderá ser encontrado em seus deslocamentos.

XII – Manter atualizado o fichário com os nomes dos condôminos moradores, familiares e empregados, dos veículos pertencentes aos moradores, além do registro das condições de funcionamento dos hidrantes e extintores, no período mensal.

XIII – Ao zelador compete autoridade, bem como a seu substituto, para se fazer cumprir o regulamento.

XIV – Na ausência do zelador efetivo assumirá temporariamente seu cargo um funcionário do Condomínio, previamente nomeado pelo Conselho, ou pelo próprio síndico.

Art. 86. Não é permitido que pessoas outras que não os próprios empregados do Edifício ou de empresas contratadas pelo Condomínio trabalhem nas partes de uso comum, a não ser mediante autorização por escrito do síndico.

Capítulo IV
DO USO PRIVADO DO MORADOR

Art. 87. Os apartamentos do Edifício destinam-se exclusivamente ao uso residencial e são estritamente familiares, devendo ser guardado o recato e a dignidade compatíveis com a moralidade e o bom renome dos demais moradores.

Art. 88. É proibido mudar a forma externa da fachada correspondente a cada apartamento, decorar as paredes e esquadrias externas, usar vidros e toldos ou pintá-los em cores ou tonalidades diferentes das usadas no conjunto do Edifício. Todas as reformas, exceto a pintura e colocação de gesso, deverão ser precedidas de autorização do síndico, após a apresentação do plano de obras, elaborado por profissional habilitado e recolhido ART – Anotação de Responsabilidade Técnica (para engenheiros) ou RRT – Registro de Responsabilidade Técnica (para arquitetos), conforme as determinação da NBR 16.280/2014.

Art. 89. É terminantemente vedada a colocação de anúncios, placas, avisos, letreiros de qualquer espécie na parte externa ou dependências internas do Edifício, inclusive nos vidros das janelas, salvo quando digam respeito ao próprio Condomínio, ou quando prevista na Convenção.

Art. 90. Não é permitido colocar nas janelas, áreas, sacadas: vasos, tapetes, varais de roupas ou quaisquer outros objetos que ofereçam incômodo, perigo de queda, ou que prejudiquem a estética do prédio.

Art. 91. Não é permitido sublocar, sob qualquer pretexto, quartos ou outras dependências dos apartamentos.

Art. 92. Os moradores devem permitir, em suas unidades autônomas, o ingresso do síndico, ou seus prepostos, quando tal se torne indispensável à inspeção ou realização de trabalhos relativos à estrutura geral do Edifício, sua segurança e solidez, ou a realização de reparos em instalações, serviços e tubulações nas unidades vizinhas.

Art. 93. Os condôminos deverão reparar no prazo de 48 (quarenta e oito) horas os vazamentos ocorridos na canalização secundária que sirva privativamente à sua unidade autônoma, bem como infiltrações nas paredes e pisos, respondendo pelos danos que porventura os ditos vazamentos ou infiltrações venham a causar ao Condomínio ou às unidades de outros condôminos.

Art. 94. A troca ou raspagem de assoalhos, polimento de mármore, e demais obras nos apartamentos que produzam ruídos suscetíveis de incomodar os vizinhos, deverão ser previamente comunicados ao síndico, e só serão permitidos se forem realizados nos dias úteis das 8h às 17h, e nos sábados das 9h às 13h. Fora desse horário, só serão permitidas obras de emergência, após a devida autorização do síndico.

Art. 95. O zelador não aceitará chaves dos apartamentos em casos de ausência ou mudança dos moradores sem conhecimento prévio do síndico.

Art. 96. É proibido atirar restos de comida, matérias gordurosas etc. nos aparelhos sanitários ou ralos dos apartamentos, respondendo o condômino responsável pelo entupimento de tubulações e demais danos causados nesse particular.

Art. 97. Qualquer proteção tipo "grade" nas janelas ou áreas de serviço deverá obedecer aos limites internos, não podendo ser projetada para fora.

Art. 98. É vedado o uso de fogões e aquecedores que não sejam elétricos ou a gás canalizado.

1 – SEGURANÇA

Art. 99. Os moradores deverão manter fechadas as portas de seus apartamentos e, em nenhuma hipótese, o Condomínio será responsabilizado por furtos tanto nos apartamentos quanto nas partes comuns.

Art. 100. É obrigatória a comunicação imediata ao síndico e à autoridade sanitária competente da existência de qualquer moléstia infecto-contagiosa em morador do Edifício.

Art. 101. Por motivos de segurança estrutural, e atendendo as determinações da NBR 16.280/2014, qualquer modificação a ser feita na distribuição interna do espaço de um apartamento só poderá ser executada após solicitação por escrito, apresentação do plano de obras elaborado por profissional habilitado, recolhimento de ART (para engenheiros) ou RRT (para arquitetos) e aprovação do síndico, que deverá consultar a Construtora.

Art. 102. Por motivos de segurança das instalações, e do próprio Edifício como um todo, fica expressamente vedada a execução nos apartamentos de qualquer instalação que resulte em sobrecarga mecânica e/ou elétrica ou interferências para o prédio.

Capítulo V
DAS PENALIDADES

Art. 103. O disciplinamento estatutário é uma decorrência do interesse comum, que nesse caso se sobrepõe ao particular, em tudo quanto não violente o direito básico da propriedade. Portanto, a Administração tem não só a faculdade, como o dever de aplicar as sanções previstas na Convenção, e as aplicará, com certeza, sem nenhum favorecimento, em prol dos interesses da coletividade.

Art. 104. Pela transgressão de normas ou pela falta do cumprimento de obrigações previstas neste Regimento, o condômino responsável estará sujeito à multa estipulada nos arts. 55 e 56 da Convenção do Condomínio vigente na data da transgressão.

Art. 105. Constatada uma infração a qualquer dos dispositivos deste Regimento Interno, o fato deverá ser comunicado de imediato ao síndico, que levará a questão a ser discutida pelo Conselho Fiscal, dentro de 48 (quarenta e oito) horas. Nessa reunião, o Conselho Fiscal deliberará sobre a aplicação ou não de multa. Quando houver necessidade de assembleia para a deliberação da multa, será convocada de acordo com o que está estabelecido na Convenção.

Art. 106. Comunicado da aplicação da multa, o infrator terá 24 (vinte e quatro) horas para apresentar, por escrito, sua defesa, que será apreciada pelo Conselho Fiscal e, dependendo do caso, poderá ser levada à assembleia.

Art. 107. Na hipótese de ser mantida a multa, o infrator será comunicado para recolhê-la juntamente e no mesmo prazo de vencimento da primeira taxa condominial subsequente à data da ocorrência, sob pena de cobrança judicial.

Art. 108. As infrações consideradas de natureza leve a exclusivo critério do Conselho Fiscal reunido nas formas previstas nos arts. 106 e 107 serão objeto de uma advertência dirigida ao infrator.

Art. 109. Se houver necessidade de procedimento judicial, todas as despesas correspondentes às custas e aos honorários advocatícios correrão por conta do condômino responsável, ficando este também obrigado a efetuar os reparos necessários, ou reembolsar o Condomínio das despesas em que este tiver incorrido com a reposição de áreas ou objetos danificados.

Capítulo VI
DAS DISPOSIÇÕES GERAIS

Art. 110. Os jardins e gramados do Edifício se destinam a fins paisagísticos, devendo assim ser preservados. É proibido pisar na grama, colher flores ou tocar nas plantas ou vasos ornamentais.

Art. 111. O condômino que alugar sua propriedade autônoma perderá automaticamente o direito de frequentar e usar as áreas comuns, em especial os Salões de Jogos, o Salão de Festas, a Piscina e a Área de Lazer, que transferirá ao locatário, durante a ocupação do imóvel locado.

Art. 112. Mediante prévia e expressa autorização do síndico, poderão ser colocados nos gramados do jardim, de maneira discreta, anúncios de venda ou aluguel de apartamentos, realizada por imobiliárias cadastradas.

Art. 113. Não será permitida em hipótese alguma a abordagem, para sugestões ou reclamações, aos familiares do síndico, do subsíndico e dos membros do Conselho.

Art. 114. As assembleias gerais do Condomínio e as do Conselho Fiscal serão realizadas no Salão de Festas do Edifício, havendo prioridade sobre este.

Art. 115. As dependências sanitárias e a cozinha do Salão de Festas não poderão ser utilizadas pelos empregados do Edifício ou dos moradores.

Art. 116. É proibido circular nas dependências do Edifício animais que não estejam no colo ou em local apropriado para o transporte, como carrinhos, e/ou que provoquem distúrbios ou inquietação na comunidade, sem o uso de corrente e focinheira.

Art. 117. A entrada de serviço das unidades de uso comum deverá permanecer inalterada, não podendo ser ornamentada com vasos, plantas, xaxins, quadros ou qualquer tipo de decoração. A entrada social de uso das unidades comuns poderá ser decorada, desde que em comum acordo com o morador de seu andar e que não comprometa a circulação ou traga perigo, como o uso de tapetes.

Art. 118. O síndico, o subsíndico e o Conselho não responderão por rixas, intrigas e aversões particulares dos moradores.

Art. 119. É expressamente proibido fumar nos corredores de serviço e social, assim como nos elevadores.

Capítulo VII
DAS DISPOSIÇÕES FINAIS

Art. 120. Compete a todos os moradores e empregados do Condomínio fazer cumprir o presente Regimento, levando ao conhecimento do síndico qualquer transgressão a ele.

Art. 121. Aos condôminos, cabe a obrigação de, nos contratos de locação, alienação ou cessão do uso de suas unidades a terceiros, fazer incluir uma cláusula que obrigue o fiel cumprimento deste Regimento, que é mantido para comodidade, tranquilidade, higiene e segurança gerais, devendo por isso ser rigorosamente cumprido por todos os condôminos e moradores, seus empregados e pessoas sob sua responsabilidade.

Art. 122. Quaisquer reclamações deverão ser dirigidas ao síndico, por escrito, em livro próprio, que se encontra na portaria do Edifício.

Art. 123. O objeto principal deste Regimento é assegurar a tranquilidade no uso e gozo do Edifício, limitando os abusos que possam prejudicar o bom nome, asseio, higiene e conforto do Condomínio; assim, todos os casos omissos serão resolvidos pelo síndico dentro desse critério.

A Administração.

Edital de Convocação para Assembleia – Presencial

São Paulo, 15 de junho de 20....

Aos
Condôminos do Edifício Paraíso
Rua Anjos nº 10 – São Paulo – Capital

EDITAL DE CONVOCAÇÃO
ASSEMBLEIA GERAL EXTRAORDINÁRIA

Prezados Senhores,

Na qualidade de síndico do Condomínio Edifício Paraíso, localizado nesta Capital à rua Anjos, nº 10, vimos pela presente convocar os SENHORES CONDÔMINOS para participarem da Assembleia Geral Extraordinária, a realizar-se no dia 25 de junho de 20...., às 20h30, em primeira convocação, com a presença de metade das frações ideais dos condôminos, ou às 21h, em segunda convocação, no mesmo dia e local, com a presença de metade das frações ideais dos condôminos, a fim de deliberarem e aprovarem os seguintes assuntos do dia:

1. APROVAÇÃO DE UM ORÇAMENTO PARA REFORMA DOS ELEVADORES (teto, piso e botoeiras, que se encontram danificados).

2. APROVAÇÃO DE UM ORÇAMENTO PARA A TROCA DA CENTRAL DE INTERFONES E DOS APARELHOS DOS APARTAMENTOS.

3. REFORMA DOS ESTOFADOS DO *HALL*.

4. ASSUNTOS GERAIS DE INTERESSE DO CONDOMÍNIO.

Pedimos aos senhores condôminos que compareçam à Assembleia ora convocada, podendo ser representados por procuradores devidamente constituídos. É importante lembrar que os ausentes ficam obrigados a aceitar o que for deliberado.

Atenciosamente

_____

Síndico/Comissão

Notas

1) Segundo o Código Civil, art. 1.335, III, são direitos do condômino "votar nas deliberações da assembleia e delas participar, estando quite".

2) Somente serão aceitas procurações com firma reconhecida da assinatura, conforme deliberação da assembleia realizada em 4/3/2004.

3) Os votos serão secretos, conforme deliberação da assembleia realizada em 4/3/2004.

4) Para facilitar e garantir a veracidade da ata, foi aprovada, na assembleia realizada no dia 14/11/2013, a gravação do áudio de todas as assembleias, que deverá ficar arquivada na administração do condomínio por pelo menos cinco anos.

Edital de Convocação para Assembleia – Modalidade Virtual

São Paulo, 8 de junho de 20....

Aos
Condôminos do Edifício Mar Azul
Rua Armando nº 10 – São Paulo – Guarujá

EDITAL DE CONVOCAÇÃO
ASSEMBLEIA GERAL ORDINÁRIA –VIRTUAL

Prezados Senhores:

Na qualidade de síndico do Condomínio Edifício Paraíso, localizado nesta Capital à rua Anjos, nº 10, vimos pela presente convocar os SENHORES CONDÔMINOS para participarem da Assembleia Geral Extraordinária, a realizar-se no dia 25 de junho de 20...., às 20h30, em primeira convocação, com a presença de metade das frações ideais dos condôminos, ou às 21h, em segunda convocação, no mesmo dia e local, com qualquer número de presentes, e atendendo a deliberação da assembleia realizada no dia 15 de maio de 20..., que aprovou por 2/3 da totalidade da massa condominial que as assembleias fossem realizadas na modalidade virtual, visando facilitar a maior participação de todos. A assembleia será realizada em ambiente virtual, a fim de deliberarem e aprovarem os seguintes assuntos do dia:

1 – Apresentação e aprovação de orçamento para reforma da quadra de esporte.

2 – Assuntos gerais de interesse dos condôminos.

Pedimos aos senhores condôminos que participem da Assembleia ora convocada, podendo ser representados por procuradores devidamente constituídos. É importante lembrar que os ausentes ficam obrigados a aceitar o que for deliberado.

Atenciosamente

_____

Síndica(o)

Notas:

1) Será necessário realizar download do aplicativo Zoom, para ingressar na reunião on--line;

2) A reunião virtual realizada via Zoom será acessada por meio do link que será enviado para o e-mail cadastrado na administradora. Além do link, será enviada a senha de acesso para cada condômino.

3) As orientações com o passo a passo para acessar a assembleia serão disponibilizadas no portal da administradora e encaminhadas via e-mail para todos os condôminos cinco dias antes da assembleia.

4) Os orçamentos das empresas que serão apresentados na reunião estarão disponíveis a todos os condôminos na plataforma utilizada pela administradora no sistema da assembleia, três dias antes da realização dela.

5) A votação será realizada por meio do sistema da assembleia aos que tiverem assinado a lista de presença digital.

6) Segundo o Código Civil, art. 1.335, III, são direitos do condômino "votar nas deliberações da assembleia e delas participar, estando quite".

Ata de uma assembleia

ATA DA ASSEMBLEIA GERAL EXTRAORDINÁRIA
DO EDIFÍCIO PARAÍSO

Aos 25 (vinte e cinco) dias do mês de junho de 20...., às 21h, no Salão de Festas do Edifício Paraíso, localizado à rua Anjos nº 10, reuniram- se em Assembleia Geral Extraordinária os senhores coproprietários das unidades autônomas, aptos. 22, 31, 43, 54, 62, 71, 73, 74, 82, 83, 92, 102, 103, 112, 113, 114, 121, 123, e representados legalmente através de procuração, destinada à unidade 112, os aptos. 32, 41 e 52.

A reunião atendeu ao edital de convocação regularmente expedido através de carta-circular protocolada, distribuída a todos os condôminos, e para os não moradores carta-circular registrada, enviada pelo correio.

Feita a abertura dos trabalhos, os senhores condôminos indicaram para a Presidência da mesa o Sr. Bartolo X, apto. 102, que convidou a mim, Rafael Y, apto. 54, para secretariá-lo. Aberta a sessão, o Presidente leu em voz alta a "Ordem do Dia", cujos itens específicos foram os seguintes:

1. Aprovação de um orçamento para reforma dos elevadores.
2. Aprovação de um orçamento para a troca da central de interfones e dos aparelhos dos apartamentos.
3. Reforma dos estofados do *hall*.
4. Assuntos gerais de interesse do condomínio. Foi colocado em pauta o primeiro assunto:

1) **REFORMA DOS ELEVADORES** (tetos, pisos e botoeiras internas)

Lembrou o Sr. Síndico que foi encaminhado para as empresas licitadas o escopo da obra definido na assembleia anterior, realizada no dia 15 de abril de 20..... Observou ainda que as amostras dos materiais e as fotos ficaram expostas desde o dia 15 de junho de 20.... e que os orçamentos foram escaneados e postados no *site* do condomínio, visando eliminar qualquer tipo de dúvida. Além dessas providências, foi encaminhado a todos os condôminos, junto com a convocação, um resumo dos orçamentos, que atenderam o escopo e tiveram o levantamento cadastral aprovado. Foi esclarecido pelo Sr. Síndico que dentre os orçamentos apresentados não estava constando o da empresa ELEV, indicada pela unidade

43, mesmo tendo sido várias vezes contatada pela Administração. Os motivos alegados para o atraso seriam de ordem interna da empresa.

Os orçamentos apresentados pertencem às seguintes empresas:

- TECNOL – Conservação e Manutenção Comercial Ltda.;
- SERV – Elevadores Comércio e Engenharia Ltda.; e
- ELECAL – Elevadores Ltda.

Devido ao limitado número de orçamentos, com grande discrepância em relação aos valores apresentados para o mesmo escopo, os condôminos optaram pela criação de uma comissão de moradores com a finalidade de auxiliar a Administração na seleção de outras empresas. Fazem parte dessa comissão: Sr. Marcos N. – apto. 22, Felix A. – apto. 71, e Rogério C. – apto. 103. Ficou também definido que outros condôminos, que não estavam presentes à assembleia, poderão ingressar na comissão, bastando apenas procurar o Sr. Marcos N.........., apto. 22. Foi definido que será convocada nova assembleia para deliberar sobre o assunto.

2) INTERFONES: Troca da Central e dos aparelhos dos apartamentos

O Sr. Síndico lembrou novamente a todos que para esse assunto foram adotados os mesmos cuidados do item anterior. Foram apresentados aos condôminos vários orçamentos, baseados no escopo previamente aprovado na assembleia anterior, como demonstra o quadro a seguir em ordem de grandeza:

Empresas:	ARAN	TEVEP	TELM	ATFA	INTER SERV	THEMAX	JOCTEL
Valor R$	5.580,00	5.467,00	3.960,00	3.820,00	3.870,00	3.720,00	3.600,00

A empresa escolhida foi a THEMAX, Comércio e Telecomunicações Ltda., Posto Autorizado, situada à rua Irineu M, 28 – 1º – S/01 – Tel. ...., que possui ótimas referências e já prestou satisfatórios serviços ao Condomínio, além de seu preço estar entre os mais baixos. O serviço terá garantia de 12 (doze) meses, e a instalação será feita após a aprovação do pedido de 15 (quinze) a 20 (vinte) dias. Fazem parte do orçamento os seguintes itens:

- 01 – Central de Portaria CPC-4 Amelco – 138 pontos.
- 133 interfones – IC-44/ES Amelco.
- Instalações da Central e dos interfones.
- Serão utilizados os cabos/fios existentes no local.
- Será feita revisão geral na fiação.

As condições de pagamento serão: 5 (cinco) parcelas iguais de R$ 744,00, para o condomínio, cabendo a cada condômino a importância de 5 (cinco) parcelas iguais de R$ 15,50, sendo que o primeiro pagamento será feito no dia 1º/7/....., e as parcelas subsequentes nos dias 1º/8, 1º/9, 1º/10 e 1º/11.

3) REFORMA DOS ESTOFADOS DO *HALL*

Como no momento existem outras prioridades no condomínio, este item aguardará futura convocação.

4) ASSUNTOS GERAIS DE INTERESSE DO CONDOMÍNIO

• Foi questionado pelo morador do apto. 54 se as obras de impermeabilização foram terminadas e os problemas de vazamentos, sanados. O Sr. Síndico informou, segundo sua própria verificação, que não está havendo mais vazamentos e que a empresa contratada irá terminar a pintura e fornecer um recibo de quitação dos serviços.

• Foi observado pela moradora do apto. 112 que na noite do dia 20 de junho presenciou o porteiro dormindo na portaria, tendo que esperar mais de cinco minutos para entrar no edifício. O Sr. Síndico ficou admirado, dado que é um funcionário antigo e nunca teve esse tipo de ocorrência. Afirmou que o funcionário será advertido por escrito.

• Os condôminos das unidades 22, 54 e 62 sugeriram que o condomínio adquirisse novos brinquedos para área do *playground*, em função de estarem antigos e que havia dinheiro suficiente no Fundo de Reserva. O Sr. Síndico informou que irá convocar uma assembleia, para o dia 20 de agosto, com pauta específica para tratarem do assunto, dado que na presente assembleia não poderiam os condôminos deliberar sem que os outros tivessem o conhecimento de que esse assunto seria tratado, mesmo havendo recursos financeiros para isso.

Nada mais havendo a ser tratado e como ninguém quisesse fazer uso da palavra, o Sr. Presidente considerou encerrados os trabalhos, tendo deliberado que fosse lavrada a presente Ata.

PRESIDENTE: Secretário:

Formulário de identificação de moradores

São Paulo, .../...../.....

Ao
Morador(a) do Condomínio: ....
Apto. nº .... CPF: ....

Prezado(a) Senhor(a):
Solicitamos ao Senhor condômino o preenchimento deste questionário, que possui o objetivo de manter atualizado o cadastro da portaria.
Agradecemos antecipadamente sua colaboração e presteza e pedimos que o devolva em 5 (cinco) dias.

Nome dos Moradores: Grau de Parentesco: Idade:

1) ....

2) ....

3) ....

4) ....

Inquilino? Não ....
              Sim .... Nome do Proprietário: ....
              Endereço: ....
              Telefone: ....
              E-mail: ....
              Nome da Administradora: ....
              Telefone: ....
              E-mail: ....
Automóvel(eis):   marca(s):...
                  chapa(s): ....

Responsável pela unidade: ....
Telefone: .... *E-mail*: ....
Data: ...../...../.....

Cadastro do morador

Data: ...../...../.....   Apto. ......

Nome do Responsável: ....
CPF: ....
Telefone Comercial: ....
E-mail: ....

Acompanhantes	Grau de Parentesco	Idade

Automóveis

Marca	Chapa	Classificação

Inquilino

Nome do Proprietário	Endereço	Telefone

Nome da Administradora	Endereço	Telefone

Pagamento da Taxa Condominial

Despesas	1	2	3	4	5	6	7	8	9	10	11	12
Ordinária												
Extra I												
Extra II												
Fund. Res.												

Frequência nas Assembleias

Mês/Data	1	2	3	4	5	6	7	8	9	10	11	12
Data-Ass.												
S/N												
Data-Ass.												
S/N												

Participou com Orçamento

Nome da Empresa	Finalidade da Obra	Data	Aprovado

Deixou de Cumprir o Regulamento

Nome do Advertido	Motivo	Data

Declaração de quitação condominial

Nome do Condomínio: ....
Rua: ....
Cidade: ....
Estado: ....

Eu, ..., na qualidade de síndico do Condomínio ...., portador do RG nº .... e CPF nº ...., localizado ...., na cidade de ...., bairro ...., Estado ...., devidamente eleito em Assembleia Geral, conforme ata do condomínio anexa, atesto, para os devidos fins de direito, ao senhor condômino ...., proprietário da unidade autônoma nº .... do respectivo edifício, revendo nossos arquivos e registros contábeis, que o imóvel supracitado se encontra quite, até a presente data, com suas obrigações condominiais.

Anexo cópia da Ata que o elegeu em Assembleia Geral, devidamente registrada no .... Cartório da cidade de ...., sob o nº ..... de ...../...../.....

.... , ... de .... de ....

_____

Síndico

Mapa para concorrência de obras

DATA: ...../...../.....

OBJETIVOS DA OBRA: ....

....

....

	1) Nome da Empr. Endereço Telefone	2) Nome da Empr. Endereço Telefone	3) Nome da Empr. Endereço Telefone
Contato			
Preço AV.			
Preço AP.			
Condições Pg.			
Garantia			
Validade			
Data Orçam.			
Valor do Rateio			

As empresas mencionadas possuem orçamentos conforme o especificado para participarem desta concorrência.

Foi aprovado o orçamento da empresa: ....

Trazido pelo apto.: ....

Nota: Este modelo poderá ser colocado ampliado em um quadro, para ser preenchido no horário da assembleia.

Mapa de controle – luz/água/elevadores

Ano: ....

Mês	LUZ R$	kWh	ÁGUA R$	m³	ELEV. R$
1					
2					
3					
4					
5					
6					
7					
8					
9					
10					
11					
12					

Nota: Devido ao grau de importância dessas três despesas, correspondendo a aproximadamente 39% das despesas totais, elas necessitam de um controle mais detalhado.

Controle de visitas para serviços

Data	Nome/Finalidade	RG	Apto.	H. Entr.	H. Saída

Controle diário de consumo de água – Mês ___/___

Data	Medidor no dia anterior	Medidor no dia	Consumo em m³ do dia	Observações
1				
2				
3				
4				
5				
6				
7				
8				
9				
10				
11				
12				
13				
14				
15				
16				
17				
18				
19				
20				
21				
22				
23				
24				
25				
26				
27				
28				
29				
30				
31				
	Total do mês			

Contrato de prestação de serviço – Principais itens que devem constar em um contrato

1º Identificação das partes:

Por este instrumento particular, de um lado o Edifício ...., CNPJ nº .... representado pelo Síndico, Sr. ...., doravante denominado simplesmente Contratante, e, de outro lado, a Empresa ...., ou o Sr. ...., sediada nesta capital à rua ...., inscrita no Estado sob nº ...., CNPJ nº ...., doravante denominada tão somente Contratada, têm entre si, justo e acertado, o presente contrato, a cujas cláusulas, relacionadas a seguir e discriminadas, prometem dar cumprimento fiel:

2º Objeto

Deverá ser descrito de forma clara e detalhada o que será realizado, inclusive todos os materiais que serão utilizados, o número de funcionários que participarão e os horários em que os serviços serão realizados, bem como o escopo. Quando envolver conhecimento técnico, deverá ser realizado por um profissional habilitado e que seja independente da realização do serviço, para que haja transparência na proposta e no valor apresentado.

3º Obrigações da Contratante e da Contratada

Descrição dos compromissos assumidos pelas partes.

4º Responsabilidade pelo recolhimento dos impostos e encargos

INSS, PIS, Cofins, CSLL, ISS, IRRF.

5º Prazo

Especificar a data de início, determinar o prazo para a realização da obra e a vigência do contrato.

6º Preço

Mencionar claramente como serão efetuados os pagamentos, com as datas e o valor das prováveis parcelas.

7º Condições de pagamento

Apontar o número de parcelas que foram acordadas e o índice de reajuste acordado, bem como a percentagem de desconto para os pagamentos antecipados ou multa caso haja atraso.

Quando for contratada uma obra que levará vários meses para ficar pronta, como, por exemplo, impermeabilização ou pintura, deverá haver no acordo entre as partes a menção se será incluído o material e que o pagamento mensal será proporcional ao trabalho executado.

8º Substituição de empregado da Contratada

O contrato deverá possibilitar a substituição, por solicitação do condomínio, de qualquer empregado da Contratada que não esteja executando adequadamente os serviços.

9º Responsabilidade por danos causados por terceiros

Prever ressarcimento ao Contratante, no caso de danos causados por omissão, imprudência, negligência ou dolo, pelo próprio prestador de serviço ou por seus contratados.

10º Responsabilidade pela segurança do local durante a obra

Manter o local seguro e sinalizado para os moradores, funcionários do condomínios, prestadores de serviço, bem como para os próprios funcionários da obra.

Prever também que, no caso de interrupção do serviço ou da obra, o contrato será válido apenas pelo que foi efetivamente realizado.

11º Rescisão

Definir as condições, incluindo cláusula de rescisão unilateral sem ônus às partes, mediante notificação prévia, por escrito. Caso o serviço já esteja sendo executado, o Contratante estará obrigado a pagar pelo que já foi realizado.

12º Penalidades pelo descumprimento

Critérios e multas para ambas as partes.

13º Eleger um Foro ou uma Câmara de Mediação e Conciliação da capital para dirimir qualquer dúvida existente no contrato.

14º Número de vias

Pelo menos duas vias.

15º Local e data

Cidade onde é firmado o contrato e data de fechamento.

16º Assinaturas e rubricas

No final do texto do contrato, deverão constar as assinaturas dos responsáveis legais, já identificados no início do texto. Todas as folhas e os anexos deverão ser rubricados.

17º Testemunhas

Assinatura de duas pessoas envolvidas, de preferência uma envolvida com o condomínio e uma envolvida com a empresa contratada, nome completo e número do documento de identidade.

São Paulo, ...

_____

Empresa Contratada

_____

Síndico

Testemunhas:

_____

_____

_____

Notas:

1) Reconhecimento de firma das assinaturas

É exigido legalmente em apenas alguns contratos, como compra e venda de imóvel e transferência de veículos. No entanto, recomenda-se o reconhecimento de firma das assinaturas em contratos de empreitada e de prestação de serviço, que têm valores elevados.

(Quando não houver necessidade de reconhecimento de firma, pode-se simplesmente incluir no contrato, como precaução, o endereço do cartório que realiza o reconhecimento.)

2) Registro do contrato

Dependendo do conteúdo, de sua complexidade ou de seu valor, recomenda-se o registro do contrato no Cartório de Registro de Títulos e Documentos.

3) Despesas oriundas do contrato

São pagas pelo Contratante.

Contrato de seguro cobertura simples

Nome da Seguradora: ....

Segurado: Condomínio Edifício ....
CNPJ:...........
Vigência: ..../........./........ a ..../........./........

Coberturas	Valor R$
Acionamento de assistência 24 horas	Contratado
Dano moral	50.000,00
Danos elétricos	275.000,00
Desmoronamento	500.000,00
Incêndio, raio, explosão e queda de aeronaves	17.322.263,20
Quebra de vidros	10.000,00
RC Garagem – incêndio, roubo e furto qualificado	150.000,00
Responsabilidade civil – Portões automáticos	50.000,00
Responsabilidade civil do síndico	800.000,00
Responsabilidade civil do Condomínio	800.000,00
Roubo de bens do Condomínio	5.000,00
Tumultos	10.000,00
Vazamento de tanques e tubulações	100.000,00
Vendaval, impacto de veículos terrestres	110.000,00
Vida e acidentes pessoais	200.000,00

Valor: R$ ....

Parcelas: nº de vezes de R$ ...., sendo a primeira no ato.

Exemplo de franquias das seguradoras

Coberturas	Cobertura Simples			Cobertura Ampla	
	Empresa X	Empresa Y	Empresa Z	Empresa X	Empresa Y
Alagamento	Não possui	10% – 800,00	20% – 3.000,00	10% – R$ 50.000,00	10% – R$ 25.000,00
Danos elétricos	20% – R$ 2.000,00	20% – R$ 2.000,00	20% – R$ 2.000,00	10% – R$ 2.000,00	20% – R$ 2.000,00
Desmoronamento	10% – R$ 550,00	10% – R$ 550,00	20% – R$ 3.000,00	10% – R$ 25.000,00	10% – R$ 25.000,00
Impacto de veículos	10% – R$ 500,00	10% – R$ 700,00	10% – R$ 500,00	Sem franquia	15% – R$ 1.000,00
Incêndio de bens de condôminos	10% – R$ 300,00	Sem franquia	10% – R$ 300,00	Sem franquia	Sem franquia
Quebra de vidros	10% – R$ 150,00	10% – R$ 150,00	10% – R$ 200,00	R$ 200,00	R$ 200,00
Queda de raio	20% – R$ 2.000,00	10% – R$ 1.200,00	Sem franquia	20% – R$ 2.000,00	10% – R$ 1.200,00
RC Garagem – Colisão, Incêndio, Roubo e Furtos	10% – R$ 650,00	10% – R$ 650,00	R$ 800,00	10% – R$ 650,00	10% – R$ 650,00
RC Garagem – Incêndio, Roubo e Furtos	10% – R$ 650,00	R$ 500,00	10% – R$ 650,00	R$ 500,00	10% – R$ 650,00
RC Portões automáticos	10% – R$ 500,00	10% – R$ 500,00	10% – R$ 500,00	10% – R$ 500,00	10% – R$ 500,00
Roubo de bens do condomínio	Sem franquia	Sem franquia	10% – R$ 200,00	Sem franquia	Sem franquia
Tumultos	Sem franquia	10% – R$ 500,00	Sem franquia	Sem franquia	Sem franquia
Vazamento de Sprinkler	10% – R$ 300,00	Sem franquia	10% – R$ 300,00	Sem franquia	10% – R$ 300,00
Vazamento de tanques e tubulações	20% – R$ 2.500,00	Não possui	15% – R$ 2.500,00	Não possui	15% – R$ 2.500,00
Vendaval	10% – R$ 700,00	10% – R$ 700,00	10% – R$ 600,00	10% – R$ 1.000,00	15% – R$ 1.000,00

Exemplo da aplicação das franquias. Ex.: 20% – R$ 2.000,00 = 20% dos prejuízos, sendo o mínimo de R$ 2.000,00.

Atestado referente às instalações de gás natural*

Atesto para os devidos fins que a instalação de gás do imóvel ....
...., situado à ....
.... no bairro ....
........................, atende norma da ABNT nº 15.526/2012 – Rede de Distribui-
ção Interna para Gases Combustíveis em Instalações Residenciais e Comerciais,
Instrução Técnica nº 29/2019 do Corpo de Bombeiros de São Paulo – Comercialização, Distribuição e Utilização de Gás Natural e Decreto do Corpo de Bombeiros de São Paulo nº 63.911/2018.

Foi também efetuado o teste de estanqueidade nas tubulações de todas as unidades, o qual não registrou nenhuma irregularidade.

São Paulo, ... de .... de ....

Engenheiro: ....
Crea: ....
ART.: ....

---

* Quando o condomínio utilizar gás, GLP, a IT do Corpo de Bombeiros será a de nº 28/2019.

Atestado de conformidade das instalações elétricas*

Classificação (uso) da edificação: _____ Idade do imóvel: _____
Endereço: _____
Bairro: _____ Cidade: _____
CEP:_____ Pessoa de contato: _____
Fone: (__) _____

O responsável pelo fornecimento deste atestado deve preencher todos os campos da tabela a seguir.

"C" = CONFORME / "NA" = NÃO APLICÁVEL

Item da IT 41	Requisito para inspeção visual	C	NA
6.1	Condições de instalação dos condutores isolados, cabos unipolares e cabos multipolares.		
6.2	Os circuitos elétricos devem possuir proteção contra sobrecorrentes (disjuntores ou fusíveis).		
6.3	As partes vivas estão isoladas e/ou protegidas por barreiras ou invólucros.		
6.4	Todo circuito deve dispor de condutor de proteção "fio terra" e todas as massas da instalação estão ligadas a condutores de proteção (salvo as exceções).		
6.5	Todas as tomadas de corrente fixas devem ser do tipo com polo de aterramento (2P + T ou 3P + T)		
6.6	Existência de dispositivo diferencial residual (DR) para proteção contra choques elétricos (salvo as exceções do item 6.6).		
6.7	Quando houver possibilidade de os componentes da instalação elétrica representarem perigo de incêndio para os materiais adjacentes, deverá haver a devida proteção.		
6.8	Os quadros de distribuição devem ser instalados em locais de fácil acesso.		
	Os quadros de distribuição devem ser providos de identificação e sinalização do lado externo, de forma legível e não facilmente removível.		
	Os componentes dos quadros devem ser identificados de tal forma que a correspondência entre componentes e respectivos circuitos possa ser prontamente reconhecida, de forma legível e não facilmente removível.		

---

* Anexo A da Instrução Técnica nº 41/2019 – Inspeção visual em instalações elétricas de baixa tensão.

Item da IT 41	Requisito para inspeção visual	C	NA
6.9	Sistema de proteção contra descargas atmosféricas (SPDA).		
7.1.2	Os quadros, circuitos e linhas dos sistemas de segurança contra incêndio devem ser independentes dos circuitos comuns.		
7.1.3 a 7.1.5	As fontes de energia, os quadros, os circuitos e as linhas elétricas que alimentam equipamentos de segurança destinados ao combate e supressão de incêndio, à ventilação, à pressurização e ao controle de fumaça devem estar devidamente protegidos com material resistente ao fogo ou enclausurados em ambientes resistentes ao fogo.		
7.1.6	Sala do motogerador e circuitos elétricos de segurança por ele alimentados estão em conformidade com o item 7.1.6.		
7.1.9	Circuitos de corrente alternada estão separados dos circuitos de corrente contínua.		
8.1 e 8.3	ART específica do sistema elétrico (projeto, execução, inspeção, manutenção – conforme o caso).		
Obs.			

Avaliação geral das instalações elétricas

Atesto, nesta data, que o sistema elétrico da edificação (incluindo o SPDA) foi inspecionado e verificado conforme as prescrições da NBR 5410/2004 – Corrigida 2008 (capítulo "Verificação final") e da NBR 5419/2018, e encontra-se em conformidade, estando o proprietário e/ou responsável pelo uso ciente das responsabilidades constantes no item 2.3.2 desta IT.

Data da inspeção: _____

Eng. Resp.: _____

Título profissional:

Crea nº_____

Nome: _____

Prop. ou resp. pelo uso:

(obrigatório anexar ART que inclua a emissão deste atestado)

Distribuição das atividades do zelador

Itens	Descrição dos serviços	Diário	Dia sim/ Dia não	Sem.	Quinz.	Men.	Anual
1	Bombas de água	X					
2	Elevadores	X					
3	Escadaria	X					
4	Sensor de presença		X				
5	Salão de festas			X			
6	Gerador				X		
7	Portão de entrada					X	
8	Para-raios						X

Inspeção para as atividades do zelador

Itens	Prazo	Está em ordem SIM/NÃO	Defeitos	Providência a ser adotada
Bombas de água	Diário			
Caixa-d'água	Diário			
Escadarias	Diário			
Gerador	Quinzenal			
Para-raios	Mensal			
Janelas – aptos.	Anual			
Quadro de força – Empresa	Anual			

Distribuição das atividades dos faxineiros

Itens	Descrição dos serviços	Diário	Sem.	Quinz.	Men.	Bim.
1	Banheiro/piscina	X				
2	Piscina – limpar	X				
3	Jardim – regar	X				
4	Vidros do *hall* – entrada		X			
5	Salão de festas – parede			X		
6	*Hall* de entrada – lavar				X	
7	Paredes das escadas				X	
8	Piso da garagem					X

Circular para os moradores sobre a coleta seletiva

CONDOMÍNIO EDIFÍCIO ....

SP, .../...../.....

IMPLANTAÇÃO DA COLETA SELETIVA NO CONDOMÍNIO

PREZADOS SENHORES:

Hoje a realidade ambiental nos coloca a obrigação de fazermos algo para minimizar os efeitos devastadores impostos pelo próprio homem ao planeta. Está ao nosso alcance realizar pequenas ações que poderão contribuir para reduzir esses efeitos; entre elas está a coleta seletiva dos resíduos produzidos em nosso condomínio. Com o auxílio da empresa ...., acreditamos que será possível obtermos bons resultados.

Os materiais separados para a coleta seletiva serão retirados nos apartamentos de segunda-feira a sábado, em torno das 10 horas, pelos funcionários. Quando não for possível atender a esse horário, o próprio morador deverá levar os materiais e depositá-los no contêiner localizado no fundo da garagem.

Como os moradores deverão proceder:

1. Passar uma água nas embalagens de leite (longa vida), em latas (cerveja, molhos etc.) e garrafas plásticas (refrigerantes) antes de colocá-las no balde adequado. Não é necessário lavá-las com sabão. É importante não misturar os sacos destinados aos resíduos comuns, visando facilitar o trabalho dos funcionários do condomínio.

2. Os jornais, revistas, papelão e vidros deverão ser colocados do lado de fora do cesto.

3. As garrafas plásticas e embalagens Tetra Pak, tipo longa vida, deverão ser amassadas para reduzir o volume.

4. As lâmpadas fluorescentes deverão ser previamente embaladas em jornal ou papelão, para evitar que se quebrem, e colocadas em um saco plástico, com

o alerta externo "PERIGO – LÂMPADAS FLUORESCENTES". Entregar aos funcionários na hora da coleta ou levar para a garagem e colocar na última prateleira ao lado do contêiner.

5. Pilhas e baterias: deverão ser colocadas em sacos plásticos separados e entregues aos funcionários na hora da coleta ou levadas para a garagem e colocadas na pequena caixa de papelão, identificada (PILHAS E BATERIAS) na prateleira ao lado do contêiner. Essas serão armazenadas e encaminhadas para alguns postos especializados, como o Banco .... ou Supermercado ....

6. É fundamental que as secretárias do lar sejam informadas sobre as ações que deverão ser adotadas, principalmente sobre a limpeza dos materiais.

O material coletado será vendido e o retorno financeiro, depositado em uma poupança aberta especialmente para esse fim. O valor arrecadado será distribuído no final do ano para os colaboradores responsáveis pela limpeza do nosso condomínio.

A empresa disponibilizará um contêiner com capacidade de 1.000 litros para armazenamento dos materiais e pagará ao condomínio o valor de R$ 0,12/kg pelo lixo seletivo (papel em geral, plásticos em geral, papelão, embalagens Tetra Pak, sucata metálica) e R$ 2,50/kg por latinhas de alumínio. O condomínio deverá acumular 250 kg de resíduos para poder receber os valores citados acima. Caso isso não ocorra, o material será retirado pela empresa sem nenhum retorno.

Lembramos a todos que já estamos coletando desde ...../...../2011 o óleo de cozinha, evitando que seja jogado na pia, em ralos ou vasos sanitários, o que é bastante prejudicial ao condomínio e ao meio ambiente, pois provoca o entupimento dos encanamentos do prédio e a poluição dos rios. Por ser o óleo mais leve, forma uma camada sobre a superfície da água, impedindo a oxigenação e resultando na morte de peixes e plantas aquáticas. Há na garagem um tambor destinado ao depósito do óleo. Para facilitar, o óleo poderá ser armazenado nos apartamentos em garrafas PET ou em vidros, e somente após uma determinada quantidade ser levado à garagem. Informar as auxiliares é fundamental para a adoção dessas ações.

Caso haja alguma dúvida ou tenha interesse em participar do grupo de apoio à coleta seletiva, entrar em contato com Rosely – apto. 102.

Esperamos contar com a colaboração de todos.

Atenciosamente,
Administração

Etiqueta Nacional de Conservação de Energia (ENCE) para edifícios comerciais

Eficiência Energética
Edifício Construído

Edifício: XXXXXXXX xxxxxxxxxxxxxx
Endereço: Xxxxxxxxxxxx Xxxxxxxxxxxxxxx
Cidade/UF: Xxxxx/XX
Método: Xxxxxxx
Data inspeção: XX/XX/XXXX
Ano da ENCE de projeto: XXXX

Bonificações: x,xx
Pontuação: x,xx
Pré-requisito
Aquecimento de Água: x

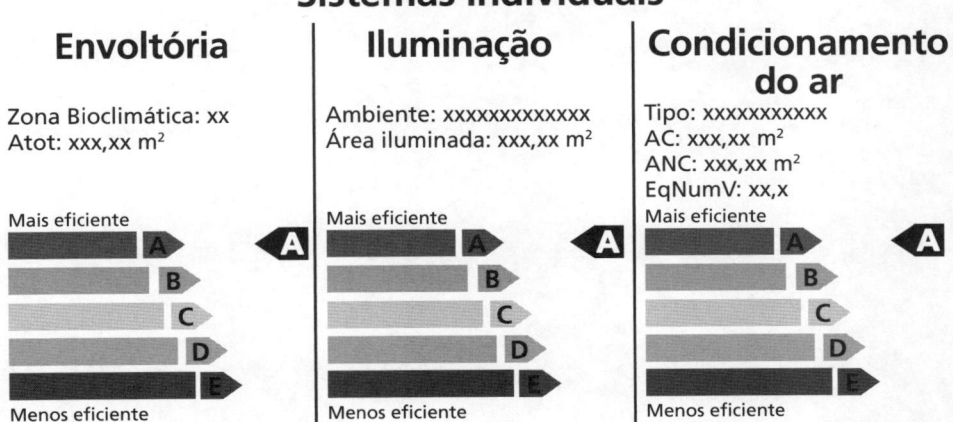

- A (verde-escuro)
- B (verde-claro)
- C (amarelo)
- D (laranja)
- E (vermelho)

Menos eficiente

Sistemas Individuais

Envoltória

Zona Bioclimática: xx
Atot: xxx,xx m²

Mais eficiente
A B C D E
Menos eficiente

Iluminação

Ambiente: xxxxxxxxxxxx
Área iluminada: xxx,xx m²

Mais eficiente
A B C D E
Menos eficiente

Condicionamento do ar

Tipo: xxxxxxxxxxx
AC: xxx,xx m²
ANC: xxx,xx m²
EqNumV: xx,x

Mais eficiente
A B C D E
Menos eficiente

PROGRAMA NACIONAL DE
CONSERVAÇÃO DE ENERGIA ELÉTRICA
Portaria INMETRO: XXX e XXX de (mês e ano)

INMETRO

Bibliografia

Livros

ALBUQUERQUE, Rubens Corrêa de. *Condomínio predial*: administração e manutenção. Rio de Janeiro: Ediouro, 1994.

ASSIS, Caio Senni. *Condomínio no novo Código Civil*. Santa Cruz da Conceição: Vale do Mogi, 2003.

AZEVEDO, Osmar Reis; SENNE, Silvio Helder Lencioni. *Obrigações fiscais das sociedades cooperativas e entidades sem fins lucrativos*. 2. ed. São Paulo: IOB, 2007.

BEAL, George M.; BOHLEN, Joe M.; RAUDABAUGH, J. Neil. *Liderança e dinâmica de grupo*. Rio de Janeiro: Zahar, 1972.

BOETTCHER, Romeo. *Os condomínios edilícios e o Código Civil de 2002*. Porto Alegre: Alcance, 2003.

BOTELHO, Eduardo. *Administração inteligente*. São Paulo: Atlas, 1991.

BRASIL. Constituição (1988). Constituição da República Federativa do Brasil. Brasília (DF): Senado Federal; 1988. http://www.planalto.gov.br/ccivil_03/Constituicao/Constituicao.htm.

_____. Código Civil.

_____. Consolidação das Leis do Trabalho.

CABRAL, Carlos Alexandre. *O direito do trabalho nos condomínios*. 3. ed. São Paulo: LTr, 2018.

CORRÊA, Henrique L.; CAON, Mauro. *Gestão de serviços*: lucratividade por meio de operações e de satisfação dos clientes. São Paulo: Atlas, 2002.

FACHIN, Luiz Edson. *Comentários ao Código Civil (arts. 1.277 a 1.368)*. São Paulo: Saraiva, 2003. v. 15.

FIUZA, Ricardo. *O novo Código Civil comentado*. São Paulo: Saraiva, 2002.

GOLEMAN, Daniel. Ph.D. *Inteligência emocional*: a teoria revolucionária que define o que é ser inteligente. Rio de Janeiro: Objetiva, 2007.

INSTITUTO BRASILEIRO DE AVALIAÇÕES E PERÍCIA DE ENGENHARIA DE SÃO PAULO (Ibape-SP). *Inspeção predial – check-up predial*: guia da boa manutenção. 2. ed. São Paulo: Liv. e Ed. Universitária de Direito, 2009.

INSTITUTO BRASILEIRO DE DEFESA DO CONSUMIDOR (Idec). *Guia do condomínio*. 3. ed. São Paulo, 2003.

ISHIKAWA, Kaoru; TORRES, Ilana (Trad.). *Controle de qualidade* total: à maneira japonesa. 4. ed. Rio de Janeiro: Campus, 1993.

KOONTZ, Harold; O'DONNELL, Cyril. *Princípios de administração*. São Paulo: Pioneira, 1974.

LEAVITT, Harold J. *Psicologia para administradores*. São Paulo: Cultrix, 1972.

LEI DO INQUILINATO – Lei nº 8.245, de 18 de outubro de 1991.

LEME, Rogério. *Avaliação de desempenho com foco em competência*: a base para remuneração por competência. Rio de Janeiro: Qualitymark, 2006.

LERNER, Walter. *Competência é essencial na administração*. São Paulo: Global, 2002.

NASCIMENTO FRANCO. *Condomínio*. 2. ed. São Paulo: Revista dos Tribunais, 1999.

OLIVEIRA, Aristeu de. *Manual de prática trabalhista*. São Paulo: Atlas, 2019.

PARKER, G. *Team player – team work – a nova estratégia competitiva*. São Paulo: Pioneira, 1994.

PONTES, Benedito Rodrigues. *Avaliação de desempenho*: nova abordagem – método de avaliação individual e de equipes. 8. ed. São Paulo: LTR, 2002.

SIQUEIRA, Wagner. *Avaliação de desempenho*: como romper amarras e superar modelos ultrapassados. Rio de Janeiro: Reichmann & Affonso, 2002.

TARASHINA, Newton Tadachi; FLORES, Mário César. *Indicadores da qualidade e do desempenho*. Rio de Janeiro: Qualitymark, 1999.

WEIGARND NETO, Rodolfo Carlos; SOUZA, Gleice Domingues de. *Reforma trabalhista*: impacto no cotidiano das empresas. São Paulo: Trevisan Editora, 2018.

VILLAS BOAS, Darnley. *Condomínio urbano*. 3. ed. Rio de Janeiro: Destaque, 1994.

Informativos, Consultas e Manuais

ACEL – Assessoria Contábil e Empresarial S/C Ltda.

Corpo de Bombeiros.

Empresas de Elevadores.

Empresas Seguradoras.

GF – Administradora de Condomínio S/C Ltda.

Instituto Paulista de Higiene e Medicina do Trabalho

LOSCHIAVO – Consultoria em Seguros

Secovi de São Paulo – Sindicato da Habitação.

Site da Prefeitura do Município de São Paulo – http://www.capital.sp.gov.br/

Site da Receita Federal – www.receita.fazenda.gov.br

Sindifícios – Sindicato dos Empregados de Edifícios de São Paulo.

Pesquisa

Avaliação de Gestão em Condomínios. Trabalhos realizados por Rosely Benevides de Oliveira Schwartz em vários condomínios de São Paulo.

Monografia apresentada à Escola Politécnica da USP para obtenção do Título de Especialista em Gerenciamento de Facilidades – MBA/USP – por Rosely Benevides de Oliveira Schwartz, em 2009.